安全生产法律法规汇编

（第二册）

中国石油化工集团公司安全监管局
中国石化安全工程研究院

中国石化出版社

图书在版编目(CIP)数据

安全生产法律法规汇编／中国石油化工集团公司安全监管局，中国石化安全工程研究院组织编写. —北京：中国石化出版社，2016.6
(安全培训系列图书. 汇编类安全工具书系列)
ISBN 978-7-5114-4145-4

Ⅰ. ①安… Ⅱ. ①中… ②中… Ⅲ. ①安全生产-安全法规-汇编-中国 Ⅳ. ①D922.549

中国版本图书馆 CIP 数据核字(2016)第 138660 号

中国石化出版社出版发行

地址：北京市东城区安定门外大街 58 号
邮编：100011　电话：(010)84271850
读者服务部电话：(010)84289974
http://www.sinopec-press.com
E-mail:press@sinopec.com
北京富泰印刷有限责任公司印刷
全国各地新华书店经销

*

787×1092 毫米 16 开本 150.5 印张 2629 千字
2016 年 8 月第 1 版　2016 年 8 月第 1 次印刷
定价：568.00 元(全六册)

《安全培训系列图书》
编审委员会

《安全生产法律法规汇编》
编写组

组　　长：孙万付

副 组 长：牟善军　白永忠

编写人员：张卫华　苏国胜　闫　进　刘小明　崔伟珍
孙志刚　赵　震　王　坤　李国栋　赵婉颖
常云海　王　斌　张丽萍　李　欣　董国胜
赵英杰　张　艳　王洪雨　尹　楠　赵　洁
毕丽景

编 写 说 明

为方便广大干部职工查阅并贯彻落实国家安全生产法律法规，由安全监管局牵头、安全工程研究院具体负责对国家现行安全生产法律法规进行了梳理、汇编，形成了《安全生产法律法规汇编》。

《安全生产法律法规汇编》收录了国家现行安全生产法律、法规、部门规章、重要文件和规范性文件共 230 项。按照专业管理类别分为通用类、危险化学品类、石油天然气类、建筑施工类、油气资产及反恐防范类等五个篇章。

每个篇章收录的法律法规按照法律效力从高到低、发布日期从新到旧的原则进行了排序，以方便广大读者使用。

本书适用于中国石化集团公司各级领导干部、安全管理人员，同时也可作为各级政府安全监管人员和其他生产经营单位安全管理人员参考用书。所收录的法律法规截止日期为 2016 年 7 月 15 日。

目　　录

（第一册）

第一篇　通用类

一、综合

(第二册)

（第三册）

五、应急消防

（第四册）

第二篇　危险化学品类

(第五册)

（第六册）

第三篇　石油天然气类

第四篇　建筑施工类

第五篇　油气资产及反恐防范类

三、建设项目“三同时”

中国气象局令
第 24 号

现公布《中国气象局关于修改〈防雷减灾管理办法〉的决定》，自 2013 年 6 月 1 日起施行。

局长　郑国光

2013 年 5 月 31 日

防雷减灾管理办法

（2011 年 7 月 11 日中国气象局局务会议审议通过《防雷减灾管理办法》，自 2011 年 9 月 1 日起施行　2013 年 5 月 31 日中国气象局发布中国气象局第 24 号令《中国气象局关于修改〈防雷减灾管理办法〉的决定》，自 2013 年 6 月 1 日起施行）

目　　录

第一章　总　　则

第一条　为了加强雷电灾害防御工作，规范雷电灾害管理，提高雷电灾害防御能力和水平，保护国家利益和人民生命财产安全，维护公共安全，促进经济建设和社会发展，依据《中华人民共和国气象法》、《中华人民共和国行政许可法》和《气象灾害防御条例》等法律、法规的有关规定，制定本办法。

第二条　在中华人民共和国领域和中华人民共和国管辖的其他海域内从事雷电灾害防御活动的组织和个人，应当遵守本办法。

本办法所称雷电灾害防御(以下简称防雷减灾)，是指防御和减轻雷电灾害的活动，包括雷电和雷电灾害的研究、监测、预警、风险评估、防护以及雷电灾害的调查、鉴定等。

第三条　防雷减灾工作，实行安全第一、预防为主、防治结合的原则。

第四条　国务院气象主管机构负责组织管理和指导全国防雷减灾工作。

地方各级气象主管机构在上级气象主管机构和本级人民政府的领导下，负责组织管理本行政区域内的防雷减灾工作。

国务院其他有关部门和地方各级人民政府其他有关部门应当按照职责做好本部门和本单位的防雷减灾工作，并接受同级气象主管机构的监督管理。

第五条　国家鼓励和支持防雷减灾的科学技术研究和开发，推广应用防雷科技研究成果，加强防雷标准化工作，提高防雷技术水平，开展防雷减灾科普宣传，增强全民防雷减灾意识。

第六条　外国组织和个人在中华人民共和国领域和中华人民共和国管辖的其他海域从事防雷减灾活动，应当经国务院气象主管机构会同有关部门批准，并在当地省级气象主管机构备案，接受当地省级气象主管机构的监督管理。

第二章　监测与预警

第七条　国务院气象主管机构应当组织有关部门按照合理布局、信息共享、有效利用的原则，规划全国雷电监测网，避免重复建设。

地方各级气象主管机构应当组织本行政区域内的雷电监测网建设，以防御雷电灾害。

第八条　各级气象主管机构应当加强雷电灾害预警系统的建设工作，提高雷电灾害预警和防雷减灾服务能力。

第九条　各级气象主管机构所属气象台站应当根据雷电灾害防御的需要，按照职责开展雷电监测，并及时向气象主管机构和有关灾害防御、救助部门提供雷电监测信息。

有条件的气象主管机构所属气象台站可以开展雷电预报，并及时向社会发布。

第十条　各级气象主管机构应当组织有关部门加强对雷电和雷电灾害的发

生机理等基础理论和防御技术等应用理论的研究，并加强对防雷减灾技术和雷电监测、预警系统的研究和开发。

第三章　防雷工程

第十一条　各类建(构)筑物、场所和设施安装的雷电防护装置(以下简称防雷装置)，应当符合国家有关防雷标准和国务院气象主管机构规定的使用要求，并由具有相应资质的单位承担设计、施工和检测。

本办法所称防雷装置，是指接闪器、引下线、接地装置、电涌保护器及其连接导体等构成的，用以防御雷电灾害的设施或者系统。

第十二条　对从事防雷工程专业设计和施工的单位实行资质认定。

本办法所称防雷工程，是指通过勘察设计和安装防雷装置形成的雷电灾害防御工程实体。

防雷工程专业设计或者施工资质分为甲、乙、丙三级，由省、自治区、直辖市气象主管机构认定。

第十三条　防雷工程专业设计或者施工单位，应当按照有关规定取得相应的资质证书后，方可在其资质等级许可的范围内从事防雷工程专业设计或者施工。具体办法由国务院气象主管机构另行制定。

第十四条　防雷工程专业设计或者施工单位，应当按照相应的资质等级从事防雷工程专业设计或者施工。禁止无资质或者超出资质许可范围承担防雷工程专业设计或者施工。

第十五条　防雷装置的设计实行审核制度。

县级以上地方气象主管机构负责本行政区域内的防雷装置的设计审核。符合要求的，由负责审核的气象主管机构出具核准文件；不符合要求的，负责审核的气象主管机构提出整改要求，退回申请单位修改后重新申请设计审核。未经审核或者未取得核准文件的设计方案，不得交付施工。

第十六条　防雷工程的施工单位应当按照审核同意的设计方案进行施工，并接受当地气象主管机构监督管理。

在施工中变更和修改设计方案的，应当按照原申请程序重新申请审核。

第十七条　防雷装置实行竣工验收制度。

县级以上地方气象主管机构负责本行政区域内的防雷装置的竣工验收。

负责验收的气象主管机构接到申请后，应当根据具有相应资质的防雷装置检测机构出具的检测报告进行核实。符合要求的，由气象主管机构出具验收文件。不符合要求的，负责验收的气象主管机构提出整改要求，申请单位整改后重新申请竣工验收。未取得验收合格文件的防雷装置，不得投入使用。

第十八条 出具检测报告的防雷装置检测机构，应当对隐蔽工程进行逐项检测，并对检测结果负责。检测报告作为竣工验收的技术依据。

第四章 防雷检测

第十九条 投入使用后的防雷装置实行定期检测制度。防雷装置应当每年检测一次，对爆炸和火灾危险环境场所的防雷装置应当每半年检测一次。

第二十条 防雷装置检测机构的资质由省、自治区、直辖市气象主管机构负责认定。

第二十一条 防雷装置检测机构对防雷装置检测后，应当出具检测报告。不合格的，提出整改意见。被检测单位拒不整改或者整改不合格的，防雷装置检测机构应当报告当地气象主管机构，由当地气象主管机构依法作出处理。

防雷装置检测机构应当执行国家有关标准和规范，出具的防雷装置检测报告必须真实可靠。

第二十二条 防雷装置所有人或受托人应当指定专人负责，做好防雷装置的日常维护工作。发现防雷装置存在隐患时，应当及时采取措施进行处理。

第二十三条 已安装防雷装置的单位或者个人应当主动委托有相应资质的防雷装置检测机构进行定期检测，并接受当地气象主管机构和当地人民政府安全生产管理部门的管理和监督检查。

第五章 雷电灾害调查、鉴定

第二十四条 各级气象主管机构负责组织雷电灾害调查、鉴定工作。

其他有关部门和单位应当配合当地气象主管机构做好雷电灾害调查、鉴定工作。

第二十五条 遭受雷电灾害的组织和个人，应当及时向当地气象主管机构报告，并协助当地气象主管机构对雷电灾害进行调查与鉴定。

第二十六条 地方各级气象主管机构应当及时向当地人民政府和上级气象主管机构上报本行政区域内的重大雷电灾情和年度雷电灾害情况。

第二十七条 大型建设工程、重点工程、爆炸和火灾危险环境、人员密集场所等项目应当进行雷电灾害风险评估，以确保公共安全。

各级地方气象主管机构按照有关规定组织进行本行政区域内的雷电灾害风险评估工作。

第六章 防雷产品

第二十八条 防雷产品应当符合国务院气象主管机构规定的使用要求。

第二十九条 防雷产品应当由国务院气象主管机构授权的检测机构测试，测试合格并符合相关要求后方可投入使用。

申请国务院气象主管机构授权的防雷产品检测机构，应当按照国家有关规定通过计量认证、获得资格认可。

第三十条 防雷产品的使用，应当到省、自治区、直辖市气象主管机构备案，并接受省、自治区、直辖市气象主管机构的监督检查。

第七章 罚则

第三十一条 申请单位隐瞒有关情况、提供虚假材料申请资质认定、设计审核或者竣工验收的，有关气象主管机构不予受理或者不予行政许可，并给予警告。申请单位在一年内不得再次申请资质认定。

第三十二条 被许可单位以欺骗、贿赂等不正当手段取得资质、通过设计审核或者竣工验收的，有关气象主管机构按照权限给予警告，可以处1万元以上3万元以下罚款；已取得资质、通过设计审核或者竣工验收的，撤销其许可证书；被许可单位三年内不得再次申请资质认定；构成犯罪的，依法追究刑事责任。

第三十三条 违反本办法规定，有下列行为之一的，由县级以上气象主管机构按照权限责令改正，给予警告，可以处5万元以上10万元以下罚款；给他人造成损失的，依法承担赔偿责任；构成犯罪的，依法追究刑事责任：

（一）涂改、伪造、倒卖、出租、出借、挂靠资质证书、资格证书或者许可文件的；

（二）向负责监督检查的机构隐瞒有关情况、提供虚假材料或者拒绝提供反映其活动情况的真实材料的。

第三十四条 违反本办法规定，有下列行为之一的，由县级以上气象主管机构按照权限责令改正，给予警告，可以处5万元以上10万元以下罚款；给他人造成损失的，依法承担赔偿责任：

（一）不具备防雷装置检测、防雷工程专业设计或者施工资质，擅自从事相关活动的；

（二）超出防雷装置检测、防雷工程专业设计或者施工资质等级从事相关活动的；

（三）防雷装置设计未经当地气象主管机构审核或者审核未通过，擅自施工的；

（四）防雷装置未经当地气象主管机构验收或者未取得验收文件，擅自投入使用的。

第三十五条 违反本办法规定，有下列行为之一的，由县级以上气象主管机构按照权限责令改正，给予警告，可以处 1 万元以上 3 万元以下罚款；给他人造成损失的，依法承担赔偿责任；构成犯罪的，依法追究刑事责任：

（一）应当安装防雷装置而拒不安装的；

（二）使用不符合使用要求的防雷装置或者产品的；

（三）已有防雷装置，拒绝进行检测或者经检测不合格又拒不整改的；

（四）对重大雷电灾害事故隐瞒不报的。

第三十六条 违反本办法规定，导致雷击造成火灾、爆炸、人员伤亡以及国家财产重大损失的，由主管部门给予直接责任人行政处分；构成犯罪的，依法追究刑事责任。

第三十七条 防雷工作人员由于玩忽职守，导致重大雷电灾害事故的，由所在单位依法给予行政处分；致使国家利益和人民生命财产遭到重大损失，构成犯罪的，依法追究刑事责任。

第八章 附 则

第三十八条 从事防雷专业技术的人员应当取得资格证书。

省级气象学会负责本行政区域内防雷专业技术人员的资格认定工作。防雷专业技术人员应当通过省级气象学会组织的考试，并取得相应的资格证书。

省级气象主管机构应当对本级气象学会开展防雷专业技术人员的资格认定工作进行监督管理。

第三十九条 本办法自 2011 年 9 月 1 日起施行。2005 年 2 月 1 日中国气象局公布的《防雷减灾管理办法》同时废止。

国家安全生产监督管理总局令
第51号

《建设项目职业卫生“三同时”监督管理暂行办法》已经2012年3月6日国家安全生产监督管理总局局长办公会议审议通过，现予公布，自2012年6月1日起施行。

国家安全生产监督管理总局　骆琳

2012年4月27日

建设项目职业卫生“三同时”监督管理暂行办法

目　　录

第一章　总　　则

第一条　为了预防、控制和消除建设项目可能产生的职业病危害，加强和规范建设项目职业病防护设施建设的监督管理，根据《中华人民共和国职业病防治法》，制定本办法。

第二条　在中华人民共和国领域内可能产生职业病危害的新建、改建、扩建和技术改造、技术引进建设项目(以下统称建设项目)职业病防护设施建设及其监督管理，适用本办法。

本办法所称的可能产生职业病危害的建设项目，是指存在或者产生《职业病危害因素分类目录》所列职业病危害因素的建设项目。

本办法所称的职业病防护设施，是指消除或者降低工作场所的职业病危害因素的浓度或者强度，预防和减少职业病危害因素对劳动者健康的损害或者影响，保护劳动者健康的设备、设施、装置、构(建)筑物等的总称。

第三条 建设单位是建设项目职业病防护设施建设的责任主体。

建设项目职业病防护设施必须与主体工程同时设计、同时施工、同时投入生产和使用(以下简称职业卫生“三同时”)。职业病防护设施所需费用应当纳入建设项目工程预算。

第四条 建设单位对可能产生职业病危害的建设项目，应当依照本办法向安全生产监督管理部门申请职业卫生“三同时”的备案、审核、审查和竣工验收。

建设项目职业卫生“三同时”工作可以与安全设施“三同时”工作一并进行。

第五条 国家安全生产监督管理总局对全国建设项目职业卫生“三同时”实施监督管理，并在国务院规定的职责范围内承担国务院及其有关主管部门审批、核准或者备案的建设项目职业卫生“三同时”的监督管理。

县级以上地方各级人民政府安全生产监督管理部门对本行政区域内的建设项目职业卫生“三同时”实施监督管理，具体办法由省级安全生产监督管理部门制定，并报国家安全生产监督管理总局备案。

上一级人民政府安全生产监督管理部门根据工作需要，可以将其负责的建设项目职业卫生“三同时”监督管理工作委托下一级人民政府安全生产监督管理部门实施。

第六条 国家根据建设项目可能产生职业病危害的风险程度，按照下列规定对其实行分类监督管理：

(一) 职业病危害一般的建设项目，其职业病危害预评价报告应当向安全生产监督管理部门备案，职业病防护设施由建设单位自行组织竣工验收，并将验收情况报安全生产监督管理部门备案。

(二) 职业病危害较重的建设项目，其职业病危害预评价报告应当报安全生产监督管理部门审核；职业病防护设施竣工后，由安全生产监督管理部门组织验收。

(三) 职业病危害严重的建设项目，其职业病危害预评价报告应当报安全生产监督管理部门审核，职业病防护设施设计应当报安全生产监督管理部门审查，职业病防护设施竣工后，由安全生产监督管理部门组织验收。

建设项目职业病危害分类管理目录由国家安全生产监督管理总局制定并公布。省级安全生产监督管理部门可以根据本地区实际情况，对建设项目职业病危害分类管理目录作出补充规定。

第七条 安全生产监督管理部门应当建立职业卫生专家库(以下简称专家库)，聘请专家库专家参与建设项目职业卫生“三同时”的审核、审查和竣工验收工作。

专家库专家应当熟悉职业病危害防治的有关法律法规，具有较高的专业技术水平、实践经验和有关业务背景及良好的职业道德，按照客观、公正的原则，对所参与的项目提出审查意见，并对该意见负责。

第八条 安全生产监督管理部门进行职业病危害预评价报告审核、职业病防护设施设计审查以及建设项目职业病防护设施竣工验收，应当从专家库中随机抽取专家参与审核、审查及竣工验收。每项工作从专家库随机抽取的专家不得少于 3 人。

专家库专家实行回避制度，建设单位及参加建设单位有关工作的专家，不得参与该建设项目职业卫生“三同时”的审核、审查及竣工验收等相应工作。

第九条 建设项目职业病危害预评价和职业病危害控制效果评价，应当由依法取得相应资质的职业卫生技术服务机构承担。

职业卫生技术服务机构应当依照国家法律、行政法规、标准和《职业卫生技术服务机构监督管理暂行办法》的规定，开展职业卫生技术服务工作，保证技术服务结果客观、真实、准确，并对作出的结论承担法律责任。

第二章 职业病危害预评价

第十条 对可能产生职业病危害的建设项目，建设单位应当在建设项目可行性论证阶段委托具有相应资质的职业卫生技术服务机构进行职业病危害预评价，编制预评价报告。

建设项目职业病危害预评价报告应当包括下列主要内容：

（一）建设项目概况；

（二）建设项目可能产生的职业病危害因素及其对劳动者健康危害程度的分析和评价；

（三）建设项目职业病危害的类型分析；

（四）对建设项目拟采取的职业病防护设施的技术分析和评价；

（五）职业卫生管理机构设置和职业卫生管理人员配置及有关制度建设的建议；

（六）对建设项目职业病防护措施的建议；

（七）职业病危害预评价的结论。

第十一条 职业病危害预评价报告编制完成后，建设单位应当组织有关职业卫生专家，对职业病危害预评价报告进行评审。

建设单位对职业病危害预评价报告的真实性、合法性负责。

第十二条 建设单位应当按照本办法第五条、第六条的规定向安全生产监督管理部门申请职业病危害预评价备案或者审核，并提交下列文件、资料：

（一）建设项目职业病危害预评价备案或者审核申请书；

（二）建设项目职业病危害预评价报告；

（三）建设单位对预评价报告的评审意见；

（四）职业卫生专家对预评价报告的审查意见；

（五）职业病危害预评价机构的资质证明(影印件)；

（六）法律、行政法规、规章规定的其他文件、资料。

涉及放射性职业病危害因素的建设项目，建设单位需提交建设项目放射防护预评价报告。

安全生产监督管理部门在收到职业病危害预评价报告备案或者审核申请后，应当对申请文件、资料是否齐全进行核对，并自收到申请之日起5个工作日内作出是否受理的决定或者出具补正通知书。

第十三条 对已经受理的建设项目职业病危害预评价备案申请，安全生产监督管理部门应当对申请文件、资料进行形式审查。符合要求的，自受理之日起20个工作日内予以备案，并向申请人出具备案通知书；不符合要求的，不予备案，书面告知申请人并说明理由。

对已经受理的建设项目职业病危害预评价报告审核申请，安全生产监督管理部门应当对申请文件、资料的合法性进行审核；审核同意的，自受理之日起20个工作日内予以批复；审核不同意的，书面告知建设单位并说明理由。因情况复杂，20个工作日不能作出批复的，经本部门负责人批准，可以延长10个工作日，并将延长期限的理由书面告知申请人。

第十四条 建设项目职业病危害预评价报告经安全生产监督管理部门备案或者审核同意后，建设项目的选址、生产规模、工艺或者职业病危害因素的种类、职业病防护设施等发生重大变更的，建设单位应当对变更内容重新进行职业病危害预评价，办理相应的备案或者审核手续。

第十五条 建设单位未提交建设项目职业病危害预评价报告或者建设项目职业病危害预评价报告未经安全生产监督管理部门备案、审核同意的，有关部门不得批准该建设项目。

第三章 职业病防护设施设计

第十六条 存在职业病危害的建设项目，建设单位应当委托具有相应资质的设计单位编制职业病防护设施设计专篇。

设计单位、设计人应当对其编制的职业病防护设施设计专篇的真实性、合法性和实用性负责。

第十七条 设计单位应当按照国家有关职业卫生法律法规和标准的要求，

编制建设项目职业病防护设施设计专篇。

建设项目职业病防护设施设计专篇应当包括下列内容：

（一）设计的依据；

（二）建设项目概述；

（三）建设项目产生或者可能产生的职业病危害因素的种类、来源、理化性质、毒理特征、浓度、强度、分布、接触人数及水平、潜在危害性和发生职业病的危险程度分析；

（四）职业病防护设施和有关防控措施及其控制性能；

（五）辅助用室及卫生设施的设置情况；

（六）职业病防治管理措施；

（七）对预评价报告中职业病危害控制措施、防治对策及建议采纳情况的说明；

（八）职业病防护设施投资预算；

（九）可能出现的职业病危害事故的预防及应急措施；

（十）可以达到的预期效果及评价。

第十八条 建设单位在职业病防护设施设计专篇编制完成后，应当组织有关职业卫生专家，对职业病防护设施设计专篇进行评审。

建设单位应当会同设计单位对职业病防护设施设计专篇进行完善，并对其真实性、合法性和实用性负责。

第十九条 对职业病危害一般和职业病危害较重的建设项目，建设单位应当在完成职业病防护设施设计专篇评审后，按照有关规定组织职业病防护设施的施工。

第二十条 对职业病危害严重的建设项目，建设单位在完成职业病防护设施设计专篇评审后，应当按照本办法第五条、第六条的规定向安全生产监督管理部门提出建设项目职业病防护设施设计审查的申请，并提交下列文件、资料：

（一）建设项目职业病防护设施设计审查申请书；

（二）建设项目立项审批文件(复印件)；

（三）建设项目职业病防护设施设计专篇；

（四）建设单位对职业病防护设施设计专篇的评审意见；

（五）建设项目职业病防护设施设计单位的资质证明(影印件)；

（六）建设项目职业病危害预评价报告审核的批复文件(复印件)；

（七）法律、行政法规、规章规定的其他文件、资料。

安全生产监督管理部门收到职业病防护设施设计审查申请后，应当对申请文件、资料是否齐全进行核对，并自收到申请之日起5个工作日内作出是否受理的决定或者出具补正通知书。

第二十一条 对已经受理的职业病危害严重的建设项目职业病防护设施设计审查申请，安全生产监督管理部门应当对申请文件、资料的合法性进行审查。审查同意的，自受理之日起20个工作日内予以批复；审查不同意的，书面通知建设单位并说明理由。因情况复杂，20个工作日不能作出批复的，经本部门负责人批准，可以延长10个工作日，并将延长期限的理由书面告知申请人。

职业病危害严重的建设项目，其职业病防护设施设计未经审查同意的，建设单位不得进行施工，应当进行整改后重新申请审查。

第二十二条 建设项目职业病防护设施设计经审查同意后，建设项目的生产规模、工艺或者职业病危害因素的种类等发生重大变更的，建设单位应当根据变更的内容，重新进行职业病防护设施设计，并在变更之日起30日内按照本办法规定办理相应的审查手续。

第四章　职业病危害控制效果评价与防护设施竣工验收

第二十三条 建设项目职业病防护设施应当由取得相应资质的施工单位负责施工，并与建设项目主体工程同时进行。

施工单位应当按照职业病防护设施设计和有关施工技术标准、规范进行施工，并对职业病防护设施的工程质量负责。

工程监理单位、监理人员应当按照法律法规和工程建设强制性标准，对职业病防护设施施工工程实施监理，并对职业病防护设施的工程质量承担监理责任。

第二十四条 建设项目职业病防护设施建设期间，建设单位应当对其进行经常性的检查，对发现的问题及时进行整改。

第二十五条 建设项目完工后，需要进行试运行的，其配套建设的职业病防护设施必须与主体工程同时投入试运行。

试运行时间应当不少于30日，最长不得超过180日，国家有关部门另有规定或者特殊要求的行业除外。

第二十六条 建设项目试运行期间，建设单位应当对职业病防护设施运行的情况和工作场所的职业病危害因素进行监测，并委托具有相应资质的职业卫生技术服务机构进行职业病危害控制效果评价。

建设项目没有进行试运行的，应当在其完工后委托具有相应资质的职业卫生技术服务机构进行职业病危害控制效果评价。

建设单位应当为评价活动提供符合检测、评价标准和要求的受检场所、设备和设施。

第二十七条 建设单位在职业病危害控制效果评价报告编制完成后，应当组织有关职业卫生专家对职业病危害控制效果评价报告进行评审。

建设单位对职业病危害控制效果评价报告的真实性和合法性负责。

第二十八条 职业病危害一般的建设项目竣工验收时，由建设单位自行组织职业病防护设施的竣工验收，并自验收完成之日起30日内按照本办法第五条、第六条的规定向安全生产监督管理部门申请职业病防护设施竣工备案，提交下列文件、资料：

（一）建设项目职业病防护设施竣工备案申请书；

（二）建设项目职业病危害预评价报告备案通知书(复印件)；

（三）建设项目立项审批文件(复印件)；

（四）建设项目职业病防护设施设计专篇；

（五）建设项目职业病危害控制效果评价机构的资质证明(影印件)；

（六）建设项目职业病危害控制效果评价报告；

（七）职业卫生专家对职业病危害控制效果评价报告的评审意见；

（八）建设单位对职业病危害控制效果评价报告的评审意见；

（九）建设项目职业病防护设施竣工自行验收情况报告；

（十）法律、行政法规、规章规定的其他文件、资料。

第二十九条 职业病危害较重的建设项目竣工验收时，建设单位应当按照本办法第五条、第六条的规定向安全生产监督管理部门申请建设项目职业病防护设施竣工验收，并提交下列文件、资料：

（一）建设项目职业病防护设施竣工验收申请书；

（二）建设项目职业病危害预评价报告审核批复文件；

（三）建设项目职业病危害控制效果评价机构资质证明(影印件)；

（四）建设项目立项审批文件(复印件)；

（五）建设项目职业病防护设施设计专篇；

（六）建设项目职业病危害控制效果评价报告；

（七）职业卫生专家对职业病危害控制效果评价报告的审查意见；

（八）建设单位对职业病危害控制效果评价报告的评审意见；

（九）建设项目职业病防护设施施工单位和监理单位资质证明(影印件)；

（十）法律、行政法规、规章规定的其他文件、资料。

第三十条 职业病危害严重的建设项目竣工验收时，建设单位应当按照本办法第五条、第六条的规定向安全生产监督管理部门申请建设项目职业病防护设施竣工验收，并提交下列文件、资料：

（一）建设项目职业病防护设施竣工验收申请书；

（二）建设项目职业病防护设施设计审查批复文件(复印件)；

（三）建设项目职业病危害控制效果评价机构资质证明(影印件)；

（四）建设项目职业病危害控制效果评价报告；

（五）职业卫生专家对职业病危害控制效果评价报告的审查意见；

（六）建设单位对职业病危害控制效果评价报告的评审意见；

（七）建设项目职业病防护设施施工单位和监理单位资质证明(影印件)；

（八）法律、行政法规、规章规定的其他文件、资料。

第三十一条 安全生产监督管理部门收到建设项目职业病防护设施竣工备案或者竣工验收申请后，应当对申请文件、资料是否齐全进行核对，并自收到申请之日起5个工作日内作出是否受理的决定或者出具补正通知书。

对已经受理的备案申请，安全生产监督管理部门应当自受理之日起20个工作日内对申请文件、资料的合法性进行审查。符合要求的，予以备案，出具备案通知书；不符合要求的，不予备案，书面通知建设单位说明理由。

对已经受理的竣工验收申请，安全生产监督管理部门应当对建设项目职业病危害控制效果评价报告等申请文件、资料进行合法性审查，对建设项目职业病防护设施进行现场验收，并自受理之日起20个工作日内作出是否通过验收的决定。通过验收的，予以批复；未通过验收的，书面告知建设单位并说明理由。因情况复杂，20个工作日不能作出批复的，经本部门负责人批准，可以延长10个工作日，并将延长期限的理由书面告知申请人。

第三十二条 分期建设、分期投入生产或者使用的建设项目，其配套的职业病防护设施应当分期与建设项目同步进行验收。

第三十三条 建设项目职业病防护设施竣工后未经安全生产监督管理部门备案同意或者验收合格的，不得投入生产或者使用。

第五章 法律责任

第三十四条 建设单位有下列行为之一的，由安全生产监督管理部门给予警告，责令限期改正；逾期不改正的，处10万元以上50万元以下的罚款；情节严重的，责令停止产生职业病危害的作业，或者提请有关人民政府按照国务院规定的权限责令停建、关闭：

（一）未按照规定进行职业病危害预评价或者未提交职业病危害预评价报告，或者职业病危害预评价报告未经安全生产监督管理部门备案或者审核同意，开工建设的；

（二）建设项目的职业病防护设施未按照规定与主体工程同时投入生产和使用的；

（三）职业病危害严重的建设项目，其职业病防护设施设计未经安全生产监督管理部门审查，或者不符合国家职业卫生标准和卫生要求，进行施工的；

（四）未按照规定对职业病防护设施进行职业病危害控制效果评价、未经安全生产监督管理部门验收或者验收不合格，擅自投入使用的。

第三十五条 建设单位有下列行为之一的，由安全生产监督管理部门给予警告，责令限期改正；逾期不改正的，处3万元以下的罚款：

（一）未按照本办法规定，对职业病危害预评价报告、职业病防护设施设计、职业病危害控制效果评价报告进行评审的；

（二）建设项目的选址、生产规模、工艺、职业病危害因素的种类、职业病防护设施发生重大变更时，未对变更内容重新进行职业病危害预评价或者未重新进行职业病防护设施设计并办理有关手续，进行施工的；

（三）需要试运行的职业病防护设施未与主体工程同时试运行的。

第三十六条 建设单位在职业病危害预评价报告、职业病防护设施设计、职业病危害控制效果评价报告评审以及职业病防护设施验收中弄虚作假的，责令改正，并处5000元以上3万元以下的罚款。

第三十七条 违反本办法规定的其他行为，依照《中华人民共和国职业病防治法》有关规定给予处理。

第六章 附 则

第三十八条 煤矿安全监察机构依照本办法负责煤矿建设项目职业卫生“三同时”的监察工作。

第三十九条 本办法自2012年6月1日起施行。

国家安全生产监督管理总局令
第45号

《危险化学品建设项目安全监督管理办法》已经2012年1月4日国家安全生产监督管理总局局长办公会议审议通过，现予公布，自2012年4月1日起施行。国家安全生产监督管理总局2006年9月2日公布的《危险化学品建设项目安全许可实施办法》同时废止。

局长　骆琳

2012年1月30日

危险化学品建设项目安全监督管理办法

（2012年1月30日国家安全监管总局令第45号公布　根据2015年5月27日国家安全监管总局令第79号修正）

目　　录

第一章　总　　则

第一条　为了加强危险化学品建设项目安全监督管理，规范危险化学品建设项目安全审查，根据《中华人民共和国安全生产法》和《危险化学品安全管理条例》等法律、行政法规，制定本办法。

第二条　中华人民共和国境内新建、改建、扩建危险化学品生产、储存的建设项目以及伴有危险化学品产生的化工建设项目(包括危险化学品长输管道建设项目，以下统称建设项目），其安全管理及其监督管理，适用本办法。

危险化学品的勘探、开采及其辅助的储存，原油和天然气勘探、开采及其辅助的储存、海上输送，城镇燃气的输送及储存等建设项目，不适用本办法。

第三条 本办法所称建设项目安全审查，是指建设项目安全条件审查、安全设施的设计审查。建设项目的安全审查由建设单位申请，安全生产监督管理部门根据本办法分级负责实施。

建设项目安全设施竣工验收由建设单位负责依法组织实施。

建设项目未经安全审查和安全设施竣工验收的，不得开工建设或者投入生产(使用)。

第四条 国家安全生产监督管理总局指导、监督全国建设项目安全审查和建设项目安全设施竣工验收的实施工作，并负责实施下列建设项目的安全审查：

(一) 国务院审批(核准、备案)的；

(二) 跨省、自治区、直辖市的。

省、自治区、直辖市人民政府安全生产监督管理部门(以下简称省级安全生产监督管理部门)指导、监督本行政区域内建设项目安全审查和建设项目安全设施竣工验收的监督管理工作，确定并公布本部门和本行政区域内由设区的市级人民政府安全生产监督管理部门(以下简称市级安全生产监督管理部门)实施的前款规定以外的建设项目范围，并报国家安全生产监督管理总局备案。

第五条 建设项目有下列情形之一的，应当由省级安全生产监督管理部门负责安全审查：

(一) 国务院投资主管部门审批(核准、备案)的；

(二) 生产剧毒化学品的；

(三) 省级安全生产监督管理部门确定的本办法第四条第一款规定以外的其他建设项目。

第六条 负责实施建设项目安全审查的安全生产监督管理部门根据工作需要，可以将其负责实施的建设项目安全审查工作，委托下一级安全生产监督管理部门实施。委托实施安全审查的，审查结果由委托的安全生产监督管理部门负责。跨省、自治区、直辖市的建设项目和生产剧毒化学品的建设项目，不得委托实施安全审查。

建设项目有下列情形之一的，不得委托县级人民政府安全生产监督管理部门实施安全审查：

(一) 涉及国家安全生产监督管理总局公布的重点监管危险化工工艺的；

(二) 涉及国家安全生产监督管理总局公布的重点监管危险化学品中的有毒气体、液化气体、易燃液体、爆炸品，且构成重大危险源的。

接受委托的安全生产监督管理部门不得将其受托的建设项目安全审查工作再委托其他单位实施。

第七条 建设项目的设计、施工、监理单位和安全评价机构应当具备相应的资质，并对其工作成果负责。

涉及重点监管危险化工工艺、重点监管危险化学品或者危险化学品重大危险源的建设项目，应当由具有石油化工医药行业相应资质的设计单位设计。

第二章 建设项目安全条件审查

第八条 建设单位应当在建设项目的可行性研究阶段，委托具备相应资质的安全评价机构对建设项目进行安全评价。

安全评价机构应当根据有关安全生产法律、法规、规章和国家标准、行业标准，对建设项目进行安全评价，出具建设项目安全评价报告。安全评价报告应当符合《危险化学品建设项目安全评价细则》的要求。

第九条 建设项目有下列情形之一的，应当由甲级安全评价机构进行安全评价：

（一）国务院及其投资主管部门审批(核准、备案)的；

（二）生产剧毒化学品的；

（三）跨省、自治区、直辖市的；

（四）法律、法规、规章另有规定的。

第十条 建设单位应当在建设项目开始初步设计前，向与本办法第四条、第五条规定相应的安全生产监督管理部门申请建设项目安全条件审查，提交下列文件、资料，并对其真实性负责：

（一）建设项目安全条件审查申请书及文件；

（二）建设项目安全评价报告；

（三）建设项目批准、核准或者备案文件和规划相关文件(复制件)；

（四）工商行政管理部门颁发的企业营业执照或者企业名称预先核准通知书(复制件)。

第十一条 建设单位申请安全条件审查的文件、资料齐全，符合法定形式的，安全生产监督管理部门应当当场予以受理，并书面告知建设单位。

建设单位申请安全条件审查的文件、资料不齐全或者不符合法定形式的，安全生产监督管理部门应当自收到申请文件、资料之日起五个工作日内一次性书面告知建设单位需要补正的全部内容；逾期不告知的，收到申请文件、资料之日起即为受理。

第十二条 对已经受理的建设项目安全条件审查申请，安全生产监督管理部门应当指派有关人员或者组织专家对申请文件、资料进行审查，并自受理申请之日起四十五日内向建设单位出具建设项目安全条件审查意见书。建设项目安全条件审查意见书的有效期为两年。

根据法定条件和程序，需要对申请文件、资料的实质内容进行核实的，安全生产监督管理部门应当指派两名以上工作人员对建设项目进行现场核查。

建设单位整改现场核查发现的有关问题和修改申请文件、资料所需时间不计算在本条规定的期限内。

第十三条　建设项目有下列情形之一的，安全条件审查不予通过：

（一）安全评价报告存在重大缺陷、漏项的，包括建设项目主要危险、有害因素辨识和评价不全或者不准确的；

（二）建设项目与周边场所、设施的距离或者拟建场址自然条件不符合有关安全生产法律、法规、规章和国家标准、行业标准的规定的；

（三）主要技术、工艺未确定，或者不符合有关安全生产法律、法规、规章和国家标准、行业标准的规定的；

（四）国内首次使用的化工工艺，未经省级人民政府有关部门组织的安全可靠性论证的；

（五）对安全设施设计提出的对策与建议不符合法律、法规、规章和国家标准、行业标准的规定的；

（六）未委托具备相应资质的安全评价机构进行安全评价的；

（七）隐瞒有关情况或者提供虚假文件、资料的。

建设项目未通过安全条件审查的，建设单位经过整改后可以重新申请建设项目安全条件审查。

第十四条　已经通过安全条件审查的建设项目有下列情形之一的，建设单位应当重新进行安全评价，并申请审查：

（一）建设项目周边条件发生重大变化的；

（二）变更建设地址的；

（三）主要技术、工艺路线、产品方案或者装置规模发生重大变化的；

（四）建设项目在安全条件审查意见书有效期内未开工建设，期限届满后需要开工建设的。

第三章　建设项目安全设施设计审查

第十五条　设计单位应当根据有关安全生产的法律、法规、规章和国家标准、行业标准以及建设项目安全条件审查意见书，按照《化工建设项目安全设计管理导则》（AQ/T 3033），对建设项目安全设施进行设计，并编制建设项目安全设施设计专篇。建设项目安全设施设计专篇应当符合《危险化学品建设项目安全设施设计专篇编制导则》的要求。

第十六条 建设单位应当在建设项目初步设计完成后、详细设计开始前，向出具建设项目安全条件审查意见书的安全生产监督管理部门申请建设项目安全设施设计审查，提交下列文件、资料，并对其真实性负责：

（一）建设项目安全设施设计审查申请书及文件；

（二）设计单位的设计资质证明文件（复制件）；

（三）建设项目安全设施设计专篇。

第十七条 建设单位申请安全设施设计审查的文件、资料齐全，符合法定形式的，安全生产监督管理部门应当当场予以受理；未经安全条件审查或者审查未通过的，不予受理。受理或者不予受理的情况，安全生产监督管理部门应当书面告知建设单位。

安全设施设计审查申请文件、资料不齐全或者不符合要求的，安全生产监督管理部门应当自收到申请文件、资料之日起五个工作日内一次性书面告知建设单位需要补正的全部内容；逾期不告知的，收到申请文件、资料之日起即为受理。

第十八条 对已经受理的建设项目安全设施设计审查申请，安全生产监督管理部门应当指派有关人员或者组织专家对申请文件、资料进行审查，并在受理申请之日起二十个工作日内作出同意或者不同意建设项目安全设施设计专篇的决定，向建设单位出具建设项目安全设施设计的审查意见书；二十个工作日内不能出具审查意见的，经本部门负责人批准，可以延长十个工作日，并应当将延长的期限和理由告知建设单位。

根据法定条件和程序，需要对申请文件、资料的实质内容进行核实的，安全生产监督管理部门应当指派两名以上工作人员进行现场核查。

建设单位整改现场核查发现的有关问题和修改申请文件、资料所需时间不计算在本条规定的期限内。

第十九条 建设项目安全设施设计有下列情形之一的，审查不予通过：

（一）设计单位资质不符合相关规定的；

（二）未按照有关安全生产的法律、法规、规章和国家标准、行业标准的规定进行设计的；

（三）对未采纳的建设项目安全评价报告中的安全对策和建议，未作充分论证说明的；

（四）隐瞒有关情况或者提供虚假文件、资料的。

建设项目安全设施设计审查未通过的，建设单位经过整改后可以重新申请建设项目安全设施设计的审查。

第二十条 已经审查通过的建设项目安全设施设计有下列情形之一的，建设单位应当向原审查部门申请建设项目安全设施变更设计的审查：

（一）改变安全设施设计且可能降低安全性能的；

（二）在施工期间重新设计的。

第四章 建设项目试生产（使用）

第二十一条 建设项目安全设施施工完成后，建设单位应当按照有关安全生产法律、法规、规章和国家标准、行业标准的规定，对建设项目安全设施进行检验、检测，保证建设项目安全设施满足危险化学品生产、储存的安全要求，并处于正常适用状态。

第二十二条 建设单位应当组织建设项目的设计、施工、监理等有关单位和专家，研究提出建设项目试生产（使用）（以下简称试生产<使用>）可能出现的安全问题及对策，并按照有关安全生产法律、法规、规章和国家标准、行业标准的规定，制定周密的试生产（使用）方案。试生产（使用）方案应当包括下列有关安全生产的内容：

（一）建设项目设备及管道试压、吹扫、气密、单机试车、仪表调校、联动试车等生产准备的完成情况；

（二）投料试车方案；

（三）试生产（使用）过程中可能出现的安全问题、对策及应急预案；

（四）建设项目周边环境与建设项目安全试生产（使用）相互影响的确认情况；

（五）危险化学品重大危险源监控措施的落实情况；

（六）人力资源配置情况；

（七）试生产（使用）起止日期。

建设项目试生产期限应当不少于30日，不超过1年。

第二十三条 建设单位在采取有效安全生产措施后，方可将建设项目安全设施与生产、储存、使用的主体装置、设施同时进行试生产（使用）。

试生产（使用）前，建设单位应当组织专家对试生产（使用）方案进行审查。

试生产（使用）时，建设单位应当组织专家对试生产（使用）条件进行确认，对试生产（使用）过程进行技术指导。

第五章 建设项目安全设施竣工验收

第二十四条 建设项目安全设施施工完成后，施工单位应当编制建设项目安全设施施工情况报告。建设项目安全设施施工情况报告应当包括下列内容：

（一）施工单位的基本情况，包括施工单位以往所承担的建设项目施工情况；

（二）施工单位的资质情况（提供相关资质证明材料复印件）；

（三）施工依据和执行的有关法律、法规、规章和国家标准、行业标准；

（四）施工质量控制情况；

（五）施工变更情况，包括建设项目在施工和试生产期间有关安全生产的设施改动情况。

第二十五条 建设项目试生产期间，建设单位应当按照本办法的规定委托有相应资质的安全评价机构对建设项目及其安全设施试生产（使用）情况进行安全验收评价，且不得委托在可行性研究阶段进行安全评价的同一安全评价机构。

安全评价机构应当根据有关安全生产的法律、法规、规章和国家标准、行业标准进行评价。建设项目安全验收评价报告应当符合《危险化学品建设项目安全评价细则》的要求。

第二十六条 建设项目投入生产和使用前，建设单位应当组织人员进行安全设施竣工验收，作出建设项目安全设施竣工验收是否通过的结论。参加验收人员的专业能力应当涵盖建设项目涉及的所有专业内容。

建设单位应当向参加验收人员提供下列文件、资料，并组织进行现场检查：

（一）建设项目安全设施施工、监理情况报告；

（二）建设项目安全验收评价报告；

（三）试生产（使用）期间是否发生事故、采取的防范措施以及整改情况报告；

（四）建设项目施工、监理单位资质证书（复制件）；

（五）主要负责人、安全生产管理人员、注册安全工程师资格证书（复制件），以及特种作业人员名单；

（六）从业人员安全教育、培训合格的证明材料；

（七）劳动防护用品配备情况说明；

（八）安全生产责任制文件，安全生产规章制度清单、岗位操作安全规程清单；

（九）设置安全生产管理机构和配备专职安全生产管理人员的文件（复制件）；

（十）为从业人员缴纳工伤保险费的证明材料（复制件）。

第二十七条 建设项目安全设施有下列情形之一的，建设项目安全设施竣工验收不予通过：

（一）未委托具备相应资质的施工单位施工的；

（二）未按照已经通过审查的建设项目安全设施设计施工或者施工质量未达到建设项目安全设施设计文件要求的；

（三）建设项目安全设施的施工不符合国家标准、行业标准的规定的；

（四）建设项目安全设施竣工后未按照本办法的规定进行检验、检测，或者经检验、检测不合格的；

（五）未委托具备相应资质的安全评价机构进行安全验收评价的；

（六）安全设施和安全生产条件不符合或者未达到有关安全生产法律、法规、规章和国家标准、行业标准的规定的；

（七）安全验收评价报告存在重大缺陷、漏项，包括建设项目主要危险、有害因素辨识和评价不正确的；

（八）隐瞒有关情况或者提供虚假文件、资料的；

（九）未按照本办法规定向参加验收人员提供文件、材料，并组织现场检查的。

建设项目安全设施竣工验收未通过的，建设单位经过整改后可以再次组织建设项目安全设施竣工验收。

第二十八条 建设单位组织安全设施竣工验收合格后，应将验收过程中涉及的文件、资料存档，并按照有关法律法规及其配套规章的规定申请有关危险化学品的其他安全许可。

第六章 监督管理

第二十九条 建设项目在通过安全条件审查之后、安全设施竣工验收之前，建设单位发生变更的，变更后的建设单位应当及时将证明材料和有关情况报送负责建设项目安全审查的安全生产监督管理部门。

第三十条 有下列情形之一的，负责审查的安全生产监督管理部门或者其上级安全生产监督管理部门可以撤销建设项目的安全审查：

（一）滥用职权、玩忽职守的；

（二）超越法定职权的；

（三）违反法定程序的；

（四）申请人不具备申请资格或者不符合法定条件的；

（五）依法可以撤销的其他情形。

建设单位以欺骗、贿赂等不正当手段通过安全审查的，应当予以撤销。

第三十一条 安全生产监督管理部门应当建立健全建设项目安全审查档案及其管理制度，并及时将建设项目的安全审查情况通报有关部门。

第三十二条 各级安全生产监督管理部门应当按照各自职责，依法对建设项目安全审查情况进行监督检查，对检查中发现的违反本办法的情况，应当依法作出处理，并通报实施安全审查的安全生产监督管理部门。

第三十三条 市级安全生产监督管理部门应当在每年1月31日前，将本行政区域内上一年度建设项目安全审查的实施情况报告省级安全生产监督管理部门。

省级安全生产监督管理部门应当在每年2月15日前，将本行政区域内上一年度建设项目安全审查的实施情况报告国家安全生产监督管理总局。

第七章 法律责任

第三十四条 安全生产监督管理部门工作人员徇私舞弊、滥用职权、玩忽职守，未依法履行危险化学品建设项目安全审查和监督管理职责的，依法给予处分。

第三十五条 未经安全条件审查或者安全条件审查未通过，新建、改建、扩建生产、储存危险化学品的建设项目的，责令停止建设，限期改正；逾期不改正的，处50万元以上100万元以下的罚款；构成犯罪的，依法追究刑事责任。

建设项目发生本办法第十五条规定的变化后，未重新申请安全条件审查，以及审查未通过擅自建设的，依照前款规定处罚。

第三十六条 建设单位有下列行为之一的，依照《中华人民共和国安全生产法》有关建设项目安全设施设计审查、竣工验收的法律责任条款给予处罚：

（一）建设项目安全设施设计未经审查或者审查未通过，擅自建设的；

（二）建设项目安全设施设计发生本办法第二十一条规定的情形之一，未经变更设计审查或者变更设计审查未通过，擅自建设的；

（三）建设项目的施工单位未根据批准的安全设施设计施工的；

（四）建设项目安全设施未经竣工验收或者验收不合格，擅自投入生产（使用）的。

第三十七条 建设单位有下列行为之一的，责令改正，可以处1万元以下的罚款；逾期未改正的，处1万元以上3万元以下的罚款：

（一）建设项目安全设施竣工后未进行检验、检测的；

（二）在申请建设项目安全审查时提供虚假文件、资料的；

（三）未组织有关单位和专家研究提出试生产（使用）可能出现的安全问题及对策，或者未制定周密的试生产（使用）方案，进行试生产（使用）的；

（四）未组织有关专家对试生产（使用）方案进行审查、对试生产（使用）条件进行检查确认的。

第三十八条 建设单位隐瞒有关情况或者提供虚假材料申请建设项目安全审查的，不予受理或者审查不予通过，给予警告，并自安全生产监督管理部门发现之日起一年内不得再次申请该审查。

建设单位采用欺骗、贿赂等不正当手段取得建设项目安全审查的，自安全生产监督管理部门撤销建设项目安全审查之日起三年内不得再次申请该审查。

第三十九条 承担安全评价、检验、检测工作的机构出具虚假报告、证明的，依照《中华人民共和国安全生产法》的有关规定给予处罚。

第八章 附 则

第四十条 对于规模较小、危险程度较低和工艺路线简单的建设项目，安全生产监督管理部门可以适当简化建设项目安全审查的程序和内容。

第四十一条 建设项目分期建设的，可以分期进行安全条件审查、安全设施设计审查、试生产及安全设施竣工验收。

第四十二条 本办法所称新建项目，是指有下列情形之一的项目：

（一）新设立的企业建设危险化学品生产、储存装置（设施），或者现有企业建设与现有生产、储存活动不同的危险化学品生产、储存装置（设施）的；

（二）新设立的企业建设伴有危险化学品产生的化学品生产装置（设施），或者现有企业建设与现有生产活动不同的伴有危险化学品产生的化学品生产装置（设施）的。

第四十三条 本办法所称改建项目，是指有下列情形之一的项目：

（一）企业对在役危险化学品生产、储存装置（设施），在原址更新技术、工艺、主要装置（设施）、危险化学品种类的；

（二）企业对在役伴有危险化学品产生的化学品生产装置（设施），在原址更新技术、工艺、主要装置（设施）的。

第四十四条 本办法所称扩建项目，是指有下列情形之一的项目：

（一）企业建设与现有技术、工艺、主要装置（设施）、危险化学品品种相同，但生产、储存装置（设施）相对独立的；

（二）企业建设与现有技术、工艺、主要装置（设施）相同，但生产装置（设施）相对独立的伴有危险化学品产生的。

第四十五条 实施建设项目安全审查所需的有关文书的内容和格式，由国家安全生产监督管理总局另行规定。

第四十六条 省级安全生产监督管理部门可以根据本办法的规定，制定和公布本行政区域内需要简化安全条件审查和分期安全条件审查的建设项目范围及其审查内容，并报国家安全生产监督管理总局备案。

第四十七条 本办法施行后，负责实施建设项目安全审查的安全生产监督管理部门发生变化的(已通过安全设施竣工验收的建设项目除外)，原安全生产监督管理部门应当将建设项目安全审查实施情况及档案移交根据本办法负责实施建设项目安全审查的安全生产监督管理部门。

第四十八条 本办法自 2012 年 4 月 1 日起施行。国家安全生产监督管理总局 2006 年 9 月 2 日公布的《危险化学品建设项目安全许可实施办法》同时废止。

中国气象局令

第 21 号

《防雷装置设计审核和竣工验收规定》已经 2011 年 7 月 11 日中国气象局局务会议审议通过，现予公布，自 2011 年 9 月 1 日起施行。2005 年 4 月 1 日中国气象局公布的《防雷装置设计审核和竣工验收规定》同时废止。

局长　郑国光

2011 年 7 月 22 日

防雷装置设计审核和竣工验收规定

目　录

第一章　总　　则

第一条　为了规范雷电防护装置(以下简称防雷装置)设计审核和竣工验收工作，维护国家利益，保护人民生命财产和公共安全，依据《中华人民共和国气象法》、《中华人民共和国行政许可法》和《气象灾害防御条例》等有关规定，制定本规定。

第二条　县级以上地方气象主管机构负责本行政区域内防雷装置的设计审核和竣工验收工作。未设气象主管机构的县(市)，由上一级气象主管机构负责防雷装置的设计审核和竣工验收工作。

第三条　防雷装置的设计审核和竣工验收工作应当遵循公开、公平、公正以及便民、高效和信赖保护的原则。

第四条 下列建(构)筑物、场所和设施的防雷装置应当经过设计审核和竣工验收：

(一)《建筑物防雷设计规范》规定的第一、二、三类防雷建筑物；

(二) 油库、气库、加油加气站、液化天然气、油(气)管道站场、阀室等爆炸和火灾危险环境及设施；

(三) 邮电通信、交通运输、广播电视、医疗卫生、金融证券、文化教育、不可移动文物、体育、旅游、游乐场所等社会公共服务场所和设施以及各类电子信息系统；

(四) 按照有关规定应当安装防雷装置的其他场所和设施。

第五条 防雷装置设计未经审核同意的，不得交付施工。防雷装置竣工未经验收合格的，不得投入使用。

新建、改建、扩建工程的防雷装置必须与主体工程同时设计、同时施工、同时投入使用。

第六条 防雷装置设计审核和竣工验收的程序、文书等应当依法予以公示。

第二章 防雷装置设计审核

第七条 防雷装置设计实行审核制度。建设单位应当向气象主管机构提出申请，填写《防雷装置设计审核申报表》(附表1、附表2)。

建设单位申请新建、改建、扩建建(构)筑物设计文件审查时，应当同时申请防雷装置设计审核。

第八条 申请防雷装置初步设计审核应当提交以下材料：

(一)《防雷装置设计审核申请书》(附表3)；

(二) 总规划平面图；

(三) 设计单位和人员的资质证和资格证书的复印件；

(四) 防雷装置初步设计说明书、初步设计图纸及相关资料；

需要进行雷电灾害风险评估的项目，应当提交雷电灾害风险评估报告。

第九条 申请防雷装置施工图设计审核应当提交以下材料：

(一)《防雷装置设计审核申请书》(附表3)；

(二) 设计单位和人员的资质证和资格证书的复印件；

(三) 防雷装置施工图设计说明书、施工图设计图纸及相关资料；

(四) 设计中所采用的防雷产品相关资料；

(五) 经当地气象主管机构认可的防雷专业技术机构出具的防雷装置设计技术评价报告。

防雷装置未经过初步设计的，应当提交总规划平面图；经过初步设计的，应当提交《防雷装置初步设计核准意见书》(附表4)。

第十条 防雷装置设计审核申请符合以下条件的，应当受理。

(一) 设计单位和人员取得国家规定的资质、资格；

(二) 申请单位提交的申请材料齐全且符合法定形式；

(三) 需要进行雷电灾害风险评估的项目，提交了雷电灾害风险评估报告。

第十一条 防雷装置设计审核申请材料不齐全或者不符合法定形式的，气象主管机构应当在收到申请材料之日起五个工作日内一次告知申请单位需要补正的全部内容，并出具《防雷装置设计审核资料补正通知》(附表5、附表6)。逾期不告知的，收到申请材料之日起即视为受理。

第十二条 气象主管机构应当在收到全部申请材料之日起五个工作日内，按照《中华人民共和国行政许可法》第三十二条的规定，根据本规定的受理条件做出受理或者不予受理的书面决定，并对决定受理的申请出具《防雷装置设计审核受理回执》(附表7)。对不予受理的，应当书面说明理由。

第十三条 防雷装置设计审核内容：

(一) 申请材料的合法性；

(二) 防雷装置设计文件是否符合国家有关标准和国务院气象主管机构规定的使用要求。

第十四条 气象主管机构应当在受理之日起二十个工作日内完成审核工作。

防雷装置设计文件经审核符合要求的，气象主管机构应当办结有关审核手续，颁发《防雷装置设计核准意见书》(附表8)。施工单位应当按照经核准的设计图纸进行施工。在施工中需要变更和修改防雷设计的，应当按照原程序重新申请设计审核。

防雷装置设计经审核不符合要求的，气象主管机构出具《防雷装置设计修改意见书》(附表9)。申请单位进行设计修改后，按照原程序重新申请设计审核。

第三章 防雷装置竣工验收

第十五条 防雷装置实行竣工验收制度。建设单位应当向气象主管机构提出申请，填写《防雷装置竣工验收申请书》(附表10)。

新建、改建、扩建建(构)筑物竣工验收时，建设单位应当通知当地气象主管机构同时验收防雷装置。

第十六条 防雷装置竣工验收应当提交以下材料：

(一)《防雷装置竣工验收申请书》(附表10)；

(二)《防雷装置设计核准意见书》；

(三) 施工单位的资质证和施工人员的资格证书的复印件；

（四）取得防雷装置检测资质的单位出具的《防雷装置检测报告》；

（五）防雷装置竣工图纸等技术资料；

（六）防雷产品出厂合格证、安装记录和符合国务院气象主管机构规定的使用要求的证明文件。

第十七条 防雷装置竣工验收申请符合以下条件的，应当受理。

（一）防雷装置设计取得当地气象主管机构核发的《防雷装置设计核准意见书》；

（二）施工单位和人员取得国家规定的资质和资格；

（三）申请单位提交的申请材料齐全且符合法定形式。

第十八条 防雷装置竣工验收申请材料不齐全或者不符合法定形式的，气象主管机构应当在收到申请材料之日起五个工作日内一次告知申请单位需要补正的全部内容，并出具《防雷装置竣工验收资料补正通知》（附表11）。逾期不告知的，收到申请材料之日起即视为受理。

第十九条 气象主管机构应当在收到全部申请材料之日起五个工作日内，按照《中华人民共和国行政许可法》第三十二条的规定，根据本规定的受理条件作出受理或者不予受理的书面决定，并对决定受理的申请出具《防雷装置竣工验收受理回执》（附表12）。对不予受理的，应当书面说明理由。

第二十条 防雷装置竣工验收内容：

（一）申请材料的合法性；

（二）安装的防雷装置是否符合国家有关标准和国务院气象主管机构规定的使用要求；

（三）安装的防雷装置是否按照核准的施工图施工完成。

第二十一条 气象主管机构应当在受理之日起十个工作日内作出竣工验收结论。

防雷装置经验收符合要求的，气象主管机构应当办结有关验收手续，出具《防雷装置验收意见书》（附表13）。

防雷装置验收不符合要求的，气象主管机构应当出具《防雷装置整改意见书》（附表14）。整改完成后，按照原程序重新申请验收。

第四章　监督管理

第二十二条 申请单位不得以欺骗、贿赂等手段提出申请或者通过许可；不得涂改、伪造防雷装置设计审核和竣工验收有关材料或者文件。

第二十三条 县级以上地方气象主管机构应当加强对防雷装置设计审核和竣工验收的监督与检查，建立健全监督制度，履行监督责任。公众有权查阅监督检查记录。

第二十四条 上级气象主管机构应当加强对下级气象主管机构防雷装置设计审核和竣工验收工作的监督检查，及时纠正违规行为。

第二十五条 县级以上地方气象主管机构进行防雷装置设计审核和竣工验收的监督检查时，不得妨碍正常的生产经营活动，不得索取或者收受任何财物和谋取其他利益。

第二十六条 单位和个人发现违法从事防雷装置设计审核和竣工验收活动时，有权向县级以上地方气象主管机构举报，县级以上地方气象主管机构应当及时核实、处理。

第二十七条 县级以上地方气象主管机构履行监督检查职责时，有权采取下列措施：

（一）要求被检查的单位或者个人提供有关建筑物建设规划许可、防雷装置设计图纸等文件和资料，进行查询或者复制；

（二）要求被检查的单位或者个人就有关建筑物防雷装置的设计、安装、检测、验收和投入使用的情况作出说明；

（三）进入有关建筑物进行检查。

第二十八条 县级以上地方气象主管机构进行防雷装置设计审核和竣工验收监督检查时，有关单位和个人应当予以支持和配合，并提供工作方便，不得拒绝与阻碍依法执行公务。

第二十九条 从事防雷装置设计审核和竣工验收的监督检查人员应当经过培训，经考核合格后，方可从事监督检查工作。

第五章 罚 则

第三十条 申请单位隐瞒有关情况、提供虚假材料申请设计审核或者竣工验收许可的，有关气象主管机构不予受理或者不予行政许可，并给予警告。

第三十一条 申请单位以欺骗、贿赂等不正当手段通过设计审核或者竣工验收的，有关气象主管机构按照权限给予警告，撤销其许可证书，可以处 1 万元以上 3 万元以下罚款；构成犯罪的，依法追究刑事责任。

第三十二条 违反本规定，有下列行为之一的，由县级以上气象主管机构按照权限责令改正，给予警告，可以处 5 万元以上 10 万元以下罚款；给他人造成损失的，依法承担赔偿责任；构成犯罪的，依法追究刑事责任：

（一）涂改、伪造防雷装置设计审核和竣工验收有关材料或者文件的；

（二）向监督检查机构隐瞒有关情况、提供虚假材料或者拒绝提供反映其活动情况的真实材料的；

（三）防雷装置设计未经有关气象主管机构核准，擅自施工的；

（四）防雷装置竣工未经有关气象主管机构验收合格，擅自投入使用的。

第三十三条 县级以上地方气象主管机构在监督检查工作中发现违法行为构成犯罪的，应当移送有关机关，依法追究刑事责任；尚构不成犯罪的，应当依法给予行政处罚。

第三十四条 国家工作人员在防雷装置设计审核和竣工验收工作中由于玩忽职守，导致重大雷电灾害事故的，由所在单位依法给予行政处分；构成犯罪的，依法追究刑事责任。

第三十五条 违反本规定，导致雷击造成火灾、爆炸、人员伤亡以及国家或者他人财产重大损失的，由主管部门给予直接责任人行政处分；构成犯罪的，依法追究刑事责任。

第六章　附　　则

第三十六条 各省、自治区、直辖市气象主管机构可以根据本规定制定实施细则，并报国务院气象主管机构备案。

第三十七条 本规定自 2011 年 9 月 1 日起施行。2005 年 4 月 1 日中国气象局公布的《防雷装置设计审核和竣工验收规定》同时废止。

附

《中华人民共和国行政许可法》有关条文

第三十二条 行政机关对申请人提出的行政许可申请，应当根据下列情况分别作出处理：

（一）申请事项依法不需要取得行政许可的，应当即时告知申请人不受理；

（二）申请事项依法不属于本行政机关职权范围的，应当即时作出不予受理的决定，并告知申请人向有关行政机关申请；

（三）申请材料存在可以当场更正的错误的，应当允许申请人当场更正；

（四）申请材料不齐全或者不符合法定形式的，应当当场或者在五日内一次告知申请人需要补正的全部内容，逾期不告知的，自收到申请材料之日起即为受理；

（五）申请事项属于本行政机关职权范围，申请材料齐全、符合法定形式，或者申请人按照本行政机关的要求提交全部补正申请材料的，应当受理行政许可申请。

行政机关受理或者不予受理行政许可申请，应当出具加盖本行政机关专用印章和注明日期的书面凭证。

附表：（略，详情请登录气象局网站）

1.《防雷装置设计审核申报表》（初步设计）
2.《防雷装置设计审核申报表》（施工图设计）
3.《防雷装置设计审核申请书》（初步设计/施工图设计）
4.《防雷装置初步设计核准意见书》
5.《防雷装置设计审核资料补正通知》（初步设计）
6.《防雷装置设计审核资料补正通知》（施工图设计）
7.《防雷装置设计审核受理回执》（初步设计/施工图设计）
8.《防雷装置设计核准意见书》
9.《防雷装置设计修改意见书》

10.《防雷装置竣工验收申请书》

11.《防雷装置竣工验收资料补正通知》

12.《防雷装置竣工验收受理回执》

13.《防雷装置验收意见书》

14.《防雷装置整改意见书》

国家安全生产监督管理总局令
第 36 号

《建设项目安全设施“三同时”监督管理暂行办法》已经 2010 年 11 月 3 日国家安全生产监督管理总局局长办公会议审议通过，现予公布，自 2011 年 2 月 1 日起施行。

局长　骆琳

2010 年 12 月 14 日

建设项目安全设施“三同时”监督管理办法

（2010 年 12 月 14 日国家安全监管总局令第 36 号公布　根据 2015 年 4 月 2 日国家安全监管总局令第 77 号修正）

目　　录

第一章　总　　则

第一条　为加强建设项目安全管理，预防和减少生产安全事故，保障从业人员生命和财产安全，根据《中华人民共和国安全生产法》和《国务院关于进一步加强企业安全生产工作的通知》等法律、行政法规和规定，制定本办法。

第二条　经县级以上人民政府及其有关主管部门依法审批、核准或者备案的生产经营单位新建、改建、扩建工程项目（以下统称建设项目）安全设施的建设及其监督管理，适用本办法。

法律、行政法规及国务院对建设项目安全设施建设及其监督管理另有规定的，依照其规定。

第三条 本办法所称的建设项目安全设施，是指生产经营单位在生产经营活动中用于预防生产安全事故的设备、设施、装置、构(建)筑物和其他技术措施的总称。

第四条 生产经营单位是建设项目安全设施建设的责任主体。建设项目安全设施必须与主体工程同时设计、同时施工、同时投入生产和使用(以下简称“三同时”)。安全设施投资应当纳入建设项目概算。

第五条 国家安全生产监督管理总局对全国建设项目安全设施“三同时”实施综合监督管理，并在国务院规定的职责范围内承担有关建设项目安全设施“三同时”的监督管理。

县级以上地方各级安全生产监督管理部门对本行政区域内的建设项目安全设施“三同时”实施综合监督管理，并在本级人民政府规定的职责范围内承担本级人民政府及其有关主管部门审批、核准或者备案的建设项目安全设施“三同时”的监督管理。

跨两个及两个以上行政区域的建设项目安全设施“三同时”由其共同的上一级人民政府安全生产监督管理部门实施监督管理。

上一级人民政府安全生产监督管理部门根据工作需要，可以将其负责监督管理的建设项目安全设施“三同时”工作委托下一级人民政府安全生产监督管理部门实施监督管理。

第六条 安全生产监督管理部门应当加强建设项目安全设施建设的日常安全监管，落实有关行政许可及其监管责任，督促生产经营单位落实安全设施建设责任。

第二章 建设项目安全预评价

第七条 下列建设项目在进行可行性研究时，生产经营单位应当按照国家规定，进行安全预评价：

(一) 非煤矿矿山建设项目；

(二) 生产、储存危险化学品(包括使用长输管道输送危险化学品，下同)的建设项目；

(三) 生产、储存烟花爆竹的建设项目；

(四) 金属冶炼建设项目；

(五) 使用危险化学品从事生产并且使用量达到规定数量的化工建设项目(属于危险化学品生产的除外，以下简称化工建设项目)；

(六) 法律、行政法规和国务院规定的其他建设项目。

第八条 生产经营单位应当委托具有相应资质的安全评价机构，对其建设项目进行安全预评价，并编制安全预评价报告。

建设项目安全预评价报告应当符合国家标准或者行业标准的规定。

生产、储存危险化学品的建设项目和化工建设项目安全预评价报告除符合本条第二款的规定外，还应当符合有关危险化学品建设项目的规定。

第九条 本办法第七条规定以外的其他建设项目，生产经营单位应当对其安全生产条件和设施进行综合分析，形成书面报告备查。

第三章 建设项目安全设施设计审查

第十条 生产经营单位在建设项目初步设计时，应当委托有相应资质的初步设计单位对建设项目安全设施同时进行设计，编制安全设施设计。

安全设施设计必须符合有关法律、法规、规章和国家标准或者行业标准、技术规范的规定，并尽可能采用先进适用的工艺、技术和可靠的设备、设施。本办法第七条规定的建设项目安全设施设计还应当充分考虑建设项目安全预评价报告提出的安全对策措施。

安全设施设计单位、设计人应当对其编制的设计文件负责。

第十一条 建设项目安全设施设计应当包括下列内容：

（一）设计依据；

（二）建设项目概述；

（三）建设项目潜在的危险、有害因素和危险、有害程度及周边环境安全分析；

（四）建筑及场地布置；

（五）重大危险源分析及检测监控；

（六）安全设施设计采取的防范措施；

（七）安全生产管理机构设置或者安全生产管理人员配备要求；

（八）从业人员安全生产教育和培训要求；

（九）工艺、技术和设备、设施的先进性和可靠性分析；

（十）安全设施专项投资概算；

（十一）安全预评价报告中的安全对策及建议采纳情况；

（十二）预期效果以及存在的问题与建议；

（十三）可能出现的事故预防及应急救援措施；

（十四）法律、法规、规章、标准规定需要说明的其他事项。

第十二条 本办法第七条第（一）项、第（二）项、第（三）项、第（四）项规定的建设项目安全设施设计完成后，生产经营单位应当按照本办法第五条的规定向安全生产监督管理部门提出审查申请，并提交下列文件资料：

（一）建设项目审批、核准或者备案的文件；

（二）建设项目安全设施设计审查申请；

（三）设计单位的设计资质证明文件；

（四）建设项目安全设施设计；

（五）建设项目安全预评价报告及相关文件资料；

（六）法律、行政法规、规章规定的其他文件资料。

安全生产监督管理部门收到申请后，对属于本部门职责范围内的，应当及时进行审查，并在收到申请后5个工作日内作出受理或者不予受理的决定，书面告知申请人；对不属于本部门职责范围内的，应当将有关文件资料转送有审查权的安全生产监督管理部门，并书面告知申请人。

第十三条 对已经受理的建设项目安全设施设计审查申请，安全生产监督管理部门应当自受理之日起20个工作日内作出是否批准的决定，并书面告知申请人。20个工作日内不能作出决定的，经本部门负责人批准，可以延长10个工作日，并应当将延长期限的理由书面告知申请人。

第十四条 建设项目安全设施设计有下列情形之一的，不予批准，并不得开工建设：

（一）无建设项目审批、核准或者备案文件的；

（二）未委托具有相应资质的设计单位进行设计的；

（三）安全预评价报告由未取得相应资质的安全评价机构编制的；

（四）设计内容不符合有关安全生产的法律、法规、规章和国家标准或者行业标准、技术规范的规定的；

（五）未采纳安全预评价报告中的安全对策和建议，且未作充分论证说明的；

（六）不符合法律、行政法规规定的其他条件的。

建设项目安全设施设计审查未予批准的，生产经营单位经过整改后可以向原审查部门申请再审。

第十五条 已经批准的建设项目及其安全设施设计有下列情形之一的，生产经营单位应当报原批准部门审查同意；未经审查同意的，不得开工建设：

（一）建设项目的规模、生产工艺、原料、设备发生重大变更的；

（二）改变安全设施设计且可能降低安全性能的；

（三）在施工期间重新设计的。

第十六条 本办法第七条第（一）项、第（二）项、第（三）项和第（四）项规定以外的建设项目安全设施设计，由生产经营单位组织审查，形成书面报告备查。

第四章　建设项目安全设施施工和竣工验收

第十七条　建设项目安全设施的施工应当由取得相应资质的施工单位进行，并与建设项目主体工程同时施工。

施工单位应当在施工组织设计中编制安全技术措施和施工现场临时用电方案，同时对危险性较大的分部分项工程依法编制专项施工方案，并附具安全验算结果，经施工单位技术负责人、总监理工程师签字后实施。

施工单位应当严格按照安全设施设计和相关施工技术标准、规范施工，并对安全设施的工程质量负责。

第十八条　施工单位发现安全设施设计文件有错漏的，应当及时向生产经营单位、设计单位提出。生产经营单位、设计单位应当及时处理。

施工单位发现安全设施存在重大事故隐患时，应当立即停止施工并报告生产经营单位进行整改。整改合格后，方可恢复施工。

第十九条　工程监理单位应当审查施工组织设计中的安全技术措施或者专项施工方案是否符合工程建设强制性标准。

工程监理单位在实施监理过程中，发现存在事故隐患的，应当要求施工单位整改；情况严重的，应当要求施工单位暂时停止施工，并及时报告生产经营单位。施工单位拒不整改或者不停止施工的，工程监理单位应当及时向有关主管部门报告。

工程监理单位、监理人员应当按照法律、法规和工程建设强制性标准实施监理，并对安全设施工程的工程质量承担监理责任。

第二十条　建设项目安全设施建成后，生产经营单位应当对安全设施进行检查，对发现的问题及时整改。

第二十一条　本办法第七条规定的建设项目竣工后，根据规定建设项目需要试运行(包括生产、使用，下同)的，应当在正式投入生产或者使用前进行试运行。

试运行时间应当不少于30日，最长不得超过180日，国家有关部门有规定或者特殊要求的行业除外。

生产、储存危险化学品的建设项目和化工建设项目，应当在建设项目试运行前将试运行方案报负责建设项目安全许可的安全生产监督管理部门备案。

第二十二条　本办法第七条规定的建设项目安全设施竣工或者试运行完成后，生产经营单位应当委托具有相应资质的安全评价机构对安全设施进行验收评价，并编制建设项目安全验收评价报告。

建设项目安全验收评价报告应当符合国家标准或者行业标准的规定。

生产、储存危险化学品的建设项目和化工建设项目安全验收评价报告除符合本条第二款的规定外，还应当符合有关危险化学品建设项目的规定。

第二十三条 建设项目竣工投入生产或者使用前，生产经营单位应当组织对安全设施进行竣工验收，并形成书面报告备查。安全设施竣工验收合格后，方可投入生产和使用。

安全监管部门应当按照下列方式之一对本办法第七条第(一)项、第(二)项、第(三)项和第(四)项规定建设项目的竣工验收活动和验收结果的监督核查：

(一)对安全设施竣工验收报告按照不少于总数10%的比例进行随机抽查；

(二)在实施有关安全许可时，对建设项目安全设施竣工验收报告进行审查。

抽查和审查以书面方式为主。对竣工验收报告的实质内容存在疑问，需要到现场核查的，安全监管部门应当指派两名以上工作人员对有关内容进行现场核查。工作人员应当提出现场核查意见，并如实记录在案。

第二十四条 建设项目的安全设施有下列情形之一的，建设单位不得通过竣工验收，并不得投入生产或者使用：

(一)未选择具有相应资质的施工单位施工的；

(二)未按照建设项目安全设施设计文件施工或者施工质量未达到建设项目安全设施设计文件要求的；

(三)建设项目安全设施的施工不符合国家有关施工技术标准的；

(四)未选择具有相应资质的安全评价机构进行安全验收评价或者安全验收评价不合格的；

(五)安全设施和安全生产条件不符合有关安全生产法律、法规、规章和国家标准或者行业标准、技术规范规定的；

(六)发现建设项目试运行期间存在事故隐患未整改的；

(七)未依法设置安全生产管理机构或者配备安全生产管理人员的；

(八)从业人员未经过安全生产教育和培训或者不具备相应资格的；

(九)不符合法律、行政法规规定的其他条件的。

第二十五条 生产经营单位应当按照档案管理的规定，建立建设项目安全设施"三同时"文件资料档案，并妥善保存。

第二十六条 建设项目安全设施未与主体工程同时设计、同时施工或者同时投入使用的，安全生产监督管理部门对与此有关的行政许可一律不予审批，同时责令生产经营单位立即停止施工、限期改正违法行为，对有关生产经营单位和人员依法给予行政处罚。

第五章　法律责任

第二十七条　建设项目安全设施“三同时”违反本办法的规定，安全生产监督管理部门及其工作人员给予审批通过或者颁发有关许可证的，依法给予行政处分。

第二十八条　生产经营单位对本办法第七条第(一)项、第(二)项、第(三)项和第(四)项规定的建设项目有下列情形之一的，责令停止建设或者停产停业整顿，限期改正；逾期未改正的，处50万元以上100万元以下的罚款，对其直接负责的主管人员和其他直接责任人员处2万元以上5万元以下的罚款；构成犯罪的，依照刑法有关规定追究刑事责任：

(一)未按照本办法规定对建设项目进行安全评价的；

(二)没有安全设施设计或者安全设施设计未按照规定报经安全生产监督管理部门审查同意，擅自开工的；

(三)施工单位未按照批准的安全设施设计施工的；

(四)投入生产或者使用前，安全设施未经验收合格的。

第二十九条　已经批准的建设项目安全设施设计发生重大变更，生产经营单位未报原批准部门审查同意擅自开工建设的，责令限期改正，可以并处1万元以上3万元以下的罚款。

第三十条　本办法第七条第(一)项、第(二)项、第(三)项和第(四)项规定以外的建设项目有下列情形之一的，对有关生产经营单位责令限期改正，可以并处5000元以上3万元以下的罚款：

(一)没有安全设施设计的；

(二)安全设施设计未组织审查，并形成书面审查报告的；

(三)施工单位未按照安全设施设计施工的；

(四)投入生产或者使用前，安全设施未经竣工验收合格，并形成书面报告的。

第三十一条　承担建设项目安全评价的机构弄虚作假、出具虚假报告，尚未构成犯罪的，没收违法所得，违法所得在10万元以上的，并处违法所得二倍以上五倍以下的罚款；没有违法所得或者违法所得不足10万元的，单处或者并处10万元以上20万元以下的罚款，对其直接负责的主管人员和其他直接责任人员处2万元以上5万元以下的罚款；给他人造成损害的，与生产经营单位承担连带赔偿责任。

对有前款违法行为的机构，吊销其相应资质。

第三十二条　本办法规定的行政处罚由安全生产监督管理部门决定。法律、行政法规对行政处罚的种类、幅度和决定机关另有规定的，依照其规定。

安全生产监督管理部门对应当由其他有关部门进行处理的“三同时”问题，应当及时移送有关部门并形成记录备查。

第六章　附　　则

第三十三条　本办法自 2011 年 2 月 1 日起施行。

国家安全监管总局办公厅关于印发陆上石油天然气长输管道建设项目安全设施设计编制导则(试行)的通知

安监总厅管三〔2015〕82号

各省、自治区、直辖市及新疆生产建设兵团安全生产监督管理局，有关中央企业：

为规范和指导全国陆上石油天然气长输管道建设项目(以下简称建设项目)安全设施设计工作，国家安全监管总局组织编制了《陆上石油天然气长输管道建设项目安全设施设计编制导则(试行)》，现印发给你们(可在国家安全监管总局政府网站下载)，请督促有关单位遵照执行，并就有关事项通知如下：

一、通知印发之日前，已经编制但尚未作为建设项目安全许可申请材料提交给建设项目安全许可实施部门的建设项目安全设施设计，请按照本通知要求修改和完善。

二、请将本通知转发给辖区(或者所属)有关石油天然气长输管道企业，以及从事建设项目安全设施的设计、施工的设计、施工和监理单位。

三、在试行过程中如发现问题，请及时函告国家安全监管总局监管三司。

附件：陆上石油天然气长输管道建设项目安全设施设计编制导则(试行)

安全监管总局办公厅

2015年8月22日

陆上石油天然气长输管道建设项目安全设施设计编制导则(试行)

1　适用范围

本导则适用于中华人民共和国境内新建、改建、扩建的陆上石油天然气长输管道(以下简称油气管道)及其辅助储存设施建设项目安全设施设计的编制。油气管道起始点为：海上油气田输出的油气管道，以陆岸终端出站点为起点；进口油气管道，以进国境首站为起点；陆上油气田(厂)输出的油气管道，以油气管道首站为起点。油气管道终点为与下游用户(包括炼油厂、港口码头、油库、城镇燃气门站等)计量交接的末站或分输站。

2　术语和定义

2.1　油气管道

油气管道是指输送石油和天然气(石油包括原油、成品油和液化石油气<LPG>，天然气包括天然气、煤制气和页岩气等)的管道及其附属设施(不包括城镇燃气管道和炼油、化工等企业厂区内管道)。

2.2　安全设施

安全设施是指在油气管道输送过程中用于预防、控制、减少和消除事故所采用的设备、设施及其他技术措施的总称。

3　设计依据

3.1　建设项目批复文件

列出建设项目的审批、核准(备案)文件，可研批复，安全条件审查意见书和初步设计委托书，并标注文号。

3.2　国家、行业及地方相关法律、法规、规章及规范性文件

列出建设项目适用的现行国家、行业及地方有关安全生产的相关法律、法规、规章及规范性文件，宜按法律-法规-规章-规范性文件顺序排列，并标注发布机构、文号和施行日期。包括但不限于：

《中华人民共和国安全生产法》

《中华人民共和国特种设备安全法》

《中华人民共和国防震减灾法》

《中华人民共和国石油天然气管道保护法》

《中华人民共和国文物保护法》

《中华人民共和国水土保持法》

《中华人民共和国防洪法》

《中华人民共和国消防法》

《中华人民共和国水法》

《中华人民共和国森林法》

《中华人民共和国土地管理法》

《中华人民共和国突发事件应对法》

《公路安全保护条例》

《铁路安全管理条例》

《电力设施保护条例》

《危险化学品安全管理条例》

《危险化学品建设项目安全监督管理办法》

《防雷减灾管理办法》

3.3　国家、行业及其他相关标准、规范

列出建设项目引用的有关安全的国家、行业及其他相关标准、规范，名称后应标注标准号和年号，宜按国家标准-行业标准-其他相关标准、规范的顺序排列，并按照专业进行排序。国家标准和行业标准没有明确要求时，其他相关标准可作为参考标准。

3.4　项目其他相关文件

列出建设项目地质勘察报告、地质灾害危险性评估报告、地震安全性评价报告、压覆矿产资源评估报告、水土保持方案、环境影响评价、初步设计以及其他有关安全设施设计的文件清单，并标注文件名称、编制单位和日期等。已获得批复的评估报告，应列出批复文件。

4　建设项目概况

4.1　项目概况

简要介绍建设单位情况。

说明建设项目建设时间及起、终点，线路总体走向和途经地区，输送介质，设计输量，管道设计压力、管径、管材、长度及站场和阀室的性质、数量，总体技术水平以及总投资等。

4.2　工程和设计界面

说明建设项目的建设范围及设计分工，是否存在分期建设，新建工程与上下游衔接工程或改(扩)建项目与在役项目的设计界面。对于地方性小项目，应说明总体规划到位情况。

4.3　输送介质

介绍建设项目输送介质的性质。列出原油性质表、原油改性前后的粘温曲线数据表、成品油性质表、天然气物性表、油品(或天然气)输送量预测表等。

4.4　输送工艺

介绍建设项目的输送工艺。

4.5　线路工程

4.5.1　线路走向

简要介绍线路走向方案，沿线规划及人口密集区域情况，附线路走向示意图，对于输油管道，应附纵断面图。

4.5.2　沿线自然条件和社会人文条件

说明项目沿线的行政区划、地区等级(输气管道)、地形地貌、地质条件及地质灾害分布、水文地质、气象条件、地震及断裂带等情况。应采用文字描述，同时配以下表格分开统计。

4.5.2.1　行政区划

表1　行政区划统计表

<table>
<tr><th>序号</th><th>省/自治区/直辖市</th><th>地级市</th><th>县/区</th><th>长度(km)</th></tr>
<tr><td>1</td><td rowspan="5"></td><td rowspan="3"></td><td></td><td></td></tr>
<tr><td>2</td><td></td><td></td></tr>
<tr><td>3</td><td></td><td></td></tr>
<tr><td>4</td><td rowspan="2"></td><td></td><td></td></tr>
<tr><td>5</td><td></td><td></td></tr>
<tr><td>6</td><td rowspan="3"></td><td></td><td></td><td></td></tr>
<tr><td>7</td><td rowspan="2"></td><td></td><td></td></tr>
<tr><td>8</td><td></td><td></td></tr>
<tr><td>9</td><td>……</td><td>……</td><td>……</td><td>……</td></tr>
</table>

4.5.2.2　地区等级(输气管道)

表2　地区等级统计表

序号	行政区划	一级地区（km）	二级地区（km）	三级地区（km）	四级地区（km）	合计
1						
2						
…						
总计						

4.5.2.3　地形地貌

表3　地形地貌统计表

序号	地貌类型	线路长度(km)	百分比
1	平原		
2	沟谷		
3	丘陵		
4	沟壑		
5	山区		
6	水网		
7	……	……	……
总计			

4.5.2.4　地质条件

说明管道沿线主要地质条件、地质灾害的分布与特点。

表4　主要地质灾害统计表

序号	地质灾害类型	起止桩号	地理位置	危害等级	与管道间的间距（km）	影响线路长度（km）	备注
1	危岩和崩塌						
2	滑　坡						
3	泥石流						
4	不稳定斜坡						
5	岩　溶						
6	盐渍土						
…							
合　计							

4.5.2.5　水文地质

说明管道穿越河流水系的主要水文地质情况(包括沿线土壤电阻率及地下水位等)。

4.5.2.6　气象条件

表5　气象条件

要　素		地　名		
		××县	××县	……
气温（℃）	多年平均			
	极端最高			
	极端最低			
年降水量(mm)	多年平均			
	最多			
	最少			
风速(m/s)	多年平均			
	最　大			
	主导风向			
相对湿度(%)				
多年平均日照数(h)				
多年平均年蒸发量(mm)				
季节性冻土标准冻深(cm)				
雷暴日(天)				

4.5.2.7　地震及断裂带

根据地震安全性评价，用表格列出管道沿线50年超越概率为10%、5%水平的地震动峰值加速度。

表6　地震加速度峰值统计

序号	区段	起止桩号	管道长度(km)	地震峰值加速度
1				
2				
3				
4				

根据地震安全性评价，说明管道断裂带情况。

表7　活动断裂带统计

编号	断裂名称	性质	破碎带宽度(m)	未来100年突发事件可能性	预测未来100年的突发位错量	与管道交角	建议设防宽度(m)	行政区划
1								
2								

4.5.3　线路主要方案

简要说明线路设计主要方案，包括管道敷设、管材选取、阀室设置、穿跨越方案、焊接及检验、防腐与补口、清管试压、水工保护与水土保持、管道标识、伴行道路等。

4.6　站场工程

列出站场设置一览表，并简要介绍站场工艺流程及主要工艺设备。

4.7　阀室布置

说明油气管道沿线阀室的设置情况，说明阀室类型、数量和间距等。

4.8　配套工程

简要说明建设项目自控、通信、供配电、防腐与保温、给排水与消防、采暖通风等方面的技术方案。

4.9　建设项目外部依托条件

按线路走向说明建设项目水、电、消防和医疗等外部依托条件。

4.10　建设项目所在地的周边情况

简要描述建设项目站场所在地的周边情况。

4.11　重大变更情况

相比可研设计，说明初步设计中的重大变更内容。

5 建设项目危险和有害因素分析

此章节可引用安全预评价报告中的内容，识别建设项目危险和有害因素，对初步设计中新发现的危险和有害因素应进行明确区分并分别叙述。

突出识别影响管道系统安全的危害因素和评价管道系统失效后的后果。

5.1 输送介质危险性分析

列表说明输送介质的特性，包括可燃性、爆炸性(说明爆炸极限)、毒性和腐蚀性的危险类别等，基本数据要求详见表8《输送介质数据表》。

表8 输送介质数据表

物料名称	危险化学品分类	相态	密度	沸点（℃）	凝点（℃）	闪点（℃）	自燃点（℃）	职业接触限值	毒性等级	爆炸极限（v%）	火灾危险性分类	危害特性

5.2 管道线路危险和有害因素分析

根据工程特点，结合各大评价报告结论、勘察资料、地质灾害工作成果，分别对建设项目自身、自然灾害及社会因素等方面进行危险和有害因素分析。相关叙述宜结合以上资料分析说明。

可参考以下几个方面叙述，包括但不限于：

a）自身的危险和有害因素分析

1）应力腐蚀开裂；

2）CO_2腐蚀失效；

3）外部腐蚀穿孔；

4）管道及管道敷设缺陷隐患

b）自然灾害的危险和有害因素分析

1）地震及断裂；

2）滑坡与崩塌；

3）泥石流；

4）地面沉降与地裂缝；

5）湿陷性黄土；

6）液化沙土；

7）盐渍土；

8）膨胀土；

9）冻土；

10）采空区；

11）洪水；

12）大风；

13）雷电；

14）雪崩；

15）环境腐蚀性（包括土壤腐蚀性、交直流干扰腐蚀的风险分析等）

c）穿（跨）越存在的危险和有害因素分析

1）河流大、中型穿（跨）越

对于穿越工程，针对穿越附近的挖沙、采石、河道疏浚、整治、通航抛锚、洪水冲刷、隧道内有害气体、结构抗震等因素进行分析。

对于跨越工程，还应针对河中桥墩受到的漂浮物撞击、船舶撞击、洪水一般及局部冲刷、冰凌作用、桥梁通航净空、跨桥结构遭受强风、地震、裹冰作用、极端气温、不良地质、腐蚀环境等因素进行分析。

2）隧道穿越

针对洞口地质灾害、隧道内有害气体、结构抗震、极端温差等因素进行分析。

3）公路、铁路穿（跨）越

针对管道穿越公路、铁路段地表沉降、阴极保护等因素进行分析。

d）社会危险和有害因素分析

1）第三方破坏；

2）人为经济活动引发和加剧自然灾害；

3）沿线采砂、采矿。

e）管道并行和交叉的危险有害因素分析

分析管道与管道、高压输电线路、电气化铁路等的并行与交叉的危险和有害因素。

5.3　输送站场危险和有害因素分析

分析输送工艺、工艺设备、平面布置可能产生的危险和有害因素。

输油管道应对水击、凝管等安全影响因素进行分析说明。成品油管道应重点对混油分馏装置进行分析说明。输气管道应对站内放空、冰堵、应力等安全影响因素进行分析说明，重点对中间截断阀室放空及爆炸火灾危险进行分析说明。

5.4　危险源及危险和有害因素的主要作业场所

说明上述5.2及5.3条中危险源及危险和有害因素存在的主要作业场所。

5.5　火灾危险性分类和爆炸危险区域划分

说明站场各区域火灾危险性分类和爆炸危险区域划分。

5.6　施工过程危险和有害因素分析

分析施工过程可能存在的危险和有害因素，包括可能发生洪水、雷击、雪崩、滑坡、塌方、泥石流等外部灾害风险；火灾、爆炸、坍塌、机械伤害、物体打击、起重伤害、电气事故、物理爆炸、灼烫、中毒与窒息、冒顶、落石、涌水、涌沙、设备操作风险、高空坠落、堤防沉降、车辆伤害等施工本身风险。

5.7　运营阶段危险和有害因素分析

分析项目运营阶段可能造成作业人员伤亡的危险和有害因素，如火灾、爆炸、中毒、粉尘、窒息、腐蚀、噪声、高温、低温、误操作、振动、坠落、机械伤害、放射性辐射等。

5.8　建设项目相互间的影响及可能产生的危险和有害因素

对于改(扩)建、合建、毗邻的油气管道建设项目，应分析各管道工程相互间的影响及可能产生的危险和有害因素，与在役站场管道动火连头以及与其他系统、相邻设施衔接等，并说明主要分析结果。

5.9　安全评价及其他安全风险分析结果

说明建设项目开展的安全评价和危险与可操作性(HAZOP)研究或其他安全风险分析等报告的主要分析结果。

6　设计采取的安全防护措施

设计采取的安全防护措施应根据建设项目的特点和建设项目危险和有害因素分析的结果，严格执行现行国家、行业及地方相关法律、法规、标准、规范、规定的要求，基于本质安全设计、事故预防优先、可靠性优先等设计原则，采取具有针对性、可操作性和经济合理的安全防护措施。

6.1　管道

6.1.1　管道设计安全原则

说明管道设计所遵循的原则及主要关注安全因素。

6.1.2　管道本体安全

说明管道本体的安全防护措施，包括强度设计系数、用管选择、主要技术条件、壁厚计算与强度稳定性校核、焊接检验、清管测径试压干燥方案等。

6.1.3　管道敷设安全

说明管道敷设方式、埋深、边坡等安全防护措施。

6.1.4　管道通过人口密集区、规划区等敏感区域安全措施

列表说明管道线路与人口密集区、城镇规划区、重要公共设施、交通设施、军事禁区与管理区及其他重要场所等对象的关系，说明管道的安全情况、措施及评价结论。

表 9　建设项目与(人口密集区、城镇规划区等)关系表

序号	位置	对象名称	长度（m）	最小间距/穿越长度（m）	设计措施	合法合规性分析/评价结论
1						
2						
……	……		……	……	……	……

6.1.5　管道通过地质灾害区安全措施

列表说明沿线地质灾害情况及采取的安全防护措施。

表 10　主要地质灾害安全措施表

序号	地质灾害类型	起止桩号	地理位置	影响线路长度（km）	采取的措施
1	危岩和崩塌				
2	滑　坡				
3	泥石流				
4	不稳定斜坡				
5	岩　溶				
…					
合　计					

6.1.6　管道与公路、铁路、其他油气管道并行与交叉安全措施

说明管道与公路、铁路、其他油气管道并行与交叉采取的安全措施，符合法律、法规、标准、规范情况。

6.1.7　管道与高压输电线路及电气化铁路并行与交叉安全措施

列表说明管道与高压输电线路、电气化铁路等公共设施并行与交叉采取的安全措施。

表 11　与高压电力线和电气化铁路并行段统计表

序号	名称（等级、电压）	所在区域位置	并行范围	并行长度（km）	备注
1	高压电力线				
2	电气化铁路				
…					

6.1.8　线路截断阀室设置

列表说明沿线阀室的设置情况，备注重要大型穿跨越情况。

表 12　管道阀室设置统计表

序号	阀室名称及编号	类型	位置描述	间距（km）	主要地区等级（输气管道）	备注
1						
2						
3						
…						

6.1.9　管道伴行道路

说明管道伴行道路的设置情况。

6.1.10　管道标识与安全警示

说明管道标识与安全警示的设置情况。

6.1.11　线路设计其他安全措施

以上安全防护措施，应针对项目自身特点，选取典型案例详细说明。

6.2　穿(跨)越

6.2.1　河流大、中型穿(跨)越

列表说明河流大、中型穿(跨)越工程情况(见表 13)。

表 13　河流大、中型穿(跨)越工程统计表

序号	河流名称	位置	方式	管道设计埋深（m）	长度（m）	用管（管径×壁厚）（mm×mm）	穿跨越工程等级	备注
1								
2								
…								

选取典型穿(跨)越工程，简述工程地质、水文地质情况、特殊环境条件、地方部门特殊安全要求，设计采用的穿(跨)越方案。

针对管道穿(跨)越工程，除在线路中提及的安全措施外，还应针对具体情况说明其关键构件或危险部位的安全余量、安全系数或额外措施，如管道埋深、工程等级、设计系数等，工程结构或管道在防震、防撞、防冲刷等方面采取的措施，安全防范等级及具体措施，以及在特殊情况下，要求运营单位制定应急预案及配备拦油、吸油设施等。

6.2.2　山岭隧道穿越

列表说明山岭隧道穿越工程情况(见表 14)。

表 14　山岭隧道穿越工程统计表

序号	隧道名称	位置	用管 （管径×壁厚） （mm×mm）	管道 敷设方式	隧道尺寸 （m）	隧道长度（m）	备注
1							
2							
…							

选取典型山岭隧道穿越工程，简述工程地质、水文地质情况、洞口情况及隧道结构方案。

针对隧道穿越存在的具体风险，除在线路中提及的安全措施外，还应说明在结构抗震、管道补偿设计，设置远程监视、检测设施，提出巡检、值守、日常检查维护频次，以及进入密闭空间前检测有害气体和通风要求等方面采取的安全防护措施。

6.2.3　公路、铁路穿（跨）越

列表说明公路（二级以上）和铁路穿（跨）越情况（见表 15 和表 16）。

表 15　公路穿（跨）越工程统计表

序号	公路名称	位置	穿（跨）越长度 （m）	穿（跨）越方式	备注
1					
2					
…					

表 16　铁路穿（跨）越工程统计表

序号	铁路名称	位置	穿（跨）越长度 （m）	穿（跨）越方式	备注
1					
2					
…					

说明设计从穿越位置选择、穿越方案、工程地质及水文地质情况、管材选取、焊接与检验、试压、防腐与阴极保护、通风、安全标识等方面采取的安全防护措施。

6.3　工艺系统

6.3.1　工艺方案

6.3.1.1　输油管道

应说明采用的输送工艺方案，采取的安全防护措施，包括但不限于：

a）预防凝管的措施，包括保温加热、加降凝剂等；

b）水击保护措施；

c）防止管道高点拉空(液柱分离)的措施，若翻越点后采用不满流设计方案应说明其安全可靠性；

d）管道泄漏事故工况下的措施。

6.3.1.2　输气管道

应说明采用的输送工艺方案，采取的安全防护措施，包括管道泄漏事故工况下的措施等。

6.3.2　工艺与储运设施

6.3.2.1　输油管道

应说明采取的安全防护措施，包括但不限于：

a）站场内设计压力分界处采取的措施；

b）站场发生紧急情况时采取的措施，包括截断、泄压等；

c）站场工艺运行参数(压力、流量、温度、液位等)超出限定值时采取的措施；

d）管道内流体停止流动时，防止静压超压的措施；

e）管道内流体停止流动时，加热设施防止超温、超压的措施；

f）离心泵防气蚀的措施；

g）开车、停车时防低温冻结、冻裂的措施；

h）站内其他主要设备的安全措施，包括容器、储罐等。

6.3.2.2　输气管道

应说明采取的安全防护措施，包括但不限于：

a）站场内设计压力分界处采取的措施；

b）站场发生紧急情况时采取的措施，包括截断、泄放等；

c）站场工艺运行参数(压力、流量、温度、液位等)超出限定值时采取的措施；

d）站场、阀室放空系统的安全可靠性，包括放空管的可燃气体扩散范围、具有点火功能的放空管的热辐射影响范围以及防止热辐射措施等。高低压放空采用同一系统时，采取的安全措施；

e）站内加热设施防止超温、超压的措施；

f）防止管内积液、冰堵及局部节流引起土壤冻胀的措施；

g）离心式压缩机防喘振措施；

h）开车、停车时防低温冻结、冻裂的措施；

i）站内其他主要设备的安全措施，包括清管、容器维护时防自燃、爆炸的措施等。

6.4　站场区域和总平面布置

6.4.1　站场选址区域安全性

说明建设项目与界外设施的主要间距、标准规范符合性及采取的安全防护措施。列表说明各站场安全距离的合规性(见表17、18)。

6.4.2　站场总平面及竖向布置

说明站场总平面及竖向布置的安全考虑，包括功能分区、风向、间距、高程、交通等。

对于可能存在洪水隐患的站场，应说明站场防洪标准、设计标高与当地历史最高洪水位的关系以及防洪措施。

6.4.3　站内主要设施防火间距

说明站场总平面布置的主要防火间距及标准规范符合情况，列表说明站内设施防火距离(见表19)。

表17　站场与周边设施防火间距合规性一览表

站场名称	类型	100人以上居住区、村镇、公共福利设施	100人以下的散居房屋	相邻厂矿企业	铁路线	公路	35kV及以上独立变电所	架空电力线	架空通信线	爆炸作业场地
××站(×级站)	标准要求									
	现状距离									
	设计距离									
	拆迁情况									
…										

注1：标准要求指规范中该等级站场的相关区域布置防火间距值。其中，铁路、公路、架空电力线路、架空通信线路应按规范在距离后注明其等级；现状距离指从站场起算点到最近的相关设施起算点的水平距离，当不符合规范要求时需要对相关设施进行拆迁。设计距离是指按规范要求设计的距离，可能大于规范要求，也可能需要拆迁相关设施。

注2：当法律/法规/规章/规范同时对某一安全间距都有要求，并有冲突的，要坚持“从严从高设计原则”。

表 18　输气管道站场放空管与周边设施间距合规性一览表

站场名称	类型	100 人以上居住区、村镇、公共福利设施	100 人以下的散居房屋	相邻厂矿企业	国家铁路线	高速公路	其他公路	架空电力线及国家Ⅰ、Ⅱ级通信线	其他通信线	爆炸作业场地
××站放空管	标准要求									
	现状距离									
	设计距离									
	拆迁情况									
…										

注：标准要求指规范中放空管区域布置防火间距值。其中，铁路、公路、架空电力线路、架空通信线路应按规范在距离后注明其等级；现状距离指从放空管中心到最近的相关设施起算点的水平距离，当不符合规范要求时需要对相关设施进行拆迁。设计距离是指按规范要求设计的距离，可能大于规范要求，也可能需要拆迁相关设施。

表 19　××站站内主要设施防火距离合规性一览表

序号	设施名称	相邻设施的间距要求和设计距离(m)												备注
		上			下			左			右			
		设施名称	要求	设计	设施名称	要求	设计	设施名称	要求	设计	设施名称	要求	设计	
1														
2														
3														
4														
5														
6														
…														

注 1：站内有安全距离要求的设施均应列入此表。

注 2：表中上、下、左和右指图纸上相邻设施的方位，同一方向有多个相邻设施时，应分行列出。

注 3：“要求”指法律法规、标准规范所确定的距离，无间距要求的填写“—”号；“设计”指图纸上的设计距离。

6.4.4　安全通道

说明站场消防道路、安全疏散通道及出口的设置情况。

6.5　设备及管道

根据工程需要，说明压力容器、设备及管道设计与国家法规及标准的符合性。若本工程有进口压力容器，需说明是否满足国家强制性规定的情况。

列出建设项目主要设备和特种设备一览表。

6.6　防腐与阴极保护

6.6.1　防腐保温

根据区域环境特点，说明管道外防腐层及保温层的材料结构和补口方式。

说明站内管道及设备防腐、保温和伴热设计，重点说明大型容器和储罐内、外壁的防腐措施。

6.6.2　阴极保护

说明采用的阴极保护方案。采用强制电流阴极保护时，说明阴极保护站分布、数量、供电方式和设置情况；采用牺牲阳极保护时，说明阳极材料的选用、数量和分布情况。说明大、中型穿越段加强阴极防护、管道临时阴极保护情况以及阴极保护系统的防雷措施。

说明站场、储罐的阴极保护方案，进出站管道绝缘接头设计。说明阀室内设备的阴极保护方案和放空管阴极保护措施。

6.6.3　交直流干扰防护

说明交直流干扰防护的安全措施。

6.6.4　检测要求

说明管道敷设后的防腐层完整性、阴极保护有效性、交直流干扰及防护效果的检测及要求。

6.7　电气

6.7.1　供电系统及设备

a）站场、阀室电源配置情况。说明场站变电站(所)、阀室电源配置概况、主接线、运行方式和上级电源变电站概况、地理位置、电压等级、线路名称、供电容量、接入方式、电源进线线路参数、可靠性等。应说明新建35kV及以上变电站相关母线短路电流、运行方式。

b）说明站场、阀室负荷计算情况。

c）站场、阀室应急或备用电源的配置情况。说明备用发电机的形式、额定电压、容量、安装方式、所带负荷明细表、启动方式、启动时间、联锁装置、运行方式等；UPS配置情况。

d）说明对消防、通信、控制、仪表、建(构)筑物应急照明等重要负荷的安全供电措施。

e）说明站场、阀室内主要电气设备的选型。

f）说明变电站(所)的继电保护及电气监控系统的配置情况。

g）说明依托老系统或增容改造的技术方案。

6.7.2　电气设备的防爆、防火、防腐措施

a）说明爆炸危险区域划分和相关电气设备、材料(变配电设备、电力电缆、照明灯具等)的选型原则和采取的防爆措施。

b）说明电气设备、电力电缆防火措施。

c）说明接地材料的防腐措施及户外电气设备的防护等级和防腐措施等。

6.7.3　防雷、防静电措施

a）说明管道沿线各站场、阀室及其建(构)筑物防雷等级、类别，并分别说明不同建(构)筑物的防雷保护措施；说明配电室、控制室、储罐、火炬(放空管)及大型跨越设施(悬索桥、斜拉索桥、桁架管廊等)的防雷保护措施。

b）说明管道、站内、阀室防静电保护措施。

c）说明管道、站内、阀室接地装置设计及其联合接地系统的电阻值要求；说明高土壤电阻率区域的降阻措施。

d）说明站内、阀室电子信息系统的防电涌保护措施。

6.7.4　防电击保护措施

a）说明电气防护、设备选择、配电线路保护、等电位连接的技术要求。

b）说明站场接地类型及电气工作接地、相关电气设备、保护管金属外壳接地的保护措施。

6.7.5　其他安全措施

a）说明电力电缆和控制电缆的选型、敷设方式及安全防护措施。

b）进行站场、阀室全断电(网供电源、发电机、UPS电源全停)风险分析，并制定防范措施。

6.8　自控仪表及火灾报警

6.8.1　自动控制系统

6.8.1.1　自动控制系统方案

说明工程总体控制方案的安全性，并概述控制系统的可靠性。

从数据采集与监视控制系统(SCADA系统)的构成、配置、功能和控制级别等几个方面说明SCADA系统的安全性和可靠性。

说明调度控制中心及站控制系统的网络安全防护功能及设置，通信方式和通信中断处理能力。

6.8.1.2　调度控制中心

说明调度控制中心的设置，以及计算机控制系统的安全配置。

6.8.1.3　基本过程控制系统(BPCS)

说明站场基本过程控制系统和阀室监控系统的安全配置及功能的可靠性。

说明单元控制系统(UCS)的安全配置及功能的可靠性。

6.8.1.4　安全仪表、消防控制及泄漏检测等系统

说明安全仪表系统的构成、配置、功能以及安全仪表系统的设备选型原则。

a) 紧急停车系统(ESD)

说明紧急停车系统各级的功能、触发条件及其控制等级，描述其安全完整性等级(SIL)及可靠性，说明 ESD 系统与控制系统的关联。

b) 联锁保护系统

说明安全联锁保护系统的分类，分别说明超压(温度、液位)、水击保护系统等的功能、设置及回路的安全可靠性。

c) 消防控制系统

说明站场消防控制系统构成、配置、功能及触发条件。说明传感器的设置、报警及联锁控制的功能。

d) 管道泄漏检测系统

说明管道泄漏检测系统的设置、配置及联锁控制的功能。

e) 安全仪表系统仪表设备

说明安全仪表系统中的检测元件、执行元件设置、选型原则和安全完整性等级(SIL)。

6.8.2　可燃及有毒气体检测和报警设施的设置

说明可燃及有毒气体检测和报警系统的构成、配置及联锁保护功能。

说明检测元件和报警装置的设置及类型。

6.8.3　控制室的设置

根据标准规范，结合工程现状，介绍控制室和机柜间内设备布置情况。

6.8.4　火灾报警系统

说明火灾自动报警系统的构成、配置及功能。

说明火灾检测及报警装置的设置和类型。

6.8.5　其他安全措施

说明仪表防雷、接地、防爆、防护、保温伴热及配管配线的安全措施。

6.9　通信

6.9.1　数据传输方案

说明自动化控制数据主用通信方式和备用通信方式。包括主、备用通信系统的设置方案，自动化数据利用主、备用通信信道的传输方向以及备用数据的

环回方式。

说明传输方式的设置是否可实现自动化数据与其他数据的隔离，并说明具体传输通道的分配方式。

6.9.2 安防系统

说明站场安全防范系统设计，包括工业电视系统架构、系统容量，室外摄像机数量、防爆等级、安装位置，摄像机监视范围等。说明周界防范报警系统设计和报警前端的设置位置等。若站场内设置应急广播系统，应说明广播前端设置位置及覆盖范围。

6.9.3 防雷及接地

说明通信设备的防雷及接地方式，包括机柜间各通信设备、室外摄像机、周界报警前端的防雷措施及接地方式。

6.9.4 光缆防护

说明光缆防强电、防水、防腐等防护措施，说明光缆中断后的应急抢修设备材料及措施。

6.10 建构筑物

6.10.1 主要建(构)筑物

说明建(构)筑物的防火、防爆、防腐、耐火保护等设施；编制“站场建(构)筑物一览表”(见表20)，包括结构、建筑面积、层数、火灾危险性、耐火等级、抗震设防等。

表20 站场建(构)筑物特征一览表

序号	站场名称	单体名称	结构形式	建筑面积(m^2)	层数	火灾危险性类别	耐火等级	抗震设防烈度	抗震设防分类	抗震等级	备注
1											
2											
…											

6.10.2 地基处理

说明液化土、湿陷性黄土、盐渍土、膨胀岩土、厚填土、淤泥、溶洞等不良地质土层的地基处理设计，以及采取的安全措施。

6.10.3 暖通

说明建构筑物的通风、排烟、除尘、降温等安全防护措施。

6.11　供热

说明站场供热设施或外接热源情况，说明供热系统自身的防火、防爆措施。

6.12　给排水

6.12.1　给水

根据生产、生活及消防用水量、水压的要求，说明设置消防水系统站场的供水方案，包括水源和加压设施。

6.12.2　排水

根据站场地形地貌、地表水系、气象资料及降雨最大径流量等，说明工业污水、生活污水及雨水排放系统设计。

说明事故状态下总排污量的处理措施。

6.13　消防

6.13.1　消防队伍依托或建设

说明站场附近的消防力量，主要包括其消防能力及到达站场的距离、时间，沿途道路状况等，确定可依托的消防力量。对于改(扩)建项目，应说明已有的消防能力。

6.13.2　消防设施配备

根据站场等级，说明站场及各单元消防管网系统布置的合规性，消防站建设的合规性。

说明站场和阀室的消防设施状况，主要包括消防设施类别(消防水管网、消火栓系统、水喷淋系统、泡沫系统、移动式灭火器等)、消防规模、各消防系统组成、主要消防设施技术参数等。

6.14　维(抢)修

结合本项目的特点，说明维(抢)修总体方案，并明确各维(抢)修队的管辖范围。

若本项目有特殊地质地段管道，应说明特殊维(抢)修器具、人员的配置情况和能力要求。

6.15　其他防护措施

a) 防洪、防台风等防范自然灾害的措施；

b) 防噪声、防灼烫、防护栏、安全标志、风向标的设置等；

c) 依据《个体防护装备选用规范》(GB 11651)说明个体防护装备的配备；

d) 采取的其他安全防护措施。

6.16　安全管理机构

提出建设项目运营单位安全管理机构设置及人员配备的建议，说明安全专(兼)职管理人员的配置情况。依托原有安全管理机构的项目，说明有无新增安全管理人员。

6.17 《安全评价报告》意见的采纳情况

逐条说明与工程设计有关的安全对策与建议的采纳情况。完全采纳的，说明具体设计内容；未采纳或部分采纳的，说明理由。

7 结论与建议

7.1 结论

重点说明以下方面：

a）设计符合现行国家相关法律法规和标准规范的情况；

b）建设项目选用的工艺技术安全可靠性；

c）工程设计阶段的安全措施与项目前期安全评价阶段相关内容的符合性以及处理结果；

d）安全设施设计的预期效果及结论。

7.2 建议

根据国内或国外同类项目的经验，对施工图设计、施工等环节提出需关注的安全问题及建议。

8 附件

8.1 主要安全设施一览表

主要安全设施可按照以下分类罗列：

表 21 主要安全设施一览表

序号	名 称	单 位	数 量
一	生产环节安全专项防范措施		
1	紧急关断系统(ESD)及水击保护系统		
2	火灾及可燃气体检测报警系统		
3	安全仪表系统		
4	线路截断阀		
5	泄压保护系统(含泄压罐)		
6	放空设施		
7	排污设施		
8	管道泄漏检测系统		
9	通风设施		
10	安全防范系统(含工业电视、周界报警设备等)		
11	防雷防静电设施		
12	防爆电气设备设施		

续表

序号	名　　称	单　位	数　量
13	防腐保温和阴极保护		
14	管道标志		
15	消防设施		
二	防洪和水工保护		
1	防洪设施		
2	水工保护、堤岸加固		
三	安全防护设施		
1	空气呼吸器		
2	便携式检测仪表		
3	急救用品		
四	维(抢)修设施		

8.2　相关文件

包括以下文件：

a）建设项目审批、核准(备案)文件；

b）建设项目可研批复文件；

c）建设项目初步设计委托书；

d）建设项目安全条件审查意见书。

8.3　附图

附图应按照设计单位正式图纸格式签署，包括以下图纸：

a）线路走向示意图；

b）站场区域位置图；

c）站场和典型阀室总平面布置图；

d）总体工艺流程图及工艺系统图；

e）站场和典型阀室工艺流程图；

f）工艺站场平面布置图；

g）爆炸危险区域等级划分图；

h）火焰、可燃气体检测仪及报警点位置分布图；

i）消防设施布置图；

j）大型穿(跨)越平面图、纵断面图；

k）站场及阀室供电系统图；

l）通信设备平面布置图。

9　格式

9.1　组成

9.1.1　封面(参见附件 1)

9.1.2　封二(参见附件 2)

9.1.3　设计单位设计资质证明文件(复印件或复制件)及设计、校核、审核人员签署表。

9.1.4　目录

9.1.5　主要内容

9.1.6　附件

9.2　字号和字体

主要内容的章、节标题分别采用三号黑体、楷体字，项目标题采用四号黑体字；内容的文字表述部分采用四号宋体字，表格表述部分可选择采用五号或者六号宋体字；附件的图表可选用复印件，附件的标题和项目标题分别采用三号和四号黑体字，内容的文字和表格表述采用的字体同“主要内容”。

9.3　纸张、排版

采用 A4 白色胶版纸(70g 以上)；纵向排版，左边距 28mm、右边距 20mm、上边距 25mm、下边距 20mm；章、节标题居中，项目标题空两格。每页下方应标有页码。

9.4　制作

除附图、复印件等外，双面打印文本。

9.5　封装

建设项目安全设施设计用白色封皮，正式文本装订后，用设计单位的公章对进行建设项目安全设施设计封页。

附件 1

（建设项目名称）
安全设施设计

建设单位：________________________________

建设单位法定代表人：______________________

建设项目单位：____________________________

建设项目单位主要负责人：__________________

建设项目单位联系人：______________________

建设项目单位联系电话：____________________

（建设项目单位公章）

年　　月　　日

附件 2

（建设项目名称）
安全设施设计

设计单位：______________________________

设计单位法定代表人：____________________

设计单位联系人：________________________

设计单位联系电话：______________________

（设计单位公章）

年　　月　　日

国家安全监管总局办公厅
关于切实做好国家取消和下放投资审批有关建设项目安全监管工作的通知

安监总厅政法〔2013〕120号

各省、自治区、直辖市及新疆生产建设兵团安全生产监督管理局，各省级煤矿安全监察局：

为认真贯彻落实《国务院关于取消和下放一批行政审批项目等事项的决定》（国发〔2013〕19号，以下简称《决定》）精神，确保取消和下放投资审批后的有关建设项目安全监管工作有序开展，现就有关事项通知如下：

一、《决定》取消了13类、下放了12类企业投资建设项目（见附件）的审批，并明确要求安全监管监察部门加强有关建设项目的安全监管工作。各级安全监管监察部门要按照本级人民政府确定的职责和本部门“三定”规定，加强与有关投资主管部门协调配合，切实做好有关建设项目的安全监管工作，确保《决定》的各项要求落到实处。

二、有关建设项目所涉安全生产监管监察部门的行政许可和备案等事项，按照以下规定实施：

（一）海洋石油天然气建设项目、企业投资年产100万吨及以上的陆上新油田开发项目、企业投资年产20亿立方米及以上的陆上新气田开发项目；设计生产能力300万吨/年以上或者设计最大开采深度1000米以上的金属非金属地下矿山建设项目、设计生产能力1000万吨/年以上或者设计边坡200米以上的金属非金属露天矿山建设项目、设计总库容1亿立方米或者设计总坝高200米以上的尾矿库建设项目，其安全设施设计审查和竣工验收，继续由国家安全监管总局负责实施。

（二）对于企业投资国家规划矿区内新增年生产能力低于120万吨的煤矿开发项目（附件第20项），省级投资主管部门征求安全核准意见的，由省级煤矿安全监察局负责进行安全核准；其安全设施的设计审查和竣工验收，由省级煤矿安全监察局负责。

（三）其他建设项目的行政许可和备案，下放到省级以下安全监管监察部门实施，具体按照《建设项目安全设施“三同时”监督管理暂行办法》（国家安全监管总局令第36号）、《危险化学品建设项目监督管理办法》（国家安全监管总局令第45号）、《建设项目职业卫生“三同时”监督管理暂行办法》（国家安全监管总局令第 51 号）等规定执行。

三、各级安全监管部门要进一步加大执法检查力度，发现有关建设项目未落实安全设施、职业病危害防护设施“三同时”的，要依照《安全生产法》、《职业病防治法》等有关法律法规的规定，责令生产经营单位立即停止施工、限期改正违法行为，对有关单位和人员依法给予行政处罚，对相关行政许可一律不予审批，并通知有关部门在职责范围内依法采取措施，予以制止。

附件：国务院决定取消和下放建设项目投资审批事项目录

国家安全监管总局办公厅

2013 年 8 月 9 日

附件

国务院决定取消和下放建设项目投资审批事项目录

(注：合计25项。第1项至13项为取消审批项目，第14项至第25项为下放审批项目)

序号	项目名称	实施机关	设定依据	处理决定	备注
1	企业投资扩建民用机场项目核准	国家发展改革委	《国务院关于投资体制改革的决定》(国发〔2004〕20号)	取消	对取消的投资审批项目，国土资源、环保、安全生产监管等有关部门要切实履行职责，加强监管，投资主管部门通过备案发现不符合国家有关规划和产业政策要求的投资项目，要通知有关部门和机构，在职责范围内依法采取措施，予以制止。
2	企业投资城市轨道交通车辆、信号系统和牵引传动控制系统制造项目核准	国家发展改革委	《国务院关于投资体制改革的决定》(国发〔2004〕20号)	取消	对取消的投资审批项目，国土资源、环保、安全生产监管等有关部门要切实履行职责，加强监管，投资主管部门通过备案发现不符合国家有关规划和产业政策要求的投资项目，要通知有关部门和机构，在职责范围内依法采取措施，予以制止。
3	企业投资纸浆项目核准	国家发展改革委	《国务院关于投资体制改革的决定》(国发〔2004〕20号)	取消	对取消的投资审批项目，国土资源、环保、安全生产监管等有关部门要切实履行职责，加强监管，投资主管部门通过备案发现不符合国家有关规划和产业政策要求的投资项目，要通知有关部门和机构，在职责范围内依法采取措施，予以制止。

续表

序号	项目名称	实施机关	设定依据	处理决定	备 注
4	企业投资日产300吨及以上聚酯项目核准	国家发展改革委	《国务院关于投资体制改革的决定》(国发〔2004〕20号)	取消	对取消的投资审批项目，国土资源、环保、安全生产监管等有关部门要切实履行职责，加强监管，投资主管部门通过备案发现不符合国家有关规划和产业政策要求的投资项目，要通知有关部门和机构，在职责范围内依法采取措施，予以制止。
5	企业投资日处理糖料1500吨及以上项目核准	国家发展改革委	《国务院关于投资体制改革的决定》(国发〔2004〕20号)	取消	对取消的投资审批项目，国土资源、环保、安全生产监管等有关部门要切实履行职责，加强监管，投资主管部门通过备案发现不符合国家有关规划和产业政策要求的投资项目，要通知有关部门和机构，在职责范围内依法采取措施，予以制止。
6	企业投资年产100万吨及以上新油田开发项目核准	国家发展改革委	《国务院关于投资体制改革的决定》(国发〔2004〕20号)	取消	对取消的投资审批项目，国土资源、环保、安全生产监管等有关部门要切实履行职责，加强监管，投资主管部门通过备案发现不符合国家有关规划和产业政策要求的投资项目，要通知有关部门和机构，在职责范围内依法采取措施，予以制止。
7	企业投资年产20亿立方米及以上新气田开发项目核准	国家发展改革委	《国务院关于投资体制改革的决定》(国发〔2004〕20号)	取消	对取消的投资审批项目，国土资源、环保、安全生产监管等有关部门要切实履行职责，加强监管，投资主管部门通过备案发现不符合国家有关规划和产业政策要求的投资项目，要通知有关部门和机构，在职责范围内依法采取措施，予以制止。

续表

序号	项目名称	实施机关	设定依据	处理决定	备　注
8	企业投资冷轧项目核准	国家发展改革委	《国务院关于投资体制改革的决定》（国发〔2004〕20号）	取消	对取消的投资审批项目，国土资源、环保、安全生产监管等有关部门要切实履行职责，加强监管，投资主管部门通过备案发现不符合国家有关规划和产业政策要求的投资项目，要通知有关部门和机构，在职责范围内依法采取措施，予以制止。
9	企业投资乙烯改扩建项目核准	国家发展改革委	《国务院关于投资体制改革的决定》（国发〔2004〕20号）	取消	对取消的投资审批项目，国土资源、环保、安全生产监管等有关部门要切实履行职责，加强监管，投资主管部门通过备案发现不符合国家有关规划和产业政策要求的投资项目，要通知有关部门和机构，在职责范围内依法采取措施，予以制止。
10	企业投资医学城、大学城及其他园区性建设项目核准	国家发展改革委	《国务院关于投资体制改革的决定》（国发〔2004〕20号）	取消	对取消的投资审批项目，国土资源、环保、安全生产监管等有关部门要切实履行职责，加强监管，投资主管部门通过备案发现不符合国家有关规划和产业政策要求的投资项目，要通知有关部门和机构，在职责范围内依法采取措施，予以制止。
11	企业投资精对苯二甲酸(PTA)、甲苯二异氰酸酯(TDI)项目及对二甲苯(PX)改扩建项目核准	国家发展改革委	《国务院关于投资体制改革的决定》（国发〔2004〕20号）	取消	对取消的投资审批项目，国土资源、环保、安全生产监管等有关部门要切实履行职责，加强监管，投资主管部门通过备案发现不符合国家有关规划和产业政策要求的投资项目，要通知有关部门和机构，在职责范围内依法采取措施，予以制止。

续表

序号	项目名称	实施机关	设定依据	处理决定	备 注
12	企业投资卫星电视接收机及关键件、国家特殊规定的移动通信系统及终端等生产项目核准	国家发展改革委	《国务院关于投资体制改革的决定》(国发〔2004〕20号)	取消	对取消的投资审批项目，国土资源、环保、安全生产监管等有关部门要切实履行职责，加强监管，投资主管部门通过备案发现不符合国家有关规划和产业政策要求的投资项目，要通知有关部门和机构，在职责范围内依法采取措施，予以制止。
13	企业投资F1赛车场项目核准	国家发展改革委	《国务院关于投资体制改革的决定》(国发〔2004〕20号)	取消	对取消的投资审批项目，国土资源、环保、安全生产监管等有关部门要切实履行职责，加强监管，投资主管部门通过备案发现不符合国家有关规划和产业政策要求的投资项目，要通知有关部门和机构，在职责范围内依法采取措施，予以制止。
14	企业投资在非主要河流上建设的水电站项目核准	国家发展改革委	《国务院关于投资体制改革的决定》(国发〔2004〕20号)	下放地方政府投资主管部门	
15	企业投资分布式燃气发电项目核准	国家发展改革委	《国务院关于投资体制改革的决定》(国发〔2004〕20号)	下放省级投资主管部门	
16	企业投资燃煤背压热电项目核准	国家发展改革委	《国务院关于投资体制改革的决定》(国发〔2004〕20号)	下放省级投资主管部门	
17	企业投资风电站项目核准	国家发展改革委	《国务院关于投资体制改革的决定》(国发〔2004〕20号)	下放地方政府投资主管部门	

续表

序号	项目名称	实施机关	设定依据	处理决定	备　注
18	企业投资330千伏及以下电压等级的交流电网工程项目，列入国家规划的非跨境、跨省（区、市）500千伏电压等级的交流电网工程项目核准	国家发展改革委	《国务院关于投资体制改革的决定》（国发〔2004〕20号）	下放地方政府投资主管部门	
19	企业投资钾矿肥、磷矿肥项目核准	国家发展改革委	《国务院关于投资体制改革的决定》（国发〔2004〕20号）	下放省级投资主管部门	
20	企业投资国家规划矿区内新增年生产能力低于120万吨的煤矿开发项目核准	国家发展改革委	《国务院关于投资体制改革的决定》（国发〔2004〕20号）	下放省级投资主管部门	
21	企业投资非跨境、跨省（区、市）的油气输送管网项目核准	国家发展改革委	《国务院关于投资体制改革的决定》（国发〔2004〕20号）	下放省级投资主管部门	
22	企业投资除稀土矿山开发项目和已探明工业储量5000万吨及以上规模的铁矿开发项目外的其他矿山开发项目（不含煤矿、铀矿）核准	国家发展改革委	《国务院关于投资体制改革的决定》（国发〔2004〕20号）	下放省级投资主管部门	
23	企业投资稀土深加工项目核准	国家发展改革委	《国务院关于投资体制改革的决定》（国发〔2004〕20号）	下放省级投资主管部门	
24	企业投资城市快速轨道交通项目按照国家批准的规划核准	国家发展改革委	《国务院关于投资体制改革的决定》（国发〔2004〕20号）	下放省级投资主管部门	

续表

序号	项目名称	实施机关	设定依据	处理决定	备　注
25	企业投资国家重点风景名胜区、国家自然保护区、全国重点文物保护单位区域内总投资5000万元以上的旅游开发和资源保护项目，世界自然和文化遗产保护区内总投资3000万元及以上的项目核准	国家发展改革委	《国务院关于投资体制改革的决定》（国发〔2004〕20号）	下放省级投资主管部门	

国家安全监管总局
关于印发陆上石油天然气长输管道建设项目初步设计安全专篇编写提纲等文书格式的通知

安监总管一〔2012〕155 号

各省、自治区、直辖市及新疆生产建设兵团安全生产监督管理局，有关中央企业：

为进一步规范陆上石油天然气长输管道建设项目安全设施“三同时”工作，根据《非煤矿矿山建设项目安全设施设计审查与竣工验收办法》（原国家安全监管局令第 18 号）和《建设项目安全设施“三同时”监督管理暂行办法》（国家安全监管总局令第 36 号），国家安全监管总局制定了《陆上石油天然气长输管道建设项目初步设计安全专篇编写提纲》、《陆上石油天然气长输管道建设项目安全验收评价报告编写提纲》及其格式模板等文书格式（请从国家安全监管总局网站下载），现印发给你们，请遵照执行。原国家安全监管总局《关于印发陆上石油天然气建设项目安全设施设计专篇编写指导书的通知》（安监总管一〔2008〕7 号）中规定的《陆上石油天然气建设项目安全设施设计专篇编写指导书（长输管道部分）》同时废止。

国家安全监管总局

2012 年 12 月 27 日

附件：1. 陆上石油天然气长输管道建设项目初步设计安全专篇编写提纲

2. 陆上石油天然气长输管道建设项目初步设计安全专篇编写提纲格式模板

3. 陆上石油天然气长输管道建设项目安全验收评价报告编写提纲

4. 陆上石油天然气长输管道建设项目安全验收评价报告编写提纲格式模板

附件 1

陆上石油天然气长输管道建设项目初步设计安全专篇编写提纲

1. 设计依据

1.1　建设项目合法性证明文件

列出建设项目审批、核准或备案等相关合法性证明文件，并标注发文单位、日期和文号等。

1.2　法律、法规及规章

列出建设项目适用的现行国家有关安全生产法律、行政法规、部门规章，以及地方性法规、规章和规范性文件，宜按法律-法规-规章顺序排列，并标注发布机构、文号和施行日期。包括但不限于：

《中华人民共和国安全生产法》；

《中华人民共和国消防法》；

《中华人民共和国水土保持法》；

《中华人民共和国防洪法》；

《中华人民共和国突发事件应对法》；

《中华人民共和国石油天然气管道保护法》；

《中华人民共和国防震减灾法》；

《特种设备安全监察条例》；

《公路安全保护条例》；

《铁路运输安全保护条例》；

《电力设施保护条例》；

《防雷减灾管理办法》；

《非煤矿矿山建设项目安全设施设计审查与竣工验收办法》；

《建设项目安全设施“三同时”监督管理暂行办法》；

《生产经营单位安全培训规定》；

《特种作业人员安全技术培训考核管理规定》；

《安全生产培训管理办法》。

1.3　标准规范

列出建设项目引用的主要标准规范，名称后应标注标准号和年号，宜按国家标准-行业标准-国外标准-企业标准的顺序排列，并按照专业进行排序。注意引用标准规范的适用范围，其中国外标准和企业标准仅作为参考标准，如需引用，必须说明原因及具体引用条款，且内容不得与国家标准、行业标准冲突。包括但不限于：

《输气管道工程设计规范》(GB 50251)；

《输油管道工程设计规范》(GB 50253)；

《石油天然气工程设计防火规范》(GB 50183)；

《油气输送管道穿越工程设计规范》(GB 50423)；

《油气输送管道跨越工程设计规范》(GB 50459)；

《建筑设计防火规范》(GB 50016)；

《建筑抗震设计规范》(GB 50011)；

《建筑工程抗震设防分类标准》(GB 50223)；

《油气输送管道线路工程抗震技术规范》(GB 50470)；

《工业企业总平面设计规范》(GB 50187)；

《建筑地基基础设计规范》(GB 50007)；

《建筑物防雷设计规范》(GB 50057)；

《供配电系统设计规范》(GB 50052)；

《爆炸和火灾危险环境电力装置设计规范》(GB 50058)；

《火灾自动报警系统设计规范》(GB 50116)；

《泡沫灭火系统设计规范》(GB 50151)；

《建筑灭火器配置设计规范》(GB 50140)；

《钢质石油储罐防腐蚀工程技术规范》(GB 50393)；

《储罐区防火堤设计规范》(GB 50351)；

《安全色》(GB 2893)；

《安全标志及其使用导则》(GB 2894)；

《石油天然气工业管线输送系统用钢管》(GB/T 9711)；

《钢质管道外腐蚀控制规范》(GB/T 21447)；

《埋地钢质管道阴极保护技术规范》(GB/T 21448)；

《石油天然气管道安全规程》(SY 6186)；

《原油管道输送安全规程》(SY/T 5737)；

《石油天然气工程总图设计规范》(SY/T 0048)；

《石油设施电气设备安装区域一级、0 区、1 区和 2 区区域划分推荐作法》(SY/T 6671)；

《埋地钢制管道直流排流保护技术标准》(SY/T 0017)；

《埋地钢制管道交流排流保护技术标准》(SY/T 0032)；

《钢制储罐罐底外壁阴极保护技术标准》(SY/T 0088)；

《管道干线标记设置技术规定标准》(SY/T 6064)；

《油气输送管道线路工程水工保护设计规范》(SY/T 6793)；

《石油天然气工程可燃气体检测报警系统安全技术规范》(SY 6503)；

《石油天然气安全规程》(AQ 2012)。

1.4 其他设计依据

列出建设项目安全预评价报告、地质勘察报告、地质灾害危险性评估报告、地震安全性评价报告、压覆矿产资源评估报告、水土保持方案、初步设计以及其他有关安全设施设计的文件，并标注文件名称、编制单位和日期等。

2. 概述

2.1 项目概况

说明项目概况，包括但不限于：建设时间及地点、气象条件(见附表1)、输送介质、建设规模、输送工艺、管道设计压力、管径、管材、长度以及站场设置、防腐保温、阴极保护、大型穿(跨)越、难点地段、总投资等。从安全角度突出工程特点，必要时可用示意图描述。

说明建设单位、运营管理单位的基本情况。

2.2 设计界面

说明工程与已建、在建或规划的油气田处理厂、LNG接收站、炼厂、城市输配气门站、储气库、储油库、燃气发电厂、其他油气管线等衔接工程的界面，必要时可用示意图描述。

对于分期实施的项目，应说明项目总体情况；对于联络线工程，应说明上下游管道情况；对于改(扩)建项目，应说明原有站场情况。

对于多个设计单位共同设计的项目，应说明各设计单位的分工情况。

3. 工程设计及采取的安全防护措施

分类说明工程初步设计内容，针对具体危险有害因素，说明采取的主要安全防护措施。

若工程采用了新工艺、新技术、新材料或新设备，应根据类别分析其危险有害因素及安全可靠性，并提供国家标准、行业标准、企业标准或省部级以上鉴定、验收、评审结论等文件。

对于改(扩)建项目，应分析其与在役站场管线动火连头以及与其他系统、相邻设施衔接的安全可靠性。

3.1 线路工程

3.1.1 线路走向

3.1.1.1 设计原则

说明线路走向选择所遵循的原则及主要关注因素。

3.1.1.2　沿线敏感区域

根据各专项评价(估)报告结论及现场调研踏勘成果，说明管道沿线附近可能有相互影响的主要敏感区域情况，包括城镇规划区、人口密集区、军事区、海(河)港码头、风景名胜区、饮用水源地、保护区、采空区、压矿区等。

3.1.1.3　沿线不良地质分布

根据地质灾害危险性评估报告结论，说明管道沿线不良地质分布情况。

3.1.1.4　与已有设施的相对关系

说明管道与公路、铁路、水利设施、高压电力线、通信光缆、其他油气管线等已有设施的并行或交叉情况。

3.1.1.5　线路选定

根据管道沿线敏感区域、不良地质分布情况以及与已有设施的相对关系，说明管道路由的选定依据。对于无法绕避的城镇规划区等敏感区域，应说明当地政府主管部门的意见和要求。

说明所确定的线路总体走向情况，主要包括线路(干线、支线)的起点(首站)、中间站、终点(末站)的地理位置及线路长度。给出线路走向示意图，列表说明沿线行政区划分情况(见附表2)。

3.1.2　钢管选用

说明管道的输送介质、设计压力、设计温度和管径情况。

列表说明管道沿线地区等级的分类情况(见附表3)，说明天然气管道的设计系数选用情况。对于人口密集区等特殊区域，应说明设计系数选用方面的特殊考虑。

根据工程特点，说明管道材质、壁厚、等级、制管方式、化学成分和力学性能等参数的选用依据。

3.1.3　管道敷设方案及特殊地段采取的措施

说明一般地段管道的敷设方式、管道埋深、管沟开挖、管沟回填和地貌恢复等要求。

针对管道特点和经过的特殊地段，说明所采取的特殊处理措施，包括但不限于：

1) 说明管道经过城镇规划区、人口密集区、军事区、海(河)港码头区的情况，说明在设计系数、管道壁厚、管型选择、管道埋深、无损检测、地面标识等方面采取的措施。

2) 列表说明管道经过保护区、风景名胜区、饮用水源地等环境敏感区的情况(见附表4)，说明在设计系数、管道壁厚、无损检测、水工保护、线路阀室设置和作业带设置等方面采取的措施。

3）列表说明管道经过采空区和压矿区的情况（见附表5），根据地质灾害危险性评估报告和压覆矿产资源评估报告，说明按照其提出的要求和建议所采取的措施。

4）列表说明管道经过滑坡、不稳定斜坡、泥石流、危岩和崩塌等地质灾害的情况（见附表6），根据地质灾害危险性评估报告以及相关地质勘察评价报告，说明采取的措施。

5）列表说明管道经过湿陷性黄土、盐渍岩土、膨胀岩土、多年冻土、季节性冻土、风沙等特殊岩土段的分布情况（见附表7），说明在管道壁厚、管道敷设和水工保护等方面采取的措施。

6）说明管道经过地震强震区及地震断裂带的情况，根据地震安全性评价报告，提供管道抗拉伸和抗压缩应力计算结果，说明在管材选择、管道壁厚、管型选择、管道埋深、管沟开挖、回填土等方面采取的措施。

7）说明管道经过沟谷地段的情况，重点介绍沟谷的工程地质、水文地质和沟谷岸坡侵蚀情况，说明在管道敷设位置、管道埋深、水工保护等方面采取的措施。

8）说明管道经过复杂山区的情况，重点介绍管道翻越高陡边坡、大段横坡敷设地段的分布和下覆地质情况，说明在敷设方式、管道埋深、水工保护和边坡支护等方面采取的措施。

9）说明管道经过软土、水网地段的情况，重点介绍软土、水网地段的地质情况，以及水网耕作区、水产品养殖区、河道清淤等人为活动情况，说明在管道埋深、稳管、护管、水工保护、管道标识等方面采取的措施。

10）列表说明管道与已建管道并行（同沟）敷设的情况（见附表8），说明在并行间距、敷设要求、管道壁厚、无损检测、防腐、阴极保护、水工保护、管道标识等方面采取的措施。其中阴极保护措施见3.6.2章节。

11）列表说明管道与高压电力线和电气化铁路并行敷设的情况（见附表9、16），说明在管道壁厚、管道敷设、防腐、阴极保护、排流、检测等方面采取的措施。其中阴极保护措施见3.6.2章节。

3.1.4　阀室设置

列表说明阀室设置及地区等级（输气管道）情况（见附表10）。重点说明对阀室设置和选型的特殊考虑，如在全新世活动断裂带和部分敏感区域两端增加阀室设置等措施。

3.1.5　伴行路

列表说明沿线伴行路设置情况（见附表11），根据维（抢）修的需要，说明伴行路的主要技术指标。

3.1.6　管道标志

说明沿线里程桩、转角桩、阴保测试桩、交叉标志桩、警示牌、警示带等管道标志设置情况，根据工程特点，重点说明特殊地段管道标志设置情况。

3.2　穿(跨)越工程

3.2.1　河流大、中型穿(跨)越

列表说明河流大、中型穿(跨)越工程情况(见附表12)。

对于穿越工程，说明工程地质、水文地质情况及穿越方案。针对挖沙、抛锚、通航安全、冲刷、堤防沉降、敏感点保护、施工安全、地震等因素，说明在管材选用、焊接及检测、试压、防腐、抗震等方面采取的措施。

对于跨越工程，说明工程地质、水文地质情况及跨越结构。针对边坡稳定、地质灾害、应力分析及热补偿、强风、冰凌、第三方破坏、施工安全、地震等因素，说明在管材选用、焊接及检测、试压、防腐、抗震等方面采取的措施。

3.2.2　山岭隧道穿越

列表说明山岭隧道穿越工程情况(见附表13)。

说明工程地质、水文地质情况及隧道结构。针对泥石流、洪水、雪崩、崩塌、涌水、涌沙、瓦斯、有毒气体、渣土堆放、施工安全、地震等因素，说明在管材选用、应力分析及热补偿、焊接及检验、试压、防腐、锚固、排水、抗震、通风、有害气体检测等方面采取的措施。

3.2.3　公路、铁路穿(跨)越

列表说明公路(二级以上)和铁路穿(跨)越情况(见附表14)。

针对管道穿越公路、铁路段地表沉降等因素，说明在穿越结构、管材选用、焊接及检测、试压、防腐等方面采取的措施。

3.3　工艺

3.3.1　物料

列表说明原油、天然气等输送介质的组分和性质，特别说明硫化氢、二氧化碳等有毒有害物质的组分含量。并说明工程所涉及的其他危险物质(如甲醇)或化学药剂的名称和用量。当有多种物料时，应分别说明各种物料的组分和性质。

原油管道应说明原油的凝点、反常点和黏温特性，改性输送的原油应说明改性前后的特性。天然气管道应说明天然气是否满足国家二类气标准，设计压力条件下天然气的烃露点和水露点。

3.3.2　设计基础参数

说明管道沿线大气温度、管道埋深处地温等数据。说明管内壁粗糙度、内涂层、保温层厚度和导热系数及总传热系数等相关数据。

3.3.3　工艺方案

原油管道应说明采用的输送工艺方案，并附典型条件下的水力、热力计算结果表及水力坡降图。说明采取的安全措施，包括但不限于：

1）预防凝管的措施，包括保温加热、加降凝剂等；

2）各种工况下的水击保护措施；

3）防止管道高点拉空(液柱分离)的措施，若翻越点后采用不满流设计方案应说明其安全可靠性；

4）管道泄漏事故工况下的措施。

天然气管道应说明采用的输送工艺方案，并附典型条件下的水力、热力计算结果表。说明采取的安全措施，包括管道泄漏事故工况下的措施等。

3.3.4　工艺与储运设施

列表说明全线站场设置情况(见附表15)，说明各站场的功能、工艺流程、主要设备设施和技术参数。

原油管道采取的安全措施，包括但不限于：

1）站场内设计压力分界处采取的措施；

2）站场发生紧急情况时采取的措施，包括截断、泄压等；

3）站场各单元工艺运行参数(压力、流量、温度、液位等)超出限定值时采取的措施；

4）管道内流体停止流动时，防止静压超压的措施；

5）管道内流体停止流动时，加热设施防止超温、超压的措施；

6）离心泵防气蚀的措施；

7）开车、停车时防低温冻结、冻裂的措施；

8）站内其他主要设备的安全措施，包括容器、储罐等。

天然气管道采取的安全措施，包括但不限于：

1）站场内设计压力分界处采取的措施；

2）站场发生紧急情况时采取的措施，包括截断、泄放等；

3）站场各单元工艺运行参数(压力、流量、温度、液位等)超出限定值时采取的措施；

4）站场、阀室放空系统的安全可靠性，包括放空管的可燃气体扩散范围、放空火炬的热辐射影响范围以及火炬设施防止热辐射措施等。高低压放空采用同一系统时，采取的安全措施；

5）站内加热设施防止超温、超压的措施；

6）防止管内积液、冰堵及局部节流引起土壤冻胀的措施；

7）离心式压缩机防喘振措施等；

8）开车、停车时防低温冻结、冻裂的措施；

9）站内其他主要设备的安全措施，包括清管、容器维护时防自燃、爆炸的措施等。

3.4　自动控制与仪表工程

3.4.1　设计原则

说明工程自动控制的整体设计原则，说明安全仪表系统的安全完整性等级。

3.4.2　系统控制方案

说明数据采集与监视控制系统(SCADA 系统)、站控制系统(顺序控制系统<SCS>、分散控制系统<DCS>或可编程逻辑控制器<PLC>等)的总体控制方案、构成、配置、功能及各级控制方式。

说明站控制系统各主要控制回路、控制原则及安全可靠性。

3.4.3　安全仪表系统(SIS)

说明安全仪表系统的构成、配置及功能。

1）紧急停车系统(ESD)

说明紧急停车系统各级的功能及触发条件，说明其安全可靠性。

2）联锁保护系统

说明安全联锁保护系统的分类，分别说明超压(温度、液位)、水击保护系统等的功能、设置、回路的安全可靠性。

3）消防控制系统

说明站场消防控制系统构成、配置、功能及触发条件。说明传感器的设置、报警及联锁控制的功能。

4）管道泄漏检测系统

说明管道泄漏检测系统的设置、配置及联锁控制的功能。

5）单元控制系统(UCS)

说明单元控制系统的设置、配置及联锁控制的功能。

3.4.4　仪表的选型及安装

3.4.4.1　安全仪表系统仪表设备

说明安全仪表系统中的检测元件、执行元件设置、选型原则及安全等级。

3.4.4.2　其他系统仪表设备

根据工程性质、站场分类、站场爆炸危险场所分类，说明仪表的防爆、防护等级。

3.4.4.3　防浪涌保护器和接地系统

1)说明防浪涌保护器的设置及要求；

2)说明接地系统的设置及要求。

3.4.4.4 仪表的故障诊断功能

说明所选用仪表的故障诊断功能。

3.4.5 其他安全措施

1）说明控制室内安全措施；

2）说明电缆敷设方式、选型及抗干扰等的安全措施；

3）说明温度、压力、流量、液位等仪表安装要求；

4）测量管路的防护与保温伴热等其他安全措施。

3.5 通信工程

3.5.1 通信方案

说明自动化控制数据主用通信方式和备用通信方式。说明主、备用通信系统的设置方案，自动化数据利用主、备用通信信道的传输方向以及备用数据的环回方式。

3.5.2 防范系统

说明站场安全防范系统设计，包括工业电视系统架构、系统容量，室外摄像机数量、防爆等级、安装位置，摄像机监视范围等。说明周界防范报警系统设计和报警前端的设置位置等。

3.5.3 防雷及接地

说明通信设备的防雷及接地方式，包括机柜间各通信设备、室外摄像机、周界报警前端的防雷措施及接地方式。

3.5.4 光缆防护

说明光缆防强电、防水、防腐等防护措施。

3.6 防腐保温与阴极保护

3.6.1 防腐保温

根据区域环境特点，说明管道外防腐层及保温层的材料结构和补口方式。

说明站内管道及设备防腐、保温和伴热设计，重点说明大型容器和储罐内、外壁的防腐措施。

3.6.2 阴极保护

说明采用的阴极保护方案。采用强制电流阴极保护时，说明阴极保护站分布、数量、供电方式和设置情况；采用牺牲阳极保护时，说明阳极材料的选用、数量和分布情况。说明大、中型穿越段加强阴极防护、管道临时阴极保护情况以及阴极保护系统的防雷措施。列表说明管道沿线干扰源情况及采取的措施（见附表16）。

说明站场、储罐的阴极保护方案，进出站管线绝缘接头设计。说明阀室内设备的阴极保护方案和放空管阴极保护措施。

3.7　供配电工程

3.7.1　供电电源

1）说明站场、阀室的负荷性质、负荷等级、总负荷计算结果。

2）说明供电电源位置、电压等级、线路容量、送电回路、上级变电所系统结构。如有自备电站，说明其驱动机类型、装机容量、台数、运行方式、并网方式等。

3）说明变(配)电所的数量、主变容量、设备位置及布置形式。从站场主变电所的主接线、主变压器容量和台数、配电系统形式及运行方式等方面分析站场供配电系统的安全可靠性。

4）说明对消防、通信、控制、仪表、建(构)筑物应急照明等重要负荷的安全供电措施。

3.7.2　配电设备设置

1）说明变(配)电所内电气设备布置、设置及防火要求。说明对于可能引起误操作的高压电气设备的防护措施。

2）说明可能有 SF_6 气体泄漏空间的防护措施。

3.7.3　电气设备的防爆、防火、防腐措施

1）说明爆炸危险场所区域的划分及设备、材料选型，附爆炸危险区域划分平面图，并说明所采取的防爆措施。

2）说明供配电系统及设备、材料选型的防火措施。

3）说明接地材料的防腐措施及户外电气设备的防护等级和防腐措施等。

3.7.4　防雷、防静电措施

1）说明站内各建(构)筑物防雷等级、类别，并分别说明不同建(构)筑物的防雷措施。说明大型跨越设施的防雷保护措施，包括悬索桥、斜拉索桥、桁架管廊等。

2）说明站内防静电保护措施。

3）说明站内接地系统设计，说明主要建(构)筑物及电气设备的接地电阻要求。

4）说明信息设备的防电涌保护措施。

3.7.5　防电击保护措施

分别说明直接电击和间接电击的保护措施，包括电气防护、设备选择、配电线路保护、等电位连接等。

3.8　给排水系统

3.8.1　给水

根据生产、生活及消防用水量、水压的要求，说明设置消防水系统站场的

供水方案，包括水源和加压设施。

3.8.2　排水

根据站场地形地貌、地表水系、气象资料及降雨最大径流量等，说明工业污水、生活污水及雨水排放系统设计。

说明事故状态下总排污量的处理措施。

3.9　站场区域和总平面布置

3.9.1　站场选址区域安全性

说明选定站址与周边的安全距离，列表说明各站场安全距离的合规性(见附表17、18)。

说明选定站址周边的生产、生活社会依托资源情况，包括交通道路、生活设施、水电设施等公共资源。

3.9.2　站场总平面及竖向布置

列表说明站内设施安全距离(见附表19)。说明站场道路设置和边坡稳定设计。

对于可能存在洪水隐患的站场，应说明站场防洪标准、设计标高与当地历史最高洪水位的关系以及防洪措施。

3.9.3　安全通道

说明站场的安全出口、消防通道和逃生通道，以及建筑物的安全出口设置情况。

3.10　建筑与结构

3.10.1　主要建(构)筑物

列表说明建筑物的规模、火灾危险性类别、耐火等级、层数及建筑高度等(见附表20)。重点说明防火、防爆安全防护措施。

列表说明场区各建(构)筑物的结构形式、基础形式、抗震设防烈度、抗震设防分类、抗震等级、基本风压、基本雪压等(见附表21)。重点说明抗震措施。

3.10.2　地基处理

说明液化土、湿陷性黄土、盐渍土、膨胀岩土、厚填土、淤泥、溶洞等不良地质土层的地基处理设计，以及采取的安全措施。

3.11　供热

说明站场供热设施或外接热源情况，说明供热系统自身的防火、防爆措施。

3.12　暖通

说明有爆炸危险性气体和毒性气体散放场所的通风措施以及防爆区域内空调机的选型。

3.13　事故应急

3.13.1　消防

1）消防现状

说明站场附近的消防力量，主要包括其消防能力及到达站场的距离、时间，沿途道路状况等，确定可依托的消防力量。对于改(扩)建项目，应说明已有的消防能力。

2）消防站设置

根据站场等级、消防设施完备情况以及消防依托条件，说明消防站设置规模、人员和设备配备等。

3）站内消防设施

说明站场的消防设施状况，主要包括消防设施类别、设置区域、消防规模、各消防系统组成、运行控制方式及主要消防设施技术参数等。

3.13.2　维(抢)修

说明维(抢)修总体方案及新建或依托的维(抢)修队伍数量、规模和设备配置情况，明确各维(抢)修队伍的管辖范围。

对于特殊地质地段管道，应说明配置的特殊维(抢)修器具及对人员的配置和能力要求。

3.14　试生产准备及试生产

说明试生产准备及试生产期间的安全要求，包括试压、清管、干燥、置换等。

4. 安全管理机构

提出建设项目运营单位安全管理机构设置、人员配备的建议，附组织机构图，说明安全专(兼)职管理人员的配置情况。依托原有安全管理机构的项目，说明有无新增安全管理人员。

5. 预评价报告对策措施采纳情况

逐条说明安全预评价报告提出对策措施的采纳情况。完全采纳的，说明具体设计内容；未采纳或部分采纳的，说明原因。

6. 安全设施投资

说明建设项目安全设施投资总额及占项目建设总投资的比例，列出安全设施明细表(见附表22)。

7. 有关问题和建议

提出需进一步落实的问题，并对施工图设计、施工、运营等环节提出相关建议。

8. 附件与附图

8.1 附件

包括但不限于：

1）建设项目审批、核准或备案文件；

2）建设项目初步设计委托书或合同书；

3）建设项目安全预评价报告及备案表；

4）新工艺、新技术、新材料或新设备的省部级以上鉴定、验收、评审结论等文件。

8.2 附图

附图应按照设计单位正式图纸格式签署，包括但不限于：

1）线路走向示意图；

2）大型穿(跨)越平面图、纵断面图；

3）工艺系统图；

4）站场工艺及自控流程图(PFD 和 PID)；

5）典型阀室工艺及自控流程图(PFD 和 PID)；

6）站控系统配置图；

7）爆炸危险区域等级划分图；

8）火焰、可燃气体检测仪及报警点位置分布图；

9）通信设备平面布置图(主要包括站内室外的工业电视、周界防范报警等通信设备的布置)；

10）站场区域位置图(标注周边道路、建<构>筑物、电力设施等敏感点)；

11）站场总平面布置图及竖向布置图(包含地形图、风玫瑰、距离尺寸或坐标，标注周边敏感点的坐标或距离尺寸)；

12）典型阀室总平面布置图；

13）消防器材布置图；

14）消防工艺及自控流程图。

附表

附表 1 沿线主要气象资料统计表

序号	项目		单位	区域 1	区域 2	…
1	气温	最高气温	℃			
		最低气温	℃			
2	降水	最大降水	mm			
		最小降水	mm			

续表

序号	项目	单位	区域 1	区域 2	…
3	最大冻土深度	m			
…					

附表 2　行政区划分及区内线路长度统计表

序号	省(市)名称	市(县、区)名称	线路长度(km)	备注
1				
2				
…				
合　计				

附表 3　输气管道沿线地区等级划分统计表

序号	行政区划	一级地区（km）	二级地区（km）	三级地区（km）	四级地区（km）	合计
1						
2						
…						
总计						

附表 4　沿线环境敏感点统计表

序号	敏感点名称	所在区域位置	与管道相互关系	备注
1				
2				
3				
…				

附表 5　沿线采空区和矿产资源区统计表

序号	采空区和矿产资源区名称	所在位置	穿越范围	穿越长度(km)	备注
1					
2					
…					

附表 6　主要地质灾害段统计表

序号	地质灾害类型	起止桩号	地理位置	线路长度（km）	采取的措施	备注
1	危岩和崩塌					
2	滑　坡					
3	泥石流					

续表

序号	地质灾害类型	起止桩号	地理位置	线路长度(km)	采取的措施	备注
4	不稳定斜坡					
5	岩　溶					
6	采空区					
7	强震区					
8	活动断裂带					
…						
合　计						

附表7　特殊岩土段统计表

序号	特殊岩土类型	起止桩号	地理位置	线路长度(km)	采取的措施	备注
1	湿陷性黄土					
2	盐渍岩土					
3	膨胀岩土					
4	多年冻土					
5	软土(水网地段)					
6	风　沙					
…						
合　计						

附表8　管道并行段统计表

序号	管道并行段	起止位置	并行长度(km)	土石分类	备注
1					
2					
…					

附表9　与高压电力线和电气化铁路并行段统计表

序号	名　称	所在区域位置	并行范围	并行长度(km)	备注
1	高压电力线				
2	电气化铁路				
…					

附表 10 管线阀室设置统计表

序号	阀室名称及编号	类型	位置描述	间距(km)	主要地区等级（输气管线）
1					
2					
3					
…					

附表 11 沿线伴行路设置统计表

序号	伴行路区段名称	长度(km)	整修或新建	备注
1				
2				
…				

附表 12 河流大、中型穿(跨)越工程统计表

序号	河流名称	位置	方式	管道设计埋深（m）	长度（m）	用管（管径×壁厚）（mm）	穿跨越工程等级	备注
1								
2								
…								

附表 13 山岭隧道穿越工程统计表

序号	隧道名称	位置	用管（管径×壁厚）(mm)	隧道长度（m）	备注
1					
2					
…					

附表 14 公路、铁路穿(跨)越工程统计表

序号	公路、铁路名称	位置	穿(跨)越长度(m)	穿(跨)越方式	备注
1					
2					
…					

附表 15　站场设置统计表

序号	站场名称	站址	线路里程（km）	线路高程(m)	站间距(km)
1					
2					
…					

附表 16　管道沿线干扰源统计和防护措施

序号	区县	里程	电压等级	与干扰源关系 （交叉/平行/强电接地）	干扰源描述	防护措施
1						
2						
3						
…						

附表 17　站场与周边设施防火间距合规性一览表

站场名称	类型	100 人以上居住区、村镇、公共福利设施	100 人以下的散居房屋	相邻厂矿企业	铁路线	公路	35kV 及以上独立变电所	架空电力线	架空通信线	爆炸作业场地
××站 （×级站）	标准要求									
	实际距离									
	设计距离									
	拆迁情况									
…										

注：标准要求指规范中该等级站场的相关区域布置防火间距值。其中，铁路线、公路、架空电力线路、架空通信线路应按规范在距离后注明其等级；实际距离指从站场起算点到最近的相关设施起算点的水平距离。

附表 18　输气管道站场放空(火炬)与周边设施间距合规性一览表

站场名称	类型	100 人以上居住区、村镇、公共福利设施	100 人以下的散居房屋	相邻厂矿企业	国家铁路线	高速公路	其他公路	架空电力线及国家Ⅰ、Ⅱ级通信线	其他通信线	爆炸作业场地
××站 放空 （火炬）	标准要求									
	实际距离									
	设计距离									
	拆迁情况									
…										

附表 19　××站站内主要设施安全距离合规性一览表

序号	设施名称	相邻设施的间距要求和设计距离(m)												备注
		上			下			左			右			
		设施名称	要求	设计	设施名称	要求	设计	设施名称	要求	设计	设施名称	要求	设计	
1														
2														
3														
4														
5														
6														
…														

注：

1. 站内有安全距离要求的设施均应列入此表；
2. 表中上、下、左和右指图纸上相邻设施的方位，同一方向有多个相邻设施时，应分行列出；
3. “要求”指法律法规、标准规范所确定的距离，无间距要求的填写“—”号；“设计”指图纸上的设计距离。

附表 20　站场建筑物特征一览表

序号	站场名称	单体名称	建筑面积(m^2)	层数	建筑高度(m)	火灾危险性类别	耐火等级	备注
1								
2								
…								

附表 21　站场建(构)筑物结构设计信息一览表

序号	站场名称	单体名称	结构形式	基础形式	抗震设防烈度	抗震设防分类	抗震等级	基本风压(kN/m^2)	基本雪压(kN/m^2)
1									
2									

附表22 安全专用投资概算表

序号	安全技术设施名称	投资概算(万元)
一	生产环节安全专项防范措施	
1	紧急关断系统(ESD)及水击保护系统	
2	火灾及可燃气体检测报警系统	
3	安全仪表系统	
4	线路截断阀	
5	泄压保护系统(含泄压罐)	
6	放空设施	
7	排污设施	
8	管道泄漏检测系统	
9	通风设施	
10	安全防范系统(含工业电视、周界报警设备等)	
11	防雷防静电设施	
12	防爆电气设备设施	
13	防腐保温和阴极保护	
14	管道标志	
15	消防设施	
二	防洪和水工保护	
1	防洪设施	
2	水工保护、堤岸加固	
三	安全防护设施	
1	空气呼吸器	
2	便携式检测仪表	
3	急救用品	
四	维(抢)修设施	
	合计	
	安全专用投资占工程总投资比例	

附件 2

陆上石油天然气长输管道建设项目初步设计安全专篇编写提纲格式模板

1. 格式

1.1　设计单位资质证书影印件

1.2　封面

1.3　封二

1.4　设计人员组成

1.5　资料图纸目录

1.6　正文格式

1.7　附件

1.8　附图

2. 纸张、排版

采用 A4 白色胶版纸(70g 以上)。纵向排版，页面左边距 28mm、右边距 20mm、上边距 25mm、下边距 20mm。

3. 制作

除附图、扫描件等，双面打印文本。

4. 封装

正式文本装订后，用设计单位公章进行封页。

（建设项目名称）（宋体小二加粗）

初步设计安全专篇（宋体一号加粗）

共×册：第×册（宋体三号加粗）

项目号：××（宋体三号加粗）

文件号：××（宋体三号加粗）

主编单位名称（宋体三号加粗）

工程设计证书编号 勘察证书号（宋体小四加粗）

参编单位(1)名称（宋体三号加粗）

工程设计证书编号 勘察证书号（宋体小四加粗）

参编单位(2)名称（宋体三号加粗）

工程设计证书编号 勘察证书号（宋体小四加粗）

20××年 ××月(公章)（宋体三号）

（建设项目名称）（宋体小二加粗）

初步设计安全专篇 （宋体一号加粗）

共××册：第××册 （宋体三号加粗）

项目号：×× （宋体三号加粗）

文件号：×× （宋体三号加粗）

项目设计经理：（宋体小三加粗）（签字）

项目技术经理：（宋体小三加粗）（签字）

总 工 程 师：（宋体小三加粗）（签字）

公 司 领 导：（宋体小三加粗）（签字）

（建设项目名称）（宋体小二加粗）

初步设计安全专篇 （宋体一号加粗）

共××册：第××册 （宋体三号加粗）

项目号：×× （宋体三号加粗）

文件号：×× （宋体三号加粗）

参编单位(2)各专业签署					
参编单位(1)各专业签署					
主编单位各专业签署					
专业名称	版　次	编制(设计)	校　对	审　核	审　定

单位名称(黑体小五)	资料图纸　目录	项目号：（宋体小五）
		文件号：（宋体小五）
工程设计证书编号 （宋体六号） 勘察证书编号 （宋体六号）	(项目名称) (宋体小四)	版　次：（宋体五号）
		阶　段：（宋体五号）
		第　　页 共　　页
		日　期：（宋体五号）

序号	文件号	名　　称	文字页数	图　纸		备 注
				自然张数	折合 1# 图纸	
		（宋体五号）				

编　制	校　对	审　核			

单位名称(黑体小五) 工程设计证书编号 (宋体六号) 勘察证书编号 (宋体六号)	资料图纸　目录 (项目名称) (宋体小四)	项目号：(宋体小五) 文件号：(宋体小五) 版　次：(宋体五号) 阶　段：(宋体五号) 第　页 共　页 日　期：(宋体五号)

序号	文件号	名　　称	文字页数	图纸		备注
				自然张数	折合1#图纸	
		(宋体五号)				

编　制	校　对	审　核			

目　　录

1　章名(黑体小三)

1.1　节名(黑体四号)

1.1.1　条名(黑体小四)

说明书正文字体为宋体小四号，行间距为 1.5 倍。每段文字空两个字符起排，回行时顶格排。

1.1.1.1　条名(黑体小四)

说明书正文字体为宋体小四号，行间距为 1.5 倍。每段文字空两个字符起排，回行时顶格排。

1.1.1.1.1　条名(黑体小四)

说明书正文字体为宋体小四号，行间距为 1.5 倍。每段文字空两个字符起排，回行时顶格排。

1）款

（1）项

（2）项

2）款

（1）项

（2）项

1.1.1.1.2　条名(黑体小四)

说明书正文字体为宋体小四号，行间距为 1.5 倍。每段文字空两个字符起排，回行时顶格排。

1.1.1.2　条名(黑体小四)

说明书正文字体为宋体小四号，行间距为 1.5 倍。每段文字空两个字符起排，回行时顶格排。

1.1.1.3　条名(黑体小四)

说明书正文字体为宋体小四号，行间距为 1.5 倍。每段文字空两个字符起排，回行时顶格排。

表 1.1-1　表的名称(宋体五号)

××××(宋体五号)				
××××(宋体五号)				
××××(宋体五号)				

图 1.1-1　图的名称(宋体五号)

1.1.2　条名(黑体小四)

说明书正文字体为宋体小四号，行间距为 1.5 倍。每段文字空两个字符起排，回行时顶格排。

1.2　节名(黑体四号)

1.2.1　条名(黑体小四)

说明书正文字体为宋体小四号，行间距为1.5倍。每段文字空两个字符起排，回行时顶格排。

表1.2-1　表的名称(宋体五号)

XXXX(宋体五号)				
XXXX(宋体五号)				
XXXX(宋体五号)				

图1.2-1　图的名称(宋体五号)

1.2.2　条名(黑体小四)

说明书正文字体为宋体小四号，行间距为1.5倍。每段文字空两个字符起排，回行时顶格排。

2　章名(黑体小三)

2.1　节名(黑体四号)

2.1.1　条名(黑体小四)

说明书正文字体为宋体小四号，行间距为1.5倍。每段文字空两个字符起排，回行时顶格排。

表2.1-1　表的名称(宋体五号)

XXXX(宋体五号)				
XXXX(宋体五号)				
XXXX(宋体五号)				

图2.1-1　图的名称(宋体五号)

2.1.2　条名(黑体小四)

说明书正文字体为宋体小四号，行间距为1.5倍。每段文字空两个字符起排，回行时顶格排。

2.2　节名(黑体四号)

2.2.1　条名(黑体小四)

说明书正文字体为宋体小四号，行间距为1.5倍。每段文字空两个字符起排，回行时顶格排。

2.2.2　条名(黑体小四)

说明书正文字体为宋体小四号，行间距为1.5倍。每段文字空两个字符起排，回行时顶格排。

附件 3

陆上石油天然气长输管道建设项目安全验收评价报告编写提纲

前言

简述建设项目基本情况、项目背景、安全验收评价项目委托方及评价要求、安全验收评价工作过程等。

1. 总则

1.1 评价目的

结合建设项目的特点，简述编制安全验收评价报告的目的。

1.2 评价依据

1.2.1 法律、法规及规章

列出建设项目安全验收评价应遵循的安全生产法律、行政法规、部门规章、以及地方性法规、规章和规范性文件，宜按法律-法规-规章顺序排列，并标注发布机构、文号和施行日期。包括但不限于：

《中华人民共和国安全生产法》

《中华人民共和国消防法》

《中华人民共和国水土保持法》

《中华人民共和国防洪法》

《中华人民共和国石油天然气管道保护法》

《中华人民共和国突发事件应对法》

《中华人民共和国防震减灾法》

《安全生产许可证条例》

《特种设备安全监察条例》

《公路安全保护条例》

《铁路运输安全保护条例》

《电力设施保护条例》

《建设工程消防监督管理规定》

《生产经营单位安全培训规定》

《特种作业人员安全技术培训考核管理规定》

《防雷减灾管理办法》

《非煤矿矿山建设项目安全设施设计审查与竣工验收办法》

《建设项目安全设施“三同时”监督管理暂行办法》

《生产事故应急预案管理办法》

《安全生产培训管理办法》

《关于开展重大危险源监督管理工作的指导意见》

《关于陆上石油天然气建设项目安全设施设计审查与竣工验收有关事项的通知》

1.2.2 标准规范

列出建设项目安全验收评价应遵循的主要标准规范，名称后应标注标准号和年号，宜按国家标准-行业标准-国外标准-企业标准的顺序排列，并按照专业进行排序。注意引用标准规范的适用范围，其中国外标准和企业标准仅作为参考标准，如需引用，必须说明原因及具体引用条款，且内容不得与国家标准、行业标准冲突。包括但不限于：

《输气管道工程设计规范》(GB 50251)

《输油管道工程设计规范》(GB 50253)

《石油天然气工程设计防火规范》(GB 50183)

《建筑设计防火规范》(GB 50016)

《工业企业总平面设计规范》(GB 50187)

《油气输送管道穿越工程设计规范》(GB 50423)

《油气输送管道跨越工程设计规范》(GB 50459)

《火灾自动报警系统设计规范》(GB 50116)

《供配电系统设计规范》(GB 50052)

《建筑物防雷设计规范》(GB 50057)

《建筑地基基础设计规范》(GB 50007)

《爆炸和火灾危险环境电力装置设计规范》(GB 50058)

《石油与石油设施雷电安全规范》(GB 15599)

《建筑抗震设计规范》(GB 50011)

《建筑工程抗震设防分类标准》(GB 50223)

《油气输送管道线路工程抗震技术规范》(GB 50470)

《立式圆筒形钢制焊接油罐设计规范》(GB 50341)

《储罐区防火堤设计规范》(GB 50351)

《钢制石油穿管防腐蚀工程技术规范》(GB 50393)

《泡沫灭火系统设计规范》(GB 50151)

《建筑灭火器配置设计规范》(GB 50140)

《安全色》(GB 2893)

《安全标志及其使用导则》(GB 2894)

《现场设备、工业管道焊接工程施工及验收规范》(GB 50683)

《立式圆筒形钢制焊接储罐施工及验收规范》(GB 50128)

《油气长输管道工程施工及验收规范》(GB 50369)

《石油天然气站内工艺管道工程施工规范》(GB 50540)

《石油天然气工业管线输送系统用钢管》(GB/T 9711)

《钢制管道外腐蚀控制规范》(GB/T 21447)

《埋地钢制管道阴极保护技术规范》(GB/T 21448)

《石油天然气管道安全规程》(SY 6186)

《石油天然气工程总图设计规范》(SY/T 0048)

《原油管道输送安全规程》(SY/T 5737)

《天然气管道运行规范》(SY/T 5922)

《石油设施电气设备安装区域一级、0 区、1 区和 2 区区域划分推荐作法》(SY/T 6671)

《埋地钢制管道直流排流保护技术标准》(SY/T0017)

《埋地钢制管道交流排流保护技术标准》(SY/T 0032)

《钢制储罐罐底外壁阴极保护技术标准》(SY/T 0088)

《管道干线标记设置技术规定标准》(SY/T 6064)

《油气输送管道线路工程水工保护设计规范》(SY/T 6793)

《石油天然气工程可燃气体检测报警系统安全技术规范》(SY 6503)

《石油天然气安全规程》(AQ 2012)

《安全评价通则》(AQ 8001)

《安全验收评价导则》(AQ 8003)

《石油行业建设项目安全验收评价报告编写规则》(SY/T 6710)

《生产经营单位生产事故应急预案编制导则》(AQ/T 9002)

1.2.3　建设项目合法性证明文件

列出建设项目安全验收评价所依据的合法性证明文件，并标注发文单位、日期和文号等。包括但不限于：

1）建设项目审批、核准或备案文件；

2）建设项目安全专篇及重大变更批复文件。

1.2.4　建设项目技术资料

列出建设项目安全验收评价所依据的有关技术资料，并标注文件名称、编制单位和日期等。包括但不限于：

1）安全预评价报告；

2）安全专篇及重大变更资料；

3）施工、检测、监理记录和总结，交工验收报告，竣工图等有关竣工资料；

4）试运行资料；

5）安全生产管理资料。

1.2.5 其他评价依据

列出建设项目安全验收评价所依据的其他有关文件。

1.3 评价范围

明确安全验收评价范围，以及与其他工程的界面关系。

1.4 评价程序

介绍安全验收评价工作的主要步骤和内容。

2. 建设项目概况

介绍建设项目建成后的实际情况；若采用新工艺、新技术、新材料或新设备，对其进行介绍。对于改(扩)建项目，介绍依托已建工程情况。

2.1 单位概况

介绍项目建设单位、运营管理单位基本情况。

2.2 项目简介

2.2.1 项目基本情况

介绍建设项目名称、性质(新建、改建或扩建)、输送介质、距离、设计压力、设计输量、管径、管材、站场设置、总投资等。

2.2.2 执行安全设施“三同时”制度情况

介绍建设项目审批、核准或备案，可行性研究报告编制及批复，安全预评价报告编制及备案，安全专篇编制及批复情况。

2.2.3 相关工程概况

对于分期实施的建设项目，应说明项目总体情况；对于联络线工程，应说明上下游管道情况；对于改(扩)建工程，应说明原有工程情况。

2.3 自然及社会环境

2.3.1 自然环境

1）沿线地貌

介绍管道沿线主要地形地貌特征(见附表1)。

2）气象情况

介绍管道沿线主要区域的气象情况(见附表2)。

3）水文地质

介绍站场及管道沿线主要河流、地下水等情况。

4）工程地质

介绍站场及管道沿线区域地质情况、地震及地震断裂带和不良地质情况。

2.3.2 社会环境

介绍管道沿线行政区域划分(见附表3)，交通道路、水电设施等公共资源情况。

2.4 输送工艺

1）介绍采用的输送工艺；

2）介绍输送介质来源，以及设计阶段、试运行阶段的物性参数；

3）介绍典型运行工况下输量、温度、压力等运行参数。

2.5 线路工程

2.5.1 线路走向

介绍线路总体走向、起止点位置及通过的主要行政区域，给出线路走向示意图。原油管道应说明是否有翻越点。

2.5.2 线路用管

介绍采用的钢管材质、壁厚、等级、制管方式等。

2.5.3 管道敷设

1）一般地段管道敷设

介绍一般地段管道的敷设方式，管道埋深、管沟开挖、管沟回填等情况。

2）特殊地段管道敷设

介绍管道沿线附近有相互影响的主要敏感区域分布情况及敷设方式(见附表4)，包括城镇规划区、人口密集区、军事区、海(河)港码头、风景名胜区、饮用水源地、保护区、采空区、压矿区等。

介绍管道与其他油气管道、公路、铁路、高压电力线、通信光缆、水利设施等的并行(见附表5)或交叉情况及敷设方式。

介绍管道沿线滑坡、崩塌、泥石流、盐渍土、湿陷性黄土、淤泥质软土、多年冻土、季节性冻土等主要不良地质段分布情况及敷设方式(见附表6)。

介绍管道沿线山区、沟谷、沙漠、水网等特殊地段分布情况及敷设方式(见附表7)。

介绍管道经过地震强震区及地震断裂带情况及敷设方式。

3）穿(跨)越工程

介绍管道河流大、中型穿(跨)越，山岭隧道穿越，公路(二级以上)、铁路穿(跨)越情况(见附表8、9、10、11)。

2.5.4 管道附属设施

1）阀室

介绍线路阀室设置、地区等级(输气管道)等情况(见附表12)。

2）管道标志

介绍里程桩、转角桩、阴保测试桩、交叉标志桩、警示牌、警示带等设置情况。

3）水工保护

介绍管道通过土(石)坎、陡坡、冲沟、河流、沟渠等特殊地段时，所采取的保护管道、防止水土流失的措施(如挡水墙、护坡、护岸、堤坝等)。

4）伴行路

介绍管道伴行路的走向、长度、路面形式等情况。

2.6　站场工程

2.6.1　站场设置及等级划分

介绍站场设置及等级划分情况(见附表13)。

2.6.2　站场功能及工艺流程

介绍各站场功能及流程，包括正反输、增压、减压、加热、分输、清管等情况。

2.6.3　站场区域位置

介绍各站场及放空设施区域布置情况，重点说明与居民区、厂矿企业以及公路、铁路、电力等公共设施的距离(见附表14、15)。

2.6.4　总平面布置

介绍各站场总平面布置情况，包括生产区、辅助生产区、综合办公区布置，进出站截断阀位置，储罐区设置，压缩机厂房设置，站内道路分布，逃生门设置等(见附表16)。

2.6.5　主要设备设施

介绍站场进出站截断阀、压缩机系统、储罐、机泵、分离器、热工设备、清管设施、调压装置、放空设施、排污系统、站内管道等主要设备设施设置情况。

2.7　防腐保温与阴极保护

2.7.1　防腐保温

介绍管道线路外防腐层及保温层的材料结构和补口方式。

介绍站内管道及设备防腐、保温和伴热情况，重点说明大型容器和储罐内、外壁的防腐措施。

2.7.2　阴极保护

介绍管道线路采用的阴极保护方式。采用强制电流阴极保护时，说明阴极保护站分布、数量、供电方式、建站类型及投运效果等；采用牺牲阳极保护时，说明阳极材料的选用和数量。说明管道与架空电力线、电气化铁路并行交叉的交(直)流干扰段及采取的排流措施和效果。

介绍站场区域阴极保护的设置情况及投运效果。

2.8　自控及通信

2.8.1　自控系统

介绍数据采集与监视控制系统(SCADA 系统)、站控制系统(顺序控制系统<SCS>、分散控制系统<DCS>或可编程逻辑控制器<PLC>等)的总体控制方案、构成、配置、功能及各级控制方式等情况。

介绍安全仪表系统的构成、配置及功能。包括紧急停车系统(ESD)、联锁保护系统、火灾及气体检测报警系统、管道泄漏检测系统等情况。

2.8.2　通信系统

介绍主用、备用通信方式。说明站场周界报警及工业电视系统，通信设备的防雷及接地，光缆防强电、防水、防腐等情况。

2.9　供配电

2.9.1　供电电源

介绍各站场、阀室用电负荷及等级，供电电源、应急电源配置情况。

2.9.2　变(配)电

介绍各站场变(配)电系统设置，包括变(配)电所的数量、主变容量、设备位置及布置情况。

2.9.3　电气防爆

介绍站场爆炸危险场所区域划分、电气设备配置情况。

2.9.4　防雷、防静电与接地

介绍站场防雷、防静电及接地的设置情况。

2.9.5　防电击

介绍直接电击和间接电击的保护，包括电气防护、设备配置、配电线路保护、等电位连接等情况。

2.10　给排水

2.10.1　给水系统

介绍生活用水、生产用水、消防用水的用水量、水源、水压、水质等情况。

2.10.2　排水系统

介绍雨水、生活污水、含油污水的处理情况及排放方式，事故状态下总排污量的处理措施。

2.11　消防

2.11.1　消防系统

介绍各站场消防站等级规模、固定(半固定)消防系统和消防器材配置等情况。

2.11.2 消防依托

介绍管道沿线及站场消防依托情况。

2.12 供热、采暖、通风

介绍站场厂房、生产辅助用房、值班房等供热、采暖、通风设置情况。

2.13 建(构)筑物

介绍建(构)筑物设置、抗震设防烈度、抗震设防分类、抗震等级和耐火等级等情况(见附表17、18)。对特殊地质条件场区，说明建(构)筑物地基处理情况。

2.14 维(抢)修

介绍管道沿线维(抢)修机构设置、机具和人员配备、社会维(抢)修力量依托等情况。

2.15 安全管理

介绍安全管理机构设置、安全管理人员配备、安全管理制度、操作规程、教育培训、现场安全管理等情况。

2.16 安全投入

介绍项目总投资及安全专项投资情况(见附表19)，给出安全专项投资所占比例。

2.17 施工概况

介绍建设项目施工、检测、监理单位基本情况，施工组织、工程质量、交工验收等情况。

2.18 试运行概况

介绍建设项目试运行组织、生产安全设施运行等情况。说明试运行期间是否发生生产安全事故，采取的防范措施及整改情况。

3. 危险、有害因素辨识及分析

根据输送工艺过程和自然、社会环境特点，辨识和分析建设项目生产运行过程中存在的危险、有害因素及其存在部位。

3.1 主要危险、有害物质

介绍建设项目涉及到的主要危险、有害物质及其易燃性、易爆性、沸溢性、燃烧性、压缩性、流淌性等特性。

3.2 主要危险、有害因素辨识与分析

辨识建设项目运行中存在的危险、有害因素，确定其存在场所或部位，分析其危险、有害性。包括但不限于：

1）输送工艺危险、有害因素辨识与分析；

2）油气管道线路危险、有害因素辨识与分析；

3）油气站场危险、有害因素辨识与分析；

4）若工程采用了新工艺、新技术、新材料或新设备，应辨识与分析其危险有害因素；

5）自然灾害和社会危害因素辨识与分析，包括地质灾害、气象灾害、地震、第三方破坏与管道占压等；

6）其他危险、有害因素辨识与分析。

3.3　危险、有害因素分布

介绍危险、有害因素分布情况。

3.4　重大危险源辨识

对建设项目可能存在的重大危险源进行辨识。

4. 评价单元划分及评价方法选择

4.1　评价单元划分

根据建设项目特点，一般划分为建设程序、工艺、线路、站场、防腐保温及阴极保护、自控及通信、供配电、给排水及消防、供热采暖及通风、建(构)筑物、应急救援、安全管理等评价单元。

4.2　评价方法选择

介绍评价方法选择的依据和原则，符合性评价宜选用安全检查法、安全检查表法等方法，预测性评价宜选用管道风险评分法(Kent 法)、定量风险评估等方法。

5. 符合性评价

5.1　建设程序

检查建设单位的合法证件，建设项目审批、核准或备案，安全预评价报告备案，安全专篇(包括重大设计变更)批复，设计、施工、检测及监理单位资质等。

对本单元作出小结。

5.2　工艺

检查工艺系统设置、流程，运行参数等是否符合设计要求。天然气管道项目重点检查气质指标是否符合输送要求。原油管道项目重点检查预防原油凝管的措施、各种工况下的水击保护措施、防止高点液柱分离的措施等。

对本单元作出小结。

5.3　线路

检查线路走向、线路用管、管道敷设、穿(跨)越工程、线路阀室、水工保护、伴行路、管道标志等的符合性。

对本单元作出小结。

5.4 站场

检查站场区域布置，工艺流程，总平面布置，进出站截断阀、压缩机系统、储罐、机泵、分离器、热工设备、清管设施、调压装置、放空设施、排污系统、站内管道等主要设备设施的符合性。检查站场安全防护措施、强制检测设备、特种设备检测检验等情况。

对本单元作出小结。

5.5 防腐保温及阴极保护

检查防腐保温及阴极保护的符合性。

对本单元作出小结。

5.6 自控及通信

检查 SCADA 系统、站控系统、安全仪表系统等符合性。

检查通信方式、安防系统、防雷及接地、光缆防护等符合性。

对本单元作出小结。

5.7 供配电

检查供电电源、变(配)电、电气防爆、防雷防静电与接地、防电击等符合性。

对本单元作出小结。

5.8 给排水及消防

检查给水、排水、消防系统、消防依托的符合性。

对本单元作出小结。

5.9 供热采暖及通风

检查站场厂房、生产辅助用房、值班房等供热、采暖、通风设置符合性。

对本单元作出小结。

5.10 建(构)筑物

检查建(构)筑物设置、抗震设防烈度、抗震设防分类、抗震等级和耐火等级、地基处理等符合性。

对本单元作出小结。

5.11 应急救援

检查运营管理单位的应急管理体系、应急通信保障、应急预案内容、应急培训和演练以及维(抢)修能力等情况。

对本单元作出小结。

5.12 安全管理

检查运营管理单位安全组织机构及人员配备，安全管理制度，操作规程，安全教育培训，主要负责人、安全管理人员及特种作业人员取证，安全投入等情况。

对本单元作出小结。

6. 预测性评价

对建设项目投产后发生重大事故的可能性及后果进行预测性评价，事故后果预测重点主要包括站场火灾爆炸、管道泄漏引发火灾爆炸以及其他引起人员伤害和财产损失的重大事故等。

7. 安全对策措施建议

根据评价结果，针对建设项目特点，结合同类建设项目生产运营经验，对建设项目生产运营提出安全对策措施建议。

8. 评价结论

给出结论，明确建设项目是否具备安全验收条件。

9. 附件

包括但不限于：

1）安全验收评价委托书；

2）建设项目合法性证明材料，包括但不限于：建设项目审批、核准或备案文件，安全预评价报告备案文件，安全专篇(重大设计变更)批复文件等；

3）各类资质、资格证书，包括但不限于：设计、施工、检测、监理单位资质证书，运营管理单位主要负责人、安全管理人员安全资格证书，电工、焊工、压力容器操作工、锅炉工、起重机械操作工等特种作业人员资格证书样本；

4）主要技术资料、检测报告，包括但不限于：输送介质物性测试报告，新工艺、新技术、新材料或新设备的省部级以上鉴定、验收、评审结论等文件，阴极保护测试记录，防雷设施检测报告，管材、管件、阀门、仪表、电气、消防器材等产品合格证书样本，SCADA 系统单机及整体联运记录，压力表、安全阀、可燃气体检测仪等检测报告样本，特种设备使用登记证及检测合格证等样本；

5）各类记录、报告，包括但不限于：焊接、试压、吹扫记录样本，无损检测记录样本、监理记录样本等，人员培训记录、事故应急预案演练记录样本，交工验收报告。

10. 附图

附图应为正式签署的竣工图纸，包括但不限于：

1）系统流程图；

2）线路走向示意图；

3）线路全程纵断面示意图；

4）站场区域、总平面布置图；

5）站场工艺流程图；

6）典型阀室工艺流程图；

7）典型阀室总平面布置图；

8）爆炸危险区域等级划分图；

9）火焰、可燃气体检测仪及报警点位置分布图；

10）消防平面布置图。

附表

附表 1　沿线地貌区域划分统计表

序号	地貌单元	线路长度(km)
1	平原	
2	丘陵	
3	山地	
4	河谷	
5	黄土塬	
6	沙漠	
7	盐碱地	
8	水网	
9	戈壁	
…		
合计		

附表 2　沿线主要气象资料统计表

序号	项　目		单位	区域 1	区域 2	…
1	气温	最高气温	℃			
		最低气温	℃			
2	降水	最大降水	mm			
		最小降水	mm			
3	最大冻土深度		m			
…						

附表 3 行政区划及线路长度统计表

序号	省(市)名称	市(县)名称	线路长度(km)	备注
1				
2				
…				
合计				

附表 4 沿线敏感点敷设统计表

序号	敏感点名称	所在区域位置	与管道相互关系	备注
1				
2				
…				

附表 5 并行段敷设情况统计表

序号	名称	起止位置	并行长度(km)	并行间距(m)	备注
1					
2					
…					

附表 6 不良地质段敷设统计表

序号	地质灾害类型	起止桩号	地理位置	线路长度(km)	敷设方式	备注
1						
2						
…						
合 计						

附表 7 特殊地段敷设统计表

序号	特殊岩土类型	起止桩号	地理位置	线路长度(km)	敷设方式	备注
1						
2						
…						
合 计						

附表 8　河流穿(跨)越统计表

序号	河流名称	穿(跨)越类型	穿(跨)越位置	穿(跨)越段长度(m)	穿(跨)越段管径(mm)	穿(跨)越方式	设计埋深(m)	实际埋深(m)
1								
2								
…								

附表 9　山岭隧道穿越统计表

序号	隧道名称	穿越位置或桩号	隧道长度(m)	穿越段管径(mm)	设计埋深(m)	实际埋深(m)
1						
2						
…						

附表 10　公路穿越统计表

序号	公路名称	穿越位置	穿越长度(m)	穿越方式	设计埋深(m)	实际埋深(m)
1						
2						
…						

附表 11　铁路穿越统计表

序号	铁路名称	穿越位置	穿越长度(m)	穿越方式	设计埋深(m)	实际埋深(m)	是否是电气化铁路	交直流干扰情况
1								
2								
…								

附表 12 线路阀室设置统计表

序号	站场及阀室名称	类型	位置描述	里程(km)	间距(km)	地区等级划分(输气管道)
1	首站					
2	阀室					
…	…					
n	末站					

附表 13 站场设置统计表

序号	站场名称	地理位置	高程(m)	里程(m)	站间距(km)	站场等级
1						
…						

附表 14 站场区域布置防火间距表

项目 方向	100 人以上居住区、村镇、公共福利设施	100 人以下的散居房屋	相邻厂矿企业	等级公路	国家铁路线	35kV 及以上独立变电所	通信线及 35kV 以下架空电力线	爆炸作业场地
东侧								
南侧								
西侧								
北侧								

注：括号内列出法律法规、标准规范所要求的间距，括号外为实际间距。

附表 15 站场放空设施防火间距表

项目 方向	100 人以上居住区、村镇、公共福利设施	100 人以下的散居房屋	相邻厂矿企业	等级公路	国家铁路线	35kV 及以上独立变电所	通信线及 35kV 以下架空电力线	爆炸作业场地
火炬/放空立管								

注：括号内列出法律法规、标准规范所要求的间距，括号外为实际间距。

附表 16　站场总平面布置防火间距检查表

名称	名称	实际间距(m)	法律法规、标准规范要求间距(m)

注：站内有安全距离要求的设施均应列入此表。

附表 17　主要建筑物一览表

序号	单体名称	建筑面积（m^2）	建筑物层高（m）	结构形式	耐火等级	火灾危险性分类
1						
…						

附表 18　站场抗震设防烈度一览表

站场名称／项目	站场 1	站场 2	…	…	…	…
抗震设防烈度						
抗震设防分类						
抗震等级						

附表 19　安全专项投资一览表

序号	安全技术设施名称	投入资金(万元)
一	生产环节安全专项防范措施	
1	紧急关断系统(ESD)及水击保护系统	
2	火灾及可燃气体检测报警系统	
3	安全仪表系统	
4	线路截断阀	
5	泄压保护系统(含泄压罐)	
6	放空设施	
7	排污设施	
8	管道泄漏检测系统	
9	通风设施	
10	安全防范系统(含工业电视、周界报警设备等)	

续表

序号	安全技术设施名称	投入资金(万元)
11	防雷防静电设施	
12	防爆电气设备设施	
13	防腐保温和阴极保护	
14	管道标志	
15	消防设施	
二	防洪和水工保护	
1	防洪设施	
2	水工保护、堤岸加固	
三	安全防护设施	
1	空气呼吸器	
2	便携式检测仪表	
3	急救用品	
四	维(抢)修设施	
五	安全培训和事故应急演练	
1	安全培训	
2	事故应急设施及演练	
	合计	

附件 4

陆上石油天然气长输管道建设项目
安全验收评价报告编写提纲格式模板

1. 格式

1.1　封面

1.2　安全评价资质证书影印件

1.3　著录项

1.4　前言

1.5　目录

1.6　正文

1.7　附件

1.8　附图

2. 规格

采用 A4 幅面，左侧装订。页面左边距 28mm、右边距 20mm、上边距 25mm、下边距 20mm。

3. 封面格式

3.1　封面内容

3.1.1　委托单位名称

3.1.2　评价项目名称

3.1.3　标题

3.1.4　安全评价机构名称

3.1.5　安全评价机构资质证书编号

3.1.6　安全验收评价报告完成时间

3.2　封面样张

3.3　著录项格式

3.3.1　布局

“安全评价机构法定代表人、评价项目组成员”等著录项分 2 页布置。首页署名安全评价机构的法定代表人、技术负责人等主要责任者姓名，下方为报告编制完成的日期及安全评价机构公章用章区；次页为评价人员、各类技术专家以及其他有关责任者名单，评价人员和技术专家均应亲笔签名。

3.3.2　样张

4. 前言、目录和正文

5. 封装

正式文本装订后，用评价机构公章侧封。

委托单位名称(二号宋体加粗)

评价项目名称(二号宋体加粗)

安全验收评价报告(一号黑体加粗)

安全评价机构名称(二号宋体加粗)

安全评价机构资质证书编号：(三号宋体加粗)

评价报告完成日期(三号宋体加粗)

委托单位名称(三号宋体加粗)
评价项目名称(三号宋体加粗)

安全验收评价报告(二号宋体加粗)

法人代表：(四号宋体)
技术负责人：(四号宋体)
评价项目负责人：(四号宋体)
评价报告完成日期(小四号宋体加粗)
(安全评价机构公章)

评价人员（三号宋体加粗）

人　员	姓　名	资格证书号	从业登记编号	签　字
项目负责人				
项目组成员				
报告编制人				
报告审核人				
过程控制负责人				
技术负责人				

（此表根据具体项目实际参与人数编制）

技术专家

姓名　　　　　　　　　　　　　　　签字

（列出各技术专家名单）

（以上全部用小四号宋体）

前　言(居中，小三号宋体加粗)

汉字和标点符号为四号宋体，数字为四号 Times New Roman，标点符号为全角格式。每段文字首行缩进 2 字符，回行时顶格。行间距为固定值，26 磅。

目　录(三号黑体加粗)

1　章名(一级标题，小三号黑体)

1.1　节名(二级标题，四号黑体)

1.1.1　条名(三级标题，四号黑体)

汉字和标点符号为四号宋体，数字为四号 Times New Roman，标点符号为全角格式。每段文字首行缩进 2 字符，回行时顶格。行间距为固定值，26 磅。

1.1.1.1　条名(四级标题，四号黑体)

汉字和标点符号为四号宋体，数字为四号 Times New Roman，标点符号为全角格式。每段文字首行缩进 2 字符，回行时顶格。行间距为固定值，26 磅。

1）款

（1）项

（2）项

2）款

（1）项

（2）项

1.1.1.2　条名(四级标题，四号黑体)

汉字和标点符号为四号宋体，数字为四号 Times New Roman，标点符号为全角格式。每段文字首行缩进 2 字符，回行时顶格。行间距为固定值，26 磅。

1.1.1.3　条名(四级标题，四号黑体)

汉字和标点符号为四号宋体，数字为四号 Times New Roman，标点符号为全角格式。每段文字首行缩进 2 字符，回行时顶格。行间距为固定值，26 磅。

表 1.1-1　表头(小四号黑体)

表格文字(小四号宋体)				

图 1.1-1　图名(小四号黑体)

1.1.2　条名(三级标题，四号黑体)

汉字和标点符号为四号宋体，数字为四号 Times New Roman，标点符号为全角格式。每段文字首行缩进 2 字符，回行时顶格。行间距为固定值，26 磅。

1.2　节名(二级标题，四号黑体)

1.2.1　条名(三级标题，四号黑体)

汉字和标点符号为四号宋体，数字为四号 Times New Roman，标点符号为全角格式。每段文字首行缩进 2 字符，回行时顶格。行间距为固定值，26 磅。

表 1.2–1　表头（小四号黑体）

表格文字（小四宋体）				

图 1.2–1　图名（小四号黑体）

1.2.2　条名（三级标题，四号黑体）

汉字和标点符号为四号宋体，数字为四号 Times New Roman，标点符号为全角格式。每段文字首行缩进 2 字符，回行时顶格。行间距为固定值，26 磅。

2　章名（一级标题，小三号黑体）

2.1　节名（二级标题，四号黑体）

2.1.1　条名（三级标题，四号黑体）

汉字和标点符号为四号宋体，数字为四号 Times New Roman，标点符号为全角格式。每段文字首行缩进 2 字符，回行时顶格。行间距为固定值，26 磅。

表 2.1–1　表头（小四号黑体）

表格文字（小四宋体）				

图 2.1–1　图名（小四号黑体）

2.1.2　条名（三级标题，四号黑体）

汉字和标点符号为四号宋体，数字为四号 Times New Roman，标点符号为全角格式。每段文字首行缩进 2 字符，回行时顶格。行间距为固定值，26 磅。

2.2　节名（二级标题，四号黑体）

2.2.1　条名（三级标题，四号黑体）

汉字和标点符号为四号宋体，数字为四号 Times New Roman，标点符号为全角格式。每段文字首行缩进 2 字符，回行时顶格。行间距为固定值，26 磅。

2.2.2　条名（三级标题，四号黑体）

汉字和标点符号为四号宋体，数字为四号 Times New Roman，标点符号为全角格式。每段文字首行缩进 2 字符，回行时顶格。行间距为固定值，26 磅。

国家安全监管总局
关于调整陆上石油天然气长输管道建设项目
安全设施设计审查与竣工验收工作职责的通知

安监总管一〔2012〕150 号

各省、自治区、直辖市及新疆生产建设兵团安全生产监督管理局，有关中央企业：

为强化省级安全监管部门对陆上石油天然气长输管道建设项目(以下简称管道项目)的安全监管工作，经研究，国家安全监管总局决定对《非煤矿矿山建设项目安全设施设计审查与竣工验收办法》(原国家安全监管局令第 18 号)和《国家安全监管总局关于陆上石油天然气建设项目安全设施设计审查与竣工验收有关事项的通知》(安监总管一〔2006〕151 号)规定的管道项目安全设施设计审查与竣工验收工作职责进行调整。

调整后，国家安全监管总局负责国务院及其有关主管部门审批、核准或者备案的跨省、自治区、直辖市管道项目的安全设施设计审查与竣工验收工作，省级安全监管部门负责国务院和省级人民政府及其有关主管部门审批、核准或者备案的本行政区域内管道项目的安全设施设计审查与竣工验收工作。

特此通知。

国家安全监管总局

2012 年 12 月 17 日

国家安全监管总局
关于公布建设项目职业病危害风险分类管理目录(2012年版)的通知

安监总安健〔2012〕73号

各省、自治区、直辖市及新疆生产建设兵团安全生产监督管理局，各省级煤矿安全监察局，有关中央企业：

为加强建设项目职业卫生“三同时”的监督管理工作，根据《中华人民共和国职业病防治法》第十七条及《建设项目职业卫生“三同时”监督管理暂行办法》(国家安全监管总局令第51号)第六条的规定，国家安全监管总局组织编制了《建设项目职业病危害风险分类管理目录(2012年版)》(以下简称《目录》)，现予公布，并就有关事项通知如下：

一、《目录》是指导安全生产监督管理部门实行建设项目职业卫生“三同时”分类监督管理的依据，各级安全生产监督管理部门应按照《建设项目职业卫生“三同时”监督管理暂行办法》和《目录》对建设项目职业卫生“三同时”工作实施监督管理，并指导建设单位和职业卫生技术服务机构开展建设项目职业病危害评价工作。

二、《目录》是在综合考虑《职业病危害因素分类目录》所列各类职业病危害因素及其可能产生的职业病和建设项目可能产生职业病危害的风险程度的基础上，按照《国民经济行业分类》(GB/T 4754—2011)，对可能存在职业病危害的主要行业进行的分类。《目录》由国家安全监管总局定期修订公布。

在实际运用中，如果建设项目拟采用的原材料、主要生产工艺和产品等可能产生的职业病危害的风险程度，与其在《目录》中所列行业职业病危害的风险程度有明显区别的，建设单位和职业卫生技术服务机构可以通过职业病危害预评价作出综合判断，根据评价结果确定该建设项目职业病危害的风险类别。

三、各省级安全生产监督管理部门可以根据本地区建设项目职业卫生“三同时”工作的实际情况，对《目录》作出调整补充。

国家安全监管总局

2012年5月31日

建设项目职业病危害风险分类管理目录
(2012年版)

序号	类别名称	严重	较重	一般
一	采矿业			
(一)	煤炭开采和洗选业			
1	烟煤和无烟煤开采洗选	√		
2	褐煤开采洗选	√		
3	其他煤采选	√		
(二)	石油和天然气开采业			
1	石油开采	√		
2	高含硫化氢气田开采	√		
3	其他天然气开采		√	
(三)	黑色金属矿采选业			
1	铁矿采选	√		
2	锰矿、铬矿采选	√		
3	其他黑色金属矿采选	√		
(四)	有色金属矿采选业			
1	常用有色金属矿采选	√		
2	贵金属矿采选	√		
3	稀有稀土金属矿采选	√		
(五)	非金属矿采选业			
1	土砂石开采	√		
2	化学矿开采	√		
3	采盐(井工开采)	√		
4	采盐(其他方式)		√	
5	石棉及其他非金属矿采选	√		
6	石英砂开采及加工	√		
(六)	其他采矿业		√	
二	制造业			
(一)	农副食品加工业			
1	谷物磨制		√	

续表

序号	类别名称	严重	较重	一般
2	饲料加工		√	
3	植物油加工			√
4	制糖业			√
5	屠宰及肉类加工		√	
(二)	食品制造业			√
(三)	酒制造业		√	
(四)	烟草制品业		√	
(五)	纺织业			
1	棉纺织及印染精加工		√	
2	毛纺织及染整精加工		√	
3	麻纺织及染整精加工		√	
4	丝绢纺织及印染精加工		√	
5	化纤织造及印染精加工		√	
6	家用纺织制成品制造			√
(六)	纺织服装、服饰业			√
(七)	皮革、毛皮、羽毛及其制品和制鞋业			
1	皮革鞣制加工	√		
2	皮革制品制造	√		
3	毛皮鞣制及制品加工	√		
4	羽毛(绒)加工及制品制造		√	
5	制鞋业	√		
(八)	木材加工和木制品业			
1	木材加工		√	
2	人造板制造	√		
3	木制品制造			√
(九)	家具制造业			
1	木质家具制造	√		
2	竹、藤家具制造		√	
3	金属家具制造		√	
(十)	造纸和纸制品业			
1	纸浆制造	√		
2	造纸		√	

续表

序号	类别名称	严重	较重	一般
3	纸制品制造			√
（十一）	印刷业		√	
（十二）	石油加工、炼焦和核燃料加工业			
1	精炼石油产品制造	√		
2	炼焦	√		
3	核燃料加工	√		
（十三）	化学原料和化学制品制造业			
1	基础化学原料制造	√		
2	肥料制造	√		
3	农药制造	√		
4	涂料、油墨、颜料及类似产品制造	√		
5	合成材料制造	√		
6	专用化学产品制造	√		
7	炸药、火工及焰火产品制造	√		
8	日用化学产品制造		√	
（十四）	医药制造业			
1	化学药品原料药制造	√		
2	化学药品制剂制造		√	
3	中药饮片加工		√	
4	中成药生产		√	
5	兽用药品制造		√	
6	生物药品制造		√	
7	卫生材料及医药用品制造			√
（十五）	化学纤维制造业			
1	纤维素纤维原料及纤维制造	√		
2	合成纤维制造	√		
（十六）	橡胶和塑料制品业			
1	橡胶制品业	√		
2	塑料制品业			√
（十七）	非金属矿物制品业			
1	水泥、石灰和石膏制造	√		
2	石膏、水泥制品及类似制品制造	√		

续表

序号	类别名称	严重	较重	一般
3	砖瓦、石材等建筑材料制造	√		
4	玻璃制造	√		
5	玻璃制品制造	√		
6	玻璃纤维和玻璃纤维增强塑料制品制造	√		
7	陶瓷制品制造	√		
8	耐火材料制品制造	√		
9	石墨及其他非金属矿物制品制造	√		
(十八)	黑色金属冶炼和压延加工业			
1	炼铁	√		
2	炼钢	√		
3	黑色金属铸造	√		
4	钢压延加工		√	
5	铁合金冶炼	√		
(十九)	有色金属冶炼和压延加工业			
1	常用有色金属冶炼	√		
2	贵金属冶炼	√		
3	稀有稀土金属冶炼	√		
4	有色金属合金制造	√		
5	有色金属铸造	√		
6	有色金属压延加工		√	
(二十)	金属制品业		√	
(二十一)	通用设备制造业		√	
(二十二)	专用设备制造业		√	
(二十三)	汽车制造业		√	
(二十四)	铁路、船舶、航空航天和其他运输设备制造业		√	
(二十五)	电气机械和器材制造业		√	
(二十六)	计算机、通信和其他电子设备制造业		√	
(二十七)	仪器仪表制造业			√
(二十八)	其他制造业			
1	日用杂品制造			√
2	煤制品制造		√	

续表

序号	类 别 名 称	严重	较重	一般
3	核辐射加工	√		
4	其他未列明制造业		√	
（二十九）	废弃资源综合利用业			
1	金属废料和碎屑加工处理		√	
2	非金属废料和碎屑加工处理		√	
（三十）	金属制品、机械和设备修理业		√	
三	电力、热力、燃气及水生产和供应业			
（一）	电力、热力生产和供应业			
1	火力发电（燃煤发电）	√		
2	核力发电	√		
3	其他电力生产		√	
4	电力供应			√
5	热力生产和供应		√	
（二）	燃气生产和供应业			
1	燃气生产	√		
2	燃气供应			√
（三）	水的生产和供应业			
1	自来水生产和供应			√
2	污水处理及其再生利用		√	
3	其他水的处理、利用和分配		√	
四	交通运输、仓储业			
（一）	铁路、水上、航空运输业			
1	货运火车站		√	
2	货运港口		√	
3	机场			√
（二）	管道运输业			√
（三）	装卸搬运和运输代理业			
1	装卸搬运		√	
（四）	仓储业			

续表

序号	类 别 名 称	严重	较重	一般
1	谷物、棉花等农产品仓储		√	
2	其他仓储业		√	
五	科学研究和技术服务业			
(一)	研究和试验发展			√
六	水利、环境和公共设施管理业			
(一)	生态保护和环境治理业			
1	固体废物治理		√	
2	危险废物治理	√		
3	放射性废物治理	√		
4	环境卫生管理(生活垃圾处理)		√	
七	居民服务、修理和其他服务业		√	
(一)	居民服务业			
1	洗染服务		√	
(二)	机动车、电子产品和日用产品修理业			
1	汽车、摩托车修理与维护		√	
八	农、林、牧、渔业			
(一)	畜牧业			√

国家安全监管总局
关于印发《海洋石油建设项目生产设施设计审查与安全竣工验收实施细则》的通知

安监总海油〔2009〕213 号

中国石油天然气集团公司、中国石油化工集团公司、中国海洋石油总公司，海洋石油作业安全办公室各分部：

根据《安全生产法》及《海洋石油安全生产规定》(国家安全监管总局令第 4 号)、《海洋石油安全管理细则》(国家安全监管总局令第 25 号)等有关规定，为规范海洋石油建设项目生产设施设计审查与安全竣工验收工作，国家安全监管总局制定了《海洋石油建设项目生产设施设计审查与安全竣工验收实施细则》。现印发你们，请遵照执行。

国家安全生产监督管理总局

2009 年 10 月 29 日

海洋石油建设项目生产设施设计审查与安全竣工验收实施细则

第一章　总　　则

第一条　为了规范海洋石油建设项目生产设施设计审查与安全竣工验收工作，根据《安全生产法》及《海洋石油安全生产规定》(国家安全监管总局令第 4 号)、《海洋石油安全管理细则》(国家安全监管总局令第 25 号)、《非煤矿矿山建设项目安全设施设计审查与竣工验收办法》(原国家安全监管局令第 18 号)等有关法律、法规及规章的规定，制定本实施细则。

第二条　本细则适用于海洋石油新建、改建和扩建项目(以下统称建设项目)的生产设施设计审查与安全竣工验收。

第三条　建设项目开工建设前，其生产设施设计必须经国家安全监管总局认可的发证检验机构审查同意，发证检验机构应将审查结果书面报国家安全监管总局海洋石油作业安全办公室(以下简称海油安办)或海油安办海油分部、中油分部、石化分部(以下统称相关分部)备案；正式投入生产前，建设项目生产设施必须经海油安办或相关分部安全竣工验收合格。

第四条 海油安办负责海洋石油新建油气田一期建设项目生产设施设计审查的备案与安全竣工验收。除海油安办负责的建设项目外，其他建设项目由相关分部根据管辖范围，负责生产设施设计审查的备案与安全竣工验收。

第二章 设计审查的备案内容和程序

第五条 发证检验机构向海油安办或相关分部报送设计审查结果的备案文件时，应提交以下材料：

（一）海洋石油建设项目生产设施设计审查申请报告及备案申请表（格式见附件 1）；

（二）发证检验机构资质证书副本复印件；

（三）建设项目总体开发方案或可行性研究报告批准文件；

（四）建设项目生产设施设计审查意见及结论。审查意见及结论中，应对建设项目安全预评价报告提出的建议采纳情况和安全专篇的合规性进行描述和分析。

第六条 海油安办或相关分部收到备案材料后，应对备案材料的完整性、设计审查程序的合规性和审查结论的确定性进行审核，并在 10 个工作日内作出是否同意备案的决定，并出具海洋石油建设项目生产设施设计审查备案意见表（格式见附件 2）。

第三章 安全竣工验收程序

第七条 建设项目生产设施试生产前已经相关分部备案、投入试生产且达到正常状态后，作业者和承包者（以下统称作业者）应在投入试生产后 6 个月内（最长不得超过 12 个月）向海油安办或相关分部申请安全竣工验收。

建设项目生产设施试生产超过 12 个月又不提出安全竣工验收申请的，必须立即停止试生产，并向海油安办或相关分部提交书面报告，说明未按规定申请安全竣工验收的原因。

第八条 申请安全竣工验收时，作业者应向海油安办或相关分部提出书面申请，并附以下资料（一式两份）：

（一）海洋石油建设项目生产设施安全竣工验收申请表（格式见附件 3）；

（二）发证检验机构出具的生产设施发证检验证书；

（三）发证检验机构编制的生产设施发证检验报告，报告内容应符合本细则第十五条规定；

（四）安全评价机构编制的生产设施验收评价报告，报告内容及格式应符合国家有关安全验收评价的规定和标准；

（五）作业者编制的试生产期间安全生产情况报告，报告内容应符合本细则第十六条规定；

（六）建设项目生产设施单位的主要负责人和安全生产管理人员安全资格证书复印件、特种作业人员资格证书清单、出海作业人员安全培训证书清单。

第九条 海油安办或相关分部受理安全竣工验收申请表和相关材料后，应在 10 个工作日内完成各项审查工作，出具审查意见，并填写海洋石油建设项目生产设施安全竣工验收资料审查表(格式见附件 4)。

第十条 安全竣工验收资料审核合格后，海油安办或相关分部应在 15 个工作日内组织开展安全竣工现场验收工作。现场验收应成立由相关专家组成的验收专家组(以下简称验收组)，并指定一名专家担任组长。其中：海油安办组织的验收组成员不少于 7 人，相关分部组织的验收组成员不少于 5 人。聘请的专家应具有海洋石油安全生产相关高级技术职称或相当资格，熟悉海洋石油安全生产相关法规和标准，身体健康，能够适应海上工作环境。

第十一条 验收组按以下步骤开展工作：

（一）召开会议，听取汇报。会议由验收组全体成员、作业者代表、建设项目生产设施单位的代表、发证检验机构代表、安全验收评价机构代表和设计、施工单位代表及相关人员参加。听取作业者有关生产设施基本情况、试生产前安全检查发现问题的整改情况和试生产期间的安全生产情况汇报，听取发证检验机构发证检验情况的汇报；

（二）验收评价报告形式审查。核验验收评价报告的真实性和有效性，如验收评价报告不符合《安全评价机构管理规定》(国家安全监管总局令第 22 号)，将中止验收；

（三）现场检查和试验。验收评价报告经形式审查通过后，按照本细则第十三条和第十四条规定，进行现场检查和试验；

（四）提出验收意见。验收组组长通报验收情况，宣布验收意见，并填写现场验收意见表(格式见附件 5)。

第十二条 海油安办或相关分部根据验收组验收情况，作出以下决定：

（一）现场验收合格的，在 10 个工作日内作出通过竣工验收的批复；

（二）现场验收发现问题、需要整改的，作业者应按照验收组提出的意见进行落实，整改完成后向海油安办或相关分部提交整改情况报告。经复核符合要求的，作出通过竣工验收的批复；

（三）存在重大问题、不能通过安全竣工验收的，海油安办或相关分部应督促作业者停产整顿，整改完成后应重新履行安全竣工验收手续。

第十三条 建设项目生产设施通过安全竣工验收的基本条件：

（一）取得发证检验机构出具的发证检验证书；

（二）发证检验机构提出的遗留问题已经整改；

（三）试生产前安全检查发现的问题已经解决或已落实安全措施；

（四）建设项目生产设施单位的主要负责人、安全管理人员和特种作业人员取得相应的资格证书；

（五）建立并实施安全管理体系；

（六）编制应急预案，并定期组织演练；

（七）现场检查和试验符合要求。

第十四条 现场检查和试验须包括但不限于以下内容：

（一）救逃生设备：救生艇、救生筏、救生衣和救生圈等；

（二）火气探测系统：可燃气体探头、火焰探头、烟雾探头、热探头、硫化氢探头、氢气探头和易熔塞系统等；

（三）消防系统：消防泵、水喷淋系统、泡沫系统、移动式灭火设备、封闭空间的固定式消防系统、火炬/冷放空位置的灭火系统和直升机甲板的消防设备等；

（四）应急设备：应急发电机、应急通讯、应急照明等；

（五）主要设备、流程上的安全装置：压力释放安全阀、紧急关断阀、井口/井下安全阀、吊车及吊索具等；

（六）安全标识：禁止、警告、指令和提示符标识；

（七）证书、记录和资料：相关人员证书、安全管理制度、培训记录、应急预案、安全演练记录、主要设备的检验证书、操作规程、设备检查保养记录和事故报告等；

（八）其他资料：包括应急部署表、防火控制图等。

第十五条 发证检验报告应包括以下基本内容：

（一）概述。包括发证检验依据的法规、标准，作业者概况，建设项目概况和主要生产工艺流程描述；

（二）发证检验情况。对生产设施设计、建造、安装和试运转阶段的检验内容、检验程序、检验过程、检验结果、整改要求和实际整改情况进行描述；

（三）检验结论。发证检验的结论性意见，遗留问题和整改要求，以及其他需要说明的情况。

第十六条 作业者编制的试生产期间安全生产情况报告应包括以下主要内容：

（一）试生产前安全检查查处问题的整改情况；

（二）生产设施安全机构建立和人员配备情况，人员培训和获取各类资质证书的情况；

（三）安全生产责任制、安全生产管理制度、各类安全作业程序的建立和执行情况；

（四）生产设施试运行情况；

（五）试运行期间发生的生产安全事故情况；

（六）应急预案的建立和执行情况；

（七）试生产期间的变更情况，包括：主要安全生产管理人员的变化，主要设备操作程序/参数的重大变化，其他重大变更情况；

（八）生产设施主要危险源清单和对应的控制措施。

第四章　附　　则

第十七条　设计审查和安全竣工验收的文件及资料应按以下要求进行管理：

（一）作业者、发证检验机构负责保存全部提交资料的副本，并负责保存补充或更新的内容；

（二）发证检验机构负责保存设计审查、发证检验过程文件；

（三）海油安办或相关分部负责保存相关申请、验收过程文件、备案证明文件、通过安全竣工验收的证明文件；

（四）由相关分部出具的文件应同时抄报海油安办。

第十八条　本细则下列用语的含义：

新建项目，是指按照已批准的油气田整体开发方案或可行性研究报告，设计、建造的海洋石油生产设施。

扩建项目，是指依照油气田整体开发方案或可行性研究报告已经完成主体工程建设，并正式投入生产的油气田，需新增平台、油气处理设施、单点系泊、浮式生产储油装置、海底管线、海上输油码头、滩海陆岸、人工岛和陆岸终端等生产设施的建设项目。

改建项目，是指已经投产的海洋石油生产设施进行重大改造的建设项目，包括平台主要结构发生重大变化，平台工艺流程改造引起载荷的重大变化，生产设施的安全系统、应急系统、救生及逃生、消防系统发生重大变化等。

发证检验报告，是指由发证检验机构出具的海洋石油生产设施建设阶段发证检验情况报告。报告应对发证检验机构在图纸审查、建造、连接、单机调试、系统调试等各阶段中所进行的检验工作进行描述；给出生产设施是否符合相关法规、标准的结论性意见；提出生产设施建设阶段仍然存在的问题和整改建议。

验收评价，是指在发证检验的基础上，对生产设施投入试生产以来的实际运行情况及管理状况进行安全评价，查找生产设施存在的危险、有害因素的种类和程度，提出合理可行的安全对策措施及建议。

第十九条　本细则自印发之日起施行，国家安全监管总局 2006 年 8 月 7 日印发的《关于海洋石油生产设施设计审查与安全竣工验收有关事项的通知》(安监总海油函〔2006〕195 号)同时废止。

附件：1. 海洋石油建设项目生产设施设计审查备案申请表(略)
2. 海洋石油建设项目生产设施设计审查备案意见表(略)
3. 海洋石油建设项目生产设施安全竣工验收申请表(略)
4. 海洋石油建设项目生产设施安全竣工验收资料审查表(略)
5. 海洋石油建设项目生产设施安全竣工验收意见表(略)

国家安全监管总局关于印发危险化学品建设项目安全许可文书(试行)的通知

安监总危化〔2007〕44号

各省、自治区、直辖市及新疆生产建设兵团安全生产监督管理局，有关中央企业：

根据《危险化学品建设项目安全许可实施办法》(安全监管总局令第8号)有关规定，经过反复讨论和研究，编制了《危险化学品建设项目安全许可申请书》、《危险化学品建设项目安全审查书》、《危险化学品建设项目安全许可申请文件资料补正告知书》、《危险化学品建设项目安全许可申请受理通知书》、《危险化学品建设项目试生产(使用)方案备案告知书》、《危险化学品建设项目安全许可意见书》等6种文书的格式和内容要求，并决定自2007年4月1日起试行，试行期1年；试行期满前，将根据试行期间各地安全监管部门和危险化学品生产、储存建设项目的建设单位发现的问题和提出的修改意见，修订并公布正式执行这些文书。现将这些文书式样及有关文书说明印发给你们(电子文本可登陆安全监管总局政府网站下载)，请自行印制、使用这些文书，并通知辖区内(属下)的危险化学品生产、储存企业(单位)。对试行中发现的问题，请及时报告安全监管总局危化司。

附件：文书式样及有关文书说明

2007年2月26日

附件

申请日期：　　　　　　　　　　　　　申请编号：

危险化学品建设项目安全许可申请书
（试行）

项目名称______________________

申请事项______________________

申请单位______________________

经 办 人______________________

联系电话______________________

填写日期______________________

国家安全生产监督管理总局编制

填 写 说 明

一、本申请书封面中的“申请日期”、“申请编号”，由负责实施危险化学品生产、储存建设项目(以下简称建设项目)安全许可的安全生产监督管理部门(以下简称实施部门)受理人填写；本申请书的其他内容，由申请单位的人员填写。

二、本申请书可以用钢笔、签字笔填写，字迹要清晰、工整；也可以用打印机打印四号字文本，但“负责人签字”必须由本人用钢笔、签字笔签署姓名。

三、本申请书“申请单位”是指《危险化学品建设项目安全许可实施办法》(安全监管总局令第 8 号)规定的建设单位，“建设项目所在单位”是指“申请单位”依法设立的分支机构。

四、本申请书封面中，“项目名称”栏，填写需要政府或者投资主管部门审批或者核准、备案的建设项目名称；“申请事项”栏，分别填写申请建设项目设立和安全设施设计、投入生产(使用)等 3 个阶段的安全许可事项，即分别填写设立审查和安全设施设计审查、竣工验收；“申请单位”栏，填写申请单位“企业法人营业执照”或者“营业执照”、“企业名称预先核准通知书”上的企业名称。

五、本申请书“申请单位”和“建设项目所在单位”栏目中的“名称”和“地址”，分别填写申请单位和建设项目所在单位“企业法人营业执照”或者“营业执照”、“企业名称预先核准通知书”上的企业名称和企业住所。未设立分支机构的申请单位，仅填写“申请单位”栏的内容。

六、本申请书“申请单位”和“建设项目所在单位”栏中的“经济类型”，按照国家统计局和原国家工商行政管理局《关于划分企业登记注册类型的规定》(国统字〔1998〕200 号)，填写企业登记注册类型。

七、本申请书“建设项目可行性研究单位”栏，仅在申请建设项目设立审查时填写。其中，“单位名称”和“通讯地址”栏，分别填写承担该建设项目可行性研究的单位“企业法人营业执照”上的企业名称和住所；“经济类型”栏，填写内容同“六”。

八、本申请书“建设项目安全评价单位”栏，在申请建设项目设立审查和建设项目安全设施竣工验收时填写。其中，“单位名称”和“通讯地址”栏，分别填写承担该建设项目安全评价的单位“企业法人营业执照”上的企业名称和住所；“经济类型”栏，填写内容同“六”；“资质级别”和“资质证书编号”栏，分别填写承担该建设项目安全评价的单位取得的“安全评价资质证书”上的级别和编号。

九、本申请书“建设项目安全设施设计单位”栏，仅在申请建设项目安全设施设计审查时填写。其中，“单位名称”和“通讯地址”栏，分别填写承担该建设项目安全设施设计的单位“企业法人营业执照”上的企业名称和住所；“经济类型”栏，填写内容同“六”；“资质级别”、“经营范围”和“资质证书编号”栏，分别填写承担该建设项目安全设施设计的单位取得的“设计资质证书”上的级别、设计范围和编号。

十、本申请书“建设项目安全设施施工单位”栏，仅在申请建设项目安全设施竣工验收时填写。其中，“单位名称”和“通讯地址”栏，分别填写承担该建设项目安全设施施工的单位“企业法人营业执照”上的企业名称和住所；“经济类型”栏，填写内容同“六”；“资质级别”、“经营范围”和“资质证书编号”栏，分别填写承担该建设项目安全设施施工的单位取得的“施工资质证书”上的级别、施工范围和编号。

十一、本申请书“项目类型”栏，按照下列分类进行多项选择性填写：

1. 新建危险化学品生产项目；
2. 新建危险化学品储存项目；
3. 改建危险化学品生产项目；
4. 改建危险化学品储存项目；
5. 扩建危险化学品生产项目；
6. 扩建危险化学品储存项目。

十二、本申请书“建设地址”栏，填写建设项目在其所在地行政区划中的位置。

十三、本申请书“建设项目安全许可意见书文号”栏，在申请建设项目安全设施设计审查时，填写该建设项目设立安全审查后实施部门向申请单位出具的建设项目安全许可意见书的文件编号；在申请建设项目安全设施竣工验收时，填写该建设项目设立安全设施设计审查后实施部门向申请单位出具的建设项目安全许可意见书的文件编号。

十四、本申请书“总投资”和“安全投资”栏，在申请建设项目设立审查时，分别填写建设项目可行性研究中估算的总投资金额和安全设施投资金额；在申请建设项目安全设施设计审查时，分别填写建设项目设计“投资概算”中的总投资金额和安全设施投资金额；在申请建设项目安全设施竣工验收时，“投资决算”和“安全设施投资额”栏，分别填写建设项目竣工后决算的总投资金额和安全设施投资金额。

十五、本申请书“建设项目生产区周边状况”和“建设项目储存区周边状况”栏，不在现有企业生产区或者储存区内的建设项目，仅填写外部情况；危险化学品储存建设项目，仅填写建设项目储存区周边状况。

十六、本申请书“生产或者储存装置设施情况”中的“工艺技术简述及来源”栏，填写通用的化工专业术语和该技术开发单位的名称；“主要设备名称及来源”栏，填写组成装置或者设施的塔、釜、槽、泵、罐、炉、压缩机、换热器、电机等和制造企业名称。

十七、本申请书“辅助工程情况”，填写为实现危险化学品生产、储存的水、电、气等辅助工程的情况。

十八、本申请书“可能发生的危险化学品事故应急救援措施”栏，在申请建设项目设立审查和申请建设项目安全设施设计审查时填写相应的内容。

十九、本申请书“管理和技术人员配备情况”、“安全管理制度”和“建设项目试生产(使用)情况”栏，仅在申请建设项目安全设施竣工验收时填写相应的内容。

二十、本申请书设置的栏目尺寸，不能满足填写内容的需要时，可自行设置栏目尺寸，但不能改变表格外边距的尺寸；本申请书设置的栏目中表格数量不能满足填写内容的需要时，可自行设置续表，格式和内容要求应与本申请书的表格一致；申请单位在填写申请书时，申请书封面不编制页码，其他重新编制申请书的自然页码。

<table>
<tr><td rowspan="6">申请单位</td><td>名称</td><td colspan="4"></td></tr>
<tr><td>地址</td><td colspan="2"></td><td>邮政编码</td><td></td></tr>
<tr><td>电子邮箱</td><td colspan="2"></td><td>经济类型</td><td></td></tr>
<tr><td>联系电话</td><td colspan="2"></td><td>传真电话</td><td colspan="2"></td></tr>
<tr><td>法定代表人</td><td></td><td>安全生产负责人</td><td></td></tr>
<tr><td colspan="5">申请单位意见：

主要负责人：（签字）　　（加盖公章处）
年　月　日</td></tr>
<tr><td rowspan="6">建设项目
所在单位</td><td>名称</td><td colspan="4"></td></tr>
<tr><td>地址</td><td colspan="2"></td><td>邮政编码</td><td></td></tr>
<tr><td>电子邮箱</td><td colspan="2"></td><td>经济类型</td><td></td></tr>
<tr><td>联系电话</td><td colspan="2"></td><td>传真电话</td><td colspan="2"></td></tr>
<tr><td>主要负责人</td><td></td><td>安全生产负责人</td><td></td></tr>
<tr><td colspan="5">建设单位意见：

主要负责人：（签字）　　（加盖公章处）
年　月　日</td></tr>
</table>

<table>
<tr><td rowspan="5">建设项目
可行性研
究单位</td><td>单位名称</td><td colspan="5"></td></tr>
<tr><td>通讯地址</td><td colspan="5"></td></tr>
<tr><td>经济类型</td><td></td><td>联系电话</td><td></td><td>邮政编码</td><td></td></tr>
<tr><td>法定代表人</td><td colspan="2"></td><td>项目负责人</td><td colspan="2"></td></tr>
<tr><td colspan="6">单位简介：</td></tr>
<tr><td rowspan="6">建设项目
安全评
价单位</td><td>单位名称</td><td colspan="5"></td></tr>
<tr><td>通讯地址</td><td colspan="5"></td></tr>
<tr><td>经济类型</td><td></td><td>联系电话</td><td></td><td>邮政编码</td><td></td></tr>
<tr><td>资质级别</td><td></td><td colspan="2">资质证书编号</td><td colspan="2"></td></tr>
<tr><td>法定代表人</td><td></td><td colspan="2">项目负责人</td><td colspan="2"></td></tr>
<tr><td colspan="6">单位简介：</td></tr>
</table>

建设项目安全设施设计单位	单位名称					
	通讯地址					
	经济类型		联系电话		邮政编码	
	资质级别		经营范围		证书编号	
	法定代表人			项目负责人		
	单位简介：					
建设项目安全设施施工单位	单位名称					
	通讯地址					
	经济类型		联系电话		邮政编码	
	资质级别		经营范围		证书编号	
	法定代表人			项目负责人		
	单位简介：					

<table>
<tr><td>项目类型</td><td colspan="3"></td></tr>
<tr><td>建设地址</td><td colspan="3"></td></tr>
<tr><td colspan="2">建设项目安全许可意见书文号</td><td colspan="2"></td></tr>
<tr><td>总投资</td><td></td><td>安全投资</td><td></td></tr>
<tr><td colspan="4">技术及来源简介：</td></tr>
<tr><td colspan="4">工艺流程简介：</td></tr>
<tr><td rowspan="2">建设项目
生产区周
边状况</td><td>内部</td><td colspan="2"></td></tr>
<tr><td>外部</td><td colspan="2"></td></tr>
<tr><td rowspan="2">建设项目
储存区周
边状况</td><td>内部</td><td colspan="2"></td></tr>
<tr><td>外部</td><td colspan="2"></td></tr>
</table>

项目 \ 序号			
生产或者储存装置设施情况	装置设施名称		
	拟设计能　力		
	物　料名　称		
	产　品名　称		
	工艺技术简述及来源		
	主要设备名称及来源		
	备　注		

项目 \ 序号			
辅助工程情况	工 程 名 称		
	拟设计能力或者负荷		
	介质或者物料来 源		
	主要设备名称及来源		
	备 注		

<table>
<tr><td colspan="2">序号
项目</td><td></td><td></td></tr>
<tr><td rowspan="10">生产储存涉及的危险化学品基本理化性能指标</td><td>品名</td><td></td><td></td></tr>
<tr><td>燃点</td><td></td><td></td></tr>
<tr><td>自燃点</td><td></td><td></td></tr>
<tr><td>闪点</td><td></td><td></td></tr>
<tr><td>爆炸极限</td><td></td><td></td></tr>
<tr><td>毒性</td><td></td><td></td></tr>
<tr><td>物理性质</td><td></td><td></td></tr>
<tr><td>化学性质</td><td></td><td></td></tr>
<tr><td>数据来源</td><td></td><td></td></tr>
<tr><td>备注</td><td></td><td></td></tr>
</table>

危险化学品储运技术要求

品名	包装要求	储存要求	运输要求	数据来源

可能发生的危险化学品事故应急救援措施

危险化学品事故类型	应急救援措施的对策与建议

管理和技术人员配备情况	

	名　　称	主　要　内　容
安全管理制度		

建设项目试生产（使用）情况

起止日期	
备案日期	
备案部门	
试生产（使用）期间安全生产情况简介：	

危险化学品建设项目安全许可审查书
（试行）

项目名称＿＿＿＿＿＿＿＿＿＿＿＿

许可事项＿＿＿＿＿＿＿＿＿＿＿＿

受理编号＿＿＿＿＿＿＿＿＿＿＿＿

受理日期＿＿＿＿＿＿＿＿＿＿＿＿

受 理 人＿＿＿＿＿＿＿＿＿＿＿＿

实施部门＿＿＿＿＿＿＿＿＿＿＿＿

国家安全生产监督管理总局制样

填 写 说 明

一、本审查书由负责实施危险化学品生产、储存建设项目(以下简称建设项目)安全许可的安全生产监督管理部门(简称实施部门)填写。

二、本审查书可以用钢笔、签字笔填写，字迹要清晰、工整；也可以用打印机打印四号字文本，所有“签字”处必须由本人用钢笔、签字笔签署姓名。

三、本审查书封面中，“项目名称”栏，填写申请单位提交的《建设项目安全许可申请书》中的建设项目名称；“许可事项”栏，分别填写设立审查和安全设施设计审查、竣工验收；“受理编号”、“受理日期”和“受理人”栏，填写《建设项目安全许可申请受理通知书》上载明的受理编号、签发日期和受理人；“实施部门”栏，填写实施部门的全称。

四、本审查书“申请单位”、“所在单位”、“项目类型”、“投资概算”和“安全设施投资额”栏，分别填写申请单位《建设项目安全许可申请书》中的“申请单位”、“建设项目所在单位”的全称、建设项目类型、总投资、安全投资。

五、本审查书“建设项目安全许可意见书文号”栏，在建设项目安全设施设计审查时，填写该建设项目设立安全审查后实施部门向申请单位出具的建设项目安全许可意见书的文件编号；在建设项目安全设施竣工验收时，填写该建设项目设立安全设施设计审查后实施部门向申请单位出具的建设项目安全许可意见书的文件编号。

六、本审查书“参加审查单位代表的意见”栏，填写参加审查的该建设项目的可行性研究单位、安全评价单位、安全设施设计单位、安全设施施工单位代表对专家组审查意见发表的意见，并由这些代表签字。

七、本审查书“专家组审查意见”，填写邀请专家的审查意见，并由推选的专家组组长签字。

八、本审查书“专家组组成人员”栏，填写邀请专家的简要情况，并由本人签字。

九、本审查书“建设项目安全许可实施部门审查”栏目中，“审查人员”栏，填写参与审查人员的简要情况；“审查人员审查意见”栏，填写审查人员的意见和理由简要说明，并由组织审查的负责人签字；“承办审查的安全许可实施部门内设机构意见”栏，填写承办审查的安全许可实施部门内设机构的审查意见和简要说明，并由负责人签字，加盖公章；“安全许可实施部门意见”栏，填写建设项目安全许可实施部门审议的内容，主要负责人或其授权人签字后，填写日期，并加盖公章。

十、本审查书“拟出具的建设项目安全许可意见书编号”栏，填写拟对该建设项目出具本项安全许可意见书的编号。

十一、本申请书设置的栏目尺寸，不能满足填写内容的需要时，可自行设置栏目尺寸，但不能改变表格外边距的尺寸；本申请书设置的栏目中的表格数量不能满足填写内容的需要时，可自行设置续表，格式和内容要求应与本申请书的表格一致；实施在填写审查书时，审查书封面不编制页码，其他重新编制审查书的自然页码。

申请单位			
所在单位			
项目类型			
建设地址			
总投资		安全投资	
建设项目安全许可意见书文号			
建设项目技术、工艺流程、装置、设施简介：			

<table>
<tr><td rowspan="2">参加审查单位代表的意见</td><td>审查时间</td><td></td><td>审查地点</td><td></td></tr>
<tr><td colspan="4"></td></tr>
<tr><td rowspan="22">参加审查的单位代表名单</td><td>单位</td><td>姓名</td><td>职务/职称</td><td>签字</td></tr>
<tr><td></td><td></td><td></td><td></td></tr>
<tr><td></td><td></td><td></td><td></td></tr>
<tr><td></td><td></td><td></td><td></td></tr>
<tr><td></td><td></td><td></td><td></td></tr>
<tr><td></td><td></td><td></td><td></td></tr>
<tr><td></td><td></td><td></td><td></td></tr>
<tr><td></td><td></td><td></td><td></td></tr>
<tr><td></td><td></td><td></td><td></td></tr>
<tr><td></td><td></td><td></td><td></td></tr>
<tr><td></td><td></td><td></td><td></td></tr>
<tr><td></td><td></td><td></td><td></td></tr>
<tr><td></td><td></td><td></td><td></td></tr>
<tr><td></td><td></td><td></td><td></td></tr>
<tr><td></td><td></td><td></td><td></td></tr>
<tr><td></td><td></td><td></td><td></td></tr>
<tr><td></td><td></td><td></td><td></td></tr>
<tr><td></td><td></td><td></td><td></td></tr>
<tr><td></td><td></td><td></td><td></td></tr>
<tr><td></td><td></td><td></td><td></td></tr>
<tr><td></td><td></td><td></td><td></td></tr>
<tr><td></td><td></td><td></td><td></td></tr>
</table>

<table>
<tr><td rowspan="2">专家组
审查
意见</td><td>审查时间</td><td></td><td>审查地点</td><td></td></tr>
<tr><td colspan="4">

专家组组长：（签名）
年　　月　　日</td></tr>
</table>

	姓名	职称	专业特长	单位	签字
专家组组成人员名单					

<table>
<tr><td rowspan="8">建设项目安全许可实施部门审查</td><td rowspan="6">审查人员</td><td>姓　名</td><td>职　务</td><td>职　称</td><td>单　　位</td></tr>
<tr><td></td><td></td><td></td><td></td></tr>
<tr><td></td><td></td><td></td><td></td></tr>
<tr><td></td><td></td><td></td><td></td></tr>
<tr><td></td><td></td><td></td><td></td></tr>
<tr><td></td><td></td><td></td><td></td></tr>
<tr><td colspan="5">审查人员审查意见：

审查人员(签字)：

年　　月　　日</td></tr>
</table>

<table>
<tr><td rowspan="2">建设项目安全许可实施部门审查</td><td>承办审查的安全许可实施部门内设机构意见</td><td>

负责人(签字)：　　　　　　　　　　(承办机构盖章)
年　　月　　日</td></tr>
<tr><td>安全许可实施部门意见</td><td>

负责人(签字)：　　　　　　　　　　(实施部门盖章)
年　　月　　日</td></tr>
<tr><td colspan="3">拟出具的建设项目安全许可意见书编号：</td></tr>
</table>

关于陆上石油天然气建设项目安全设施设计审查与竣工验收有关事项的通知

安监总管一〔2006〕151号

各省、自治区、直辖市及新疆生产建设兵团安全生产监督管理局，有关中央企业：

根据《安全生产法》、《矿山安全法》及《非煤矿矿山建设项目安全设施设计审查与竣工验收办法》(原国家安全监管局令第18号，以下简称《办法》)等国家有关法律、行政法规和规章的规定，为规范工作程序，落实安全责任，紧密结合陆上石油天然气开采的实际情况，现就陆上石油天然气建设项目安全设施设计审查与竣工验收工作的有关事项通知如下：

一、安全设施设计审查与竣工验收范围

下列石油天然气新建、改建和扩建的工程项目(以下简称建设项目)在施工前，安全设施设计应当经安全监管部门审查同意；建设项目竣工投入正式生产或者使用前，安全设施应当经安全监管部门验收合格。其他建设项目由企业按有关要求自行组织安全设施设计审查和竣工验收。

(一) 陆上油气田开发项目

1. 新建项目：按照整体开发方案或可行性研究报告，单独进行初步设计，有新投入使用或新开发的油气井，以及新建地面油气处理设施(一级或二级原油站场，三级或四级天然气站场)的建设项目。

2. 扩建项目：依照初步设计已经完成主体工程和主要设施建设，并已正式投入生产的油气田，新建一级或二级原油站场，三级或四级天然气站场，或扩大产能的建设项目。

3. 改建项目：一级或二级原油站场，三级或四级天然气站场，或者地面油气处理工艺、装置进行重大改造的建设项目。

(二) 陆上油气长输管道建设项目(不含成品油管道和油气田集输管道)

1. 新建项目：根据可行性研究报告，单独进行初步设计，有新建的油气长输管道、站场(首站、末站、分输站、增压站等)、原油库或地下储气库，形成输油气能力的建设项目。

2. 扩建项目：依照初步设计已经完成主体工程建设，并已正式投入使用的长输管道，新增输送能力的建设项目。

3. 改建项目：管道路由发生重大改变、改变输送介质或站场移位，且项目投资额为三千万元及以上的建设项目。

（三）进口液化天然气接收、储运设施建设项目

1. 新建项目：根据项目可行性研究报告，单独进行初步设计，有新建的码头工艺设施、站场(接收站、末站、分输站、增压站等)、液化天然气储罐、输气干线，实现进口液化天然气接收、储运功能的建设项目。

2. 扩建项目：依照初步设计已经完成主体工程建设，并已正式投入使用的进口液化天然气接收、储运设施，新增接收、储运能力的建设项目。

3. 改建项目：输气干线管道路由发生重大改变、站场移位或站场生产工艺、装置进行重大改造，且项目投资额为三千万元及以上的建设项目。

二、安全设施设计审查与竣工验收分工

（一）国家安全监管总局直接负责以下建设项目的安全设施设计审查和竣工验收：

1. 年产 100 万吨及以上的陆上新油田开发项目；

2. 年产 20 亿立方米及以上的陆上新气田开发项目；

3. 新建进口液化天然气接收、储运设施项目；

4. 跨省(区、市)的原油长输管道项目；

5. 跨省(区、市)或年输气能力为 10 亿立方米及以上的输气管道项目；

6. 其他跨省(区、市)和需要国家安全监管总局协调、有特殊要求或特殊影响的项目。

（二）根据《办法》的规定，应由国家安全监管总局负责审查和验收的陆上油气田开发项目、陆上油气管道项目、液化天然气接收储运设施项目，除上述由国家安全监管总局直接负责的以外，由省(区、市)安全监管局负责组织安全设施设计审查和竣工验收。

（三）根据《办法》的规定，应由省(区、市)安全监管局负责的建设项目，有关职责分工不变。

三、有关要求

（一）建设单位应在建设项目试运行 6-12 个月内提出验收申请。

（二）承担安全设施初步设计审查的专家组和安全设施竣工验收的验收组，应由该建设项目相关专业的专家组成。专家组、验收组一般应有 7 名或 7 名以上的专家，其中竣工验收组的组长由组织验收单位的有关负责人担任，副组长由技术专家担任。

（三）专家组、验收组应当提出安全设施设计或现状是否符合国家有关安全生产法律、法规和国家标准、行业标准的审查意见。

（四）上述二、（二）款的设计审查和竣工验收结果，各省（区、市）安全监管局应及时报国家安全监管总局监管一司备案。

国家安全监管总局负责对各省（区、市）安全监管局的安全设施设计审查和竣工验收工作进行指导，并对结果进行抽查。

（五）根据《办法》的规定，由国家安全监管总局负责的建设项目（含由省级安全监管局组织设计审查和竣工验收的建设项目）的预评价报告，继续由石油工业标准化技术委员会和中国安全生产科学研究院组织评审。

2006 年 7 月 21 日

关于印发非煤矿矿山建设项目初步设计《安全专篇》编写提纲和安全设施设计审查与竣工验收有关表格格式的通知

安监总管一字〔2005〕29号

各省、自治区、直辖市及新疆生产建设兵团安全生产监督管理局：

为进一步做好非煤矿矿山建设项目安全设施"三同时"工作，根据《非煤矿矿山建设项目安全设施设计审查与竣工验收办法》(原国家安全生产监督管理局令第18号，以下简称18号令)的有关规定，我局组织制定了非煤矿矿山建设项目初步设计《安全专篇》编写提纲和安全设施设计审查与竣工验收有关表格样式，现印发你们，请遵照执行。并就有关事项通知如下：

一、为从源头上保障非煤矿矿山企业安全生产，各地区要严格执法，加大设计审查与竣工验收工作的监督管理力度，对未实施建设项目安全设施"三同时"的非煤矿矿山企业，要依照18号令的规定，采取相应措施。

尾矿库是非煤矿矿山企业的重大危险源，其新建、改建和扩建、闭库及闭库后尾矿的回收利用，要依照18号令的规定进行安全设施设计审查和竣工验收。

二、非煤矿矿山建设项目安全设施的设计，应由具有相应资质的设计单位承担。对于年采剥总量在50万吨以下，且最大开采高度不超过50米的小型露天采石场的建设项目，其安全设施设计可由省级以上安全生产监督管理部门认定资质的采矿工程技术服务机构承担。

三、为提高安全评价结果的公正性，对同一建设项目的安全预评价和安全验收评价工作，不得由同一中介机构承担；设计单位也不得对其设计的建设项目进行安全评价。

四、根据《国务院关于取消第二批行政审批项目和改变一批行政审批项目管理方式的决定》(国发〔2003〕5号)的规定，建设项目安全预评价报告的评审工作由社会中介机构负责；安全生产监督管理部门负责对经过评审后的安全预评价报告进行备案。其中：由国务院安全生产监督管理部门负责审查的建设项目，其安全预评价报告的评审工作，按照国务院安全生产监督管理部门的有关规定(见附件8)执行；由地方安全生产监督管理部门负责审查的项目，其安全预评价报告的评审工作，由省级安全生产监督管理局自行规定。

为提高效率，减轻企业负担，根据建设项目管理程序和安全监管工作的实际，安全验收评价报告的评审和备案工作，可与安全设施竣工验收工作一并进行。

五、对于2002年11月1日后投入生产的非煤矿矿山新建、改建、扩建工程项目，其安全设施要依照18号令的规定履行设计审查和竣工验收手续。凡未通过安全设施设计审查和竣工验收的，安全生产监督管理部门不得为其颁发安全生产许可证。

附件：1. 金属非金属矿山建设项目初步设计《安全专篇》编写提纲（略）

2. 陆上石油天然气建设项目初步设计《安全专篇》编写提纲

3. 海上石油天然气建设项目初步设计《安全专篇》编写提纲(略)

4. 油气管道建设项目初步设计《安全专篇》编写提纲(略)

5. 非煤矿矿山建设项目安全预评价报告备案申请表(略)

6. 非煤矿矿山建设项目安全设施设计审查申请表(略)

7. 非煤矿矿山建设项目安全设施竣工验收申请表(略)

8. 有关安全预评价报告评审、备案工作的目录文件(略)

2005年4月29日

附件2

陆上石油天然气建设项目初步设计《安全专篇》编写提纲

1　设计依据

1.1　建设项目可行性研究报告。

1.2　建设项目设计委托合同书和受委托设计部门资质。

1.3　建设项目安全预评价报告。

1.4　国家、地方政府和行业主管部门有关法律、法规、标准和规程。

2　工程概述

依据建设项目安全预评价报告(需经专家评审通过)简述相关内容。

2.1　建设项目概况

包括总体规划、分期实施计划、建设项目地理位置、交通运输、地质条件、总体布局、自然条件、产能建设规模和油气储运等及工程遵循的技术方针说明，采用新工艺、新技术、新材料和新设备情况综述。

2.2　油气田整体开发建设项目周围环境状况

包括社会环境、周边环境、经济环境及其他可能引起危险有害的状况等。

2.3　油气田产能开发项目改建、扩建和技术改造前的安全状况。

2.4　主要生产设施、设备(包括预留)。

2.5　产物分析

原油、天然气、污水、污泥等主要成分及其职业危险、危害定性概述。

2.6　本工程设计所能承担的任务及范围。

2.7　勘探开发区块的气象、地质、雷电、暴雨、洪水、地震等情况预测的主要职业危险、危害因素及防范措施。

2.8　建设项目采取的工艺技术、流程及技术指标。

2.9　地球物理勘探、钻井、作业测井集输以及油气厂、站、库、相邻企业平面布置和设施的职业危害、危险因素及其对职业安全健康的影响和防范措施。

2.10　油气厂、站、库及油品码头内部防火间距及布局的合理性分析。

2.11　油气厂、站、库及油品码头内生产、储存、装卸、管理区域的消防设施和道路的安全可靠性分析。

2.12　油气田内部的埋地油气集输管道与居民区、村镇、公共福利设施、工矿企业、重要水工建(构)筑物、物资仓库等防火间距；输油气管道穿、跨越工程设计的安全可靠性分析。

2.13　油气厂、站、库及油品码头消防站、消防给水、消防泵、消防道路及设施的设置，消防器材物资的配置。

2.14　油气厂、站、库及油品码头内部系统配置及中心控制室功能。

2.15　放空及火炬位置。

2.16　污水系统防火安全配置。

2.17　配电、锅炉房等有明火系统的防火、消防配置。

2.18　含硫化氢、二氧化碳等气体特殊情况下的设备、阀门、管线材料、型号的选择。

3　地面工程安全分析

3.1　钻井工程

钻前工程(钻机基础工程、新区临时工程建设，含临时房屋修建、临时公路和井场道路的修建)、供排水、供电、钻井设备安装和拆卸及相关配套工程。

3.2　油气集输工程

井口、井内(或井下)装置、天然气处理厂、增压集气站、压气站、油气集束管网、计配站、接转站、联合站或油气稳定站、陆地终端处理厂、净化站、污水处理站等工程(重要站场平面布置图)。

3.3　注水(汽)工程

水源、注水(汽)装置、配水间、注水(汽)管线及相应配套工程(稠油油田则需要向油层注入高压蒸汽。其地面设施工程包括蒸汽发生器站、注汽管网、注水站、注汽井口及相应配套工程)。

3.4　管道工程

输油管线、输气管线、输水管线及相应工程。

3.5　油气井服务和维修

测井、录井、试油(气)和其他维护工程。

3.6　低压、低渗透、低产能油气田的酸化、压裂工程。

3.7　生产过程产生的废液、污水、废气、钻井液、污泥等废弃物处理排放工程等。

4　生产过程中职业危险、危害因素的分析(定量)

4.1　工艺过程危险、有害因素分析

包括钻井，尤其是井喷控制方法和压井等；油气集输，尤其是干线加热炉和油气分离等；注水、注气(汽)等其他工艺过程。

4.2　工程站场危险、有害因素分析

包括钻井井场；计配站、接转站、联合站、注水站、气井、集气站、天然气处理厂、压气站；油气集输管网；注水、注气(汽)管网；井下作业；油库、码头；其他工程站场。

4.3　公用工程危险、有害因素分析。

4.4　工程危险场所危险程度分级及主要危险场所。

4.5　油气井废弃危险、有害因素分析。

4.6　其他危险因素

主要包括高处坠落、物体打击、机械伤害、雷击、静电、电气伤害、高温烫伤、化学灼伤、辐射、交通事故、溺水等。

4.7　职业卫生有害因素分析

主要包括物质(化学品、硫化氢等)毒性、噪声、辐射、职业疾病等有害因素。

4.8　自然和社会环境危险因素分析

主要包括洪水、地震、飓风、地质灾害、雷击、人为破坏等。

5　初步设计中采用的主要防护技术与措施

5.1　勘探、钻井、开发、储运等工艺的地质设计、工程设计中安全措施。

5.2　工艺、设备、设施和装置中选用的防火防爆等安全设施和必要的控制、检测、检验设施。

5.3　根据爆炸和火灾危险场所的类别、等级、范围选择电气设备、安全距离、防雷、防静电及防止误操作等设施。

5.4　生产过程中的自动控制系统和紧急停机、事故处理等设施。

5.5　危险性较大的生产过程中，发生事故和急性中毒，尤其是含硫化氢油气田钻井、井下作业和开发过程中的硫化氢中毒的抢险、疏散方式和应急措施。

5.6　针对高温、高湿、低温、噪声、振动等工作环境采取的防范措施，防范设备性能及检测检验设备。

5.6.1　分类列出建设项目安全预评价报告中提出的安全对策措施的采纳情况；对未采纳的意见，说明原因。

5.6.2　对工程仍然存在的安全隐患提出补充措施，主要分为事故预防措施、事故控制措施和应急技术措施。包括火灾事故、重大井喷失控事故、重大硫化氢中毒事故和自然灾害抢险。

6　安全管理机构

6.1　安全管理机构设置及人员配备。

6.2　维修、保养、日常检测检验人员。

6.3　安全教育设施及人员。

6.4　应急机构。

7　专用投资概算

7.1　主要生产环节安全专项防范设施费用。

7.2　检测设备和设施费用。

7.3　安全教育装置和设施费用。

7.4　事故应急措施费用。

8　主要结论和建议

8.1　主要结论

归纳设计所采取的主要安全设施，明确安全预评价报告书的安全设施是否得到了落实；说明设计是否满足国家法律法规要求。

8.2　建议

在安全设施设计上需要改进或增加的方面；提出进一步消除危险源的措施。

国家发展改革委　国家安全生产监督管理局关于加强建设项目安全设施“三同时”工作的通知

发改投资〔2003〕1346号

国务院有关部门，各省、自治区、直辖市、计划单列市及新疆生产建设兵团计委(发展改革委)、经贸委、安全生产监督管理部门，各省级煤矿安全监察机构：

近年来，各地区、各部门认真贯彻“安全第一、预防为主”的方针，安全生产工作得到了加强。但是，当前全国的安全生产形势依然严峻，造成重特大人员伤亡的事故时有发生，因建设项目安全设施“三同时”工作不到位引发事故的情况越来越突出。为了扭转生产安全事故多发的局面，加强对建设项目安全设施“三同时”工作的监督管理，减少或消除事故隐患，根据《安全生产法》的有关规定，现就有关事项通知如下：

一、凡新建、改建、扩建的建设项目，从可行性研究至竣工验收、投入生产和使用，都必须严格按照建设项目安全生产设施与主体工程同时设计、同时施工、同时投入生产和使用的要求进行建设与管理，安全设施投资应当纳入建设项目概算。

二、对矿山建设项目和生产、储存危险物品、使用危险化学品等高危险行业的建设项目以及具有较大安全风险的建设项目，建设单位在进行项目可行性研究时，应对安全生产条件进行专门论证，委托安全评价中介机构进行安全生产评价，对建设项目安全设施的安全性和可操作性进行综合分析，提出安全生产对策的具体方案；对安全风险较小的建设项目，建设单位在进行项目可行性研究时，应对建设项目安全生产条件及安全设施进行综合分析，编制安全专篇。建设项目竣工验收前，建设单位应向安全生产监督管理部门或煤矿安全监察机构提出安全设施单项验收申请，经安全生产监督管理部门或煤矿安全监察机构验收合格后，方可进行建设项目竣工的总体验收。

三、设计单位应严格依据可行性研究和安全评价的要求进行安全设施设计，落实安全生产措施。安全设施设计应报经安全生产监督管理部门或煤矿安全监察机构审查。

四、施工、监理和设计材料供应等单位，应严格依据设计文件进行施工、监理和设备材料供应，确保安全设施设计方案的有效实施。

五、各级政府安全生产监督管理部门、各级煤矿安全监察机构应对矿山建设项目和生产、储存危险物品、使用危险化学品等高危险行业的建设项目、具有较大安全风险的建设项目的安全设施设计，以及安全风险较小的建设项目的安全专篇进行审查；根据建设单位提出的安全设施单项验收申请，对建设项目安全设施进行单项验收，切实加强对承担建设项目可行性研究、设计、施工、监理和设备材料供应等单位执行建设项目安全设施“三同时”情况的监督管理。

六、各级政府发展改革部门应将建设项目安全设施“三同时”纳入建设项目管理程序，对未进行安全设施“三同时”审查的建设项目，不予办理有关行政许可手续。

七、建设项目安全设施“三同时”的具体监督管理办法，由国家安全生产监督管理局(国家煤矿安全监察局)会同有关部门另行制定。

国家发展改革委

国家安全生产监督管理局

2003 年 9 月 30 日

四、职业健康和劳动保护

中华人民共和国主席令

第 52 号

《全国人民代表大会常务委员会关于修改〈中华人民共和国职业病防治法〉的决定》已由中华人民共和国第十一届全国人民代表大会常务委员会第二十四次会议于 2011 年 12 月 31 日通过，现予公布，自公布之日起施行。

中华人民共和国主席　胡锦涛

2011 年 12 月 31 日

中华人民共和国职业病防治法

（2001 年 10 月 27 日第九届全国人民代表大会常务委员会第 24 次会议通过　根据 2011 年 12 月 31 日第十一届全国人民代表大会常务委员会第 24 次会议《关于修改〈中华人民共和国职业病防治法〉的决定》第一次修正　根据 2016 年 7 月 2 日第十二届全国人民代表大会常务委员会第 21 次会议《关于修改〈中华人民共和国节约能源法〉等六部法律的决定》第二次修正）

目　　录

第一章　总　则

第一条　为了预防、控制和消除职业病危害，防治职业病，保护劳动者健康及其相关权益，促进经济社会发展，根据宪法，制定本法。

第二条　本法适用于中华人民共和国领域内的职业病防治活动。

本法所称职业病，是指企业、事业单位和个体经济组织等用人单位的劳动者在职业活动中，因接触粉尘、放射性物质和其他有毒、有害因素而引起的疾病。

职业病的分类和目录由国务院卫生行政部门会同国务院安全生产监督管理部门、劳动保障行政部门制定、调整并公布。

第三条　职业病防治工作坚持预防为主、防治结合的方针，建立用人单位负责、行政机关监管、行业自律、职工参与和社会监督的机制，实行分类管理、综合治理。

第四条　劳动者依法享有职业卫生保护的权利。

用人单位应当为劳动者创造符合国家职业卫生标准和卫生要求的工作环境和条件，并采取措施保障劳动者获得职业卫生保护。

工会组织依法对职业病防治工作进行监督，维护劳动者的合法权益。用人单位制定或者修改有关职业病防治的规章制度，应当听取工会组织的意见。

第五条　用人单位应当建立、健全职业病防治责任制，加强对职业病防治的管理，提高职业病防治水平，对本单位产生的职业病危害承担责任。

第六条　用人单位的主要负责人对本单位的职业病防治工作全面负责。

第七条　用人单位必须依法参加工伤保险。

国务院和县级以上地方人民政府劳动保障行政部门应当加强对工伤保险的监督管理，确保劳动者依法享受工伤保险待遇。

第八条　国家鼓励和支持研制、开发、推广、应用有利于职业病防治和保护劳动者健康的新技术、新工艺、新设备、新材料，加强对职业病的机理和发生规律的基础研究，提高职业病防治科学技术水平；积极采用有效的职业病防治技术、工艺、设备、材料；限制使用或者淘汰职业病危害严重的技术、工艺、设备、材料。

国家鼓励和支持职业病医疗康复机构的建设。

第九条　国家实行职业卫生监督制度。

国务院安全生产监督管理部门、卫生行政部门、劳动保障行政部门依照本法和国务院确定的职责，负责全国职业病防治的监督管理工作。国务院有关部门在各自的职责范围内负责职业病防治的有关监督管理工作。

县级以上地方人民政府安全生产监督管理部门、卫生行政部门、劳动保障行政部门依据各自职责，负责本行政区域内职业病防治的监督管理工作。县级以上地方人民政府有关部门在各自的职责范围内负责职业病防治的有关监督管理工作。

县级以上人民政府安全生产监督管理部门、卫生行政部门、劳动保障行政部门(以下统称职业卫生监督管理部门)应当加强沟通，密切配合，按照各自职责分工，依法行使职权，承担责任。

第十条 国务院和县级以上地方人民政府应当制定职业病防治规划，将其纳入国民经济和社会发展计划，并组织实施。

县级以上地方人民政府统一负责、领导、组织、协调本行政区域的职业病防治工作，建立健全职业病防治工作体制、机制，统一领导、指挥职业卫生突发事件应对工作；加强职业病防治能力建设和服务体系建设，完善、落实职业病防治工作责任制。

乡、民族乡、镇的人民政府应当认真执行本法，支持职业卫生监督管理部门依法履行职责。

第十一条 县级以上人民政府职业卫生监督管理部门应当加强对职业病防治的宣传教育，普及职业病防治的知识，增强用人单位的职业病防治观念，提高劳动者的职业健康意识、自我保护意识和行使职业卫生保护权利的能力。

第十二条 有关防治职业病的国家职业卫生标准，由国务院卫生行政部门组织制定并公布。

国务院卫生行政部门应当组织开展重点职业病监测和专项调查，对职业健康风险进行评估，为制定职业卫生标准和职业病防治政策提供科学依据。

县级以上地方人民政府卫生行政部门应当定期对本行政区域的职业病防治情况进行统计和调查分析。

第十三条 任何单位和个人有权对违反本法的行为进行检举和控告。有关部门收到相关的检举和控告后，应当及时处理。

对防治职业病成绩显著的单位和个人，给予奖励。

第二章 前期预防

第十四条 用人单位应当依照法律、法规要求，严格遵守国家职业卫生标准，落实职业病预防措施，从源头上控制和消除职业病危害。

第十五条 产生职业病危害的用人单位的设立除应当符合法律、行政法规规定的设立条件外，其工作场所还应当符合下列职业卫生要求：

(一) 职业病危害因素的强度或者浓度符合国家职业卫生标准；

(二) 有与职业病危害防护相适应的设施；

（三）生产布局合理，符合有害与无害作业分开的原则；

（四）有配套的更衣间、洗浴间、孕妇休息间等卫生设施；

（五）设备、工具、用具等设施符合保护劳动者生理、心理健康的要求；

（六）法律、行政法规和国务院卫生行政部门、安全生产监督管理部门关于保护劳动者健康的其他要求。

第十六条 国家建立职业病危害项目申报制度。

用人单位工作场所存在职业病目录所列职业病的危害因素的，应当及时、如实向所在地安全生产监督管理部门申报危害项目，接受监督。

职业病危害因素分类目录由国务院卫生行政部门会同国务院安全生产监督管理部门制定、调整并公布。职业病危害项目申报的具体办法由国务院安全生产监督管理部门制定。

第十七条 新建、扩建、改建建设项目和技术改造、技术引进项目（以下统称建设项目）可能产生职业病危害的，建设单位在可行性论证阶段应当进行职业病危害预评价。

医疗机构建设项目可能产生放射性职业病危害的，建设单位应当向卫生行政部门提交放射性职业病危害预评价报告。卫生行政部门应当自收到预评价报告之日起三十日内，作出审核决定并书面通知建设单位。未提交预评价报告或者预评价报告未经卫生行政部门审核同意的，不得开工建设。

职业病危害预评价报告应当对建设项目可能产生的职业病危害因素及其对工作场所和劳动者健康的影响作出评价，确定危害类别和职业病防护措施。

建设项目职业病危害分类管理办法由国务院安全生产监督管理部门制定。

第十八条 建设项目的职业病防护设施所需费用应当纳入建设项目工程预算，并与主体工程同时设计，同时施工，同时投入生产和使用。

建设项目的职业病防护设施设计应当符合国家职业卫生标准和卫生要求；其中，医疗机构放射性职业病危害严重的建设项目的防护设施设计，应当经卫生行政部门审查同意后，方可施工。

建设项目在竣工验收前，建设单位应当进行职业病危害控制效果评价。

医疗机构可能产生放射性职业病危害的建设项目竣工验收时，其放射性职业病防护设施经卫生行政部门验收合格后，方可投入使用；其他建设项目的职业病防护设施应当由建设单位负责依法组织验收，验收合格后，方可投入生产和使用。安全生产监督管理部门应当加强对建设单位组织的验收活动和验收结果的监督核查。

第十九条 国家对从事放射性、高毒、高危粉尘等作业实行特殊管理。具体管理办法由国务院制定。

第三章　劳动过程中的防护与管理

第二十条　用人单位应当采取下列职业病防治管理措施：

（一）设置或者指定职业卫生管理机构或者组织，配备专职或者兼职的职业卫生管理人员，负责本单位的职业病防治工作；

（二）制定职业病防治计划和实施方案；

（三）建立、健全职业卫生管理制度和操作规程；

（四）建立、健全职业卫生档案和劳动者健康监护档案；

（五）建立、健全工作场所职业病危害因素监测及评价制度；

（六）建立、健全职业病危害事故应急救援预案。

第二十一条　用人单位应当保障职业病防治所需的资金投入，不得挤占、挪用，并对因资金投入不足导致的后果承担责任。

第二十二条　用人单位必须采用有效的职业病防护设施，并为劳动者提供个人使用的职业病防护用品。

用人单位为劳动者个人提供的职业病防护用品必须符合防治职业病的要求；不符合要求的，不得使用。

第二十三条　用人单位应当优先采用有利于防治职业病和保护劳动者健康的新技术、新工艺、新设备、新材料，逐步替代职业病危害严重的技术、工艺、设备、材料。

第二十四条　产生职业病危害的用人单位，应当在醒目位置设置公告栏，公布有关职业病防治的规章制度、操作规程、职业病危害事故应急救援措施和工作场所职业病危害因素检测结果。

对产生严重职业病危害的作业岗位，应当在其醒目位置，设置警示标识和中文警示说明。警示说明应当载明产生职业病危害的种类、后果、预防以及应急救治措施等内容。

第二十五条　对可能发生急性职业损伤的有毒、有害工作场所，用人单位应当设置报警装置，配置现场急救用品、冲洗设备、应急撤离通道和必要的泄险区。

对放射工作场所和放射性同位素的运输、贮存，用人单位必须配置防护设备和报警装置，保证接触放射线的工作人员佩戴个人剂量计。

对职业病防护设备、应急救援设施和个人使用的职业病防护用品，用人单位应当进行经常性的维护、检修，定期检测其性能和效果，确保其处于正常状态，不得擅自拆除或者停止使用。

第二十六条　用人单位应当实施由专人负责的职业病危害因素日常监测，

并确保监测系统处于正常运行状态。

用人单位应当按照国务院安全生产监督管理部门的规定，定期对工作场所进行职业病危害因素检测、评价。检测、评价结果存入用人单位职业卫生档案，定期向所在地安全生产监督管理部门报告并向劳动者公布。

职业病危害因素检测、评价由依法设立的取得国务院安全生产监督管理部门或者设区的市级以上地方人民政府安全生产监督管理部门按照职责分工给予资质认可的职业卫生技术服务机构进行。职业卫生技术服务机构所作检测、评价应当客观、真实。

发现工作场所职业病危害因素不符合国家职业卫生标准和卫生要求时，用人单位应当立即采取相应治理措施，仍然达不到国家职业卫生标准和卫生要求的，必须停止存在职业病危害因素的作业；职业病危害因素经治理后，符合国家职业卫生标准和卫生要求的，方可重新作业。

第二十七条 职业卫生技术服务机构依法从事职业病危害因素检测、评价工作，接受安全生产监督管理部门的监督检查。安全生产监督管理部门应当依法履行监督职责。

第二十八条 向用人单位提供可能产生职业病危害的设备的，应当提供中文说明书，并在设备的醒目位置设置警示标识和中文警示说明。警示说明应当载明设备性能、可能产生的职业病危害、安全操作和维护注意事项、职业病防护以及应急救治措施等内容。

第二十九条 向用人单位提供可能产生职业病危害的化学品、放射性同位素和含有放射性物质的材料的，应当提供中文说明书。说明书应当载明产品特性、主要成份、存在的有害因素、可能产生的危害后果、安全使用注意事项、职业病防护以及应急救治措施等内容。产品包装应当有醒目的警示标识和中文警示说明。贮存上述材料的场所应当在规定的部位设置危险物品标识或者放射性警示标识。

国内首次使用或者首次进口与职业病危害有关的化学材料，使用单位或者进口单位按照国家规定经国务院有关部门批准后，应当向国务院卫生行政部门、安全生产监督管理部门报送该化学材料的毒性鉴定以及经有关部门登记注册或者批准进口的文件等资料。

进口放射性同位素、射线装置和含有放射性物质的物品的，按照国家有关规定办理。

第三十条 任何单位和个人不得生产、经营、进口和使用国家明令禁止使用的可能产生职业病危害的设备或者材料。

第三十一条 任何单位和个人不得将产生职业病危害的作业转移给不具备

职业病防护条件的单位和个人。不具备职业病防护条件的单位和个人不得接受产生职业病危害的作业。

第三十二条 用人单位对采用的技术、工艺、设备、材料，应当知悉其产生的职业病危害，对有职业病危害的技术、工艺、设备、材料隐瞒其危害而采用的，对所造成的职业病危害后果承担责任。

第三十三条 用人单位与劳动者订立劳动合同(含聘用合同，下同)时，应当将工作过程中可能产生的职业病危害及其后果、职业病防护措施和待遇等如实告知劳动者，并在劳动合同中写明，不得隐瞒或者欺骗。

劳动者在已订立劳动合同期间因工作岗位或者工作内容变更，从事与所订立劳动合同中未告知的存在职业病危害的作业时，用人单位应当依照前款规定，向劳动者履行如实告知的义务，并协商变更原劳动合同相关条款。

用人单位违反前两款规定的，劳动者有权拒绝从事存在职业病危害的作业，用人单位不得因此解除与劳动者所订立的劳动合同。

第三十四条 用人单位的主要负责人和职业卫生管理人员应当接受职业卫生培训，遵守职业病防治法律、法规，依法组织本单位的职业病防治工作。

用人单位应当对劳动者进行上岗前的职业卫生培训和在岗期间的定期职业卫生培训，普及职业卫生知识，督促劳动者遵守职业病防治法律、法规、规章和操作规程，指导劳动者正确使用职业病防护设备和个人使用的职业病防护用品。

劳动者应当学习和掌握相关的职业卫生知识，增强职业病防范意识，遵守职业病防治法律、法规、规章和操作规程，正确使用、维护职业病防护设备和个人使用的职业病防护用品，发现职业病危害事故隐患应当及时报告。

劳动者不履行前款规定义务的，用人单位应当对其进行教育。

第三十五条 对从事接触职业病危害的作业的劳动者，用人单位应当按照国务院安全生产监督管理部门、卫生行政部门的规定组织上岗前、在岗期间和离岗时的职业健康检查，并将检查结果书面告知劳动者。职业健康检查费用由用人单位承担。

用人单位不得安排未经上岗前职业健康检查的劳动者从事接触职业病危害的作业；不得安排有职业禁忌的劳动者从事其所禁忌的作业；对在职业健康检查中发现有与所从事的职业相关的健康损害的劳动者，应当调离原工作岗位，并妥善安置；对未进行离岗前职业健康检查的劳动者不得解除或者终止与其订立的劳动合同。

职业健康检查应当由省级以上人民政府卫生行政部门批准的医疗卫生机构承担。

第三十六条 用人单位应当为劳动者建立职业健康监护档案，并按照规定的期限妥善保存。

职业健康监护档案应当包括劳动者的职业史、职业病危害接触史、职业健康检查结果和职业病诊疗等有关个人健康资料。

劳动者离开用人单位时，有权索取本人职业健康监护档案复印件，用人单位应当如实、无偿提供，并在所提供的复印件上签章。

第三十七条 发生或者可能发生急性职业病危害事故时，用人单位应当立即采取应急救援和控制措施，并及时报告所在地安全生产监督管理部门和有关部门。安全生产监督管理部门接到报告后，应当及时会同有关部门组织调查处理；必要时，可以采取临时控制措施。卫生行政部门应当组织做好医疗救治工作。

对遭受或者可能遭受急性职业病危害的劳动者，用人单位应当及时组织救治、进行健康检查和医学观察，所需费用由用人单位承担。

第三十八条 用人单位不得安排未成年工从事接触职业病危害的作业；不得安排孕期、哺乳期的女职工从事对本人和胎儿、婴儿有危害的作业。

第三十九条 劳动者享有下列职业卫生保护权利：

（一）获得职业卫生教育、培训；

（二）获得职业健康检查、职业病诊疗、康复等职业病防治服务；

（三）了解工作场所产生或者可能产生的职业病危害因素、危害后果和应当采取的职业病防护措施；

（四）要求用人单位提供符合防治职业病要求的职业病防护设施和个人使用的职业病防护用品，改善工作条件；

（五）对违反职业病防治法律、法规以及危及生命健康的行为提出批评、检举和控告；

（六）拒绝违章指挥和强令进行没有职业病防护措施的作业；

（七）参与用人单位职业卫生工作的民主管理，对职业病防治工作提出意见和建议。

用人单位应当保障劳动者行使前款所列权利。因劳动者依法行使正当权利而降低其工资、福利等待遇或者解除、终止与其订立的劳动合同的，其行为无效。

第四十条 工会组织应当督促并协助用人单位开展职业卫生宣传教育和培训，有权对用人单位的职业病防治工作提出意见和建议，依法代表劳动者与用人单位签订劳动安全卫生专项集体合同，与用人单位就劳动者反映的有关职业病防治的问题进行协调并督促解决。

工会组织对用人单位违反职业病防治法律、法规，侵犯劳动者合法权益的行为，有权要求纠正；产生严重职业病危害时，有权要求采取防护措施，或者向政府有关部门建议采取强制性措施；发生职业病危害事故时，有权参与事故调查处理；发现危及劳动者生命健康的情形时，有权向用人单位建议组织劳动者撤离危险现场，用人单位应当立即作出处理。

第四十一条 用人单位按照职业病防治要求，用于预防和治理职业病危害、工作场所卫生检测、健康监护和职业卫生培训等费用，按照国家有关规定，在生产成本中据实列支。

第四十二条 职业卫生监督管理部门应当按照职责分工，加强对用人单位落实职业病防护管理措施情况的监督检查，依法行使职权，承担责任。

第四章 职业病诊断与职业病病人保障

第四十三条 医疗卫生机构承担职业病诊断，应当经省、自治区、直辖市人民政府卫生行政部门批准。省、自治区、直辖市人民政府卫生行政部门应当向社会公布本行政区域内承担职业病诊断的医疗卫生机构的名单。

承担职业病诊断的医疗卫生机构应当具备下列条件：

（一）持有《医疗机构执业许可证》；

（二）具有与开展职业病诊断相适应的医疗卫生技术人员；

（三）具有与开展职业病诊断相适应的仪器、设备；

（四）具有健全的职业病诊断质量管理制度。

承担职业病诊断的医疗卫生机构不得拒绝劳动者进行职业病诊断的要求。

第四十四条 劳动者可以在用人单位所在地、本人户籍所在地或者经常居住地依法承担职业病诊断的医疗卫生机构进行职业病诊断。

第四十五条 职业病诊断标准和职业病诊断、鉴定办法由国务院卫生行政部门制定。职业病伤残等级的鉴定办法由国务院劳动保障行政部门会同国务院卫生行政部门制定。

第四十六条 职业病诊断，应当综合分析下列因素：

（一）病人的职业史；

（二）职业病危害接触史和工作场所职业病危害因素情况；

（三）临床表现以及辅助检查结果等。

没有证据否定职业病危害因素与病人临床表现之间的必然联系的，应当诊断为职业病。

承担职业病诊断的医疗卫生机构在进行职业病诊断时，应当组织三名以上取得职业病诊断资格的执业医师集体诊断。

职业病诊断证明书应当由参与诊断的医师共同签署，并经承担职业病诊断的医疗卫生机构审核盖章。

第四十七条 用人单位应当如实提供职业病诊断、鉴定所需的劳动者职业史和职业病危害接触史、工作场所职业病危害因素检测结果等资料；安全生产监督管理部门应当监督检查和督促用人单位提供上述资料；劳动者和有关机构也应当提供与职业病诊断、鉴定有关的资料。

职业病诊断、鉴定机构需要了解工作场所职业病危害因素情况时，可以对工作场所进行现场调查，也可以向安全生产监督管理部门提出，安全生产监督管理部门应当在十日内组织现场调查。用人单位不得拒绝、阻挠。

第四十八条 职业病诊断、鉴定过程中，用人单位不提供工作场所职业病危害因素检测结果等资料的，诊断、鉴定机构应当结合劳动者的临床表现、辅助检查结果和劳动者的职业史、职业病危害接触史，并参考劳动者的自述、安全生产监督管理部门提供的日常监督检查信息等，作出职业病诊断、鉴定结论。

劳动者对用人单位提供的工作场所职业病危害因素检测结果等资料有异议，或者因劳动者的用人单位解散、破产，无用人单位提供上述资料的，诊断、鉴定机构应当提请安全生产监督管理部门进行调查，安全生产监督管理部门应当自接到申请之日起三十日内对存在异议的资料或者工作场所职业病危害因素情况作出判定；有关部门应当配合。

第四十九条 职业病诊断、鉴定过程中，在确认劳动者职业史、职业病危害接触史时，当事人对劳动关系、工种、工作岗位或者在岗时间有争议的，可以向当地的劳动人事争议仲裁委员会申请仲裁；接到申请的劳动人事争议仲裁委员会应当受理，并在三十日内作出裁决。

当事人在仲裁过程中对自己提出的主张，有责任提供证据。劳动者无法提供由用人单位掌握管理的与仲裁主张有关的证据的，仲裁庭应当要求用人单位在指定期限内提供；用人单位在指定期限内不提供的，应当承担不利后果。

劳动者对仲裁裁决不服的，可以依法向人民法院提起诉讼。

用人单位对仲裁裁决不服的，可以在职业病诊断、鉴定程序结束之日起十五日内依法向人民法院提起诉讼；诉讼期间，劳动者的治疗费用按照职业病待遇规定的途径支付。

第五十条 用人单位和医疗卫生机构发现职业病病人或者疑似职业病病人时，应当及时向所在地卫生行政部门和安全生产监督管理部门报告。确诊为职业病的，用人单位还应当向所在地劳动保障行政部门报告。接到报告的部门应当依法作出处理。

第五十一条 县级以上地方人民政府卫生行政部门负责本行政区域内的职

业病统计报告的管理工作，并按照规定上报。

第五十二条 当事人对职业病诊断有异议的，可以向作出诊断的医疗卫生机构所在地地方人民政府卫生行政部门申请鉴定。

职业病诊断争议由设区的市级以上地方人民政府卫生行政部门根据当事人的申请，组织职业病诊断鉴定委员会进行鉴定。

当事人对设区的市级职业病诊断鉴定委员会的鉴定结论不服的，可以向省、自治区、直辖市人民政府卫生行政部门申请再鉴定。

第五十三条 职业病诊断鉴定委员会由相关专业的专家组成。

省、自治区、直辖市人民政府卫生行政部门应当设立相关的专家库，需要对职业病争议作出诊断鉴定时，由当事人或者当事人委托有关卫生行政部门从专家库中以随机抽取的方式确定参加诊断鉴定委员会的专家。

职业病诊断鉴定委员会应当按照国务院卫生行政部门颁布的职业病诊断标准和职业病诊断、鉴定办法进行职业病诊断鉴定，向当事人出具职业病诊断鉴定书。职业病诊断、鉴定费用由用人单位承担。

第五十四条 职业病诊断鉴定委员会组成人员应当遵守职业道德，客观、公正地进行诊断鉴定，并承担相应的责任。职业病诊断鉴定委员会组成人员不得私下接触当事人，不得收受当事人的财物或者其他好处，与当事人有利害关系的，应当回避。

人民法院受理有关案件需要进行职业病鉴定时，应当从省、自治区、直辖市人民政府卫生行政部门依法设立的相关的专家库中选取参加鉴定的专家。

第五十五条 医疗卫生机构发现疑似职业病病人时，应当告知劳动者本人并及时通知用人单位。

用人单位应当及时安排对疑似职业病病人进行诊断；在疑似职业病病人诊断或者医学观察期间，不得解除或者终止与其订立的劳动合同。

疑似职业病病人在诊断、医学观察期间的费用，由用人单位承担。

第五十六条 用人单位应当保障职业病病人依法享受国家规定的职业病待遇。

用人单位应当按照国家有关规定，安排职业病病人进行治疗、康复和定期检查。

用人单位对不适宜继续从事原工作的职业病病人，应当调离原岗位，并妥善安置。

用人单位对从事接触职业病危害的作业的劳动者，应当给予适当岗位津贴。

第五十七条 职业病病人的诊疗、康复费用，伤残以及丧失劳动能力的职业病病人的社会保障，按照国家有关工伤保险的规定执行。

第五十八条 职业病病人除依法享有工伤保险外，依照有关民事法律，尚有获得赔偿的权利的，有权向用人单位提出赔偿要求。

第五十九条 劳动者被诊断患有职业病，但用人单位没有依法参加工伤保险的，其医疗和生活保障由该用人单位承担。

第六十条 职业病病人变动工作单位，其依法享有的待遇不变。

用人单位在发生分立、合并、解散、破产等情形时，应当对从事接触职业病危害的作业的劳动者进行健康检查，并按照国家有关规定妥善安置职业病病人。

第六十一条 用人单位已经不存在或者无法确认劳动关系的职业病病人，可以向地方人民政府民政部门申请医疗救助和生活等方面的救助。

地方各级人民政府应当根据本地区的实际情况，采取其他措施，使前款规定的职业病病人获得医疗救治。

第五章 监督检查

第六十二条 县级以上人民政府职业卫生监督管理部门依照职业病防治法律、法规、国家职业卫生标准和卫生要求，依据职责划分，对职业病防治工作进行监督检查。

第六十三条 安全生产监督管理部门履行监督检查职责时，有权采取下列措施：

（一）进入被检查单位和职业病危害现场，了解情况，调查取证；

（二）查阅或者复制与违反职业病防治法律、法规的行为有关的资料和采集样品；

（三）责令违反职业病防治法律、法规的单位和个人停止违法行为。

第六十四条 发生职业病危害事故或者有证据证明危害状态可能导致职业病危害事故发生时，安全生产监督管理部门可以采取下列临时控制措施：

（一）责令暂停导致职业病危害事故的作业；

（二）封存造成职业病危害事故或者可能导致职业病危害事故发生的材料和设备；

（三）组织控制职业病危害事故现场。

在职业病危害事故或者危害状态得到有效控制后，安全生产监督管理部门应当及时解除控制措施。

第六十五条 职业卫生监督执法人员依法执行职务时，应当出示监督执法证件。

职业卫生监督执法人员应当忠于职守，秉公执法，严格遵守执法规范；涉及用人单位的秘密的，应当为其保密。

第六十六条 职业卫生监督执法人员依法执行职务时，被检查单位应当接受检查并予以支持配合，不得拒绝和阻碍。

第六十七条 卫生行政部门、安全生产监督管理部门及其职业卫生监督执法人员履行职责时，不得有下列行为：

（一）对不符合法定条件的，发给建设项目有关证明文件、资质证明文件或者予以批准；

（二）对已经取得有关证明文件的，不履行监督检查职责；

（三）发现用人单位存在职业病危害的，可能造成职业病危害事故，不及时依法采取控制措施；

（四）其他违反本法的行为。

第六十八条 职业卫生监督执法人员应当依法经过资格认定。

职业卫生监督管理部门应当加强队伍建设，提高职业卫生监督执法人员的政治、业务素质，依照本法和其他有关法律、法规的规定，建立、健全内部监督制度，对其工作人员执行法律、法规和遵守纪律的情况，进行监督检查。

第六章 法律责任

第六十九条 建设单位违反本法规定，有下列行为之一的，由安全生产监督管理部门和卫生行政部门依据职责分工给予警告，责令限期改正；逾期不改正的，处十万元以上五十万元以下的罚款；情节严重的，责令停止产生职业病危害的作业，或者提请有关人民政府按照国务院规定的权限责令停建、关闭：

（一）未按照规定进行职业病危害预评价的；

（二）医疗机构可能产生放射性职业病危害的建设项目未按照规定提交放射性职业病危害预评价报告，或者放射性职业病危害预评价报告未经卫生行政部门审核同意，开工建设的；

（三）建设项目的职业病防护设施未按照规定与主体工程同时设计、同时施工、同时投入生产和使用的；

（四）建设项目的职业病防护设施设计不符合国家职业卫生标准和卫生要求，或者医疗机构放射性职业病危害严重的建设项目的防护设施设计未经卫生行政部门审查同意擅自施工的；

（五）未按照规定对职业病防护设施进行职业病危害控制效果评价的；

（六）建设项目竣工投入生产和使用前，职业病防护设施未按照规定验收合格的。

第七十条 违反本法规定，有下列行为之一的，由安全生产监督管理部门给予警告，责令限期改正；逾期不改正的，处十万元以下的罚款：

（一）工作场所职业病危害因素检测、评价结果没有存档、上报、公布的；

（二）未采取本法第二十一条规定的职业病防治管理措施的；

（三）未按照规定公布有关职业病防治的规章制度、操作规程、职业病危害事故应急救援措施的；

（四）未按照规定组织劳动者进行职业卫生培训，或者未对劳动者个人职业病防护采取指导、督促措施的；

（五）国内首次使用或者首次进口与职业病危害有关的化学材料，未按照规定报送毒性鉴定资料以及经有关部门登记注册或者批准进口的文件的。

第七十一条 用人单位违反本法规定，有下列行为之一的，由安全生产监督管理部门责令限期改正，给予警告，可以并处五万元以上十万元以下的罚款：

（一）未按照规定及时、如实向安全生产监督管理部门申报产生职业病危害的项目的；

（二）未实施由专人负责的职业病危害因素日常监测，或者监测系统不能正常监测的；

（三）订立或者变更劳动合同时，未告知劳动者职业病危害真实情况的；

（四）未按照规定组织职业健康检查、建立职业健康监护档案或者未将检查结果书面告知劳动者的；

（五）未依照本法规定在劳动者离开用人单位时提供职业健康监护档案复印件的。

第七十二条 用人单位违反本法规定，有下列行为之一的，由安全生产监督管理部门给予警告，责令限期改正，逾期不改正的，处五万元以上二十万元以下的罚款；情节严重的，责令停止产生职业病危害的作业，或者提请有关人民政府按照国务院规定的权限责令关闭：

（一）工作场所职业病危害因素的强度或者浓度超过国家职业卫生标准的；

（二）未提供职业病防护设施和个人使用的职业病防护用品，或者提供的职业病防护设施和个人使用的职业病防护用品不符合国家职业卫生标准和卫生要求的；

（三）对职业病防护设备、应急救援设施和个人使用的职业病防护用品未按照规定进行维护、检修、检测，或者不能保持正常运行、使用状态的；

（四）未按照规定对工作场所职业病危害因素进行检测、评价的；

（五）工作场所职业病危害因素经治理仍然达不到国家职业卫生标准和卫生要求时，未停止存在职业病危害因素的作业的；

（六）未按照规定安排职业病病人、疑似职业病病人进行诊治的；

（七）发生或者可能发生急性职业病危害事故时，未立即采取应急救援和控制措施或者未按照规定及时报告的；

（八）未按照规定在产生严重职业病危害的作业岗位醒目位置设置警示标识和中文警示说明的；

（九）拒绝职业卫生监督管理部门监督检查的；

（十）隐瞒、伪造、篡改、毁损职业健康监护档案、工作场所职业病危害因素检测评价结果等相关资料，或者拒不提供职业病诊断、鉴定所需资料的；

（十一）未按照规定承担职业病诊断、鉴定费用和职业病病人的医疗、生活保障费用的。

第七十三条 向用人单位提供可能产生职业病危害的设备、材料，未按照规定提供中文说明书或者设置警示标识和中文警示说明的，由安全生产监督管理部门责令限期改正，给予警告，并处五万元以上二十万元以下的罚款。

第七十四条 用人单位和医疗卫生机构未按照规定报告职业病、疑似职业病的，由有关主管部门依据职责分工责令限期改正，给予警告，可以并处一万元以下的罚款；弄虚作假的，并处二万元以上五万元以下的罚款；对直接负责的主管人员和其他直接责任人员，可以依法给予降级或者撤职的处分。

第七十五条 违反本法规定，有下列情形之一的，由安全生产监督管理部门责令限期治理，并处五万元以上三十万元以下的罚款；情节严重的，责令停止产生职业病危害的作业，或者提请有关人民政府按照国务院规定的权限责令关闭：

（一）隐瞒技术、工艺、设备、材料所产生的职业病危害而采用的；

（二）隐瞒本单位职业卫生真实情况的；

（三）可能发生急性职业损伤的有毒、有害工作场所、放射工作场所或者放射性同位素的运输、贮存不符合本法第二十六条规定的；

（四）使用国家明令禁止使用的可能产生职业病危害的设备或者材料的；

（五）将产生职业病危害的作业转移给没有职业病防护条件的单位和个人，或者没有职业病防护条件的单位和个人接受产生职业病危害的作业的；

（六）擅自拆除、停止使用职业病防护设备或者应急救援设施的；

（七）安排未经职业健康检查的劳动者、有职业禁忌的劳动者、未成年工或者孕期、哺乳期女职工从事接触职业病危害的作业或者禁忌作业的；

（八）违章指挥和强令劳动者进行没有职业病防护措施的作业的。

第七十六条 生产、经营或者进口国家明令禁止使用的可能产生职业病危害的设备或者材料的，依照有关法律、行政法规的规定给予处罚。

第七十七条 用人单位违反本法规定，已经对劳动者生命健康造成严重损害的，由安全生产监督管理部门责令停止产生职业病危害的作业，或者提请有关人民政府按照国务院规定的权限责令关闭，并处十万元以上五十万元以下的罚款。

第七十八条 用人单位违反本法规定，造成重大职业病危害事故或者其他严重后果，构成犯罪的，对直接负责的主管人员和其他直接责任人员，依法追究刑事责任。

第七十九条 未取得职业卫生技术服务资质认可擅自从事职业卫生技术服务的，或者医疗卫生机构未经批准擅自从事职业健康检查、职业病诊断的，由安全生产监督管理部门和卫生行政部门依据职责分工责令立即停止违法行为，没收违法所得；违法所得五千元以上的，并处违法所得二倍以上十倍以下的罚款；没有违法所得或者违法所得不足五千元的，并处五千元以上五万元以下的罚款；情节严重的，对直接负责的主管人员和其他直接责任人员，依法给予降级、撤职或者开除的处分。

第八十条 从事职业卫生技术服务的机构和承担职业健康检查、职业病诊断的医疗卫生机构违反本法规定，有下列行为之一的，由安全生产监督管理部门和卫生行政部门依据职责分工责令立即停止违法行为，给予警告，没收违法所得；违法所得五千元以上的，并处违法所得二倍以上五倍以下的罚款；没有违法所得或者违法所得不足五千元的，并处五千元以上二万元以下的罚款；情节严重的，由原认可或者批准机关取消其相应的资格；对直接负责的主管人员和其他直接责任人员，依法给予降级、撤职或者开除的处分；构成犯罪的，依法追究刑事责任：

（一）超出资质认可或者批准范围从事职业卫生技术服务或者职业健康检查、职业病诊断的；

（二）不按照本法规定履行法定职责的；

（三）出具虚假证明文件的。

第八十一条 职业病诊断鉴定委员会组成人员收受职业病诊断争议当事人的财物或者其他好处的，给予警告，没收收受的财物，可以并处三千元以上五万元以下的罚款，取消其担任职业病诊断鉴定委员会组成人员的资格，并从省、自治区、直辖市人民政府卫生行政部门设立的专家库中予以除名。

第八十二条 卫生行政部门、安全生产监督管理部门不按照规定报告职业病和职业病危害事故的，由上一级行政部门责令改正，通报批评，给予警告；虚报、瞒报的，对单位负责人、直接负责的主管人员和其他直接责任人员依法给予降级、撤职或者开除的处分。

第八十三条 县级以上地方人民政府在职业病防治工作中未依照本法履行职责，本行政区域出现重大职业病危害事故、造成严重社会影响的，依法对直接负责的主管人员和其他直接责任人员给予记大过直至开除的处分。

县级以上人民政府职业卫生监督管理部门不履行本法规定的职责，滥用职权、玩忽职守、徇私舞弊，依法对直接负责的主管人员和其他直接责任人员给予记大过或者降级的处分；造成职业病危害事故或者其他严重后果的，依法给予撤职或者开除的处分。

第八十四条 违反本法规定，构成犯罪的，依法追究刑事责任。

第七章 附 则

第八十五条 本法下列用语的含义：

职业病危害，是指对从事职业活动的劳动者可能导致职业病的各种危害。职业病危害因素包括：职业活动中存在的各种有害的化学、物理、生物因素以及在作业过程中产生的其他职业有害因素。

职业禁忌，是指劳动者从事特定职业或者接触特定职业病危害因素时，比一般职业人群更易于遭受职业病危害和罹患职业病或者可能导致原有自身疾病病情加重，或者在从事作业过程中诱发可能导致对他人生命健康构成危险的疾病的个人特殊生理或者病理状态。

第八十六条 本法第二条规定的用人单位以外的单位，产生职业病危害的，其职业病防治活动可以参照本法执行。

劳务派遣用工单位应当履行本法规定的用人单位的义务。

中国人民解放军参照执行本法的办法，由国务院、中央军事委员会制定。

第八十七条 对医疗机构放射性职业病危害控制的监督管理，由卫生行政部门依照本法的规定实施。

第八十八条 本法自 2002 年 5 月 1 日起施行。

中华人民共和国主席令

第 65 号

《全国人民代表大会常务委员会关于修改〈中华人民共和国未成年人保护法〉的决定》已由中华人民共和国第十一届全国人民代表大会常务委员会第二十九次会议于 2012 年 10 月 26 日通过，现予公布，自 2013 年 1 月 1 日起施行。

中华人民共和国主席　胡锦涛

2012 年 10 月 26 日

中华人民共和国未成年人保护法

目　录

第一章　总　则

第一条　为了保护未成年人的身心健康，保障未成年人的合法权益，促进未成年人在品德、智力、体质等方面全面发展，培养有理想、有道德、有文化、有纪律的社会主义建设者和接班人，根据宪法，制定本法。

第二条　本法所称未成年人是指未满十八周岁的公民。

第三条　未成年人享有生存权、发展权、受保护权、参与权等权利，国家根据未成年人身心发展特点给予特殊、优先保护，保障未成年人的合法权益不受侵犯。

未成年人享有受教育权，国家、社会、学校和家庭尊重和保障未成年人的受教育权。

未成年人不分性别、民族、种族、家庭财产状况、宗教信仰等，依法平等地享有权利。

第四条 国家、社会、学校和家庭对未成年人进行理想教育、道德教育、文化教育、纪律和法制教育，进行爱国主义、集体主义和社会主义的教育，提倡爱祖国、爱人民、爱劳动、爱科学、爱社会主义的公德，反对资本主义的、封建主义的和其他的腐朽思想的侵蚀。

第五条 保护未成年人的工作，应当遵循下列原则：

（一）尊重未成年人的人格尊严；

（二）适应未成年人身心发展的规律和特点；

（三）教育与保护相结合。

第六条 保护未成年人，是国家机关、武装力量、政党、社会团体、企业事业组织、城乡基层群众性自治组织、未成年人的监护人和其他成年公民的共同责任。

对侵犯未成年人合法权益的行为，任何组织和个人都有权予以劝阻、制止或者向有关部门提出检举或者控告。

国家、社会、学校和家庭应当教育和帮助未成年人维护自己的合法权益，增强自我保护的意识和能力，增强社会责任感。

第七条 中央和地方各级国家机关应当在各自的职责范围内做好未成年人保护工作。

国务院和地方各级人民政府领导有关部门做好未成年人保护工作；将未成年人保护工作纳入国民经济和社会发展规划以及年度计划，相关经费纳入本级政府预算。

国务院和省、自治区、直辖市人民政府采取组织措施，协调有关部门做好未成年人保护工作。具体机构由国务院和省、自治区、直辖市人民政府规定。

第八条 共产主义青年团、妇女联合会、工会、青年联合会、学生联合会、少年先锋队以及其他有关社会团体，协助各级人民政府做好未成年人保护工作，维护未成年人的合法权益。

第九条 各级人民政府和有关部门对保护未成年人有显著成绩的组织和个人，给予表彰和奖励。

第二章 家庭保护

第十条 父母或者其他监护人应当创造良好、和睦的家庭环境，依法履行对未成年人的监护职责和抚养义务。

禁止对未成年人实施家庭暴力，禁止虐待、遗弃未成年人，禁止溺婴和其他残害婴儿的行为，不得歧视女性未成年人或者有残疾的未成年人。

第十一条 父母或者其他监护人应当关注未成年人的生理、心理状况和行为习惯，以健康的思想、良好的品行和适当的方法教育和影响未成年人，引导未成年人进行有益身心健康的活动，预防和制止未成年人吸烟、酗酒、流浪、沉迷网络以及赌博、吸毒、卖淫等行为。

第十二条 父母或者其他监护人应当学习家庭教育知识，正确履行监护职责，抚养教育未成年人。

有关国家机关和社会组织应当为未成年人的父母或者其他监护人提供家庭教育指导。

第十三条 父母或者其他监护人应当尊重未成年人受教育的权利，必须使适龄未成年人依法入学接受并完成义务教育，不得使接受义务教育的未成年人辍学。

第十四条 父母或者其他监护人应当根据未成年人的年龄和智力发展状况，在作出与未成年人权益有关的决定时告知其本人，并听取他们的意见。

第十五条 父母或者其他监护人不得允许或者迫使未成年人结婚，不得为未成年人订立婚约。

第十六条 父母因外出务工或者其他原因不能履行对未成年人监护职责的，应当委托有监护能力的其他成年人代为监护。

第三章 学校保护

第十七条 学校应当全面贯彻国家的教育方针，实施素质教育，提高教育质量，注重培养未成年学生独立思考能力、创新能力和实践能力，促进未成年学生全面发展。

第十八条 学校应当尊重未成年学生受教育的权利，关心、爱护学生，对品行有缺点、学习有困难的学生，应当耐心教育、帮助，不得歧视，不得违反法律和国家规定开除未成年学生。

第十九条 学校应当根据未成年学生身心发展的特点，对他们进行社会生活指导、心理健康辅导和青春期教育。

第二十条 学校应当与未成年学生的父母或者其他监护人互相配合，保证未成年学生的睡眠、娱乐和体育锻炼时间，不得加重其学习负担。

第二十一条 学校、幼儿园、托儿所的教职员工应当尊重未成年人的人格尊严，不得对未成年人实施体罚、变相体罚或者其他侮辱人格尊严的行为。

第二十二条 学校、幼儿园、托儿所应当建立安全制度，加强对未成年人的安全教育，采取措施保障未成年人的人身安全。

学校、幼儿园、托儿所不得在危及未成年人人身安全、健康的校舍和其他设施、场所中进行教育教学活动。

学校、幼儿园安排未成年人参加集会、文化娱乐、社会实践等集体活动，应当有利于未成年人的健康成长，防止发生人身安全事故。

第二十三条 教育行政等部门和学校、幼儿园、托儿所应当根据需要，制定应对各种灾害、传染性疾病、食物中毒、意外伤害等突发事件的预案，配备相应设施并进行必要的演练，增强未成年人的自我保护意识和能力。

第二十四条 学校对未成年学生在校内或者本校组织的校外活动中发生人身伤害事故的，应当及时救护，妥善处理，并及时向有关主管部门报告。

第二十五条 对于在学校接受教育的有严重不良行为的未成年学生，学校和父母或者其他监护人应当互相配合加以管教；无力管教或者管教无效的，可以按照有关规定将其送专门学校继续接受教育。

依法设置专门学校的地方人民政府应当保障专门学校的办学条件，教育行政部门应当加强对专门学校的管理和指导，有关部门应当给予协助和配合。

专门学校应当对在校就读的未成年学生进行思想教育、文化教育、纪律和法制教育、劳动技术教育和职业教育。

专门学校的教职员工应当关心、爱护、尊重学生，不得歧视、厌弃。

第二十六条 幼儿园应当做好保育、教育工作，促进幼儿在体质、智力、品德等方面和谐发展。

第四章 社会保护

第二十七条 全社会应当树立尊重、保护、教育未成年人的良好风尚，关心、爱护未成年人。

国家鼓励社会团体、企业事业组织以及其他组织和个人，开展多种形式的有利于未成年人健康成长的社会活动。

第二十八条 各级人民政府应当保障未成年人受教育的权利，并采取措施保障家庭经济困难的、残疾的和流动人口中的未成年人等接受义务教育。

第二十九条 各级人民政府应当建立和改善适合未成年人文化生活需要的活动场所和设施，鼓励社会力量兴办适合未成年人的活动场所，并加强管理。

第三十条 爱国主义教育基地、图书馆、青少年宫、儿童活动中心应当对未成年人免费开放；博物馆、纪念馆、科技馆、展览馆、美术馆、文化馆以及影剧院、体育场馆、动物园、公园等场所，应当按照有关规定对未成年人免费或者优惠开放。

第三十一条 县级以上人民政府及其教育行政部门应当采取措施，鼓励和支持中小学校在节假日期间将文化体育设施对未成年人免费或者优惠开放。

社区中的公益性互联网上网服务设施，应当对未成年人免费或者优惠开放，为未成年人提供安全、健康的上网服务。

第三十二条 国家鼓励新闻、出版、信息产业、广播、电影、电视、文艺等单位和作家、艺术家、科学家以及其他公民，创作或者提供有利于未成年人健康成长的作品。出版、制作和传播专门以未成年人为对象的内容健康的图书、报刊、音像制品、电子出版物以及网络信息等，国家给予扶持。

国家鼓励科研机构和科技团体对未成年人开展科学知识普及活动。

第三十三条 国家采取措施，预防未成年人沉迷网络。

国家鼓励研究开发有利于未成年人健康成长的网络产品，推广用于阻止未成年人沉迷网络的新技术。

第三十四条 禁止任何组织、个人制作或者向未成年人出售、出租或者以其他方式传播淫秽、暴力、凶杀、恐怖、赌博等毒害未成年人的图书、报刊、音像制品、电子出版物以及网络信息等。

第三十五条 生产、销售用于未成年人的食品、药品、玩具、用具和游乐设施等，应当符合国家标准或者行业标准，不得有害于未成年人的安全和健康；需要标明注意事项的，应当在显著位置标明。

第三十六条 中小学校园周边不得设置营业性歌舞娱乐场所、互联网上网服务营业场所等不适宜未成年人活动的场所。

营业性歌舞娱乐场所、互联网上网服务营业场所等不适宜未成年人活动的场所，不得允许未成年人进入，经营者应当在显著位置设置未成年人禁入标志；对难以判明是否已成年的，应当要求其出示身份证件。

第三十七条 禁止向未成年人出售烟酒，经营者应当在显著位置设置不向未成年人出售烟酒的标志；对难以判明是否已成年的，应当要求其出示身份证件。

任何人不得在中小学校、幼儿园、托儿所的教室、寝室、活动室和其他未成年人集中活动的场所吸烟、饮酒。

第三十八条 任何组织或者个人不得招用未满十六周岁的未成年人，国家另有规定的除外。

任何组织或者个人按照国家有关规定招用已满十六周岁未满十八周岁的未成年人的，应当执行国家在工种、劳动时间、劳动强度和保护措施等方面的规定，不得安排其从事过重、有毒、有害等危害未成年人身心健康的劳动或者危险作业。

第三十九条 任何组织或者个人不得披露未成年人的个人隐私。

对未成年人的信件、日记、电子邮件，任何组织或者个人不得隐匿、毁弃；除因追查犯罪的需要，由公安机关或者人民检察院依法进行检查，或者对无行为能力的未成年人的信件、日记、电子邮件由其父母或者其他监护人代为开拆、查阅外，任何组织或者个人不得开拆、查阅。

第四十条 学校、幼儿园、托儿所和公共场所发生突发事件时，应当优先救护未成年人。

第四十一条 禁止拐卖、绑架、虐待未成年人，禁止对未成年人实施性侵害。

禁止胁迫、诱骗、利用未成年人乞讨或者组织未成年人进行有害其身心健康的表演等活动。

第四十二条 公安机关应当采取有力措施，依法维护校园周边的治安和交通秩序，预防和制止侵害未成年人合法权益的违法犯罪行为。

任何组织或者个人不得扰乱教学秩序，不得侵占、破坏学校、幼儿园、托儿所的场地、房屋和设施。

第四十三条 县级以上人民政府及其民政部门应当根据需要设立救助场所，对流浪乞讨等生活无着未成年人实施救助，承担临时监护责任；公安部门或者其他有关部门应当护送流浪乞讨或者离家出走的未成年人到救助场所，由救助场所予以救助和妥善照顾，并及时通知其父母或者其他监护人领回。

对孤儿、无法查明其父母或者其他监护人的以及其他生活无着的未成年人，由民政部门设立的儿童福利机构收留抚养。

未成年人救助机构、儿童福利机构及其工作人员应当依法履行职责，不得虐待、歧视未成年人；不得在办理收留抚养工作中牟取利益。

第四十四条 卫生部门和学校应当对未成年人进行卫生保健和营养指导，提供必要的卫生保健条件，做好疾病预防工作。

卫生部门应当做好对儿童的预防接种工作，国家免疫规划项目的预防接种实行免费；积极防治儿童常见病、多发病，加强对传染病防治工作的监督管理，加强对幼儿园、托儿所卫生保健的业务指导和监督检查。

第四十五条 地方各级人民政府应当积极发展托幼事业，办好托儿所、幼儿园，支持社会组织和个人依法兴办哺乳室、托儿所、幼儿园。

各级人民政府和有关部门应当采取多种形式，培养和训练幼儿园、托儿所的保教人员，提高其职业道德素质和业务能力。

第四十六条 国家依法保护未成年人的智力成果和荣誉权不受侵犯。

第四十七条 未成年人已经完成规定年限的义务教育不再升学的，政府有关部门和社会团体、企业事业组织应当根据实际情况，对他们进行职业教育，为他们创造劳动就业条件。

第四十八条 居民委员会、村民委员会应当协助有关部门教育和挽救违法犯罪的未成年人，预防和制止侵害未成年人合法权益的违法犯罪行为。

第四十九条 未成年人的合法权益受到侵害的，被侵害人及其监护人或者其他组织和个人有权向有关部门投诉，有关部门应当依法及时处理。

第五章 司法保护

第五十条 公安机关、人民检察院、人民法院以及司法行政部门，应当依法履行职责，在司法活动中保护未成年人的合法权益。

第五十一条 未成年人的合法权益受到侵害，依法向人民法院提起诉讼的，人民法院应当依法及时审理，并适应未成年人生理、心理特点和健康成长的需要，保障未成年人的合法权益。

在司法活动中对需要法律援助或者司法救助的未成年人，法律援助机构或者人民法院应当给予帮助，依法为其提供法律援助或者司法救助。

第五十二条 人民法院审理继承案件，应当依法保护未成年人的继承权和受遗赠权。

人民法院审理离婚案件，涉及未成年子女抚养问题的，应当听取有表达意愿能力的未成年子女的意见，根据保障子女权益的原则和双方具体情况依法处理。

第五十三条 父母或者其他监护人不履行监护职责或者侵害被监护的未成年人的合法权益，经教育不改的，人民法院可以根据有关人员或者有关单位的申请，撤销其监护人的资格，依法另行指定监护人。被撤销监护资格的父母应当依法继续负担抚养费用。

第五十四条 对违法犯罪的未成年人，实行教育、感化、挽救的方针，坚持教育为主、惩罚为辅的原则。

对违法犯罪的未成年人，应当依法从轻、减轻或者免除处罚。

第五十五条 公安机关、人民检察院、人民法院办理未成年人犯罪案件和涉及未成年人权益保护案件，应当照顾未成年人身心发展特点，尊重他们的人格尊严，保障他们的合法权益，并根据需要设立专门机构或者指定专人办理。

第五十六条 讯问、审判未成年犯罪嫌疑人、被告人，询问未成年证人、被害人，应当依照刑事诉讼法的规定通知其法定代理人或者其他人员到场。

公安机关、人民检察院、人民法院办理未成年人遭受性侵害的刑事案件，应当保护被害人的名誉。

第五十七条 对羁押、服刑的未成年人，应当与成年人分别关押。

羁押、服刑的未成年人没有完成义务教育的，应当对其进行义务教育。

解除羁押、服刑期满的未成年人的复学、升学、就业不受歧视。

第五十八条 对未成年人犯罪案件，新闻报道、影视节目、公开出版物、网络等不得披露该未成年人的姓名、住所、照片、图像以及可能推断出该未成年人的资料。

第五十九条 对未成年人严重不良行为的矫治与犯罪行为的预防，依照预防未成年人犯罪法的规定执行。

第六章 法律责任

第六十条 违反本法规定，侵害未成年人的合法权益，其他法律、法规已规定行政处罚的，从其规定；造成人身财产损失或者其他损害的，依法承担民事责任；构成犯罪的，依法追究刑事责任。

第六十一条 国家机关及其工作人员不依法履行保护未成年人合法权益的责任，或者侵害未成年人合法权益，或者对提出申诉、控告、检举的人进行打击报复的，由其所在单位或者上级机关责令改正，对直接负责的主管人员和其他直接责任人员依法给予行政处分。

第六十二条 父母或者其他监护人不依法履行监护职责，或者侵害未成年人合法权益的，由其所在单位或者居民委员会、村民委员会予以劝诫、制止；构成违反治安管理行为的，由公安机关依法给予行政处罚。

第六十三条 学校、幼儿园、托儿所侵害未成年人合法权益的，由教育行政部门或者其他有关部门责令改正；情节严重的，对直接负责的主管人员和其他直接责任人员依法给予处分。

学校、幼儿园、托儿所教职员工对未成年人实施体罚、变相体罚或者其他侮辱人格行为的，由其所在单位或者上级机关责令改正；情节严重的，依法给予处分。

第六十四条 制作或者向未成年人出售、出租或者以其他方式传播淫秽、暴力、凶杀、恐怖、赌博等图书、报刊、音像制品、电子出版物以及网络信息等的，由主管部门责令改正，依法给予行政处罚。

第六十五条 生产、销售用于未成年人的食品、药品、玩具、用具和游乐设施不符合国家标准或者行业标准，或者没有在显著位置标明注意事项的，由主管部门责令改正，依法给予行政处罚。

第六十六条 在中小学校园周边设置营业性歌舞娱乐场所、互联网上网服务营业场所等不适宜未成年人活动的场所的，由主管部门予以关闭，依法给予行政处罚。

营业性歌舞娱乐场所、互联网上网服务营业场所等不适宜未成年人活动的场所允许未成年人进入，或者没有在显著位置设置未成年人禁入标志的，由主管部门责令改正，依法给予行政处罚。

第六十七条 向未成年人出售烟酒，或者没有在显著位置设置不向未成年人出售烟酒标志的，由主管部门责令改正，依法给予行政处罚。

第六十八条 非法招用未满十六周岁的未成年人，或者招用已满十六周岁的未成年人从事过重、有毒、有害等危害未成年人身心健康的劳动或者危险作业的，由劳动保障部门责令改正，处以罚款；情节严重的，由工商行政管理部门吊销营业执照。

第六十九条 侵犯未成年人隐私，构成违反治安管理行为的，由公安机关依法给予行政处罚。

第七十条 未成年人救助机构、儿童福利机构及其工作人员不依法履行对未成年人的救助保护职责，或者虐待、歧视未成年人，或者在办理收留抚养工作中牟取利益的，由主管部门责令改正，依法给予行政处分。

第七十一条 胁迫、诱骗、利用未成年人乞讨或者组织未成年人进行有害其身心健康的表演等活动的，由公安机关依法给予行政处罚。

第七章 附 则

第七十二条 本法自 2007 年 6 月 1 日起施行。

中华人民共和国主席令

第 62 号

《中华人民共和国精神卫生法》已由中华人民共和国第十一届全国人民代表大会常务委员会第二十九次会议于 2012 年 10 月 26 日通过，现予公布，自 2013 年 5 月 1 日起施行。

中华人民共和国主席　胡锦涛

2012 年 10 月 26 日

中华人民共和国精神卫生法

目　　录

第一章　总　　则

第一条　为了发展精神卫生事业，规范精神卫生服务，维护精神障碍患者的合法权益，制定本法。

第二条　在中华人民共和国境内开展维护和增进公民心理健康、预防和治疗精神障碍、促进精神障碍患者康复的活动，适用本法。

第三条　精神卫生工作实行预防为主的方针，坚持预防、治疗和康复相结合的原则。

第四条　精神障碍患者的人格尊严、人身和财产安全不受侵犯。

精神障碍患者的教育、劳动、医疗以及从国家和社会获得物质帮助等方面的合法权益受法律保护。

有关单位和个人应当对精神障碍患者的姓名、肖像、住址、工作单位、病历资料以及其他可能推断出其身份的信息予以保密；但是，依法履行职责需要公开的除外。

第五条 全社会应当尊重、理解、关爱精神障碍患者。

任何组织或者个人不得歧视、侮辱、虐待精神障碍患者，不得非法限制精神障碍患者的人身自由。

新闻报道和文学艺术作品等不得含有歧视、侮辱精神障碍患者的内容。

第六条 精神卫生工作实行政府组织领导、部门各负其责、家庭和单位尽力尽责、全社会共同参与的综合管理机制。

第七条 县级以上人民政府领导精神卫生工作，将其纳入国民经济和社会发展规划，建设和完善精神障碍的预防、治疗和康复服务体系，建立健全精神卫生工作协调机制和工作责任制，对有关部门承担的精神卫生工作进行考核、监督。

乡镇人民政府和街道办事处根据本地区的实际情况，组织开展预防精神障碍发生、促进精神障碍患者康复等工作。

第八条 国务院卫生行政部门主管全国的精神卫生工作。县级以上地方人民政府卫生行政部门主管本行政区域的精神卫生工作。

县级以上人民政府司法行政、民政、公安、教育、人力资源社会保障等部门在各自职责范围内负责有关的精神卫生工作。

第九条 精神障碍患者的监护人应当履行监护职责，维护精神障碍患者的合法权益。

禁止对精神障碍患者实施家庭暴力，禁止遗弃精神障碍患者。

第十条 中国残疾人联合会及其地方组织依照法律、法规或者接受政府委托，动员社会力量，开展精神卫生工作。

村民委员会、居民委员会依照本法的规定开展精神卫生工作，并对所在地人民政府开展的精神卫生工作予以协助。

国家鼓励和支持工会、共产主义青年团、妇女联合会、红十字会、科学技术协会等团体依法开展精神卫生工作。

第十一条 国家鼓励和支持开展精神卫生专门人才的培养，维护精神卫生工作人员的合法权益，加强精神卫生专业队伍建设。

国家鼓励和支持开展精神卫生科学技术研究，发展现代医学、我国传统医学、心理学，提高精神障碍预防、诊断、治疗、康复的科学技术水平。

国家鼓励和支持开展精神卫生领域的国际交流与合作。

第十二条 各级人民政府和县级以上人民政府有关部门应当采取措施，鼓励和支持组织、个人提供精神卫生志愿服务，捐助精神卫生事业，兴建精神卫生公益设施。

对在精神卫生工作中作出突出贡献的组织、个人，按照国家有关规定给予表彰、奖励。

第二章　心理健康促进和精神障碍预防

第十三条　各级人民政府和县级以上人民政府有关部门应当采取措施，加强心理健康促进和精神障碍预防工作，提高公众心理健康水平。

第十四条　各级人民政府和县级以上人民政府有关部门制定的突发事件应急预案，应当包括心理援助的内容。发生突发事件，履行统一领导职责或者组织处置突发事件的人民政府应当根据突发事件的具体情况，按照应急预案的规定，组织开展心理援助工作。

第十五条　用人单位应当创造有益于职工身心健康的工作环境，关注职工的心理健康；对处于职业发展特定时期或者在特殊岗位工作的职工，应当有针对性地开展心理健康教育。

第十六条　各级各类学校应当对学生进行精神卫生知识教育；配备或者聘请心理健康教育教师、辅导人员，并可以设立心理健康辅导室，对学生进行心理健康教育。学前教育机构应当对幼儿开展符合其特点的心理健康教育。

发生自然灾害、意外伤害、公共安全事件等可能影响学生心理健康的事件，学校应当及时组织专业人员对学生进行心理援助。

教师应当学习和了解相关的精神卫生知识，关注学生心理健康状况，正确引导、激励学生。地方各级人民政府教育行政部门和学校应当重视教师心理健康。

学校和教师应当与学生父母或者其他监护人、近亲属沟通学生心理健康情况。

第十七条　医务人员开展疾病诊疗服务，应当按照诊断标准和治疗规范的要求，对就诊者进行心理健康指导；发现就诊者可能患有精神障碍的，应当建议其到符合本法规定的医疗机构就诊。

第十八条　监狱、看守所、拘留所、强制隔离戒毒所等场所，应当对服刑人员，被依法拘留、逮捕、强制隔离戒毒的人员等，开展精神卫生知识宣传，关注其心理健康状况，必要时提供心理咨询和心理辅导。

第十九条　县级以上地方人民政府人力资源社会保障、教育、卫生、司法行政、公安等部门应当在各自职责范围内分别对本法第十五条至第十八条规定的单位履行精神障碍预防义务的情况进行督促和指导。

第二十条　村民委员会、居民委员会应当协助所在地人民政府及其有关部门开展社区心理健康指导、精神卫生知识宣传教育活动，创建有益于居民身心健康的社区环境。

乡镇卫生院或者社区卫生服务机构应当为村民委员会、居民委员会开展社区心理健康指导、精神卫生知识宣传教育活动提供技术指导。

第二十一条 家庭成员之间应当相互关爱，创造良好、和睦的家庭环境，提高精神障碍预防意识；发现家庭成员可能患有精神障碍的，应当帮助其及时就诊，照顾其生活，做好看护管理。

第二十二条 国家鼓励和支持新闻媒体、社会组织开展精神卫生的公益性宣传，普及精神卫生知识，引导公众关注心理健康，预防精神障碍的发生。

第二十三条 心理咨询人员应当提高业务素质，遵守执业规范，为社会公众提供专业化的心理咨询服务。

心理咨询人员不得从事心理治疗或者精神障碍的诊断、治疗。

心理咨询人员发现接受咨询的人员可能患有精神障碍的，应当建议其到符合本法规定的医疗机构就诊。

心理咨询人员应当尊重接受咨询人员的隐私，并为其保守秘密。

第二十四条 国务院卫生行政部门建立精神卫生监测网络，实行严重精神障碍发病报告制度，组织开展精神障碍发生状况、发展趋势等的监测和专题调查工作。精神卫生监测和严重精神障碍发病报告管理办法，由国务院卫生行政部门制定。

国务院卫生行政部门应当会同有关部门、组织，建立精神卫生工作信息共享机制，实现信息互联互通、交流共享。

第三章 精神障碍的诊断和治疗

第二十五条 开展精神障碍诊断、治疗活动，应当具备下列条件，并依照医疗机构的管理规定办理有关手续：

（一）有与从事的精神障碍诊断、治疗相适应的精神科执业医师、护士；

（二）有满足开展精神障碍诊断、治疗需要的设施和设备；

（三）有完善的精神障碍诊断、治疗管理制度和质量监控制度。

从事精神障碍诊断、治疗的专科医疗机构还应当配备从事心理治疗的人员。

第二十六条 精神障碍的诊断、治疗，应当遵循维护患者合法权益、尊重患者人格尊严的原则，保障患者在现有条件下获得良好的精神卫生服务。

精神障碍分类、诊断标准和治疗规范，由国务院卫生行政部门组织制定。

第二十七条 精神障碍的诊断应当以精神健康状况为依据。

除法律另有规定外，不得违背本人意志进行确定其是否患有精神障碍的医学检查。

第二十八条 除个人自行到医疗机构进行精神障碍诊断外，疑似精神障碍患者的近亲属可以将其送往医疗机构进行精神障碍诊断。对查找不到近亲属的流浪乞讨疑似精神障碍患者，由当地民政等有关部门按照职责分工，帮助送往医疗机构进行精神障碍诊断。

疑似精神障碍患者发生伤害自身、危害他人安全的行为，或者有伤害自身、危害他人安全的危险的，其近亲属、所在单位、当地公安机关应当立即采取措施予以制止，并将其送往医疗机构进行精神障碍诊断。

医疗机构接到送诊的疑似精神障碍患者，不得拒绝为其作出诊断。

第二十九条 精神障碍的诊断应当由精神科执业医师作出。

医疗机构接到依照本法第二十八条第二款规定送诊的疑似精神障碍患者，应当将其留院，立即指派精神科执业医师进行诊断，并及时出具诊断结论。

第三十条 精神障碍的住院治疗实行自愿原则。

诊断结论、病情评估表明，就诊者为严重精神障碍患者并有下列情形之一的，应当对其实施住院治疗：

（一）已经发生伤害自身的行为，或者有伤害自身的危险的；

（二）已经发生危害他人安全的行为，或者有危害他人安全的危险的。

第三十一条 精神障碍患者有本法第三十条第二款第一项情形的，经其监护人同意，医疗机构应当对患者实施住院治疗；监护人不同意的，医疗机构不得对患者实施住院治疗。监护人应当对在家居住的患者做好看护管理。

第三十二条 精神障碍患者有本法第三十条第二款第二项情形，患者或者其监护人对需要住院治疗的诊断结论有异议，不同意对患者实施住院治疗的，可以要求再次诊断和鉴定。

依照前款规定要求再次诊断的，应当自收到诊断结论之日起三日内向原医疗机构或者其他具有合法资质的医疗机构提出。承担再次诊断的医疗机构应当在接到再次诊断要求后指派二名初次诊断医师以外的精神科执业医师进行再次诊断，并及时出具再次诊断结论。承担再次诊断的执业医师应当到收治患者的医疗机构面见、询问患者，该医疗机构应当予以配合。

对再次诊断结论有异议的，可以自主委托依法取得执业资质的鉴定机构进行精神障碍医学鉴定；医疗机构应当公示经公告的鉴定机构名单和联系方式。接受委托的鉴定机构应当指定本机构具有该鉴定事项执业资格的二名以上鉴定人共同进行鉴定，并及时出具鉴定报告。

第三十三条 鉴定人应当到收治精神障碍患者的医疗机构面见、询问患者，该医疗机构应当予以配合。

鉴定人本人或者其近亲属与鉴定事项有利害关系，可能影响其独立、客观、公正进行鉴定的，应当回避。

第三十四条 鉴定机构、鉴定人应当遵守有关法律、法规、规章的规定，尊重科学，恪守职业道德，按照精神障碍鉴定的实施程序、技术方法和操作规范，依法独立进行鉴定，出具客观、公正的鉴定报告。

鉴定人应当对鉴定过程进行实时记录并签名。记录的内容应当真实、客观、准确、完整，记录的文本或者声像载体应当妥善保存。

第三十五条 再次诊断结论或者鉴定报告表明，不能确定就诊者为严重精神障碍患者，或者患者不需要住院治疗的，医疗机构不得对其实施住院治疗。

再次诊断结论或者鉴定报告表明，精神障碍患者有本法第三十条第二款第二项情形的，其监护人应当同意对患者实施住院治疗。监护人阻碍实施住院治疗或者患者擅自脱离住院治疗的，可以由公安机关协助医疗机构采取措施对患者实施住院治疗。

在相关机构出具再次诊断结论、鉴定报告前，收治精神障碍患者的医疗机构应当按照诊疗规范的要求对患者实施住院治疗。

第三十六条 诊断结论表明需要住院治疗的精神障碍患者，本人没有能力办理住院手续的，由其监护人办理住院手续；患者属于查找不到监护人的流浪乞讨人员的，由送诊的有关部门办理住院手续。

精神障碍患者有本法第三十条第二款第二项情形，其监护人不办理住院手续的，由患者所在单位、村民委员会或者居民委员会办理住院手续，并由医疗机构在患者病历中予以记录。

第三十七条 医疗机构及其医务人员应当将精神障碍患者在诊断、治疗过程中享有的权利，告知患者或者其监护人。

第三十八条 医疗机构应当配备适宜的设施、设备，保护就诊和住院治疗的精神障碍患者的人身安全，防止其受到伤害，并为住院患者创造尽可能接近正常生活的环境和条件。

第三十九条 医疗机构及其医务人员应当遵循精神障碍诊断标准和治疗规范，制定治疗方案，并向精神障碍患者或者其监护人告知治疗方案和治疗方法、目的以及可能产生的后果。

第四十条 精神障碍患者在医疗机构内发生或者将要发生伤害自身、危害他人安全、扰乱医疗秩序的行为，医疗机构及其医务人员在没有其他可替代措施的情况下，可以实施约束、隔离等保护性医疗措施。实施保护性医疗措施应当遵循诊断标准和治疗规范，并在实施后告知患者的监护人。

禁止利用约束、隔离等保护性医疗措施惩罚精神障碍患者。

第四十一条 对精神障碍患者使用药物，应当以诊断和治疗为目的，使用安全、有效的药物，不得为诊断或者治疗以外的目的使用药物。

医疗机构不得强迫精神障碍患者从事生产劳动。

第四十二条 禁止对依照本法第三十条第二款规定实施住院治疗的精神障碍患者实施以治疗精神障碍为目的的外科手术。

第四十三条 医疗机构对精神障碍患者实施下列治疗措施，应当向患者或者其监护人告知医疗风险、替代医疗方案等情况，并取得患者的书面同意；无法取得患者意见的，应当取得其监护人的书面同意，并经本医疗机构伦理委员会批准：

（一）导致人体器官丧失功能的外科手术；

（二）与精神障碍治疗有关的实验性临床医疗。

实施前款第一项治疗措施，因情况紧急查找不到监护人的，应当取得本医疗机构负责人和伦理委员会批准。

禁止对精神障碍患者实施与治疗其精神障碍无关的实验性临床医疗。

第四十四条 自愿住院治疗的精神障碍患者可以随时要求出院，医疗机构应当同意。

对有本法第三十条第二款第一项情形的精神障碍患者实施住院治疗的，监护人可以随时要求患者出院，医疗机构应当同意。

医疗机构认为前两款规定的精神障碍患者不宜出院的，应当告知不宜出院的理由；患者或者其监护人仍要求出院的，执业医师应当在病历资料中详细记录告知的过程，同时提出出院后的医学建议，患者或者其监护人应当签字确认。

对有本法第三十条第二款第二项情形的精神障碍患者实施住院治疗，医疗机构认为患者可以出院的，应当立即告知患者及其监护人。

医疗机构应当根据精神障碍患者病情，及时组织精神科执业医师对依照本法第三十条第二款规定实施住院治疗的患者进行检查评估。评估结果表明患者不需要继续住院治疗的，医疗机构应当立即通知患者及其监护人。

第四十五条 精神障碍患者出院，本人没有能力办理出院手续的，监护人应当为其办理出院手续。

第四十六条 医疗机构及其医务人员应当尊重住院精神障碍患者的通讯和会见探访者等权利。除在急性发病期或者为了避免妨碍治疗可以暂时性限制外，不得限制患者的通讯和会见探访者等权利。

第四十七条 医疗机构及其医务人员应当在病历资料中如实记录精神障碍患者的病情、治疗措施、用药情况、实施约束、隔离措施等内容，并如实告知患者或者其监护人。患者及其监护人可以查阅、复制病历资料；但是，患者查阅、复制病历资料可能对其治疗产生不利影响的除外。病历资料保存期限不得少于三十年。

第四十八条 医疗机构不得因就诊者是精神障碍患者，推诿或者拒绝为其治疗属于本医疗机构诊疗范围的其他疾病。

第四十九条 精神障碍患者的监护人应当妥善看护未住院治疗的患者，按照医嘱督促其按时服药、接受随访或者治疗。村民委员会、居民委员会、患者所在单位等应当依患者或者其监护人的请求，对监护人看护患者提供必要的帮助。

第五十条 县级以上地方人民政府卫生行政部门应当定期就下列事项对本行政区域内从事精神障碍诊断、治疗的医疗机构进行检查：

（一）相关人员、设施、设备是否符合本法要求；

（二）诊疗行为是否符合本法以及诊断标准、治疗规范的规定；

（三）对精神障碍患者实施住院治疗的程序是否符合本法规定；

（四）是否依法维护精神障碍患者的合法权益。

县级以上地方人民政府卫生行政部门进行前款规定的检查，应当听取精神障碍患者及其监护人的意见；发现存在违反本法行为的，应当立即制止或者责令改正，并依法作出处理。

第五十一条 心理治疗活动应当在医疗机构内开展。专门从事心理治疗的人员不得从事精神障碍的诊断，不得为精神障碍患者开具处方或者提供外科治疗。心理治疗的技术规范由国务院卫生行政部门制定。

第五十二条 监狱、强制隔离戒毒所等场所应当采取措施，保证患有精神障碍的服刑人员、强制隔离戒毒人员等获得治疗。

第五十三条 精神障碍患者违反治安管理处罚法或者触犯刑法的，依照有关法律的规定处理。

第四章 精神障碍的康复

第五十四条 社区康复机构应当为需要康复的精神障碍患者提供场所和条件，对患者进行生活自理能力和社会适应能力等方面的康复训练。

第五十五条 医疗机构应当为在家居住的严重精神障碍患者提供精神科基本药物维持治疗，并为社区康复机构提供有关精神障碍康复的技术指导和支持。

社区卫生服务机构、乡镇卫生院、村卫生室应当建立严重精神障碍患者的健康档案，对在家居住的严重精神障碍患者进行定期随访，指导患者服药和开展康复训练，并对患者的监护人进行精神卫生知识和看护知识的培训。县级人民政府卫生行政部门应当为社区卫生服务机构、乡镇卫生院、村卫生室开展上述工作给予指导和培训。

第五十六条 村民委员会、居民委员会应当为生活困难的精神障碍患者家庭提供帮助，并向所在地乡镇人民政府或者街道办事处以及县级人民政府有关部门反映患者及其家庭的情况和要求，帮助其解决实际困难，为患者融入社会创造条件。

第五十七条 残疾人组织或者残疾人康复机构应当根据精神障碍患者康复的需要，组织患者参加康复活动。

第五十八条 用人单位应当根据精神障碍患者的实际情况，安排患者从事力所能及的工作，保障患者享有同等待遇，安排患者参加必要的职业技能培训，提高患者的就业能力，为患者创造适宜的工作环境，对患者在工作中取得的成绩予以鼓励。

第五十九条 精神障碍患者的监护人应当协助患者进行生活自理能力和社会适应能力等方面的康复训练。

精神障碍患者的监护人在看护患者过程中需要技术指导的，社区卫生服务机构或者乡镇卫生院、村卫生室、社区康复机构应当提供。

第五章 保障措施

第六十条 县级以上人民政府卫生行政部门会同有关部门依据国民经济和社会发展规划的要求，制定精神卫生工作规划并组织实施。

精神卫生监测和专题调查结果应当作为制定精神卫生工作规划的依据。

第六十一条 省、自治区、直辖市人民政府根据本行政区域的实际情况，统筹规划，整合资源，建设和完善精神卫生服务体系，加强精神障碍预防、治疗和康复服务能力建设。

县级人民政府根据本行政区域的实际情况，统筹规划，建立精神障碍患者社区康复机构。

县级以上地方人民政府应当采取措施，鼓励和支持社会力量举办从事精神障碍诊断、治疗的医疗机构和精神障碍患者康复机构。

第六十二条 各级人民政府应当根据精神卫生工作需要，加大财政投入力度，保障精神卫生工作所需经费，将精神卫生工作经费列入本级财政预算。

第六十三条 国家加强基层精神卫生服务体系建设，扶持贫困地区、边远地区的精神卫生工作，保障城市社区、农村基层精神卫生工作所需经费。

第六十四条 医学院校应当加强精神医学的教学和研究，按照精神卫生工作的实际需要培养精神医学专门人才，为精神卫生工作提供人才保障。

第六十五条 综合性医疗机构应当按照国务院卫生行政部门的规定开设精

神科门诊或者心理治疗门诊，提高精神障碍预防、诊断、治疗能力。

第六十六条 医疗机构应当组织医务人员学习精神卫生知识和相关法律、法规、政策。

从事精神障碍诊断、治疗、康复的机构应当定期组织医务人员、工作人员进行在岗培训，更新精神卫生知识。

县级以上人民政府卫生行政部门应当组织医务人员进行精神卫生知识培训，提高其识别精神障碍的能力。

第六十七条 师范院校应当为学生开设精神卫生课程；医学院校应当为非精神医学专业的学生开设精神卫生课程。

县级以上人民政府教育行政部门对教师进行上岗前和在岗培训，应当有精神卫生的内容，并定期组织心理健康教育教师、辅导人员进行专业培训。

第六十八条 县级以上人民政府卫生行政部门应当组织医疗机构为严重精神障碍患者免费提供基本公共卫生服务。

精神障碍患者的医疗费用按照国家有关社会保险的规定由基本医疗保险基金支付。医疗保险经办机构应当按照国家有关规定将精神障碍患者纳入城镇职工基本医疗保险、城镇居民基本医疗保险或者新型农村合作医疗的保障范围。县级人民政府应当按照国家有关规定对家庭经济困难的严重精神障碍患者参加基本医疗保险给予资助。人力资源社会保障、卫生、民政、财政等部门应当加强协调，简化程序，实现属于基本医疗保险基金支付的医疗费用由医疗机构与医疗保险经办机构直接结算。

精神障碍患者通过基本医疗保险支付医疗费用后仍有困难，或者不能通过基本医疗保险支付医疗费用的，民政部门应当优先给予医疗救助。

第六十九条 对符合城乡最低生活保障条件的严重精神障碍患者，民政部门应当会同有关部门及时将其纳入最低生活保障。

对属于农村五保供养对象的严重精神障碍患者，以及城市中无劳动能力、无生活来源且无法定赡养、抚养、扶养义务人，或者其法定赡养、抚养、扶养义务人无赡养、抚养、扶养能力的严重精神障碍患者，民政部门应当按照国家有关规定予以供养、救助。

前两款规定以外的严重精神障碍患者确有困难的，民政部门可以采取临时救助等措施，帮助其解决生活困难。

第七十条 县级以上地方人民政府及其有关部门应当采取有效措施，保证患有精神障碍的适龄儿童、少年接受义务教育，扶持有劳动能力的精神障碍患者从事力所能及的劳动，并为已经康复的人员提供就业服务。

国家对安排精神障碍患者就业的用人单位依法给予税收优惠，并在生产、经营、技术、资金、物资、场地等方面给予扶持。

第七十一条　精神卫生工作人员的人格尊严、人身安全不受侵犯，精神卫生工作人员依法履行职责受法律保护。全社会应当尊重精神卫生工作人员。

县级以上人民政府及其有关部门、医疗机构、康复机构应当采取措施，加强对精神卫生工作人员的职业保护，提高精神卫生工作人员的待遇水平，并按照规定给予适当的津贴。精神卫生工作人员因工致伤、致残、死亡的，其工伤待遇以及抚恤按照国家有关规定执行。

第六章　法律责任

第七十二条　县级以上人民政府卫生行政部门和其他有关部门未依照本法规定履行精神卫生工作职责，或者滥用职权、玩忽职守、徇私舞弊的，由本级人民政府或者上一级人民政府有关部门责令改正，通报批评，对直接负责的主管人员和其他直接责任人员依法给予警告、记过或者记大过的处分；造成严重后果的，给予降级、撤职或者开除的处分。

第七十三条　不符合本法规定条件的医疗机构擅自从事精神障碍诊断、治疗的，由县级以上人民政府卫生行政部门责令停止相关诊疗活动，给予警告，并处五千元以上一万元以下罚款，有违法所得的，没收违法所得；对直接负责的主管人员和其他直接责任人员依法给予或者责令给予降低岗位等级或者撤职、开除的处分；对有关医务人员，吊销其执业证书。

第七十四条　医疗机构及其工作人员有下列行为之一的，由县级以上人民政府卫生行政部门责令改正，给予警告；情节严重的，对直接负责的主管人员和其他直接责任人员依法给予或者责令给予降低岗位等级或者撤职、开除的处分，并可以责令有关医务人员暂停一个月以上六个月以下执业活动：

（一）拒绝对送诊的疑似精神障碍患者作出诊断的；

（二）对依照本法第三十条第二款规定实施住院治疗的患者未及时进行检查评估或者未根据评估结果作出处理的。

第七十五条　医疗机构及其工作人员有下列行为之一的，由县级以上人民政府卫生行政部门责令改正，对直接负责的主管人员和其他直接责任人员依法给予或者责令给予降低岗位等级或者撤职的处分；对有关医务人员，暂停六个月以上一年以下执业活动；情节严重的，给予或者责令给予开除的处分，并吊销有关医务人员的执业证书：

（一）违反本法规定实施约束、隔离等保护性医疗措施的；

（二）违反本法规定，强迫精神障碍患者劳动的；

（三）违反本法规定对精神障碍患者实施外科手术或者实验性临床医疗的；

（四）违反本法规定，侵害精神障碍患者的通讯和会见探访者等权利的；

（五）违反精神障碍诊断标准，将非精神障碍患者诊断为精神障碍患者的。

第七十六条 有下列情形之一的，由县级以上人民政府卫生行政部门、工商行政管理部门依据各自职责责令改正，给予警告，并处五千元以上一万元以下罚款，有违法所得的，没收违法所得；造成严重后果的，责令暂停六个月以上一年以下执业活动，直至吊销执业证书或者营业执照：

（一）心理咨询人员从事心理治疗或者精神障碍的诊断、治疗的；

（二）从事心理治疗的人员在医疗机构以外开展心理治疗活动的；

（三）专门从事心理治疗的人员从事精神障碍的诊断的；

（四）专门从事心理治疗的人员为精神障碍患者开具处方或者提供外科治疗的。

心理咨询人员、专门从事心理治疗的人员在心理咨询、心理治疗活动中造成他人人身、财产或者其他损害的，依法承担民事责任。

第七十七条 有关单位和个人违反本法第四条第三款规定，给精神障碍患者造成损害的，依法承担赔偿责任；对单位直接负责的主管人员和其他直接责任人员，还应当依法给予处分。

第七十八条 违反本法规定，有下列情形之一，给精神障碍患者或者其他公民造成人身、财产或者其他损害的，依法承担赔偿责任：

（一）将非精神障碍患者故意作为精神障碍患者送入医疗机构治疗的；

（二）精神障碍患者的监护人遗弃患者，或者有不履行监护职责的其他情形的；

（三）歧视、侮辱、虐待精神障碍患者，侵害患者的人格尊严、人身安全的；

（四）非法限制精神障碍患者人身自由的；

（五）其他侵害精神障碍患者合法权益的情形。

第七十九条 医疗机构出具的诊断结论表明精神障碍患者应当住院治疗而其监护人拒绝，致使患者造成他人人身、财产损害的，或者患者有其他造成他人人身、财产损害情形的，其监护人依法承担民事责任。

第八十条 在精神障碍的诊断、治疗、鉴定过程中，寻衅滋事，阻挠有关工作人员依照本法的规定履行职责，扰乱医疗机构、鉴定机构工作秩序的，依法给予治安管理处罚。

违反本法规定，有其他构成违反治安管理行为的，依法给予治安管理处罚。

第八十一条 违反本法规定，构成犯罪的，依法追究刑事责任。

第八十二条 精神障碍患者或者其监护人、近亲属认为行政机关、医疗机构或者其他有关单位和个人违反本法规定侵害患者合法权益的，可以依法提起诉讼。

第七章　附　　则

第八十三条　本法所称精神障碍，是指由各种原因引起的感知、情感和思维等精神活动的紊乱或者异常，导致患者明显的心理痛苦或者社会适应等功能损害。

本法所称严重精神障碍，是指疾病症状严重，导致患者社会适应等功能严重损害、对自身健康状况或者客观现实不能完整认识，或者不能处理自身事务的精神障碍。

本法所称精神障碍患者的监护人，是指依照民法通则的有关规定可以担任监护人的人。

第八十四条　军队的精神卫生工作，由国务院和中央军事委员会依据本法制定管理办法。

第八十五条　本法自 2013 年 5 月 1 日起施行。

中华人民共和国主席令

第 17 号

《中华人民共和国传染病防治法》已由中华人民共和国第十届全国人民代表大会常务委员会第十一次会议于 2004 年 8 月 28 日修订通过，现将修订后的《中华人民共和国传染病防治法》公布，自 2004 年 12 月 1 日起施行。

中华人民共和国主席　胡锦涛

2004 年 8 月 28 日

中华人民共和国传染病防治法

（1989 年 2 月 21 日第七届全国人民代表大会常务委员会第六次会议通过　2004 年 8 月 28 日第十届全国人民代表大会常务委员会第十一次会议修订　2013 年 6 月 29 日第十二届全国人民代表大会常务委员会第三次会议修正）

目　录

第一章　总　　则

第一条　为了预防、控制和消除传染病的发生与流行，保障人体健康和公共卫生，制定本法。

第二条　国家对传染病防治实行预防为主的方针，防治结合、分类管理、依靠科学、依靠群众。

第三条　本法规定的传染病分为甲类、乙类和丙类。

甲类传染病是指：鼠疫、霍乱。

乙类传染病是指：传染性非典型肺炎、艾滋病、病毒性肝炎、脊髓灰质炎、人感染高致病性禽流感、麻疹、流行性出血热、狂犬病、流行性乙型脑炎、登革热、炭疽、细菌性和阿米巴性痢疾、肺结核、伤寒和副伤寒、流行性脑脊髓膜炎、百日咳、白喉、新生儿破伤风、猩红热、布鲁氏菌病、淋病、梅毒、钩端螺旋体病、血吸虫病、疟疾。

丙类传染病是指：流行性感冒、流行性腮腺炎、风疹、急性出血性结膜炎、麻风病、流行性和地方性斑疹伤寒、黑热病、包虫病、丝虫病，除霍乱、细菌性和阿米巴性痢疾、伤寒和副伤寒以外的感染性腹泻病。

国务院卫生行政部门根据传染病暴发、流行情况和危害程度，可以决定增加、减少或者调整乙类、丙类传染病病种并予以公布。

第四条 对乙类传染病中传染性非典型肺炎、炭疽中的肺炭疽和人感染高致病性禽流感，采取本法所称甲类传染病的预防、控制措施。其他乙类传染病和突发原因不明的传染病需要采取本法所称甲类传染病的预防、控制措施的，由国务院卫生行政部门及时报经国务院批准后予以公布、实施。

需要解除依照前款规定采取的甲类传染病预防、控制措施的，由国务院卫生行政部门报经国务院批准后予以公布。

省、自治区、直辖市人民政府对本行政区域内常见、多发的其他地方性传染病，可以根据情况决定按照乙类或者丙类传染病管理并予以公布，报国务院卫生行政部门备案。

第五条 各级人民政府领导传染病防治工作。

县级以上人民政府制定传染病防治规划并组织实施，建立健全传染病防治的疾病预防控制、医疗救治和监督管理体系。

第六条 国务院卫生行政部门主管全国传染病防治及其监督管理工作。县级以上地方人民政府卫生行政部门负责本行政区域内的传染病防治及其监督管理工作。

县级以上人民政府其他部门在各自的职责范围内负责传染病防治工作。

军队的传染病防治工作，依照本法和国家有关规定办理，由中国人民解放军卫生主管部门实施监督管理。

第七条 各级疾病预防控制机构承担传染病监测、预测、流行病学调查、疫情报告以及其他预防、控制工作。

医疗机构承担与医疗救治有关的传染病防治工作和责任区域内的传染病预防工作。城市社区和农村基层医疗机构在疾病预防控制机构的指导下，承担城市社区、农村基层相应的传染病防治工作。

第八条　国家发展现代医学和中医药等传统医学，支持和鼓励开展传染病防治的科学研究，提高传染病防治的科学技术水平。

国家支持和鼓励开展传染病防治的国际合作。

第九条　国家支持和鼓励单位和个人参与传染病防治工作。各级人民政府应当完善有关制度，方便单位和个人参与防治传染病的宣传教育、疫情报告、志愿服务和捐赠活动。

居民委员会、村民委员会应当组织居民、村民参与社区、农村的传染病预防与控制活动。

第十条　国家开展预防传染病的健康教育。新闻媒体应当无偿开展传染病防治和公共卫生教育的公益宣传。

各级各类学校应当对学生进行健康知识和传染病预防知识的教育。

医学院校应当加强预防医学教育和科学研究，对在校学生以及其他与传染病防治相关人员进行预防医学教育和培训，为传染病防治工作提供技术支持。

疾病预防控制机构、医疗机构应当定期对其工作人员进行传染病防治知识、技能的培训。

第十一条　对在传染病防治工作中做出显著成绩和贡献的单位和个人，给予表彰和奖励。

对因参与传染病防治工作致病、致残、死亡的人员，按照有关规定给予补助、抚恤。

第十二条　在中华人民共和国领域内的一切单位和个人，必须接受疾病预防控制机构、医疗机构有关传染病的调查、检验、采集样本、隔离治疗等预防、控制措施，如实提供有关情况。疾病预防控制机构、医疗机构不得泄漏涉及个人隐私的有关信息、资料。

卫生行政部门以及其他有关部门、疾病预防控制机构和医疗机构因违法实施行政管理或者预防、控制措施，侵犯单位和个人合法权益的，有关单位和个人可以依法申请行政复议或者提起诉讼。

第二章　传染病预防

第十三条　各级人民政府组织开展群众性卫生活动，进行预防传染病的健康教育，倡导文明健康的生活方式，提高公众对传染病的防治意识和应对能力，加强环境卫生建设，消除鼠害和蚊、蝇等病媒生物的危害。

各级人民政府农业、水利、林业行政部门按照职责分工负责指导和组织消除农田、湖区、河流、牧场、林区的鼠害与血吸虫危害，以及其他传播传染病的动物和病媒生物的危害。

铁路、交通、民用航空行政部门负责组织消除交通工具以及相关场所的鼠害和蚊、蝇等病媒生物的危害。

第十四条 地方各级人民政府应当有计划地建设和改造公共卫生设施，改善饮用水卫生条件，对污水、污物、粪便进行无害化处置。

第十五条 国家实行有计划的预防接种制度。国务院卫生行政部门和省、自治区、直辖市人民政府卫生行政部门，根据传染病预防、控制的需要，制定传染病预防接种规划并组织实施。用于预防接种的疫苗必须符合国家质量标准。

国家对儿童实行预防接种证制度。国家免疫规划项目的预防接种实行免费。医疗机构、疾病预防控制机构与儿童的监护人应当相互配合，保证儿童及时接受预防接种。具体办法由国务院制定。

第十六条 国家和社会应当关心、帮助传染病病人、病原携带者和疑似传染病病人，使其得到及时救治。任何单位和个人不得歧视传染病病人、病原携带者和疑似传染病病人。

传染病病人、病原携带者和疑似传染病病人，在治愈前或者在排除传染病嫌疑前，不得从事法律、行政法规和国务院卫生行政部门规定禁止从事的易使该传染病扩散的工作。

第十七条 国家建立传染病监测制度。

国务院卫生行政部门制定国家传染病监测规划和方案。省、自治区、直辖市人民政府卫生行政部门根据国家传染病监测规划和方案，制定本行政区域的传染病监测计划和工作方案。

各级疾病预防控制机构对传染病的发生、流行以及影响其发生、流行的因素，进行监测；对国外发生、国内尚未发生的传染病或者国内新发生的传染病，进行监测。

第十八条 各级疾病预防控制机构在传染病预防控制中履行下列职责：

（一）实施传染病预防控制规划、计划和方案；

（二）收集、分析和报告传染病监测信息，预测传染病的发生、流行趋势；

（三）开展对传染病疫情和突发公共卫生事件的流行病学调查、现场处理及其效果评价；

（四）开展传染病实验室检测、诊断、病原学鉴定；

（五）实施免疫规划，负责预防性生物制品的使用管理；

（六）开展健康教育、咨询，普及传染病防治知识；

（七）指导、培训下级疾病预防控制机构及其工作人员开展传染病监测工作；

（八）开展传染病防治应用性研究和卫生评价，提供技术咨询；

（九）对医疗机构内传染病预防工作进行指导、考核，开展流行病学调查。

国家、省级疾病预防控制机构负责对传染病发生、流行以及分布进行监测，对重大传染病流行趋势进行预测，提出预防控制对策，参与并指导对暴发的疫情进行调查处理，开展传染病病原学鉴定，建立检测质量控制体系，开展应用性研究和卫生评价。

设区的市和县级疾病预防控制机构负责传染病预防控制规划、方案的落实，组织实施免疫、消毒、控制病媒生物的危害，普及传染病防治知识，负责本地区疫情和突发公共卫生事件监测、报告，开展流行病学调查和常见病原微生物检测。

第十九条 国家建立传染病预警制度。

国务院卫生行政部门和省、自治区、直辖市人民政府根据传染病发生、流行趋势的预测，及时发出传染病预警，根据情况予以公布。

第二十条 县级以上地方人民政府应当制定传染病预防、控制预案，报上一级人民政府备案。

传染病预防、控制预案应当包括以下主要内容：

（一）传染病预防控制指挥部的组成和相关部门的职责；

（二）传染病的监测、信息收集、分析、报告、通报制度；

（三）疾病预防控制机构、医疗机构在发生传染病疫情时的任务与职责；

（四）传染病暴发、流行情况的分级以及相应的应急工作方案；

（五）传染病预防、疫点疫区现场控制，应急设施、设备、救治药品和医疗器械以及其他物资和技术的储备与调用。

地方人民政府和疾病预防控制机构接到国务院卫生行政部门或者省、自治区、直辖市人民政府发出的传染病预警后，应当按照传染病预防、控制预案，采取相应的预防、控制措施。

第二十一条 医疗机构必须严格执行国务院卫生行政部门规定的管理制度、操作规范，防止传染病的医源性感染和医院感染。

医疗机构应当确定专门的部门或者人员，承担传染病疫情报告、本单位的传染病预防、控制以及责任区域内的传染病预防工作；承担医疗活动中与医院感染有关的危险因素监测、安全防护、消毒、隔离和医疗废物处置工作。

疾病预防控制机构应当指定专门人员负责对医疗机构内传染病预防工作进行指导、考核，开展流行病学调查。

第二十二条 疾病预防控制机构、医疗机构的实验室和从事病原微生物实验的单位，应当符合国家规定的条件和技术标准，建立严格的监督管理制度，对传染病病原体样本按照规定的措施实行严格监督管理，严防传染病病原体的实验室感染和病原微生物的扩散。

第二十三条 采供血机构、生物制品生产单位必须严格执行国家有关规定，保证血液、血液制品的质量。禁止非法采集血液或者组织他人出卖血液。

疾病预防控制机构、医疗机构使用血液和血液制品，必须遵守国家有关规定，防止因输入血液、使用血液制品引起经血液传播疾病的发生。

第二十四条 各级人民政府应当加强艾滋病的防治工作，采取预防、控制措施，防止艾滋病的传播。具体办法由国务院制定。

第二十五条 县级以上人民政府农业、林业行政部门以及其他有关部门，依据各自的职责负责与人畜共患传染病有关的动物传染病的防治管理工作。

与人畜共患传染病有关的野生动物、家畜家禽，经检疫合格后，方可出售、运输。

第二十六条 国家建立传染病菌种、毒种库。

对传染病菌种、毒种和传染病检测样本的采集、保藏、携带、运输和使用实行分类管理，建立健全严格的管理制度。

对可能导致甲类传染病传播的以及国务院卫生行政部门规定的菌种、毒种和传染病检测样本，确需采集、保藏、携带、运输和使用的，须经省级以上人民政府卫生行政部门批准。具体办法由国务院制定。

第二十七条 对被传染病病原体污染的污水、污物、场所和物品，有关单位和个人必须在疾病预防控制机构的指导下或者按照其提出的卫生要求，进行严格消毒处理；拒绝消毒处理的，由当地卫生行政部门或者疾病预防控制机构进行强制消毒处理。

第二十八条 在国家确认的自然疫源地计划兴建水利、交通、旅游、能源等大型建设项目的，应当事先由省级以上疾病预防控制机构对施工环境进行卫生调查。建设单位应当根据疾病预防控制机构的意见，采取必要的传染病预防、控制措施。施工期间，建设单位应当设专人负责工地上的卫生防疫工作。工程竣工后，疾病预防控制机构应当对可能发生的传染病进行监测。

第二十九条 用于传染病防治的消毒产品、饮用水供水单位供应的饮用水和涉及饮用水卫生安全的产品，应当符合国家卫生标准和卫生规范。

饮用水供水单位从事生产或者供应活动，应当依法取得卫生许可证。

生产用于传染病防治的消毒产品的单位和生产用于传染病防治的消毒产品，应当经省级以上人民政府卫生行政部门审批。具体办法由国务院制定。

第三章 疫情报告、通报和公布

第三十条 疾病预防控制机构、医疗机构和采供血机构及其执行职务的人员发现本法规定的传染病疫情或者发现其他传染病暴发、流行以及突发原因不明的传染病时，应当遵循疫情报告属地管理原则，按照国务院规定的或者国务院卫生行政部门规定的内容、程序、方式和时限报告。

军队医疗机构向社会公众提供医疗服务，发现前款规定的传染病疫情时，应当按照国务院卫生行政部门的规定报告。

第三十一条 任何单位和个人发现传染病病人或者疑似传染病病人时，应当及时向附近的疾病预防控制机构或者医疗机构报告。

第三十二条 港口、机场、铁路疾病预防控制机构以及国境卫生检疫机关发现甲类传染病病人、病原携带者、疑似传染病病人时，应当按照国家有关规定立即向国境口岸所在地的疾病预防控制机构或者所在地县级以上地方人民政府卫生行政部门报告并互相通报。

第三十三条 疾病预防控制机构应当主动收集、分析、调查、核实传染病疫情信息。接到甲类、乙类传染病疫情报告或者发现传染病暴发、流行时，应当立即报告当地卫生行政部门，由当地卫生行政部门立即报告当地人民政府，同时报告上级卫生行政部门和国务院卫生行政部门。

疾病预防控制机构应当设立或者指定专门的部门、人员负责传染病疫情信息管理工作，及时对疫情报告进行核实、分析。

第三十四条 县级以上地方人民政府卫生行政部门应当及时向本行政区域内的疾病预防控制机构和医疗机构通报传染病疫情以及监测、预警的相关信息。接到通报的疾病预防控制机构和医疗机构应当及时告知本单位的有关人员。

第三十五条 国务院卫生行政部门应当及时向国务院其他有关部门和各省、自治区、直辖市人民政府卫生行政部门通报全国传染病疫情以及监测、预警的相关信息。

毗邻的以及相关的地方人民政府卫生行政部门，应当及时互相通报本行政区域的传染病疫情以及监测、预警的相关信息。

县级以上人民政府有关部门发现传染病疫情时，应当及时向同级人民政府卫生行政部门通报。

中国人民解放军卫生主管部门发现传染病疫情时，应当向国务院卫生行政部门通报。

第三十六条 动物防疫机构和疾病预防控制机构，应当及时互相通报动物间和人间发生的人畜共患传染病疫情以及相关信息。

第三十七条 依照本法的规定负有传染病疫情报告职责的人民政府有关部门、疾病预防控制机构、医疗机构、采供血机构及其工作人员，不得隐瞒、谎报、缓报传染病疫情。

第三十八条 国家建立传染病疫情信息公布制度。

国务院卫生行政部门定期公布全国传染病疫情信息。省、自治区、直辖市人民政府卫生行政部门定期公布本行政区域的传染病疫情信息。

传染病暴发、流行时，国务院卫生行政部门负责向社会公布传染病疫情信息，并可以授权省、自治区、直辖市人民政府卫生行政部门向社会公布本行政区域的传染病疫情信息。

公布传染病疫情信息应当及时、准确。

第四章 疫情控制

第三十九条 医疗机构发现甲类传染病时，应当及时采取下列措施：

（一）对病人、病原携带者，予以隔离治疗，隔离期限根据医学检查结果确定；

（二）对疑似病人，确诊前在指定场所单独隔离治疗；

（三）对医疗机构内的病人、病原携带者、疑似病人的密切接触者，在指定场所进行医学观察和采取其他必要的预防措施。

拒绝隔离治疗或者隔离期未满擅自脱离隔离治疗的，可以由公安机关协助医疗机构采取强制隔离治疗措施。

医疗机构发现乙类或者丙类传染病病人，应当根据病情采取必要的治疗和控制传播措施。

医疗机构对本单位内被传染病病原体污染的场所、物品以及医疗废物，必须依照法律、法规的规定实施消毒和无害化处置。

第四十条 疾病预防控制机构发现传染病疫情或者接到传染病疫情报告时，应当及时采取下列措施：

（一）对传染病疫情进行流行病学调查，根据调查情况提出划定疫点、疫区的建议，对被污染的场所进行卫生处理，对密切接触者，在指定场所进行医学观察和采取其他必要的预防措施，并向卫生行政部门提出疫情控制方案；

（二）传染病暴发、流行时，对疫点、疫区进行卫生处理，向卫生行政部门提出疫情控制方案，并按照卫生行政部门的要求采取措施；

（三）指导下级疾病预防控制机构实施传染病预防、控制措施，组织、指导有关单位对传染病疫情的处理。

第四十一条 对已经发生甲类传染病病例的场所或者该场所内的特定区域的人员，所在地的县级以上地方人民政府可以实施隔离措施，并同时向上一级人民政府报告；接到报告的上级人民政府应当即时作出是否批准的决定。上级人民政府作出不予批准决定的，实施隔离措施的人民政府应当立即解除隔离措施。

在隔离期间，实施隔离措施的人民政府应当对被隔离人员提供生活保障；被隔离人员有工作单位的，所在单位不得停止支付其隔离期间的工作报酬。

隔离措施的解除，由原决定机关决定并宣布。

第四十二条 传染病暴发、流行时，县级以上地方人民政府应当立即组织力量，按照预防、控制预案进行防治，切断传染病的传播途径，必要时，报经上一级人民政府决定，可以采取下列紧急措施并予以公告：

(一) 限制或者停止集市、影剧院演出或者其他人群聚集的活动；

(二) 停工、停业、停课；

(三) 封闭或者封存被传染病病原体污染的公共饮用水源、食品以及相关物品；

(四) 控制或者扑杀染疫野生动物、家畜家禽；

(五) 封闭可能造成传染病扩散的场所。

上级人民政府接到下级人民政府关于采取前款所列紧急措施的报告时，应当即时作出决定。

紧急措施的解除，由原决定机关决定并宣布。

第四十三条 甲类、乙类传染病暴发、流行时，县级以上地方人民政府报经上一级人民政府决定，可以宣布本行政区域部分或者全部为疫区；国务院可以决定并宣布跨省、自治区、直辖市的疫区。县级以上地方人民政府可以在疫区内采取本法第四十二条规定的紧急措施，并可以对出入疫区的人员、物资和交通工具实施卫生检疫。

省、自治区、直辖市人民政府可以决定对本行政区域内的甲类传染病疫区实施封锁；但是，封锁大、中城市的疫区或者封锁跨省、自治区、直辖市的疫区，以及封锁疫区导致中断干线交通或者封锁国境的，由国务院决定。

疫区封锁的解除，由原决定机关决定并宣布。

第四十四条 发生甲类传染病时，为了防止该传染病通过交通工具及其乘运的人员、物资传播，可以实施交通卫生检疫。具体办法由国务院制定。

第四十五条 传染病暴发、流行时，根据传染病疫情控制的需要，国务院有权在全国范围或者跨省、自治区、直辖市范围内，县级以上地方人民政府有权在本行政区域内紧急调集人员或者调用储备物资，临时征用房屋、交通工具以及相关设施、设备。

紧急调集人员的，应当按照规定给予合理报酬。临时征用房屋、交通工具以及相关设施、设备的，应当依法给予补偿；能返还的，应当及时返还。

第四十六条 患甲类传染病、炭疽死亡的，应当将尸体立即进行卫生处理，就近火化。患其他传染病死亡的，必要时，应当将尸体进行卫生处理后火化或者按照规定深埋。

为了查找传染病病因，医疗机构在必要时可以按照国务院卫生行政部门的规定，对传染病病人尸体或者疑似传染病病人尸体进行解剖查验，并应当告知死者家属。

第四十七条 疫区中被传染病病原体污染或者可能被传染病病原体污染的物品，经消毒可以使用的，应当在当地疾病预防控制机构的指导下，进行消毒处理后，方可使用、出售和运输。

第四十八条 发生传染病疫情时，疾病预防控制机构和省级以上人民政府卫生行政部门指派的其他与传染病有关的专业技术机构，可以进入传染病疫点、疫区进行调查、采集样本、技术分析和检验。

第四十九条 传染病暴发、流行时，药品和医疗器械生产、供应单位应当及时生产、供应防治传染病的药品和医疗器械。铁路、交通、民用航空经营单位必须优先运送处理传染病疫情的人员以及防治传染病的药品和医疗器械。县级以上人民政府有关部门应当做好组织协调工作。

第五章　医疗救治

第五十条 县级以上人民政府应当加强和完善传染病医疗救治服务网络的建设，指定具备传染病救治条件和能力的医疗机构承担传染病救治任务，或者根据传染病救治需要设置传染病医院。

第五十一条 医疗机构的基本标准、建筑设计和服务流程，应当符合预防传染病医院感染的要求。

医疗机构应当按照规定对使用的医疗器械进行消毒；对按照规定一次使用的医疗器具，应当在使用后予以销毁。

医疗机构应当按照国务院卫生行政部门规定的传染病诊断标准和治疗要求，采取相应措施，提高传染病医疗救治能力。

第五十二条 医疗机构应当对传染病病人或者疑似传染病病人提供医疗救护、现场救援和接诊治疗，书写病历记录以及其他有关资料，并妥善保管。

医疗机构应当实行传染病预检、分诊制度；对传染病病人、疑似传染病病人，应当引导至相对隔离的分诊点进行初诊。医疗机构不具备相应救治能力的，应当将患者及其病历记录复印件一并转至具备相应救治能力的医疗机构。具体办法由国务院卫生行政部门规定。

第六章　监督管理

第五十三条　县级以上人民政府卫生行政部门对传染病防治工作履行下列监督检查职责：

（一）对下级人民政府卫生行政部门履行本法规定的传染病防治职责进行监督检查；

（二）对疾病预防控制机构、医疗机构的传染病防治工作进行监督检查；

（三）对采供血机构的采供血活动进行监督检查；

（四）对用于传染病防治的消毒产品及其生产单位进行监督检查，并对饮用水供水单位从事生产或者供应活动以及涉及饮用水卫生安全的产品进行监督检查；

（五）对传染病菌种、毒种和传染病检测样本的采集、保藏、携带、运输、使用进行监督检查；

（六）对公共场所和有关单位的卫生条件和传染病预防、控制措施进行监督检查。

省级以上人民政府卫生行政部门负责组织对传染病防治重大事项的处理。

第五十四条　县级以上人民政府卫生行政部门在履行监督检查职责时，有权进入被检查单位和传染病疫情发生现场调查取证，查阅或者复制有关的资料和采集样本。被检查单位应当予以配合，不得拒绝、阻挠。

第五十五条　县级以上地方人民政府卫生行政部门在履行监督检查职责时，发现被传染病病原体污染的公共饮用水源、食品以及相关物品，如不及时采取控制措施可能导致传染病传播、流行的，可以采取封闭公共饮用水源、封存食品以及相关物品或者暂停销售的临时控制措施，并予以检验或者进行消毒。经检验，属于被污染的食品，应当予以销毁；对未被污染的食品或者经消毒后可以使用的物品，应当解除控制措施。

第五十六条　卫生行政部门工作人员依法执行职务时，应当不少于两人，并出示执法证件，填写卫生执法文书。

卫生执法文书经核对无误后，应当由卫生执法人员和当事人签名。当事人拒绝签名的，卫生执法人员应当注明情况。

第五十七条　卫生行政部门应当依法建立健全内部监督制度，对其工作人员依据法定职权和程序履行职责的情况进行监督。

上级卫生行政部门发现下级卫生行政部门不及时处理职责范围内的事项或者不履行职责的，应当责令纠正或者直接予以处理。

第五十八条　卫生行政部门及其工作人员履行职责，应当自觉接受社会和公民的监督。单位和个人有权向上级人民政府及其卫生行政部门举报违反本法的行为。接到举报的有关人民政府或者其卫生行政部门，应当及时调查处理。

第七章　保障措施

第五十九条　国家将传染病防治工作纳入国民经济和社会发展计划，县级以上地方人民政府将传染病防治工作纳入本行政区域的国民经济和社会发展计划。

第六十条　县级以上地方人民政府按照本级政府职责负责本行政区域内传染病预防、控制、监督工作的日常经费。

国务院卫生行政部门会同国务院有关部门，根据传染病流行趋势，确定全国传染病预防、控制、救治、监测、预测、预警、监督检查等项目。中央财政对困难地区实施重大传染病防治项目给予补助。

省、自治区、直辖市人民政府根据本行政区域内传染病流行趋势，在国务院卫生行政部门确定的项目范围内，确定传染病预防、控制、监督等项目，并保障项目的实施经费。

第六十一条　国家加强基层传染病防治体系建设，扶持贫困地区和少数民族地区的传染病防治工作。

地方各级人民政府应当保障城市社区、农村基层传染病预防工作的经费。

第六十二条　国家对患有特定传染病的困难人群实行医疗救助，减免医疗费用。具体办法由国务院卫生行政部门会同国务院财政部门等部门制定。

第六十三条　县级以上人民政府负责储备防治传染病的药品、医疗器械和其他物资，以备调用。

第六十四条　对从事传染病预防、医疗、科研、教学、现场处理疫情的人员，以及在生产、工作中接触传染病病原体的其他人员，有关单位应当按照国家规定，采取有效的卫生防护措施和医疗保健措施，并给予适当的津贴。

第八章　法律责任

第六十五条　地方各级人民政府未依照本法的规定履行报告职责，或者隐瞒、谎报、缓报传染病疫情，或者在传染病暴发、流行时，未及时组织救治、采取控制措施的，由上级人民政府责令改正，通报批评；造成传染病传播、流行或者其他严重后果的，对负有责任的主管人员，依法给予行政处分；构成犯罪的，依法追究刑事责任。

第六十六条　县级以上人民政府卫生行政部门违反本法规定，有下列情形之一的，由本级人民政府、上级人民政府卫生行政部门责令改正，通报批评；

造成传染病传播、流行或者其他严重后果的，对负有责任的主管人员和其他直接责任人员，依法给予行政处分；构成犯罪的，依法追究刑事责任：

（一）未依法履行传染病疫情通报、报告或者公布职责，或者隐瞒、谎报、缓报传染病疫情的；

（二）发生或者可能发生传染病传播时未及时采取预防、控制措施的；

（三）未依法履行监督检查职责，或者发现违法行为不及时查处的；

（四）未及时调查、处理单位和个人对下级卫生行政部门不履行传染病防治职责的举报的；

（五）违反本法的其他失职、渎职行为。

第六十七条 县级以上人民政府有关部门未依照本法的规定履行传染病防治和保障职责的，由本级人民政府或者上级人民政府有关部门责令改正，通报批评；造成传染病传播、流行或者其他严重后果的，对负有责任的主管人员和其他直接责任人员，依法给予行政处分；构成犯罪的，依法追究刑事责任。

第六十八条 疾病预防控制机构违反本法规定，有下列情形之一的，由县级以上人民政府卫生行政部门责令限期改正，通报批评，给予警告；对负有责任的主管人员和其他直接责任人员，依法给予降级、撤职、开除的处分，并可以依法吊销有关责任人员的执业证书；构成犯罪的，依法追究刑事责任：

（一）未依法履行传染病监测职责的；

（二）未依法履行传染病疫情报告、通报职责，或者隐瞒、谎报、缓报传染病疫情的；

（三）未主动收集传染病疫情信息，或者对传染病疫情信息和疫情报告未及时进行分析、调查、核实的；

（四）发现传染病疫情时，未依据职责及时采取本法规定的措施的；

（五）故意泄漏传染病病人、病原携带者、疑似传染病病人、密切接触者涉及个人隐私的有关信息、资料的。

第六十九条 医疗机构违反本法规定，有下列情形之一的，由县级以上人民政府卫生行政部门责令改正，通报批评，给予警告；造成传染病传播、流行或者其他严重后果的，对负有责任的主管人员和其他直接责任人员，依法给予降级、撤职、开除的处分，并可以依法吊销有关责任人员的执业证书；构成犯罪的，依法追究刑事责任：

（一）未按照规定承担本单位的传染病预防、控制工作、医院感染控制任务和责任区域内的传染病预防工作的；

（二）未按照规定报告传染病疫情，或者隐瞒、谎报、缓报传染病疫情的；

（三）发现传染病疫情时，未按照规定对传染病病人、疑似传染病病人提供医疗救护、现场救援、接诊、转诊的，或者拒绝接受转诊的；

（四）未按照规定对本单位内被传染病病原体污染的场所、物品以及医疗废物实施消毒或者无害化处置的；

（五）未按照规定对医疗器械进行消毒，或者对按照规定一次使用的医疗器具未予销毁，再次使用的；

（六）在医疗救治过程中未按照规定保管医学记录资料的；

（七）故意泄漏传染病病人、病原携带者、疑似传染病病人、密切接触者涉及个人隐私的有关信息、资料的。

第七十条 采供血机构未按照规定报告传染病疫情，或者隐瞒、谎报、缓报传染病疫情，或者未执行国家有关规定，导致因输入血液引起经血液传播疾病发生的，由县级以上人民政府卫生行政部门责令改正，通报批评，给予警告；造成传染病传播、流行或者其他严重后果的，对负有责任的主管人员和其他直接责任人员，依法给予降级、撤职、开除的处分，并可以依法吊销采供血机构的执业许可证；构成犯罪的，依法追究刑事责任。

非法采集血液或者组织他人出卖血液的，由县级以上人民政府卫生行政部门予以取缔，没收违法所得，可以并处十万元以下的罚款；构成犯罪的，依法追究刑事责任。

第七十一条 国境卫生检疫机关、动物防疫机构未依法履行传染病疫情通报职责的，由有关部门在各自职责范围内责令改正，通报批评；造成传染病传播、流行或者其他严重后果的，对负有责任的主管人员和其他直接责任人员，依法给予降级、撤职、开除的处分；构成犯罪的，依法追究刑事责任。

第七十二条 铁路、交通、民用航空经营单位未依照本法的规定优先运送处理传染病疫情的人员以及防治传染病的药品和医疗器械的，由有关部门责令限期改正，给予警告；造成严重后果的，对负有责任的主管人员和其他直接责任人员，依法给予降级、撤职、开除的处分。

第七十三条 违反本法规定，有下列情形之一，导致或者可能导致传染病传播、流行的，由县级以上人民政府卫生行政部门责令限期改正，没收违法所得，可以并处五万元以下的罚款；已取得许可证的，原发证部门可以依法暂扣或者吊销许可证；构成犯罪的，依法追究刑事责任：

（一）饮用水供水单位供应的饮用水不符合国家卫生标准和卫生规范的；

（二）涉及饮用水卫生安全的产品不符合国家卫生标准和卫生规范的；

（三）用于传染病防治的消毒产品不符合国家卫生标准和卫生规范的；

（四）出售、运输疫区中被传染病病原体污染或者可能被传染病病原体污染的物品，未进行消毒处理的；

（五）生物制品生产单位生产的血液制品不符合国家质量标准的。

第七十四条　违反本法规定，有下列情形之一的，由县级以上地方人民政府卫生行政部门责令改正，通报批评，给予警告，已取得许可证的，可以依法暂扣或者吊销许可证；造成传染病传播、流行以及其他严重后果的，对负有责任的主管人员和其他直接责任人员，依法给予降级、撤职、开除的处分，并可以依法吊销有关责任人员的执业证书；构成犯罪的，依法追究刑事责任：

（一）疾病预防控制机构、医疗机构和从事病原微生物实验的单位，不符合国家规定的条件和技术标准，对传染病病原体样本未按照规定进行严格管理，造成实验室感染和病原微生物扩散的；

（二）违反国家有关规定，采集、保藏、携带、运输和使用传染病菌种、毒种和传染病检测样本的；

（三）疾病预防控制机构、医疗机构未执行国家有关规定，导致因输入血液、使用血液制品引起经血液传播疾病发生的。

第七十五条　未经检疫出售、运输与人畜共患传染病有关的野生动物、家畜家禽的，由县级以上地方人民政府畜牧兽医行政部门责令停止违法行为，并依法给予行政处罚。

第七十六条　在国家确认的自然疫源地兴建水利、交通、旅游、能源等大型建设项目，未经卫生调查进行施工的，或者未按照疾病预防控制机构的意见采取必要的传染病预防、控制措施的，由县级以上人民政府卫生行政部门责令限期改正，给予警告，处五千元以上三万元以下的罚款；逾期不改正的，处三万元以上十万元以下的罚款，并可以提请有关人民政府依据职责权限，责令停建、关闭。

第七十七条　单位和个人违反本法规定，导致传染病传播、流行，给他人人身、财产造成损害的，应当依法承担民事责任。

第九章　附　　则

第七十八条　本法中下列用语的含义：

（一）传染病病人、疑似传染病病人：指根据国务院卫生行政部门发布的《中华人民共和国传染病防治法规定管理的传染病诊断标准》，符合传染病病人和疑似传染病病人诊断标准的人。

（二）病原携带者：指感染病原体无临床症状但能排出病原体的人。

（三）流行病学调查：指对人群中疾病或者健康状况的分布及其决定因素进行调查研究，提出疾病预防控制措施及保健对策。

（四）疫点：指病原体从传染源向周围播散的范围较小或者单个疫源地。

（五）疫区：指传染病在人群中暴发、流行，其病原体向周围播散时所能波及的地区。

（六）人畜共患传染病：指人与脊椎动物共同罹患的传染病，如鼠疫、狂犬病、血吸虫病等。

（七）自然疫源地：指某些可引起人类传染病的病原体在自然界的野生动物中长期存在和循环的地区。

（八）病媒生物：指能够将病原体从人或者其他动物传播给人的生物，如蚊、蝇、蚤类等。

（九）医源性感染：指在医学服务中，因病原体传播引起的感染。

（十）医院感染：指住院病人在医院内获得的感染，包括在住院期间发生的感染和在医院内获得出院后发生的感染，但不包括入院前已开始或者入院时已处于潜伏期的感染。医院工作人员在医院内获得的感染也属医院感染。

（十一）实验室感染：指从事实验室工作时，因接触病原体所致的感染。

（十二）菌种、毒种：指可能引起本法规定的传染病发生的细菌菌种、病毒毒种。

（十三）消毒：指用化学、物理、生物的方法杀灭或者消除环境中的病原微生物。

（十四）疾病预防控制机构：指从事疾病预防控制活动的疾病预防控制中心以及与上述机构业务活动相同的单位。

（十五）医疗机构：指按照《医疗机构管理条例》取得医疗机构执业许可证，从事疾病诊断、治疗活动的机构。

第七十九条 传染病防治中有关食品、药品、血液、水、医疗废物和病原微生物的管理以及动物防疫和国境卫生检疫，本法未规定的，分别适用其他有关法律、行政法规的规定。

第八十条 本法自 2004 年 12 月 1 日起施行。

中华人民共和国国务院令

第 619 号

《女职工劳动保护特别规定》已经 2012 年 4 月 18 日国务院第 200 次常务会议通过，现予公布，自公布之日起施行。

总理　温家宝

2012 年 4 月 28 日

女职工劳动保护特别规定

第一条　为了减少和解决女职工在劳动中因生理特点造成的特殊困难，保护女职工健康，制定本规定。

第二条　中华人民共和国境内的国家机关、企业、事业单位、社会团体、个体经济组织以及其他社会组织等用人单位及其女职工，适用本规定。

第三条　用人单位应当加强女职工劳动保护，采取措施改善女职工劳动安全卫生条件，对女职工进行劳动安全卫生知识培训。

第四条　用人单位应当遵守女职工禁忌从事的劳动范围的规定。用人单位应当将本单位属于女职工禁忌从事的劳动范围的岗位书面告知女职工。

女职工禁忌从事的劳动范围由本规定附录列示。国务院安全生产监督管理部门会同国务院人力资源社会保障行政部门、国务院卫生行政部门根据经济社会发展情况，对女职工禁忌从事的劳动范围进行调整。

第五条　用人单位不得因女职工怀孕、生育、哺乳降低其工资、予以辞退、与其解除劳动或者聘用合同。

第六条　女职工在孕期不能适应原劳动的，用人单位应当根据医疗机构的证明，予以减轻劳动量或者安排其他能够适应的劳动。

对怀孕 7 个月以上的女职工，用人单位不得延长劳动时间或者安排夜班劳动，并应当在劳动时间内安排一定的休息时间。

怀孕女职工在劳动时间内进行产前检查，所需时间计入劳动时间。

第七条　女职工生育享受 98 天产假，其中产前可以休假 15 天；难产的，增加产假 15 天；生育多胞胎的，每多生育 1 个婴儿，增加产假 15 天。

女职工怀孕未满 4 个月流产的，享受 15 天产假；怀孕满 4 个月流产的，享受 42 天产假。

第八条　女职工产假期间的生育津贴，对已经参加生育保险的，按照用人单位上年度职工月平均工资的标准由生育保险基金支付；对未参加生育保险的，按照女职工产假前工资的标准由用人单位支付。

女职工生育或者流产的医疗费用，按照生育保险规定的项目和标准，对已经参加生育保险的，由生育保险基金支付；对未参加生育保险的，由用人单位支付。

第九条 对哺乳未满 1 周岁婴儿的女职工，用人单位不得延长劳动时间或者安排夜班劳动。

用人单位应当在每天的劳动时间内为哺乳期女职工安排 1 小时哺乳时间；女职工生育多胞胎的，每多哺乳 1 个婴儿每天增加 1 小时哺乳时间。

第十条 女职工比较多的用人单位应当根据女职工的需要，建立女职工卫生室、孕妇休息室、哺乳室等设施，妥善解决女职工在生理卫生、哺乳方面的困难。

第十一条 在劳动场所，用人单位应当预防和制止对女职工的性骚扰。

第十二条 县级以上人民政府人力资源社会保障行政部门、安全生产监督管理部门按照各自职责负责对用人单位遵守本规定的情况进行监督检查。

工会、妇女组织依法对用人单位遵守本规定的情况进行监督。

第十三条 用人单位违反本规定第六条第二款、第七条、第九条第一款规定的，由县级以上人民政府人力资源社会保障行政部门责令限期改正，按照受侵害女职工每人 1000 元以上 5000 元以下的标准计算，处以罚款。

用人单位违反本规定附录第一条、第二条规定的，由县级以上人民政府安全生产监督管理部门责令限期改正，按照受侵害女职工每人 1000 元以上 5000 元以下的标准计算，处以罚款。用人单位违反本规定附录第三条、第四条规定的，由县级以上人民政府安全生产监督管理部门责令限期治理，处 5 万元以上 30 万元以下的罚款；情节严重的，责令停止有关作业，或者提请有关人民政府按照国务院规定的权限责令关闭。

第十四条 用人单位违反本规定，侵害女职工合法权益的，女职工可以依法投诉、举报、申诉，依法向劳动人事争议调解仲裁机构申请调解仲裁，对仲裁裁决不服的，依法向人民法院提起诉讼。

第十五条 用人单位违反本规定，侵害女职工合法权益，造成女职工损害的，依法给予赔偿；用人单位及其直接负责的主管人员和其他直接责任人员构成犯罪的，依法追究刑事责任。

第十六条 本规定自公布之日起施行。1988 年 7 月 21 日国务院发布的《女职工劳动保护规定》同时废止。

附录

女职工禁忌从事的劳动范围

一、女职工禁忌从事的劳动范围

（一）矿山井下作业；

（二）体力劳动强度分级标准中规定的第四级体力劳动强度的作业；

（三）每小时负重 6 次以上、每次负重超过 20 公斤的作业，或者间断负重、每次负重超过 25 公斤的作业。

二、女职工在经期禁忌从事的劳动范围

（一）冷水作业分级标准中规定的第二级、第三级、第四级冷水作业；

（二）低温作业分级标准中规定的第二级、第三级、第四级低温作业；

（三）体力劳动强度分级标准中规定的第三级、第四级体力劳动强度的作业；

（四）高处作业分级标准中规定的第三级、第四级高处作业。

三、女职工在孕期禁忌从事的劳动范围

（一）作业场所空气中铅及其化合物、汞及其化合物、苯、镉、铍、砷、氰化物、氮氧化物、一氧化碳、二硫化碳、氯、己内酰胺、氯丁二烯、氯乙烯、环氧乙烷、苯胺、甲醛等有毒物质浓度超过国家职业卫生标准的作业；

（二）从事抗癌药物、己烯雌酚生产，接触麻醉剂气体等的作业；

（三）非密封源放射性物质的操作，核事故与放射事故的应急处置；

（四）高处作业分级标准中规定的高处作业；

（五）冷水作业分级标准中规定的冷水作业；

（六）低温作业分级标准中规定的低温作业；

（七）高温作业分级标准中规定的第三级、第四级的作业；

（八）噪声作业分级标准中规定的第三级、第四级的作业；

（九）体力劳动强度分级标准中规定的第三级、第四级体力劳动强度的作业；

（十）在密闭空间、高压室作业或者潜水作业，伴有强烈振动的作业，或者需要频繁弯腰、攀高、下蹲的作业。

四、女职工在哺乳期禁忌从事的劳动范围

（一）孕期禁忌从事的劳动范围的第一项、第三项、第九项；

（二）作业场所空气中锰、氟、溴、甲醇、有机磷化合物、有机氯化合物等有毒物质浓度超过国家职业卫生标准的作业。

中华人民共和国国务院令
第 560 号

《全民健身条例》已经 2009 年 8 月 19 日国务院第 77 次常务会议通过，现予公布，自 2009 年 10 月 1 日起施行。

总理　温家宝

2009 年 8 月 30 日

全民健身条例

（2009 年 8 月 30 日中华人民共和国国务院令第 560 号公布　根据 2013 年 7 月 18 日《国务院关于废止和修改部分行政法规的决定》第一次修订　根据 2016 年 1 月 13 日《国务院关于修改部分行政法规的决定》第二次修订）

目　　录

第一章　总　　则

第一条　为了促进全民健身活动的开展，保障公民在全民健身活动中的合法权益，提高公民身体素质，制定本条例。

第二条　县级以上地方人民政府应当将全民健身事业纳入本级国民经济和社会发展规划，有计划地建设公共体育设施，加大对农村地区和城市社区等基层公共体育设施建设的投入，促进全民健身事业均衡协调发展。

国家支持、鼓励、推动与人民群众生活水平相适应的体育消费以及体育产业的发展。

第三条　国家推动基层文化体育组织建设，鼓励体育类社会团体、体育类民办非企业单位等群众性体育组织开展全民健身活动。

第四条 公民有依法参加全民健身活动的权利。

地方各级人民政府应当依法保障公民参加全民健身活动的权利。

第五条 国务院体育主管部门负责全国的全民健身工作，国务院其他有关部门在各自职责范围内负责有关的全民健身工作。

县级以上地方人民政府主管体育工作的部门(以下简称体育主管部门)负责本行政区域内的全民健身工作，县级以上地方人民政府其他有关部门在各自职责范围内负责有关的全民健身工作。

第六条 国家鼓励对全民健身事业提供捐赠和赞助。

自然人、法人或者其他组织对全民健身事业提供捐赠的，依法享受税收优惠。

第七条 对在发展全民健身事业中做出突出贡献的组织和个人，按照国家有关规定给予表彰、奖励。

第二章 全民健身计划

第八条 国务院制定全民健身计划，明确全民健身工作的目标、任务、措施、保障等内容。

县级以上地方人民政府根据本地区的实际情况制定本行政区域的全民健身实施计划。

制定全民健身计划和全民健身实施计划，应当充分考虑学生、老年人、残疾人和农村居民的特殊需求。

第九条 国家定期开展公民体质监测和全民健身活动状况调查。

公民体质监测由国务院体育主管部门会同有关部门组织实施；其中，对学生的体质监测由国务院教育主管部门组织实施。

全民健身活动状况调查由国务院体育主管部门组织实施。

第十条 国务院根据公民体质监测结果和全民健身活动状况调查结果，修订全民健身计划。

县级以上地方人民政府根据公民体质监测结果和全民健身活动状况调查结果，修订全民健身实施计划。

第十一条 全民健身计划由县级以上人民政府体育主管部门会同有关部门组织实施。县级以上地方人民政府应当加强组织和协调，对本行政区域全民健身计划实施情况负责。

县级以上人民政府体育主管部门应当在本级人民政府任期届满时会同有关部门对全民健身计划实施情况进行评估，并将评估结果向本级人民政府报告。

第三章　全民健身活动

第十二条　每年8月8日为全民健身日。县级以上人民政府及其有关部门应当在全民健身日加强全民健身宣传。

国家机关、企业事业单位和其他组织应当在全民健身日结合自身条件组织本单位人员开展全民健身活动。

县级以上人民政府体育主管部门应当在全民健身日组织开展免费健身指导服务。

公共体育设施应当在全民健身日向公众免费开放；国家鼓励其他各类体育设施在全民健身日向公众免费开放。

第十三条　国务院体育主管部门应当定期举办全国性群众体育比赛活动；国务院其他有关部门、全国性社会团体等，可以根据需要举办相应的全国性群众体育比赛活动。

地方人民政府应当定期举办本行政区域的群众体育比赛活动。

第十四条　县级人民政府体育主管部门应当在传统节日和农闲季节组织开展与农村生产劳动和文化生活相适应的全民健身活动。

第十五条　国家机关、企业事业单位和其他组织应当组织本单位人员开展工间(前)操和业余健身活动；有条件的，可以举办运动会，开展体育锻炼测验、体质测定等活动。

第十六条　工会、共青团、妇联、残联等社会团体应当结合自身特点，组织成员开展全民健身活动。

单项体育协会应当将普及推广体育项目和组织开展全民健身活动列入工作计划，并对全民健身活动给予指导和支持。

第十七条　基层文化体育组织、居民委员会和村民委员会应当组织居民开展全民健身活动，协助政府做好相关工作。

第十八条　鼓励全民健身活动站点、体育俱乐部等群众性体育组织开展全民健身活动，宣传科学健身知识；县级以上人民政府体育主管部门和其他有关部门应当给予支持。

第十九条　对于依法举办的群众体育比赛等全民健身活动，任何组织或者个人不得非法设置审批和收取审批费用。

第二十条　广播电台、电视台、报刊和互联网站等应当加强对全民健身活动的宣传报道，普及科学健身知识，增强公民健身意识。

第二十一条　学校应当按照《中华人民共和国体育法》和《学校体育工作条例》的规定，根据学生的年龄、性别和体质状况，组织实施体育课教学，开展广播体操、眼保健操等体育活动，指导学生的体育锻炼，提高学生的身体素质。

学校应当保证学生在校期间每天参加1小时的体育活动。

第二十二条 学校每学年至少举办一次全校性的运动会；有条件的，还可以有计划地组织学生参加远足、野营、体育夏(冬)令营等活动。

第二十三条 基层文化体育组织、学校、家庭应当加强合作，支持和引导学生参加校外体育活动。

青少年活动中心、少年宫、妇女儿童中心等应当为学生开展体育活动提供便利。

第二十四条 组织大型全民健身活动，应当按照国家有关大型群众性活动安全管理的规定，做好安全工作。

第二十五条 任何组织或者个人不得利用健身活动从事宣扬封建迷信、违背社会公德、扰乱公共秩序、损害公民身心健康的行为。

第四章 全民健身保障

第二十六条 县级以上人民政府应当将全民健身工作所需经费列入本级财政预算，并随着国民经济的发展逐步增加对全民健身的投入。

按照国家有关彩票公益金的分配政策由体育主管部门分配使用的彩票公益金，应当根据国家有关规定用于全民健身事业。

第二十七条 公共体育设施的规划、建设、使用、管理、保护和公共体育设施管理单位提供服务，应当遵守《公共文化体育设施条例》的规定。

公共体育设施的规划、建设应当与当地经济发展水平相适应，方便群众就近参加健身活动；农村地区公共体育设施的规划、建设还应当考虑农村生产劳动和文化生活习惯。

第二十八条 学校应当在课余时间和节假日向学生开放体育设施。公办学校应当积极创造条件向公众开放体育设施；国家鼓励民办学校向公众开放体育设施。

县级人民政府对向公众开放体育设施的学校给予支持，为向公众开放体育设施的学校办理有关责任保险。

学校可以根据维持设施运营的需要向使用体育设施的公众收取必要的费用。

第二十九条 公园、绿地等公共场所的管理单位，应当根据自身条件安排全民健身活动场地。县级以上地方人民政府体育主管部门根据实际情况免费提供健身器材。

居民住宅区的设计应当安排健身活动场地。

第三十条 公园、绿地、广场等公共场所和居民住宅区的管理单位，应当对该公共场所和居民住宅区配置的全民健身器材明确管理和维护责任人。

第三十一条 国家加强社会体育指导人员队伍建设，对全民健身活动进行科学指导。

国家对不以收取报酬为目的向公众提供传授健身技能、组织健身活动、宣传科学健身知识等服务的社会体育指导人员实行技术等级制度。县级以上地方人民政府体育主管部门应当免费为其提供相关知识和技能培训，并建立档案。

国家对以健身指导为职业的社会体育指导人员实行职业资格证书制度。以对高危险性体育项目进行健身指导为职业的社会体育指导人员，应当依照国家有关规定取得职业资格证书。

第三十二条 企业、个体工商户经营高危险性体育项目的，应当符合下列条件，并向县级以上地方人民政府体育主管部门提出申请：

（一）相关体育设施符合国家标准；

（二）具有达到规定数量的取得国家职业资格证书的社会体育指导人员和救助人员；

（三）具有相应的安全保障制度和措施。

县级以上地方人民政府体育主管部门应当自收到申请之日起 30 日内进行实地核查，做出批准或者不予批准的决定。批准的，应当发给许可证；不予批准的，应当书面通知申请人并说明理由。

国务院体育主管部门应当会同有关部门制定、调整高危险性体育项目目录，经国务院批准后予以公布。

第三十三条 国家鼓励全民健身活动组织者和健身场所管理者依法投保有关责任保险。

国家鼓励参加全民健身活动的公民依法投保意外伤害保险。

第三十四条 县级以上地方人民政府体育主管部门对高危险性体育项目经营活动，应当依法履行监督检查职责。

第五章 法律责任

第三十五条 学校违反本条例规定的，由县级以上人民政府教育主管部门按照管理权限责令改正；拒不改正的，对负有责任的主管人员和其他直接责任人员依法给予处分。

第三十六条 未经批准，擅自经营高危险性体育项目的，由县级以上地方人民政府体育主管部门按照管理权限责令改正；有违法所得的，没收违法所得；违法所得不足 3 万元或者没有违法所得的，并处 3 万元以上 10 万元以下的罚款；违法所得 3 万元以上的，并处违法所得 2 倍以上 5 倍以下的罚款。

第三十七条　高危险性体育项目经营者取得许可证后，不再符合本条例规定条件仍经营该体育项目的，由县级以上地方人民政府体育主管部门按照管理权限责令改正；有违法所得的，没收违法所得；违法所得不足3万元或者没有违法所得的，并处3万元以上10万元以下的罚款；违法所得3万元以上的，并处违法所得2倍以上5倍以下的罚款；拒不改正的，由原发证机关吊销许可证。

第三十八条　利用健身活动从事宣扬封建迷信、违背社会公德、扰乱公共秩序、损害公民身心健康的行为的，由公安机关依照《中华人民共和国治安管理处罚法》的规定给予处罚；构成犯罪的，依法追究刑事责任。

第三十九条　县级以上人民政府及其有关部门的工作人员在全民健身工作中玩忽职守、滥用职权、徇私舞弊的，依法给予处分；构成犯罪的，依法追究刑事责任。

第六章　附　　则

第四十条　本条例自2009年10月1日起施行。

中华人民共和国国务院令
第 463 号

《血吸虫病防治条例》已经 2006 年 3 月 22 日国务院第 129 次常务会议通过，现予公布，自 2006 年 5 月 1 日起施行。

总理　温家宝

2006 年 4 月 1 日

血吸虫病防治条例

目　录

第一章　总　　则

第一条　为了预防、控制和消灭血吸虫病，保障人体健康、动物健康和公共卫生，促进经济社会发展，根据传染病防治法、动物防疫法，制定本条例。

第二条　国家对血吸虫病防治实行预防为主的方针，坚持防治结合、分类管理、综合治理、联防联控，人与家畜同步防治，重点加强对传染源的管理。

第三条　国务院卫生主管部门会同国务院有关部门制定全国血吸虫病防治规划并组织实施。国务院卫生、农业、水利、林业主管部门依照本条例规定的职责和全国血吸虫病防治规划，制定血吸虫病防治专项工作计划并组织实施。

有血吸虫病防治任务的地区(以下称血吸虫病防治地区)县级以上地方人民政府卫生、农业或者兽医、水利、林业主管部门依照本条例规定的职责，负责本行政区域内的血吸虫病防治及其监督管理工作。

第四条　血吸虫病防治地区县级以上地方人民政府统一领导本行政区域内的血吸虫病防治工作；根据全国血吸虫病防治规划，制定本行政区域的血吸虫病防治计划并组织实施；建立健全血吸虫病防治工作协调机制和工作责任制，对有关部门承担的血吸虫病防治工作进行综合协调和考核、监督。

第五条 血吸虫病防治地区村民委员会、居民委员会应当协助地方各级人民政府及其有关部门开展血吸虫病防治的宣传教育，组织村民、居民参与血吸虫病防治工作。

第六条 国家鼓励血吸虫病防治地区的村民、居民积极参与血吸虫病防治的有关活动；鼓励共产主义青年团等社会组织动员青年团员等积极参与血吸虫病防治的有关活动。

血吸虫病防治地区地方各级人民政府及其有关部门应当完善有关制度，方便单位和个人参与血吸虫病防治的宣传教育、捐赠等活动。

第七条 国务院有关部门、血吸虫病防治地区县级以上地方人民政府及其有关部门对在血吸虫病防治工作中做出显著成绩的单位和个人，给予表彰或者奖励。

第二章 预　防

第八条 血吸虫病防治地区根据血吸虫病预防控制标准，划分为重点防治地区和一般防治地区。具体办法由国务院卫生主管部门会同国务院农业主管部门制定。

第九条 血吸虫病防治地区县级以上地方人民政府及其有关部门应当组织各类新闻媒体开展公益性血吸虫病防治宣传教育。各类新闻媒体应当开展公益性血吸虫病防治宣传教育。

血吸虫病防治地区县级以上地方人民政府教育主管部门应当组织各级各类学校对学生开展血吸虫病防治知识教育。各级各类学校应当对学生开展血吸虫病防治知识教育。

血吸虫病防治地区的机关、团体、企业事业单位、个体经济组织应当组织本单位人员学习血吸虫病防治知识。

第十条 处于同一水系或者同一相对独立地理环境的血吸虫病防治地区各地方人民政府应当开展血吸虫病联防联控，组织有关部门和机构同步实施下列血吸虫病防治措施：

（一）在农业、兽医、水利、林业等工程项目中采取与血吸虫病防治有关的工程措施；

（二）进行人和家畜的血吸虫病筛查、治疗和管理；

（三）开展流行病学调查和疫情监测；

（四）调查钉螺分布，实施药物杀灭钉螺；

（五）防止未经无害化处理的粪便直接进入水体；

（六）其他防治措施。

第十一条 血吸虫病防治地区县级人民政府应当制定本行政区域的血吸虫病联防联控方案，组织乡（镇）人民政府同步实施。

血吸虫病防治地区两个以上的县、不设区的市、市辖区或者两个以上设区的市需要同步实施血吸虫病防治措施的，其共同的上一级人民政府应当制定血吸虫病联防联控方案，并组织实施。

血吸虫病防治地区两个以上的省、自治区、直辖市需要同步实施血吸虫病防治措施的，有关省、自治区、直辖市人民政府应当共同制定血吸虫病联防联控方案，报国务院卫生、农业主管部门备案，由省、自治区、直辖市人民政府组织实施。

第十二条 在血吸虫病防治地区实施农业、兽医、水利、林业等工程项目以及开展人、家畜血吸虫病防治工作，应当符合相关血吸虫病防治技术规范的要求。相关血吸虫病防治技术规范由国务院卫生、农业、水利、林业主管部门分别制定。

第十三条 血吸虫病重点防治地区县级以上地方人民政府应当在渔船集中停靠地设点发放抗血吸虫基本预防药物；按照无害化要求和血吸虫病防治技术规范修建公共厕所；推行在渔船和水上运输工具上安装和使用粪便收集容器，并采取措施，对所收集的粪便进行集中无害化处理。

第十四条 县级以上地方人民政府及其有关部门在血吸虫病重点防治地区，应当安排并组织实施农业机械化推广、农村改厕、沼气池建设以及人、家畜饮用水设施建设等项目。

国务院有关主管部门安排农业机械化推广、农村改厕、沼气池建设以及人、家畜饮用水设施建设等项目，应当优先安排血吸虫病重点防治地区的有关项目。

第十五条 血吸虫病防治地区县级以上地方人民政府卫生、农业主管部门组织实施农村改厕、沼气池建设项目，应当按照无害化要求和血吸虫病防治技术规范，保证厕所和沼气池具备杀灭粪便中血吸虫卵的功能。

血吸虫病防治地区的公共厕所应当具备杀灭粪便中血吸虫卵的功能。

第十六条 县级以上人民政府农业主管部门在血吸虫病重点防治地区应当适应血吸虫病防治工作的需要，引导和扶持农业种植结构的调整，推行以机械化耕作代替牲畜耕作的措施。

县级以上人民政府农业或者兽医主管部门在血吸虫病重点防治地区应当引导和扶持养殖结构的调整，推行对牛、羊、猪等家畜的舍饲圈养，加强对圈养家畜粪便的无害化处理，开展对家畜的血吸虫病检查和对感染血吸虫的家畜的治疗、处理。

第十七条 禁止在血吸虫病防治地区施用未经无害化处理的粪便。

第十八条 县级以上人民政府水利主管部门在血吸虫病防治地区进行水利建设项目，应当同步建设血吸虫病防治设施；结合血吸虫病防治地区的江河、湖泊治理工程和人畜饮水、灌区改造等水利工程项目，改善水环境，防止钉螺孳生。

第十九条 县级以上人民政府林业主管部门在血吸虫病防治地区应当结合退耕还林、长江防护林建设、野生动物植物保护、湿地保护以及自然保护区建设等林业工程，开展血吸虫病综合防治。

县级以上人民政府交通主管部门在血吸虫病防治地区应当结合航道工程建设，开展血吸虫病综合防治。

第二十条 国务院卫生主管部门应当根据血吸虫病流行病学资料、钉螺分布以及孳生环境的特点、药物特性，制定药物杀灭钉螺工作规范。

血吸虫病防治地区县级人民政府及其卫生主管部门应当根据药物杀灭钉螺工作规范，组织实施本行政区域内的药物杀灭钉螺工作。

血吸虫病防治地区乡(镇)人民政府应当在实施药物杀灭钉螺 7 日前，公告施药的时间、地点、种类、方法、影响范围和注意事项。有关单位和个人应当予以配合。

杀灭钉螺严禁使用国家明令禁止使用的药物。

第二十一条 血吸虫病防治地区县级人民政府卫生主管部门会同同级人民政府农业或者兽医、水利、林业主管部门，根据血吸虫病监测等流行病学资料，划定、变更有钉螺地带，并报本级人民政府批准。县级人民政府应当及时公告有钉螺地带。

禁止在有钉螺地带放养牛、羊、猪等家畜，禁止引种在有钉螺地带培育的芦苇等植物和农作物的种子、种苗等繁殖材料。

乡(镇)人民政府应当在有钉螺地带设立警示标志，并在县级人民政府作出解除有钉螺地带决定后予以撤销。警示标志由乡(镇)人民政府负责保护，所在地村民委员会、居民委员会应当予以协助。任何单位或者个人不得损坏或者擅自移动警示标志。

在有钉螺地带完成杀灭钉螺后，由原批准机关决定并公告解除本条第二款规定的禁止行为。

第二十二条 医疗机构、疾病预防控制机构、动物防疫监督机构和植物检疫机构应当根据血吸虫病防治技术规范，在各自的职责范围内，开展血吸虫病的监测、筛查、预测、流行病学调查、疫情报告和处理工作，开展杀灭钉螺、血吸虫病防治技术指导以及其他防治工作。

血吸虫病防治地区的医疗机构、疾病预防控制机构、动物防疫监督机构和植物检疫机构应当定期对其工作人员进行血吸虫病防治知识、技能的培训和考核。

第二十三条 建设单位在血吸虫病防治地区兴建水利、交通、旅游、能源等大型建设项目，应当事先提请省级以上疾病预防控制机构对施工环境进行卫生调查，并根据疾病预防控制机构的意见，采取必要的血吸虫病预防、控制措施。施工期间，建设单位应当设专人负责工地上的血吸虫病防治工作；工程竣工后，应当告知当地县级疾病预防控制机构，由其对该地区的血吸虫病进行监测。

第三章 疫情控制

第二十四条 血吸虫病防治地区县级以上地方人民政府应当根据有关法律、行政法规和国家有关规定，结合本地实际，制定血吸虫病应急预案。

第二十五条 急性血吸虫病暴发、流行时，县级以上地方人民政府应当根据控制急性血吸虫病暴发、流行的需要，依照传染病防治法和其他有关法律的规定采取紧急措施，进行下列应急处理：

（一）组织医疗机构救治急性血吸虫病病人；

（二）组织疾病预防控制机构和动物防疫监督机构分别对接触疫水的人和家畜实施预防性服药；

（三）组织有关部门和单位杀灭钉螺和处理疫水；

（四）组织乡（镇）人民政府在有钉螺地带设置警示标志，禁止人和家畜接触疫水。

第二十六条 疾病预防控制机构发现急性血吸虫病疫情或者接到急性血吸虫病暴发、流行报告时，应当及时采取下列措施：

（一）进行现场流行病学调查；

（二）提出疫情控制方案，明确有钉螺地带范围、预防性服药的人和家畜范围，以及采取杀灭钉螺和处理疫水的措施；

（三）指导医疗机构和下级疾病预防控制机构处理疫情；

（四）卫生主管部门要求采取的其他措施。

第二十七条 有关单位对因生产、工作必须接触疫水的人员应当按照疾病预防控制机构的要求采取防护措施，并定期组织进行血吸虫病的专项体检。

血吸虫病防治地区地方各级人民政府及其有关部门对因防汛、抗洪抢险必须接触疫水的人员，应当按照疾病预防控制机构的要求采取防护措施。血吸虫病防治地区县级人民政府对参加防汛、抗洪抢险的人员，应当及时组织有关部门和机构进行血吸虫病的专项体检。

第二十八条 血吸虫病防治地区县级以上地方人民政府卫生、农业或者兽医主管部门应当根据血吸虫病防治技术规范，组织开展对本地村民、居民和流动人口血吸虫病以及家畜血吸虫病的筛查、治疗和预防性服药工作。

血吸虫病防治地区省、自治区、直辖市人民政府应当采取措施，组织对晚期血吸虫病病人的治疗。

第二十九条 血吸虫病防治地区的动物防疫监督机构、植物检疫机构应当加强对本行政区域内的家畜和植物的血吸虫病检疫工作。动物防疫监督机构对经检疫发现的患血吸虫病的家畜，应当实施药物治疗；植物检疫机构对发现的携带钉螺的植物，应当实施杀灭钉螺。

凡患血吸虫病的家畜、携带钉螺的植物，在血吸虫病防治地区未经检疫的家畜、植物，一律不得出售、外运。

第三十条 血吸虫病疫情的报告、通报和公布，依照传染病防治法和动物防疫法的有关规定执行。

第四章 保障措施

第三十一条 血吸虫病防治地区县级以上地方人民政府应当根据血吸虫病防治规划、计划，安排血吸虫病防治经费和基本建设投资，纳入同级财政预算。

省、自治区、直辖市人民政府和设区的市级人民政府根据血吸虫病防治工作需要，对经济困难的县级人民政府开展血吸虫病防治工作给予适当补助。

国家对经济困难地区的血吸虫病防治经费、血吸虫病重大疫情应急处理经费给予适当补助，对承担血吸虫病防治任务的机构的基本建设和跨地区的血吸虫病防治重大工程项目给予必要支持。

第三十二条 血吸虫病防治地区县级以上地方人民政府编制或者审批血吸虫病防治地区的农业、兽医、水利、林业等工程项目，应当将有关血吸虫病防治的工程措施纳入项目统筹安排。

第三十三条 国家对农民免费提供抗血吸虫基本预防药物，对经济困难农民的血吸虫病治疗费用予以减免。

因工作原因感染血吸虫病的，依照《工伤保险条例》的规定，享受工伤待遇。参加城镇职工基本医疗保险的血吸虫病病人，不属于工伤的，按照国家规定享受医疗保险待遇。对未参加工伤保险、医疗保险的人员因防汛、抗洪抢险患血吸虫病的，按照县级以上地方人民政府的规定解决所需的检查、治疗费用。

第三十四条 血吸虫病防治地区县级以上地方人民政府民政部门对符合救

助条件的血吸虫病病人进行救助。

第三十五条 国家对家畜免费实施血吸虫病检查和治疗，免费提供抗血吸虫基本预防药物。

第三十六条 血吸虫病防治地区县级以上地方人民政府应当根据血吸虫病防治工作需要和血吸虫病流行趋势，储备血吸虫病防治药物、杀灭钉螺药物和有关防护用品。

第三十七条 血吸虫病防治地区县级以上地方人民政府应当加强血吸虫病防治网络建设，将承担血吸虫病防治任务的机构所需基本建设投资列入基本建设计划。

第三十八条 血吸虫病防治地区省、自治区、直辖市人民政府在制定和实施本行政区域的血吸虫病防治计划时，应当统筹协调血吸虫病防治项目和资金，确保实现血吸虫病防治项目的综合效益。

血吸虫病防治经费应当专款专用，严禁截留或者挪作他用。严禁倒买倒卖、挪用国家免费供应的防治血吸虫病药品和其他物品。有关单位使用血吸虫病防治经费应当依法接受审计机关的审计监督。

第五章 监督管理

第三十九条 县级以上人民政府卫生主管部门负责血吸虫病监测、预防、控制、治疗和疫情的管理工作，对杀灭钉螺药物的使用情况进行监督检查。

第四十条 县级以上人民政府农业或者兽医主管部门对下列事项进行监督检查：

（一）本条例第十六条规定的血吸虫病防治措施的实施情况；

（二）家畜血吸虫病监测、预防、控制、治疗和疫情管理工作情况；

（三）治疗家畜血吸虫病药物的管理、使用情况；

（四）农业工程项目中执行血吸虫病防治技术规范情况。

第四十一条 县级以上人民政府水利主管部门对本条例第十八条规定的血吸虫病防治措施的实施情况和水利工程项目中执行血吸虫病防治技术规范情况进行监督检查。

第四十二条 县级以上人民政府林业主管部门对血吸虫病防治地区的林业工程项目的实施情况和林业工程项目中执行血吸虫病防治技术规范情况进行监督检查。

第四十三条 县级以上人民政府卫生、农业或者兽医、水利、林业主管部门在监督检查过程中，发现违反或者不执行本条例规定的，应当责令有关单位和个人及时改正并依法予以处理；属于其他部门职责范围的，应当移送有监督管理职责的部门依法处理；涉及多个部门职责的，应当共同处理。

第四十四条 县级以上人民政府卫生、农业或者兽医、水利、林业主管部门在履行血吸虫病防治监督检查职责时，有权进入被检查单位和血吸虫病疫情发生现场调查取证，查阅、复制有关资料和采集样本。被检查单位应当予以配合，不得拒绝、阻挠。

第四十五条 血吸虫病防治地区县级以上动物防疫监督机构对在有钉螺地带放养的牛、羊、猪等家畜，有权予以暂扣并进行强制检疫。

第四十六条 上级主管部门发现下级主管部门未及时依照本条例的规定处理职责范围内的事项，应当责令纠正，或者直接处理下级主管部门未及时处理的事项。

第六章 法律责任

第四十七条 县级以上地方各级人民政府有下列情形之一的，由上级人民政府责令改正，通报批评；造成血吸虫病传播、流行或者其他严重后果的，对负有责任的主管人员，依法给予行政处分；负有责任的主管人员构成犯罪的，依法追究刑事责任：

（一）未依照本条例的规定开展血吸虫病联防联控的；

（二）急性血吸虫病暴发、流行时，未依照本条例的规定采取紧急措施、进行应急处理的；

（三）未履行血吸虫病防治组织、领导、保障职责的；

（四）未依照本条例的规定采取其他血吸虫病防治措施的。

乡（镇）人民政府未依照本条例的规定采取血吸虫病防治措施的，由上级人民政府责令改正，通报批评；造成血吸虫病传播、流行或者其他严重后果的，对负有责任的主管人员，依法给予行政处分；负有责任的主管人员构成犯罪的，依法追究刑事责任。

第四十八条 县级以上人民政府有关主管部门违反本条例规定，有下列情形之一的，由本级人民政府或者上级人民政府有关主管部门责令改正，通报批评；造成血吸虫病传播、流行或者其他严重后果的，对负有责任的主管人员和其他直接责任人员依法给予行政处分；负有责任的主管人员和其他直接责任人员构成犯罪的，依法追究刑事责任：

（一）在组织实施农村改厕、沼气池建设项目时，未按照无害化要求和血吸虫病防治技术规范，保证厕所或者沼气池具备杀灭粪便中血吸虫卵功能的；

（二）在血吸虫病重点防治地区未开展家畜血吸虫病检查，或者未对感染血吸虫的家畜进行治疗、处理的；

（三）在血吸虫病防治地区进行水利建设项目，未同步建设血吸虫病防治设施，或者未结合血吸虫病防治地区的江河、湖泊治理工程和人畜饮水、灌区改造等水利工程项目，改善水环境，导致钉螺孳生的；

（四）在血吸虫病防治地区未结合退耕还林、长江防护林建设、野生动物植物保护、湿地保护以及自然保护区建设等林业工程，开展血吸虫病综合防治的；

（五）未制定药物杀灭钉螺规范，或者未组织实施本行政区域内药物杀灭钉螺工作的；

（六）未组织开展血吸虫病筛查、治疗和预防性服药工作的；

（七）未依照本条例规定履行监督管理职责，或者发现违法行为不及时查处的；

（八）有违反本条例规定的其他失职、渎职行为的。

第四十九条 医疗机构、疾病预防控制机构、动物防疫监督机构或者植物检疫机构违反本条例规定，有下列情形之一的，由县级以上人民政府卫生主管部门、农业或者兽医主管部门依据各自职责责令限期改正，通报批评，给予警告；逾期不改正，造成血吸虫病传播、流行或者其他严重后果的，对负有责任的主管人员和其他直接责任人员依法给予降级、撤职、开除的处分，并可以依法吊销有关责任人员的执业证书；负有责任的主管人员和其他直接责任人员构成犯罪的，依法追究刑事责任：

（一）未依照本条例规定开展血吸虫病防治工作的；

（二）未定期对其工作人员进行血吸虫病防治知识、技能培训和考核的；

（三）发现急性血吸虫病疫情或者接到急性血吸虫病暴发、流行报告时，未及时采取措施的；

（四）未对本行政区域内出售、外运的家畜或者植物进行血吸虫病检疫的；

（五）未对经检疫发现的患血吸虫病的家畜实施药物治疗，或者未对发现的携带钉螺的植物实施杀灭钉螺的。

第五十条 建设单位在血吸虫病防治地区兴建水利、交通、旅游、能源等大型建设项目，未事先提请省级以上疾病预防控制机构进行卫生调查，或者未根据疾病预防控制机构的意见，采取必要的血吸虫病预防、控制措施的，由县级以上人民政府卫生主管部门责令限期改正，给予警告，处5000元以上3万元以下的罚款；逾期不改正的，处3万元以上10万元以下的罚款，并可以提请有关人民政府依据职责权限，责令停建、关闭；造成血吸虫病疫情扩散或者其他严重后果的，对负有责任的主管人员和其他直接责任人员依法给予处分。

第五十一条 单位和个人损坏或者擅自移动有钉螺地带警示标志的，由乡（镇）人民政府责令修复或者赔偿损失，给予警告；情节严重的，对单位处1000

元以上3000元以下的罚款，对个人处50元以上200元以下的罚款。

第五十二条 违反本条例规定，有下列情形之一的，由县级以上人民政府卫生、农业或者兽医、水利、林业主管部门依据各自职责责令改正，给予警告，对单位处1000元以上1万元以下的罚款，对个人处50元以上500元以下的罚款，并没收用于违法活动的工具和物品；造成血吸虫病疫情扩散或者其他严重后果的，对负有责任的主管人员和其他直接责任人员依法给予处分：

（一）单位未依照本条例的规定对因生产、工作必须接触疫水的人员采取防护措施，或者未定期组织进行血吸虫病的专项体检的；

（二）对政府有关部门采取的预防、控制措施不予配合的；

（三）使用国家明令禁止使用的药物杀灭钉螺的；

（四）引种在有钉螺地带培育的芦苇等植物或者农作物的种子、种苗等繁殖材料的；

（五）在血吸虫病防治地区施用未经无害化处理粪便的。

第七章　附　　则

第五十三条 本条例下列用语的含义：

血吸虫病，是血吸虫寄生于人体或者哺乳动物体内，导致其发病的一种寄生虫病。

疫水，是指含有血吸虫尾蚴的水体。

第五十四条 本条例自2006年5月1日起施行。

中华人民共和国国务院令
第 449 号

《放射性同位素与射线装置安全和防护条例》已经 2005 年 8 月 31 日国务院第 104 次常务会议通过，现予公布，自 2005 年 12 月 1 日起施行。

总理　温家宝

2005 年 9 月 14 日

放射性同位素与射线装置安全和防护条例

（2005 年 9 月 14 日国务院令第 449 号发布 根据 2014 年 7 月 29 日国务院令第 653 号《国务院关于修改部分行政法规的决定》修订）

目　　录

第一章　总　　则

第一条　为了加强对放射性同位素、射线装置安全和防护的监督管理，促进放射性同位素、射线装置的安全应用，保障人体健康，保护环境，制定本条例。

第二条　在中华人民共和国境内生产、销售、使用放射性同位素和射线装置，以及转让、进出口放射性同位素的，应当遵守本条例。

本条例所称放射性同位素包括放射源和非密封放射性物质。

第三条　国务院环境保护主管部门对全国放射性同位素、射线装置的安全和防护工作实施统一监督管理。

国务院公安、卫生等部门按照职责分工和本条例的规定，对有关放射性同位素、射线装置的安全和防护工作实施监督管理。

县级以上地方人民政府环境保护主管部门和其他有关部门，按照职责分工和本条例的规定，对本行政区域内放射性同位素、射线装置的安全和防护工作实施监督管理。

第四条 国家对放射源和射线装置实行分类管理。根据放射源、射线装置对人体健康和环境的潜在危害程度，从高到低将放射源分为Ⅰ类、Ⅱ类、Ⅲ类、Ⅳ类、Ⅴ类，具体分类办法由国务院环境保护主管部门制定；将射线装置分为Ⅰ类、Ⅱ类、Ⅲ类，具体分类办法由国务院环境保护主管部门商国务院卫生主管部门制定。

第二章　许可和备案

第五条 生产、销售、使用放射性同位素和射线装置的单位，应当依照本章规定取得许可证。

第六条 除医疗使用Ⅰ类放射源、制备正电子发射计算机断层扫描用放射性药物自用的单位外，生产放射性同位素、销售和使用Ⅰ类放射源、销售和使用Ⅰ类射线装置的单位的许可证，由国务院环境保护主管部门审批颁发。

除国务院环境保护主管部门审批颁发的许可证外，其他单位的许可证，由省、自治区、直辖市人民政府环境保护主管部门审批颁发。

国务院环境保护主管部门向生产放射性同位素的单位颁发许可证前，应当将申请材料印送其行业主管部门征求意见。

环境保护主管部门应当将审批颁发许可证的情况通报同级公安部门、卫生主管部门。

第七条 生产、销售、使用放射性同位素和射线装置的单位申请领取许可证，应当具备下列条件：

（一）有与所从事的生产、销售、使用活动规模相适应的，具备相应专业知识和防护知识及健康条件的专业技术人员；

（二）有符合国家环境保护标准、职业卫生标准和安全防护要求的场所、设施和设备；

（三）有专门的安全和防护管理机构或者专职、兼职安全和防护管理人员，并配备必要的防护用品和监测仪器；

（四）有健全的安全和防护管理规章制度、辐射事故应急措施；

（五）产生放射性废气、废液、固体废物的，具有确保放射性废气、废液、固体废物达标排放的处理能力或者可行的处理方案。

第八条 生产、销售、使用放射性同位素和射线装置的单位，应当事先向有审批权的环境保护主管部门提出许可申请，并提交符合本条例第七条规定条件的证明材料。

使用放射性同位素和射线装置进行放射诊疗的医疗卫生机构，还应当获得放射源诊疗技术和医用辐射机构许可。

第九条 环境保护主管部门应当自受理申请之日起 20 个工作日内完成审查，符合条件的，颁发许可证，并予以公告；不符合条件的，书面通知申请单位并说明理由。

第十条 许可证包括下列主要内容：

(一) 单位的名称、地址、法定代表人；

(二) 所从事活动的种类和范围；

(三) 有效期限；

(四) 发证日期和证书编号。

第十一条 持证单位变更单位名称、地址、法定代表人的，应当自变更登记之日起 20 日内，向原发证机关申请办理许可证变更手续。

第十二条 有下列情形之一的，持证单位应当按照原申请程序，重新申请领取许可证：

(一) 改变所从事活动的种类或者范围的；

(二) 新建或者改建、扩建生产、销售、使用设施或者场所的。

第十三条 许可证有效期为 5 年。有效期届满，需要延续的，持证单位应当于许可证有效期届满 30 日前，向原发证机关提出延续申请。原发证机关应当自受理延续申请之日起，在许可证有效期届满前完成审查，符合条件的，予以延续；不符合条件的，书面通知申请单位并说明理由。

第十四条 持证单位部分终止或者全部终止生产、销售、使用放射性同位素和射线装置活动的，应当向原发证机关提出部分变更或者注销许可证申请，由原发证机关核查合格后，予以变更或者注销许可证。

第十五条 禁止无许可证或者不按照许可证规定的种类和范围从事放射性同位素和射线装置的生产、销售、使用活动。

禁止伪造、变造、转让许可证。

第十六条 国务院对外贸易主管部门会同国务院环境保护主管部门、海关总署、国务院质量监督检验检疫部门和生产放射性同位素的单位的行业主管部门制定并公布限制进出口放射性同位素目录和禁止进出口放射性同位素目录。

进口列入限制进出口目录的放射性同位素，应当在国务院环境保护主管部门审查批准后，由国务院对外贸易主管部门依据国家对外贸易的有关规定签发进口许可证。进口限制进出口目录和禁止进出口目录之外的放射性同位素，依据国家对外贸易的有关规定办理进口手续。

第十七条 申请进口列入限制进出口目录的放射性同位素，应当符合下列要求：

（一）进口单位已经取得与所从事活动相符的许可证；

（二）进口单位具有进口放射性同位素使用期满后的处理方案，其中，进口Ⅰ类、Ⅱ类、Ⅲ类放射源的，应当具有原出口方负责回收的承诺文件；

（三）进口的放射源应当有明确标号和必要说明文件，其中，Ⅰ类、Ⅱ类、Ⅲ类放射源的标号应当刻制在放射源本体或者密封包壳体上，Ⅳ类、Ⅴ类放射源的标号应当记录在相应说明文件中；

（四）将进口的放射性同位素销售给其他单位使用的，还应当具有与使用单位签订的书面协议以及使用单位取得的许可证复印件。

第十八条 进口列入限制进出口目录的放射性同位素的单位，应当向国务院环境保护主管部门提出进口申请，并提交符合本条例第十七条规定要求的证明材料。

国务院环境保护主管部门应当自受理申请之日起 10 个工作日内完成审查，符合条件的，予以批准；不符合条件的，书面通知申请单位并说明理由。

海关验凭放射性同位素进口许可证办理有关进口手续。进口放射性同位素的包装材料依法需要实施检疫的，依照国家有关检疫法律、法规的规定执行。

对进口的放射源，国务院环境保护主管部门还应当同时确定与其标号相对应的放射源编码。

第十九条 申请转让放射性同位素，应当符合下列要求：

（一）转出、转入单位持有与所从事活动相符的许可证；

（二）转入单位具有放射性同位素使用期满后的处理方案；

（三）转让双方已经签订书面转让协议。

第二十条 转让放射性同位素，由转入单位向其所在地省、自治区、直辖市人民政府环境保护主管部门提出申请，并提交符合本条例第十九条规定要求的证明材料。

省、自治区、直辖市人民政府环境保护主管部门应当自受理申请之日起 15 个工作日内完成审查，符合条件的，予以批准；不符合条件的，书面通知申请单位并说明理由。

第二十一条 放射性同位素的转出、转入单位应当在转让活动完成之日起 20 日内，分别向其所在地省、自治区、直辖市人民政府环境保护主管部门备案。

第二十二条　生产放射性同位素的单位，应当建立放射性同位素产品台账，并按照国务院环境保护主管部门制定的编码规则，对生产的放射源统一编码。放射性同位素产品台账和放射源编码清单应当报国务院环境保护主管部门备案。

生产的放射源应当有明确标号和必要说明文件。其中，Ⅰ类、Ⅱ类、Ⅲ类放射源的标号应当刻制在放射源本体或者密封包壳体上，Ⅳ类、Ⅴ类放射源的标号应当记录在相应说明文件中。

国务院环境保护主管部门负责建立放射性同位素备案信息管理系统，与有关部门实行信息共享。

未列入产品台账的放射性同位素和未编码的放射源，不得出厂和销售。

第二十三条　持有放射源的单位将废旧放射源交回生产单位、返回原出口方或者送交放射性废物集中贮存单位贮存的，应当在该活动完成之日起20日内向其所在地省、自治区、直辖市人民政府环境保护主管部门备案。

第二十四条　本条例施行前生产和进口的放射性同位素，由放射性同位素持有单位在本条例施行之日起6个月内，到其所在地省、自治区、直辖市人民政府环境保护主管部门办理备案手续，省、自治区、直辖市人民政府环境保护主管部门应当对放射源进行统一编码。

第二十五条　使用放射性同位素的单位需要将放射性同位素转移到外省、自治区、直辖市使用的，应当持许可证复印件向使用地省、自治区、直辖市人民政府环境保护主管部门备案，并接受当地环境保护主管部门的监督管理。

第二十六条　出口列入限制进出口目录的放射性同位素，应当提供进口方可以合法持有放射性同位素的证明材料，并由国务院环境保护主管部门依照有关法律和我国缔结或者参加的国际条约、协定的规定，办理有关手续。

出口放射性同位素应当遵守国家对外贸易的有关规定。

第三章　安全和防护

第二十七条　生产、销售、使用放射性同位素和射线装置的单位，应当对本单位的放射性同位素、射线装置的安全和防护工作负责，并依法对其造成的放射性危害承担责任。

生产放射性同位素的单位的行业主管部门，应当加强对生产单位安全和防护工作的管理，并定期对其执行法律、法规和国家标准的情况进行监督检查。

第二十八条　生产、销售、使用放射性同位素和射线装置的单位，应当对直接从事生产、销售、使用活动的工作人员进行安全和防护知识教育培训，并进行考核；考核不合格的，不得上岗。

辐射安全关键岗位应当由注册核安全工程师担任。辐射安全关键岗位名录由国务院环境保护主管部门商国务院有关部门制定并公布。

第二十九条 生产、销售、使用放射性同位素和射线装置的单位，应当严格按照国家关于个人剂量监测和健康管理的规定，对直接从事生产、销售、使用活动的工作人员进行个人剂量监测和职业健康检查，建立个人剂量档案和职业健康监护档案。

第三十条 生产、销售、使用放射性同位素和射线装置的单位，应当对本单位的放射性同位素、射线装置的安全和防护状况进行年度评估。发现安全隐患的，应当立即进行整改。

第三十一条 生产、销售、使用放射性同位素和射线装置的单位需要终止的，应当事先对本单位的放射性同位素和放射性废物进行清理登记，作出妥善处理，不得留有安全隐患。生产、销售、使用放射性同位素和射线装置的单位发生变更的，由变更后的单位承担处理责任。变更前当事人对此另有约定的，从其约定；但是，约定中不得免除当事人的处理义务。

在本条例施行前已经终止的生产、销售、使用放射性同位素和射线装置的单位，其未安全处理的废旧放射源和放射性废物，由所在地省、自治区、直辖市人民政府环境保护主管部门提出处理方案，及时进行处理。所需经费由省级以上人民政府承担。

第三十二条 生产、进口放射源的单位销售Ⅰ类、Ⅱ类、Ⅲ类放射源给其他单位使用的，应当与使用放射源的单位签订废旧放射源返回协议；使用放射源的单位应当按照废旧放射源返回协议规定将废旧放射源交回生产单位或者返回原出口方。确实无法交回生产单位或者返回原出口方的，送交有相应资质的放射性废物集中贮存单位贮存。

使用放射源的单位应当按照国务院环境保护主管部门的规定，将Ⅳ类、Ⅴ类废旧放射源进行包装整备后送交有相应资质的放射性废物集中贮存单位贮存。

第三十三条 使用Ⅰ类、Ⅱ类、Ⅲ类放射源的场所和生产放射性同位素的场所，以及终结运行后产生放射性污染的射线装置，应当依法实施退役。

第三十四条 生产、销售、使用、贮存放射性同位素和射线装置的场所，应当按照国家有关规定设置明显的放射性标志，其入口处应当按照国家有关安全和防护标准的要求，设置安全和防护设施以及必要的防护安全联锁、报警装置或者工作信号。射线装置的生产调试和使用场所，应当具有防止误操作、防止工作人员和公众受到意外照射的安全措施。

放射性同位素的包装容器、含放射性同位素的设备和射线装置，应当设置明显的放射性标识和中文警示说明；放射源上能够设置放射性标识的，应当一并设置。运输放射性同位素和含放射源的射线装置的工具，应当按照国家有关规定设置明显的放射性标志或者显示危险信号。

第三十五条 放射性同位素应当单独存放，不得与易燃、易爆、腐蚀性物品等一起存放，并指定专人负责保管。贮存、领取、使用、归还放射性同位素时，应当进行登记、检查，做到账物相符。对放射性同位素贮存场所应当采取防火、防水、防盗、防丢失、防破坏、防射线泄漏的安全措施。

对放射源还应当根据其潜在危害的大小，建立相应的多层防护和安全措施，并对可移动的放射源定期进行盘存，确保其处于指定位置，具有可靠的安全保障。

第三十六条 在室外、野外使用放射性同位素和射线装置的，应当按照国家安全和防护标准的要求划出安全防护区域，设置明显的放射性标志，必要时设专人警戒。

在野外进行放射性同位素示踪试验的，应当经省级以上人民政府环境保护主管部门商同级有关部门批准方可进行。

第三十七条 辐射防护器材、含放射性同位素的设备和射线装置，以及含有放射性物质的产品和伴有产生 X 射线的电器产品，应当符合辐射防护要求。不合格的产品不得出厂和销售。

第三十八条 使用放射性同位素和射线装置进行放射诊疗的医疗卫生机构，应当依据国务院卫生主管部门有关规定和国家标准，制定与本单位从事的诊疗项目相适应的质量保证方案，遵守质量保证监测规范，按照医疗照射正当化和辐射防护最优化的原则，避免一切不必要的照射，并事先告知患者和受检者辐射对健康的潜在影响。

第三十九条 金属冶炼厂回收冶炼废旧金属时，应当采取必要的监测措施，防止放射性物质熔入产品中。监测中发现问题的，应当及时通知所在地设区的市级以上人民政府环境保护主管部门。

第四章 辐射事故应急处理

第四十条 根据辐射事故的性质、严重程度、可控性和影响范围等因素，从重到轻将辐射事故分为特别重大辐射事故、重大辐射事故、较大辐射事故和一般辐射事故四个等级。

特别重大辐射事故，是指Ⅰ类、Ⅱ类放射源丢失、被盗、失控造成大范围严重辐射污染后果，或者放射性同位素和射线装置失控导致 3 人以上(含 3 人)急性死亡。

重大辐射事故，是指Ⅰ类、Ⅱ类放射源丢失、被盗、失控，或者放射性同位素和射线装置失控导致 2 人以下(含 2 人)急性死亡或者 10 人以上(含 10 人)

急性重度放射病、局部器官残疾。

较大辐射事故，是指Ⅲ类放射源丢失、被盗、失控，或者放射性同位素和射线装置失控导致9人以下(含9人)急性重度放射病、局部器官残疾。

一般辐射事故，是指Ⅳ类、Ⅴ类放射源丢失、被盗、失控，或者放射性同位素和射线装置失控导致人员受到超过年剂量限值的照射。

第四十一条 县级以上人民政府环境保护主管部门应当会同同级公安、卫生、财政等部门编制辐射事故应急预案，报本级人民政府批准。辐射事故应急预案应当包括下列内容：

(一) 应急机构和职责分工；

(二) 应急人员的组织、培训以及应急和救助的装备、资金、物资准备；

(三) 辐射事故分级与应急响应措施；

(四) 辐射事故调查、报告和处理程序。

生产、销售、使用放射性同位素和射线装置的单位，应当根据可能发生的辐射事故的风险，制定本单位的应急方案，做好应急准备。

第四十二条 发生辐射事故时，生产、销售、使用放射性同位素和射线装置的单位应当立即启动本单位的应急方案，采取应急措施，并立即向当地环境保护主管部门、公安部门、卫生主管部门报告。

环境保护主管部门、公安部门、卫生主管部门接到辐射事故报告后，应当立即派人赶赴现场，进行现场调查，采取有效措施，控制并消除事故影响，同时将辐射事故信息报告本级人民政府和上级人民政府环境保护主管部门、公安部门、卫生主管部门。

县级以上地方人民政府及其有关部门接到辐射事故报告后，应当按照事故分级报告的规定及时将辐射事故信息报告上级人民政府及其有关部门。发生特别重大辐射事故和重大辐射事故后，事故发生地省、自治区、直辖市人民政府和国务院有关部门应当在4小时内报告国务院；特殊情况下，事故发生地人民政府及其有关部门可以直接向国务院报告，并同时报告上级人民政府及其有关部门。

禁止缓报、瞒报、谎报或者漏报辐射事故。

第四十三条 在发生辐射事故或者有证据证明辐射事故可能发生时，县级以上人民政府环境保护主管部门有权采取下列临时控制措施：

(一) 责令停止导致或者可能导致辐射事故的作业；

(二) 组织控制事故现场。

第四十四条 辐射事故发生后，有关县级以上人民政府应当按照辐射事故的等级，启动并组织实施相应的应急预案。

县级以上人民政府环境保护主管部门、公安部门、卫生主管部门，按照职责分工做好相应的辐射事故应急工作：

（一）环境保护主管部门负责辐射事故的应急响应、调查处理和定性定级工作，协助公安部门监控追缴丢失、被盗的放射源；

（二）公安部门负责丢失、被盗放射源的立案侦查和追缴；

（三）卫生主管部门负责辐射事故的医疗应急。

环境保护主管部门、公安部门、卫生主管部门应当及时相互通报辐射事故应急响应、调查处理、定性定级、立案侦查和医疗应急情况。国务院指定的部门根据环境保护主管部门确定的辐射事故的性质和级别，负责有关国际信息通报工作。

第四十五条 发生辐射事故的单位应当立即将可能受到辐射伤害的人员送至当地卫生主管部门指定的医院或者有条件救治辐射损伤病人的医院，进行检查和治疗，或者请求医院立即派人赶赴事故现场，采取救治措施。

第五章 监督检查

第四十六条 县级以上人民政府环境保护主管部门和其他有关部门应当按照各自职责对生产、销售、使用放射性同位素和射线装置的单位进行监督检查。

被检查单位应当予以配合，如实反映情况，提供必要的资料，不得拒绝和阻碍。

第四十七条 县级以上人民政府环境保护主管部门应当配备辐射防护安全监督员。辐射防护安全监督员由从事辐射防护工作，具有辐射防护安全知识并经省级以上人民政府环境保护主管部门认可的专业人员担任。辐射防护安全监督员应当定期接受专业知识培训和考核。

第四十八条 县级以上人民政府环境保护主管部门在监督检查中发现生产、销售、使用放射性同位素和射线装置的单位有不符合原发证条件的情形的，应当责令其限期整改。

监督检查人员依法进行监督检查时，应当出示证件，并为被检查单位保守技术秘密和业务秘密。

第四十九条 任何单位和个人对违反本条例的行为，有权向环境保护主管部门和其他有关部门检举；对环境保护主管部门和其他有关部门未依法履行监督管理职责的行为，有权向本级人民政府、上级人民政府有关部门检举。接到举报的有关人民政府、环境保护主管部门和其他有关部门对有关举报应当及时核实、处理。

第六章　法律责任

第五十条　违反本条例规定，县级以上人民政府环境保护主管部门有下列行为之一的，对直接负责的主管人员和其他直接责任人员，依法给予行政处分；构成犯罪的，依法追究刑事责任：

（一）向不符合本条例规定条件的单位颁发许可证或者批准不符合本条例规定条件的单位进口、转让放射性同位素的；

（二）发现未依法取得许可证的单位擅自生产、销售、使用放射性同位素和射线装置，不予查处或者接到举报后不依法处理的；

（三）发现未经依法批准擅自进口、转让放射性同位素，不予查处或者接到举报后不依法处理的；

（四）对依法取得许可证的单位不履行监督管理职责或者发现违反本条例规定的行为不予查处的；

（五）在放射性同位素、射线装置安全和防护监督管理工作中有其他渎职行为的。

第五十一条　违反本条例规定，县级以上人民政府环境保护主管部门和其他有关部门有下列行为之一的，对直接负责的主管人员和其他直接责任人员，依法给予行政处分；构成犯罪的，依法追究刑事责任：

（一）缓报、瞒报、谎报或者漏报辐射事故的；

（二）未按照规定编制辐射事故应急预案或者不依法履行辐射事故应急职责的。

第五十二条　违反本条例规定，生产、销售、使用放射性同位素和射线装置的单位有下列行为之一的，由县级以上人民政府环境保护主管部门责令停止违法行为，限期改正；逾期不改正的，责令停产停业或者由原发证机关吊销许可证；有违法所得的，没收违法所得；违法所得10万元以上的，并处违法所得1倍以上5倍以下的罚款；没有违法所得或者违法所得不足10万元的，并处1万元以上10万元以下的罚款：

（一）无许可证从事放射性同位素和射线装置生产、销售、使用活动的；

（二）未按照许可证的规定从事放射性同位素和射线装置生产、销售、使用活动的；

（三）改变所从事活动的种类或者范围以及新建、改建或者扩建生产、销售、使用设施或者场所，未按照规定重新申请领取许可证的；

（四）许可证有效期届满，需要延续而未按照规定办理延续手续的；

（五）未经批准，擅自进口或者转让放射性同位素的。

第五十三条 违反本条例规定，生产、销售、使用放射性同位素和射线装置的单位变更单位名称、地址、法定代表人，未依法办理许可证变更手续的，由县级以上人民政府环境保护主管部门责令限期改正，给予警告；逾期不改正的，由原发证机关暂扣或者吊销许可证。

第五十四条 违反本条例规定，生产、销售、使用放射性同位素和射线装置的单位部分终止或者全部终止生产、销售、使用活动，未按照规定办理许可证变更或者注销手续的，由县级以上人民政府环境保护主管部门责令停止违法行为，限期改正；逾期不改正的，处 1 万元以上 10 万元以下的罚款；造成辐射事故，构成犯罪的，依法追究刑事责任。

第五十五条 违反本条例规定，伪造、变造、转让许可证的，由县级以上人民政府环境保护主管部门收缴伪造、变造的许可证或者由原发证机关吊销许可证，并处 5 万元以上 10 万元以下的罚款；构成犯罪的，依法追究刑事责任。

违反本条例规定，伪造、变造、转让放射性同位素进口和转让批准文件的，由县级以上人民政府环境保护主管部门收缴伪造、变造的批准文件或者由原批准机关撤销批准文件，并处 5 万元以上 10 万元以下的罚款；情节严重的，可以由原发证机关吊销许可证；构成犯罪的，依法追究刑事责任。

第五十六条 违反本条例规定，生产、销售、使用放射性同位素的单位有下列行为之一的，由县级以上人民政府环境保护主管部门责令限期改正，给予警告；逾期不改正的，由原发证机关暂扣或者吊销许可证：

（一）转入、转出放射性同位素未按照规定备案的；

（二）将放射性同位素转移到外省、自治区、直辖市使用，未按照规定备案的；

（三）将废旧放射源交回生产单位、返回原出口方或者送交放射性废物集中贮存单位贮存，未按照规定备案的。

第五十七条 违反本条例规定，生产、销售、使用放射性同位素和射线装置的单位有下列行为之一的，由县级以上人民政府环境保护主管部门责令停止违法行为，限期改正；逾期不改正的，处 1 万元以上 10 万元以下的罚款：

（一）在室外、野外使用放射性同位素和射线装置，未按照国家有关安全和防护标准的要求划出安全防护区域和设置明显的放射性标志的；

（二）未经批准擅自在野外进行放射性同位素示踪试验的。

第五十八条 违反本条例规定，生产放射性同位素的单位有下列行为之一的，由县级以上人民政府环境保护主管部门责令限期改正，给予警告；逾期不改正的，依法收缴其未备案的放射性同位素和未编码的放射源，处 5 万元以上

10 万元以下的罚款，并可以由原发证机关暂扣或者吊销许可证：

（一）未建立放射性同位素产品台账的；

（二）未按照国务院环境保护主管部门制定的编码规则，对生产的放射源进行统一编码的；

（三）未将放射性同位素产品台账和放射源编码清单报国务院环境保护主管部门备案的；

（四）出厂或者销售未列入产品台账的放射性同位素和未编码的放射源的。

第五十九条 违反本条例规定，生产、销售、使用放射性同位素和射线装置的单位有下列行为之一的，由县级以上人民政府环境保护主管部门责令停止违法行为，限期改正；逾期不改正的，由原发证机关指定有处理能力的单位代为处理或者实施退役，费用由生产、销售、使用放射性同位素和射线装置的单位承担，并处 1 万元以上 10 万元以下的罚款：

（一）未按照规定对废旧放射源进行处理的；

（二）未按照规定对使用Ⅰ类、Ⅱ类、Ⅲ类放射源的场所和生产放射性同位素的场所，以及终结运行后产生放射性污染的射线装置实施退役的。

第六十条 违反本条例规定，生产、销售、使用放射性同位素和射线装置的单位有下列行为之一的，由县级以上人民政府环境保护主管部门责令停止违法行为，限期改正；逾期不改正的，责令停产停业，并处 2 万元以上 20 万元以下的罚款；构成犯罪的，依法追究刑事责任：

（一）未按照规定对本单位的放射性同位素、射线装置安全和防护状况进行评估或者发现安全隐患不及时整改的；

（二）生产、销售、使用、贮存放射性同位素和射线装置的场所未按照规定设置安全和防护设施以及放射性标志的。

第六十一条 违反本条例规定，造成辐射事故的，由原发证机关责令限期改正，并处 5 万元以上 20 万元以下的罚款；情节严重的，由原发证机关吊销许可证；构成违反治安管理行为的，由公安机关依法予以治安处罚；构成犯罪的，依法追究刑事责任。

因辐射事故造成他人损害的，依法承担民事责任。

第六十二条 生产、销售、使用放射性同位素和射线装置的单位被责令限期整改，逾期不整改或者经整改仍不符合原发证条件的，由原发证机关暂扣或者吊销许可证。

第六十三条 违反本条例规定，被依法吊销许可证的单位或者伪造、变造许可证的单位，5 年内不得申请领取许可证。

第六十四条 县级以上地方人民政府环境保护主管部门的行政处罚权限的

划分，由省、自治区、直辖市人民政府确定。

第七章　附　　则

第六十五条　军用放射性同位素、射线装置安全和防护的监督管理，依照《中华人民共和国放射性污染防治法》第六十条的规定执行。

第六十六条　劳动者在职业活动中接触放射性同位素和射线装置造成的职业病的防治，依照《中华人民共和国职业病防治法》和国务院有关规定执行。

第六十七条　放射性同位素的运输，放射性同位素和射线装置生产、销售、使用过程中产生的放射性废物的处置，依照国务院有关规定执行。

第六十八条　本条例中下列用语的含义：

放射性同位素，是指某种发生放射性衰变的元素中具有相同原子序数但质量不同的核素。

放射源，是指除研究堆和动力堆核燃料循环范畴的材料以外，永久密封在容器中或者有严密包层并呈固态的放射性材料。

射线装置，是指 X 线机、加速器、中子发生器以及含放射源的装置。

非密封放射性物质，是指非永久密封在包壳里或者紧密地固结在覆盖层里的放射性物质。

转让，是指除进出口、回收活动之外，放射性同位素所有权或者使用权在不同持有者之间的转移。

伴有产生 X 射线的电器产品，是指不以产生 X 射线为目的，但在生产或者使用过程中产生 X 射线的电器产品。

辐射事故，是指放射源丢失、被盗、失控，或者放射性同位素和射线装置失控导致人员受到意外的异常照射。

第六十九条　本条例自 2005 年 12 月 1 日起施行。1989 年 10 月 24 日国务院发布的《放射性同位素与射线装置放射防护条例》同时废止。

中华人民共和国国务院令

第 423 号

《劳动保障监察条例》已经 2004 年 10 月 26 日国务院第 68 次常务会议通过，现予公布，自 2004 年 12 月 1 日起施行。

总理　温家宝

2004 年 11 月 1 日

劳动保障监察条例

目　　录

第一章　总　　则

第一条　为了贯彻实施劳动和社会保障(以下称劳动保障)法律、法规和规章，规范劳动保障监察工作，维护劳动者的合法权益，根据劳动法和有关法律，制定本条例。

第二条　对企业和个体工商户(以下称用人单位)进行劳动保障监察，适用本条例。

对职业介绍机构、职业技能培训机构和职业技能考核鉴定机构进行劳动保障监察，依照本条例执行。

第三条　国务院劳动保障行政部门主管全国的劳动保障监察工作。县级以上地方各级人民政府劳动保障行政部门主管本行政区域内的劳动保障监察工作。

县级以上各级人民政府有关部门根据各自职责，支持、协助劳动保障行政部门的劳动保障监察工作。

第四条　县级、设区的市级人民政府劳动保障行政部门可以委托符合监察执法条件的组织实施劳动保障监察。

劳动保障行政部门和受委托实施劳动保障监察的组织中的劳动保障监察员应当经过相应的考核或者考试录用。

劳动保障监察证件由国务院劳动保障行政部门监制。

第五条 县级以上地方各级人民政府应当加强劳动保障监察工作。劳动保障监察所需经费列入本级财政预算。

第六条 用人单位应当遵守劳动保障法律、法规和规章，接受并配合劳动保障监察。

第七条 各级工会依法维护劳动者的合法权益，对用人单位遵守劳动保障法律、法规和规章的情况进行监督。

劳动保障行政部门在劳动保障监察工作中应当注意听取工会组织的意见和建议。

第八条 劳动保障监察遵循公正、公开、高效、便民的原则。

实施劳动保障监察，坚持教育与处罚相结合，接受社会监督。

第九条 任何组织或者个人对违反劳动保障法律、法规或者规章的行为，有权向劳动保障行政部门举报。

劳动者认为用人单位侵犯其劳动保障合法权益的，有权向劳动保障行政部门投诉。

劳动保障行政部门应当为举报人保密；对举报属实，为查处重大违反劳动保障法律、法规或者规章的行为提供主要线索和证据的举报人，给予奖励。

第二章 劳动保障监察职责

第十条 劳动保障行政部门实施劳动保障监察，履行下列职责：

（一）宣传劳动保障法律、法规和规章，督促用人单位贯彻执行；

（二）检查用人单位遵守劳动保障法律、法规和规章的情况；

（三）受理对违反劳动保障法律、法规或者规章的行为的举报、投诉；

（四）依法纠正和查处违反劳动保障法律、法规或者规章的行为。

第十一条 劳动保障行政部门对下列事项实施劳动保障监察：

（一）用人单位制定内部劳动保障规章制度的情况；

（二）用人单位与劳动者订立劳动合同的情况；

（三）用人单位遵守禁止使用童工规定的情况；

（四）用人单位遵守女职工和未成年工特殊劳动保护规定的情况；

（五）用人单位遵守工作时间和休息休假规定的情况；

（六）用人单位支付劳动者工资和执行最低工资标准的情况；

（七）用人单位参加各项社会保险和缴纳社会保险费的情况；

（八）职业介绍机构、职业技能培训机构和职业技能考核鉴定机构遵守国家有关职业介绍、职业技能培训和职业技能考核鉴定的规定的情况；

（九）法律、法规规定的其他劳动保障监察事项。

第十二条 劳动保障监察员依法履行劳动保障监察职责，受法律保护。

劳动保障监察员应当忠于职守，秉公执法，勤政廉洁，保守秘密。

任何组织或者个人对劳动保障监察员的违法违纪行为，有权向劳动保障行政部门或者有关机关检举、控告。

第三章 劳动保障监察的实施

第十三条 对用人单位的劳动保障监察，由用人单位用工所在地的县级或者设区的市级劳动保障行政部门管辖。

上级劳动保障行政部门根据工作需要，可以调查处理下级劳动保障行政部门管辖的案件。劳动保障行政部门对劳动保障监察管辖发生争议的，报请共同的上一级劳动保障行政部门指定管辖。

省、自治区、直辖市人民政府可以对劳动保障监察的管辖制定具体办法。

第十四条 劳动保障监察以日常巡视检查、审查用人单位按照要求报送的书面材料以及接受举报投诉等形式进行。

劳动保障行政部门认为用人单位有违反劳动保障法律、法规或者规章的行为，需要进行调查处理的，应当及时立案。

劳动保障行政部门或者受委托实施劳动保障监察的组织应当设立举报、投诉信箱和电话。

对因违反劳动保障法律、法规或者规章的行为引起的群体性事件，劳动保障行政部门应当根据应急预案，迅速会同有关部门处理。

第十五条 劳动保障行政部门实施劳动保障监察，有权采取下列调查、检查措施：

（一）进入用人单位的劳动场所进行检查；

（二）就调查、检查事项询问有关人员；

（三）要求用人单位提供与调查、检查事项相关的文件资料，并作出解释和说明，必要时可以发出调查询问书；

（四）采取记录、录音、录像、照像或者复制等方式收集有关情况和资料；

（五）委托会计师事务所对用人单位工资支付、缴纳社会保险费的情况进行审计；

（六）法律、法规规定可以由劳动保障行政部门采取的其他调查、检查措施。

劳动保障行政部门对事实清楚、证据确凿、可以当场处理的违反劳动保障法律、法规或者规章的行为有权当场予以纠正。

第十六条 劳动保障监察员进行调查、检查，不得少于2人，并应当佩戴劳动保障监察标志、出示劳动保障监察证件。

劳动保障监察员办理的劳动保障监察事项与本人或者其近亲属有直接利害关系的，应当回避。

第十七条 劳动保障行政部门对违反劳动保障法律、法规或者规章的行为的调查，应当自立案之日起60个工作日内完成；对情况复杂的，经劳动保障行政部门负责人批准，可以延长30个工作日。

第十八条 劳动保障行政部门对违反劳动保障法律、法规或者规章的行为，根据调查、检查的结果，作出以下处理：

（一）对依法应当受到行政处罚的，依法作出行政处罚决定；

（二）对应当改正未改正的，依法责令改正或者作出相应的行政处理决定；

（三）对情节轻微且已改正的，撤销立案。

发现违法案件不属于劳动保障监察事项的，应当及时移送有关部门处理；涉嫌犯罪的，应当依法移送司法机关。

第十九条 劳动保障行政部门对违反劳动保障法律、法规或者规章的行为作出行政处罚或者行政处理决定前，应当听取用人单位的陈述、申辩；作出行政处罚或者行政处理决定，应当告知用人单位依法享有申请行政复议或者提起行政诉讼的权利。

第二十条 违反劳动保障法律、法规或者规章的行为在2年内未被劳动保障行政部门发现，也未被举报、投诉的，劳动保障行政部门不再查处。

前款规定的期限，自违反劳动保障法律、法规或者规章的行为发生之日起计算；违反劳动保障法律、法规或者规章的行为有连续或者继续状态的，自行为终了之日起计算。

第二十一条 用人单位违反劳动保障法律、法规或者规章，对劳动者造成损害的，依法承担赔偿责任。劳动者与用人单位就赔偿发生争议的，依照国家有关劳动争议处理的规定处理。

对应当通过劳动争议处理程序解决的事项或者已经按照劳动争议处理程序申请调解、仲裁或者已经提起诉讼的事项，劳动保障行政部门应当告知投诉人依照劳动争议处理或者诉讼的程序办理。

第二十二条 劳动保障行政部门应当建立用人单位劳动保障守法诚信档案。用人单位有重大违反劳动保障法律、法规或者规章的行为的，由有关的劳动保障行政部门向社会公布。

第四章 法律责任

第二十三条 用人单位有下列行为之一的，由劳动保障行政部门责令改正，按照受侵害的劳动者每人1000元以上5000元以下的标准计算，处以罚款：

（一）安排女职工从事矿山井下劳动、国家规定的第四级体力劳动强度的劳动或者其他禁忌从事的劳动的；

（二）安排女职工在经期从事高处、低温、冷水作业或者国家规定的第三级体力劳动强度的劳动的；

（三）安排女职工在怀孕期间从事国家规定的第三级体力劳动强度的劳动或者孕期禁忌从事的劳动的；

（四）安排怀孕7个月以上的女职工夜班劳动或者延长其工作时间的；

（五）女职工生育享受产假少于90天的；

（六）安排女职工在哺乳未满1周岁的婴儿期间从事国家规定的第三级体力劳动强度的劳动或者哺乳期禁忌从事的其他劳动，以及延长其工作时间或者安排其夜班劳动的；

（七）安排未成年工从事矿山井下、有毒有害、国家规定的第四级体力劳动强度的劳动或者其他禁忌从事的劳动的；

（八）未对未成年工定期进行健康检查的。

第二十四条 用人单位与劳动者建立劳动关系不依法订立劳动合同的，由劳动保障行政部门责令改正。

第二十五条 用人单位违反劳动保障法律、法规或者规章延长劳动者工作时间的，由劳动保障行政部门给予警告，责令限期改正，并可以按照受侵害的劳动者每人100元以上500元以下的标准计算，处以罚款。

第二十六条 用人单位有下列行为之一的，由劳动保障行政部门分别责令限期支付劳动者的工资报酬、劳动者工资低于当地最低工资标准的差额或者解除劳动合同的经济补偿；逾期不支付的，责令用人单位按照应付金额50%以上1倍以下的标准计算，向劳动者加付赔偿金：

（一）克扣或者无故拖欠劳动者工资报酬的；

（二）支付劳动者的工资低于当地最低工资标准的；

（三）解除劳动合同未依法给予劳动者经济补偿的。

第二十七条 用人单位向社会保险经办机构申报应缴纳的社会保险费数额时，瞒报工资总额或者职工人数的，由劳动保障行政部门责令改正，并处瞒报工资数额1倍以上3倍以下的罚款。

骗取社会保险待遇或者骗取社会保险基金支出的，由劳动保障行政部门责令退还，并处骗取金额1倍以上3倍以下的罚款；构成犯罪的，依法追究刑事责任。

第二十八条 职业介绍机构、职业技能培训机构或者职业技能考核鉴定机构违反国家有关职业介绍、职业技能培训或者职业技能考核鉴定的规定的，由劳动保障行政部门责令改正，没收违法所得，并处1万元以上5万元以下的罚款；情节严重的，吊销许可证。

未经劳动保障行政部门许可，从事职业介绍、职业技能培训或者职业技能考核鉴定的组织或者个人，由劳动保障行政部门、工商行政管理部门依照国家有关无照经营查处取缔的规定查处取缔。

第二十九条 用人单位违反《中华人民共和国工会法》，有下列行为之一的，由劳动保障行政部门责令改正：

（一）阻挠劳动者依法参加和组织工会，或者阻挠上级工会帮助、指导劳动者筹建工会的；

（二）无正当理由调动依法履行职责的工会工作人员的工作岗位，进行打击报复的；

（三）劳动者因参加工会活动而被解除劳动合同的；

（四）工会工作人员因依法履行职责被解除劳动合同的。

第三十条 有下列行为之一的，由劳动保障行政部门责令改正；对有第（一）项、第（二）项或者第（三）项规定的行为的，处2000元以上2万元以下的罚款：

（一）无理抗拒、阻挠劳动保障行政部门依照本条例的规定实施劳动保障监察的；

（二）不按照劳动保障行政部门的要求报送书面材料，隐瞒事实真相，出具伪证或者隐匿、毁灭证据的；

（三）经劳动保障行政部门责令改正拒不改正，或者拒不履行劳动保障行政部门的行政处理决定的；

（四）打击报复举报人、投诉人的。

违反前款规定，构成违反治安管理行为的，由公安机关依法给予治安管理处罚；构成犯罪的，依法追究刑事责任。

第三十一条 劳动保障监察员滥用职权、玩忽职守、徇私舞弊或者泄漏在履行职责过程中知悉的商业秘密的，依法给予行政处分；构成犯罪的，依法追究刑事责任。

劳动保障行政部门和劳动保障监察员违法行使职权，侵犯用人单位或者劳动者的合法权益的，依法承担赔偿责任。

第三十二条 属于本条例规定的劳动保障监察事项，法律、其他行政法规对处罚另有规定的，从其规定。

第五章 附 则

第三十三条 对无营业执照或者已被依法吊销营业执照，有劳动用工行为的，由劳动保障行政部门依照本条例实施劳动保障监察，并及时通报工商行政管理部门予以查处取缔。

第三十四条 国家机关、事业单位、社会团体执行劳动保障法律、法规和规章的情况，由劳动保障行政部门根据其职责，依照本条例实施劳动保障监察。

第三十五条 劳动安全卫生的监督检查，由卫生部门、安全生产监督管理部门、特种设备安全监督管理部门等有关部门依照有关法律、行政法规的规定执行。

第三十六条 本条例自 2004 年 12 月 1 日起施行。

中华人民共和国国务院令
第 364 号

《禁止使用童工规定》已经 2002 年 9 月 18 日国务院第 63 次常务会议通过，现予公布，自 2002 年 12 月 1 日起施行。

总理　朱镕基

2002 年 10 月 1 日

禁止使用童工规定

第一条　为保护未成年人的身心健康，促进义务教育制度的实施，维护未成年人的合法权益，根据宪法和劳动法、未成年人保护法，制定本规定。

第二条　国家机关、社会团体、企业事业单位、民办非企业单位或者个体工商户(以下统称用人单位)均不得招用不满 16 周岁的未成年人(招用不满 16 周岁的未成年人，以下统称使用童工)。

禁止任何单位或者个人为不满 16 周岁的未成年人介绍就业。

禁止不满 16 周岁的未成年人开业从事个体经营活动。

第三条　不满 16 周岁的未成年人的父母或者其他监护人应当保护其身心健康，保障其接受义务教育的权利，不得允许其被用人单位非法招用。

不满 16 周岁的未成年人的父母或者其他监护人允许其被用人单位非法招用的，所在地的乡(镇)人民政府、城市街道办事处以及村民委员会、居民委员会应当给予批评教育。

第四条　用人单位招用人员时，必须核查被招用人员的身份证；对不满 16 周岁的未成年人，一律不得录用。用人单位录用人员的录用登记、核查材料应当妥善保管。

第五条　县级以上各级人民政府劳动保障行政部门负责本规定执行情况的监督检查。

县级以上各级人民政府公安、工商行政管理、教育、卫生等行政部门在各自职责范围内对本规定的执行情况进行监督检查，并对劳动保障行政部门的监督检查给予配合。

工会、共青团、妇联等群众组织应当依法维护未成年人的合法权益。

任何单位或者个人发现使用童工的，均有权向县级以上人民政府劳动保障行政部门举报。

第六条 用人单位使用童工的，由劳动保障行政部门按照每使用一名童工每月处5000元罚款的标准给予处罚；在使用有毒物品的作业场所使用童工的，按照《使用有毒物品作业场所劳动保护条例》规定的罚款幅度，或者按照每使用一名童工每月处5000元罚款的标准，从重处罚。劳动保障行政部门并应当责令用人单位限期将童工送回原居住地交其父母或者其他监护人，所需交通和食宿费用全部由用人单位承担。

用人单位经劳动保障行政部门依照前款规定责令限期改正，逾期仍不将童工送交其父母或者其他监护人的，从责令限期改正之日起，由劳动保障行政部门按照每使用一名童工每月处1万元罚款的标准处罚，并由工商行政管理部门吊销其营业执照或者由民政部门撤销民办非企业单位登记；用人单位是国家机关、事业单位的，由有关单位依法对直接负责的主管人员和其他直接责任人员给予降级或者撤职的行政处分或者纪律处分。

第七条 单位或者个人为不满16周岁的未成年人介绍就业的，由劳动保障行政部门按照每介绍一人处5000元罚款的标准给予处罚；职业中介机构为不满16周岁的未成年人介绍就业的，并由劳动保障行政部门吊销其职业介绍许可证。

第八条 用人单位未按照本规定第四条的规定保存录用登记材料，或者伪造录用登记材料的，由劳动保障行政部门处1万元的罚款。

第九条 无营业执照、被依法吊销营业执照的单位以及未依法登记、备案的单位使用童工或者介绍童工就业的，依照本规定第六条、第七条、第八条规定的标准加一倍罚款，该非法单位由有关的行政主管部门予以取缔。

第十条 童工患病或者受伤的，用人单位应当负责送到医疗机构治疗，并负担治疗期间的全部医疗和生活费用。

童工伤残或者死亡的，用人单位由工商行政管理部门吊销营业执照或者由民政部门撤销民办非企业单位登记；用人单位是国家机关、事业单位的，由有关单位依法对直接负责的主管人员和其他直接责任人员给予降级或者撤职的行政处分或者纪律处分；用人单位还应当一次性地对伤残的童工、死亡童工的直系亲属给予赔偿，赔偿金额按照国家工伤保险的有关规定计算。

第十一条 拐骗童工，强迫童工劳动，使用童工从事高空、井下、放射性、高毒、易燃易爆以及国家规定的第四级体力劳动强度的劳动，使用不满14周岁的童工，或者造成童工死亡或者严重伤残的，依照刑法关于拐卖儿童罪、强迫劳动罪或者其他罪的规定，依法追究刑事责任。

第十二条 国家行政机关工作人员有下列行为之一的，依法给予记大过或者降级的行政处分；情节严重的，依法给予撤职或者开除的行政处分；构成犯罪的，依照刑法关于滥用职权罪、玩忽职守罪或者其他罪的规定，依法追究刑事责任：

（一）劳动保障等有关部门工作人员在禁止使用童工的监督检查工作中发现使用童工的情况，不予制止、纠正、查处的；

（二）公安机关的人民警察违反规定发放身份证或者在身份证上登录虚假出生年月的；

（三）工商行政管理部门工作人员发现申请人是不满16周岁的未成年人，仍然为其从事个体经营发放营业执照的。

第十三条 文艺、体育单位经未成年人的父母或者其他监护人同意，可以招用不满16周岁的专业文艺工作者、运动员。用人单位应当保障被招用的不满16周岁的未成年人的身心健康，保障其接受义务教育的权利。文艺、体育单位招用不满16周岁的专业文艺工作者、运动员的办法，由国务院劳动保障行政部门会同国务院文化、体育行政部门制定。

学校、其他教育机构以及职业培训机构按照国家有关规定组织不满16周岁的未成年人进行不影响其人身安全和身心健康的教育实践劳动、职业技能培训劳动，不属于使用童工。

第十四条 本规定自2002年12月1日起施行。1991年4月15日国务院发布的《禁止使用童工规定》同时废止。

中华人民共和国国务院令

第 352 号

《使用有毒物品作业场所劳动保护条例》已经 2002 年 4 月 30 日国务院第 57 次常务会议通过，现予公布，自公布之日起施行。

总理　朱镕基

2002 年 5 月 12 日

使用有毒物品作业场所劳动保护条例

目　　录

第一章　总　　则

第一条　为了保证作业场所安全使用有毒物品，预防、控制和消除职业中毒危害，保护劳动者的生命安全、身体健康及其相关权益，根据职业病防治法和其他有关法律、行政法规的规定，制定本条例。

第二条　作业场所使用有毒物品可能产生职业中毒危害的劳动保护，适用本条例。

第三条　按照有毒物品产生的职业中毒危害程度，有毒物品分为一般有毒物品和高毒物品。国家对作业场所使用高毒物品实行特殊管理。

一般有毒物品目录、高毒物品目录由国务院卫生行政部门会同有关部门依据国家标准制定、调整并公布。

第四条　从事使用有毒物品作业的用人单位(以下简称用人单位)应当使用符合国家标准的有毒物品，不得在作业场所使用国家明令禁止使用的有毒物品或者使用不符合国家标准的有毒物品。

用人单位应当尽可能使用无毒物品；需要使用有毒物品的，应当优先选择使用低毒物品。

第五条 用人单位应当依照本条例和其他有关法律、行政法规的规定，采取有效的防护措施，预防职业中毒事故的发生，依法参加工伤保险，保障劳动者的生命安全和身体健康。

第六条 国家鼓励研制、开发、推广、应用有利于预防、控制、消除职业中毒危害和保护劳动者健康的新技术、新工艺、新材料；限制使用或者淘汰有关职业中毒危害严重的技术、工艺、材料；加强对有关职业病的机理和发生规律的基础研究，提高有关职业病防治科学技术水平。

第七条 禁止使用童工。

用人单位不得安排未成年人和孕期、哺乳期的女职工从事使用有毒物品的作业。

第八条 工会组织应当督促并协助用人单位开展职业卫生宣传教育和培训，对用人单位的职业卫生工作提出意见和建议，与用人单位就劳动者反映的职业病防治问题进行协调并督促解决。

工会组织对用人单位违反法律、法规，侵犯劳动者合法权益的行为，有权要求纠正；产生严重职业中毒危害时，有权要求用人单位采取防护措施，或者向政府有关部门建议采取强制性措施；发生职业中毒事故时，有权参与事故调查处理；发现危及劳动者生命、健康的情形时，有权建议用人单位组织劳动者撤离危险现场，用人单位应当立即作出处理。

第九条 县级以上人民政府卫生行政部门及其他有关行政部门应当依据各自的职责，监督用人单位严格遵守本条例和其他有关法律、法规的规定，加强作业场所使用有毒物品的劳动保护，防止职业中毒事故发生，确保劳动者依法享有的权利。

第十条 各级人民政府应当加强对使用有毒物品作业场所职业卫生安全及相关劳动保护工作的领导，督促、支持卫生行政部门及其他有关行政部门依法履行监督检查职责，及时协调、解决有关重大问题；在发生职业中毒事故时，应当采取有效措施，控制事故危害的蔓延并消除事故危害，并妥善处理有关善后工作。

第二章 作业场所的预防措施

第十一条 用人单位的设立，应当符合有关法律、行政法规规定的设立条件，并依法办理有关手续，取得营业执照。

用人单位的使用有毒物品作业场所，除应当符合职业病防治法规定的职业卫生要求外，还必须符合下列要求：

（一）作业场所与生活场所分开，作业场所不得住人；

（二）有害作业与无害作业分开，高毒作业场所与其他作业场所隔离；

（三）设置有效的通风装置；可能突然泄漏大量有毒物品或者易造成急性中毒的作业场所，设置自动报警装置和事故通风设施；

（四）高毒作业场所设置应急撤离通道和必要的泄险区。

用人单位及其作业场所符合前两款规定的，由卫生行政部门发给职业卫生安全许可证，方可从事使用有毒物品的作业。

第十二条 使用有毒物品作业场所应当设置黄色区域警示线、警示标识和中文警示说明。警示说明应当载明产生职业中毒危害的种类、后果、预防以及应急救治措施等内容。

高毒作业场所应当设置红色区域警示线、警示标识和中文警示说明，并设置通讯报警设备。

第十三条 新建、扩建、改建的建设项目和技术改造、技术引进项目（以下统称建设项目），可能产生职业中毒危害的，应当依照职业病防治法的规定进行职业中毒危害预评价，并经卫生行政部门审核同意；可能产生职业中毒危害的建设项目的职业中毒危害防护设施应当与主体工程同时设计，同时施工，同时投入生产和使用；建设项目竣工，应当进行职业中毒危害控制效果评价，并经卫生行政部门验收合格。

存在高毒作业的建设项目的职业中毒危害防护设施设计，应当经卫生行政部门进行卫生审查；经审查，符合国家职业卫生标准和卫生要求的，方可施工。

第十四条 用人单位应当按照国务院卫生行政部门的规定，向卫生行政部门及时、如实申报存在职业中毒危害项目。

从事使用高毒物品作业的用人单位，在申报使用高毒物品作业项目时，应当向卫生行政部门提交下列有关资料：

（一）职业中毒危害控制效果评价报告；

（二）职业卫生管理制度和操作规程等材料；

（三）职业中毒事故应急救援预案。

从事使用高毒物品作业的用人单位变更所使用的高毒物品品种的，应当依照前款规定向原受理申报的卫生行政部门重新申报。

第十五条 用人单位变更名称、法定代表人或者负责人的，应当向原受理申报的卫生行政部门备案。

第十六条 从事使用高毒物品作业的用人单位，应当配备应急救援人员和必要的应急救援器材、设备，制定事故应急救援预案，并根据实际情况变化对应急救援预案适时进行修订，定期组织演练。事故应急救援预案和演练记录应当报当地卫生行政部门、安全生产监督管理部门和公安部门备案。

第三章　劳动过程的防护

第十七条　用人单位应当依照职业病防治法的有关规定，采取有效的职业卫生防护管理措施，加强劳动过程中的防护与管理。

从事使用高毒物品作业的用人单位，应当配备专职的或者兼职的职业卫生医师和护士；不具备配备专职的或者兼职的职业卫生医师和护士条件的，应当与依法取得资质认证的职业卫生技术服务机构签订合同，由其提供职业卫生服务。

第十八条　用人单位应当与劳动者订立劳动合同，将工作过程中可能产生的职业中毒危害及其后果、职业中毒危害防护措施和待遇等如实告知劳动者，并在劳动合同中写明，不得隐瞒或者欺骗。

劳动者在已订立劳动合同期间因工作岗位或者工作内容变更，从事劳动合同中未告知的存在职业中毒危害的作业时，用人单位应当依照前款规定，如实告知劳动者，并协商变更原劳动合同有关条款。

用人单位违反前两款规定的，劳动者有权拒绝从事存在职业中毒危害的作业，用人单位不得因此单方面解除或者终止与劳动者所订立的劳动合同。

第十九条　用人单位有关管理人员应当熟悉有关职业病防治的法律、法规以及确保劳动者安全使用有毒物品作业的知识。

用人单位应当对劳动者进行上岗前的职业卫生培训和在岗期间的定期职业卫生培训，普及有关职业卫生知识，督促劳动者遵守有关法律、法规和操作规程，指导劳动者正确使用职业中毒危害防护设备和个人使用的职业中毒危害防护用品。

劳动者经培训考核合格，方可上岗作业。

第二十条　用人单位应当确保职业中毒危害防护设备、应急救援设施、通讯报警装置处于正常适用状态，不得擅自拆除或者停止运行。

用人单位应当对前款所列设施进行经常性的维护、检修，定期检测其性能和效果，确保其处于良好运行状态。

职业中毒危害防护设备、应急救援设施和通讯报警装置处于不正常状态时，用人单位应当立即停止使用有毒物品作业；恢复正常状态后，方可重新作业。

第二十一条　用人单位应当为从事使用有毒物品作业的劳动者提供符合国家职业卫生标准的防护用品，并确保劳动者正确使用。

第二十二条 有毒物品必须附具说明书，如实载明产品特性、主要成分、存在的职业中毒危害因素、可能产生的危害后果、安全使用注意事项、职业中毒危害防护以及应急救治措施等内容；没有说明书或者说明书不符合要求的，不得向用人单位销售。

用人单位有权向生产、经营有毒物品的单位索取说明书。

第二十三条 有毒物品的包装应当符合国家标准，并以易于劳动者理解的方式加贴或者拴挂有毒物品安全标签。有毒物品的包装必须有醒目的警示标识和中文警示说明。

经营、使用有毒物品的单位，不得经营、使用没有安全标签、警示标识和中文警示说明的有毒物品。

第二十四条 用人单位维护、检修存在高毒物品的生产装置，必须事先制订维护、检修方案，明确职业中毒危害防护措施，确保维护、检修人员的生命安全和身体健康。

维护、检修存在高毒物品的生产装置，必须严格按照维护、检修方案和操作规程进行。维护、检修现场应当有专人监护，并设置警示标志。

第二十五条 需要进入存在高毒物品的设备、容器或者狭窄封闭场所作业时，用人单位应当事先采取下列措施：

（一）保持作业场所良好的通风状态，确保作业场所职业中毒危害因素浓度符合国家职业卫生标准；

（二）为劳动者配备符合国家职业卫生标准的防护用品；

（三）设置现场监护人员和现场救援设备。

未采取前款规定措施或者采取的措施不符合要求的，用人单位不得安排劳动者进入存在高毒物品的设备、容器或者狭窄封闭场所作业。

第二十六条 用人单位应当按照国务院卫生行政部门的规定，定期对使用有毒物品作业场所职业中毒危害因素进行检测、评价。检测、评价结果存入用人单位职业卫生档案，定期向所在地卫生行政部门报告并向劳动者公布。

从事使用高毒物品作业的用人单位应当至少每一个月对高毒作业场所进行一次职业中毒危害因素检测；至少每半年进行一次职业中毒危害控制效果评价。

高毒作业场所职业中毒危害因素不符合国家职业卫生标准和卫生要求时，用人单位必须立即停止高毒作业，并采取相应的治理措施；经治理，职业中毒危害因素符合国家职业卫生标准和卫生要求的，方可重新作业。

第二十七条 从事使用高毒物品作业的用人单位应当设置淋浴间和更衣室，并设置清洗、存放或者处理从事使用高毒物品作业劳动者的工作服、工作鞋帽等物品的专用间。

劳动者结束作业时，其使用的工作服、工作鞋帽等物品必须存放在高毒作业区域内，不得穿戴到非高毒作业区域。

第二十八条 用人单位应当按照规定对从事使用高毒物品作业的劳动者进行岗位轮换。

用人单位应当为从事使用高毒物品作业的劳动者提供岗位津贴。

第二十九条 用人单位转产、停产、停业或者解散、破产的，应当采取有效措施，妥善处理留存或者残留有毒物品的设备、包装物和容器。

第三十条 用人单位应当对本单位执行本条例规定的情况进行经常性的监督检查；发现问题，应当及时依照本条例规定的要求进行处理。

第四章 职业健康监护

第三十一条 用人单位应当组织从事使用有毒物品作业的劳动者进行上岗前职业健康检查。

用人单位不得安排未经上岗前职业健康检查的劳动者从事使用有毒物品的作业，不得安排有职业禁忌的劳动者从事其所禁忌的作业。

第三十二条 用人单位应当对从事使用有毒物品作业的劳动者进行定期职业健康检查。

用人单位发现有职业禁忌或者有与所从事职业相关的健康损害的劳动者，应当将其及时调离原工作岗位，并妥善安置。

用人单位对需要复查和医学观察的劳动者，应当按照体检机构的要求安排其复查和医学观察。

第三十三条 用人单位应当对从事使用有毒物品作业的劳动者进行离岗时的职业健康检查；对离岗时未进行职业健康检查的劳动者，不得解除或者终止与其订立的劳动合同。

用人单位发生分立、合并、解散、破产等情形的，应当对从事使用有毒物品作业的劳动者进行健康检查，并按照国家有关规定妥善安置职业病病人。

第三十四条 用人单位对受到或者可能受到急性职业中毒危害的劳动者，应当及时组织进行健康检查和医学观察。

第三十五条 劳动者职业健康检查和医学观察的费用，由用人单位承担。

第三十六条 用人单位应当建立职业健康监护档案。

职业健康监护档案应当包括下列内容：

（一）劳动者的职业史和职业中毒危害接触史；

（二）相应作业场所职业中毒危害因素监测结果；

（三）职业健康检查结果及处理情况；

（四）职业病诊疗等劳动者健康资料。

第五章　劳动者的权利与义务

第三十七条　从事使用有毒物品作业的劳动者在存在威胁生命安全或者身体健康危险的情况下，有权通知用人单位并从使用有毒物品造成的危险现场撤离。

用人单位不得因劳动者依据前款规定行使权利，而取消或者减少劳动者在正常工作时享有的工资、福利待遇。

第三十八条　劳动者享有下列职业卫生保护权利：

（一）获得职业卫生教育、培训；

（二）获得职业健康检查、职业病诊疗、康复等职业病防治服务；

（三）了解工作场所产生或者可能产生的职业中毒危害因素、危害后果和应当采取的职业中毒危害防护措施；

（四）要求用人单位提供符合防治职业病要求的职业中毒危害防护设施和个人使用的职业中毒危害防护用品，改善工作条件；

（五）对违反职业病防治法律、法规，危及生命、健康的行为提出批评、检举和控告；

（六）拒绝违章指挥和强令进行没有职业中毒危害防护措施的作业；

（七）参与用人单位职业卫生工作的民主管理，对职业病防治工作提出意见和建议。

用人单位应当保障劳动者行使前款所列权利。禁止因劳动者依法行使正当权利而降低其工资、福利等待遇或者解除、终止与其订立的劳动合同。

第三十九条　劳动者有权在正式上岗前从用人单位获得下列资料：

（一）作业场所使用的有毒物品的特性、有害成分、预防措施、教育和培训资料；

（二）有毒物品的标签、标识及有关资料；

（三）有毒物品安全使用说明书；

（四）可能影响安全使用有毒物品的其他有关资料。

第四十条　劳动者有权查阅、复印其本人职业健康监护档案。

劳动者离开用人单位时，有权索取本人健康监护档案复印件；用人单位应当如实、无偿提供，并在所提供的复印件上签章。

第四十一条　用人单位按照国家规定参加工伤保险的，患职业病的劳动者有权按照国家有关工伤保险的规定，享受下列工伤保险待遇：

（一）医疗费：因患职业病进行诊疗所需费用，由工伤保险基金按照规定标准支付；

（二）住院伙食补助费：由用人单位按照当地因公出差伙食标准的一定比例支付；

（三）康复费：由工伤保险基金按照规定标准支付；

（四）残疾用具费：因残疾需要配置辅助器具的，所需费用由工伤保险基金按照普及型辅助器具标准支付；

（五）停工留薪期待遇：原工资、福利待遇不变，由用人单位支付；

（六）生活护理补助费：经评残并确认需要生活护理的，生活护理补助费由工伤保险基金按照规定标准支付；

（七）一次性伤残补助金：经鉴定为十级至一级伤残的，按照伤残等级享受相当于6个月至24个月的本人工资的一次性伤残补助金，由工伤保险基金支付；

（八）伤残津贴：经鉴定为四级至一级伤残的，按照规定享受相当于本人工资75%至90%的伤残津贴，由工伤保险基金支付；

（九）死亡补助金：因职业中毒死亡的，由工伤保险基金按照不低于48个月的统筹地区上年度职工月平均工资的标准一次支付；

（十）丧葬补助金：因职业中毒死亡的，由工伤保险基金按照6个月的统筹地区上年度职工月平均工资的标准一次支付；

（十一）供养亲属抚恤金：因职业中毒死亡的，对由死者生前提供主要生活来源的亲属由工伤保险基金支付抚恤金；对其配偶每月按照统筹地区上年度职工月平均工资的40%发给，对其生前供养的直系亲属每人每月按照统筹地区上年度职工月平均工资的30%发给；

（十二）国家规定的其他工伤保险待遇。

本条例施行后，国家对工伤保险待遇的项目和标准作出调整时，从其规定。

第四十二条 用人单位未参加工伤保险的，其劳动者从事有毒物品作业患职业病的，用人单位应当按照国家有关工伤保险规定的项目和标准，保证劳动者享受工伤待遇。

第四十三条 用人单位无营业执照以及被依法吊销营业执照，其劳动者从事使用有毒物品作业患职业病的，应当按照国家有关工伤保险规定的项目和标准，给予劳动者一次性赔偿。

第四十四条 用人单位分立、合并的，承继单位应当承担由原用人单位对患职业病的劳动者承担的补偿责任。

用人单位解散、破产的，应当依法从其清算财产中优先支付患职业病的劳动者的补偿费用。

第四十五条 劳动者除依法享有工伤保险外，依照有关民事法律的规定，尚有获得赔偿的权利的，有权向用人单位提出赔偿要求。

第四十六条 劳动者应当学习和掌握相关职业卫生知识，遵守有关劳动保护的法律、法规和操作规程，正确使用和维护职业中毒危害防护设施及其用品；发现职业中毒事故隐患时，应当及时报告。

作业场所出现使用有毒物品产生的危险时，劳动者应当采取必要措施，按照规定正确使用防护设施，将危险加以消除或者减少到最低限度。

第六章 监督管理

第四十七条 县级以上人民政府卫生行政部门应当依照本条例的规定和国家有关职业卫生要求，依据职责划分，对作业场所使用有毒物品作业及职业中毒危害检测、评价活动进行监督检查。

卫生行政部门实施监督检查，不得收取费用，不得接受用人单位的财物或者其他利益。

第四十八条 卫生行政部门应当建立、健全监督制度，核查反映用人单位有关劳动保护的材料，履行监督责任。

用人单位应当向卫生行政部门如实、具体提供反映有关劳动保护的材料；必要时，卫生行政部门可以查阅或者要求用人单位报送有关材料。

第四十九条 卫生行政部门应当监督用人单位严格执行有关职业卫生规范。

卫生行政部门应当依照本条例的规定对使用有毒物品作业场所的职业卫生防护设备、设施的防护性能进行定期检验和不定期的抽查；发现职业卫生防护设备、设施存在隐患时，应当责令用人单位立即消除隐患；消除隐患期间，应当责令其停止作业。

第五十条 卫生行政部门应当采取措施，鼓励对用人单位的违法行为进行举报、投诉、检举和控告。

卫生行政部门对举报、投诉、检举和控告应当及时核实，依法作出处理，并将处理结果予以公布。

卫生行政部门对举报人、投诉人、检举人和控告人负有保密的义务。

第五十一条 卫生行政部门执法人员依法执行职务时，应当出示执法证件。

卫生行政部门执法人员应当忠于职守，秉公执法；涉及用人单位秘密的，应当为其保密。

第五十二条 卫生行政部门依法实施罚款的行政处罚，应当依照有关法律、行政法规的规定，实施罚款决定与罚款收缴分离；收缴的罚款以及依法没收的经营所得，必须全部上缴国库。

第五十三条 卫生行政部门履行监督检查职责时，有权采取下列措施：

（一）进入用人单位和使用有毒物品作业场所现场，了解情况，调查取证，进行抽样检查、检测、检验，进行实地检查；

（二）查阅或者复制与违反本条例行为有关的资料，采集样品；

（三）责令违反本条例规定的单位和个人停止违法行为。

第五十四条 发生职业中毒事故或者有证据证明职业中毒危害状态可能导致事故发生时，卫生行政部门有权采取下列临时控制措施：

（一）责令暂停导致职业中毒事故的作业；

（二）封存造成职业中毒事故或者可能导致事故发生的物品；

（三）组织控制职业中毒事故现场。

在职业中毒事故或者危害状态得到有效控制后，卫生行政部门应当及时解除控制措施。

第五十五条 卫生行政部门执法人员依法执行职务时，被检查单位应当接受检查并予以支持、配合，不得拒绝和阻碍。

第五十六条 卫生行政部门应当加强队伍建设，提高执法人员的政治、业务素质，依照本条例的规定，建立、健全内部监督制度，对执法人员执行法律、法规和遵守纪律的情况进行监督检查。

第七章 罚 则

第五十七条 卫生行政部门的工作人员有下列行为之一，导致职业中毒事故发生的，依照刑法关于滥用职权罪、玩忽职守罪或者其他罪的规定，依法追究刑事责任；造成职业中毒危害但尚未导致职业中毒事故发生，不够刑事处罚的，根据不同情节，依法给予降级、撤职或者开除的行政处分：

（一）对不符合本条例规定条件的涉及使用有毒物品作业事项，予以批准的；

（二）发现用人单位擅自从事使用有毒物品作业，不予取缔的；

（三）对依法取得批准的用人单位不履行监督检查职责，发现其不再具备本条例规定的条件而不撤销原批准或者发现违反本条例的其他行为不予查处的；

（四）发现用人单位存在职业中毒危害，可能造成职业中毒事故，不及时依法采取控制措施的。

第五十八条 用人单位违反本条例的规定，有下列情形之一的，由卫生行政部门给予警告，责令限期改正，处 10 万元以上 50 万元以下的罚款；逾期不改正的，提请有关人民政府按照国务院规定的权限责令停建、予以关闭；造成严重职业中毒危害或者导致职业中毒事故发生的，对负有责任的主管人员和其他直接责任人员依照刑法关于重大劳动安全事故罪或者其他罪的规定，依法追究刑事责任：

（一）可能产生职业中毒危害的建设项目，未依照职业病防治法的规定进行职业中毒危害预评价，或者预评价未经卫生行政部门审核同意，擅自开工的；

（二）职业卫生防护设施未与主体工程同时设计，同时施工，同时投入生产和使用的；

（三）建设项目竣工，未进行职业中毒危害控制效果评价，或者未经卫生行政部门验收或者验收不合格，擅自投入使用的；

（四）存在高毒作业的建设项目的防护设施设计未经卫生行政部门审查同意，擅自施工的。

第五十九条 用人单位违反本条例的规定，有下列情形之一的，由卫生行政部门给予警告，责令限期改正，处5万元以上20万元以下的罚款；逾期不改正的，提请有关人民政府按照国务院规定的权限予以关闭；造成严重职业中毒危害或者导致职业中毒事故发生的，对负有责任的主管人员和其他直接责任人员依照刑法关于重大劳动安全事故罪或者其他罪的规定，依法追究刑事责任：

（一）使用有毒物品作业场所未按照规定设置警示标识和中文警示说明的；

（二）未对职业卫生防护设备、应急救援设施、通讯报警装置进行维护、检修和定期检测，导致上述设施处于不正常状态的；

（三）未依照本条例的规定进行职业中毒危害因素检测和职业中毒危害控制效果评价的；

（四）高毒作业场所未按照规定设置撤离通道和泄险区的；

（五）高毒作业场所未按照规定设置警示线的；

（六）未向从事使用有毒物品作业的劳动者提供符合国家职业卫生标准的防护用品，或者未保证劳动者正确使用的。

第六十条 用人单位违反本条例的规定，有下列情形之一的，由卫生行政部门给予警告，责令限期改正，处5万元以上30万元以下的罚款；逾期不改正的，提请有关人民政府按照国务院规定的权限予以关闭；造成严重职业中毒危害或者导致职业中毒事故发生的，对负有责任的主管人员和其他直接责任人员依照刑法关于重大责任事故罪、重大劳动安全事故罪或者其他罪的规定，依法追究刑事责任：

（一）使用有毒物品作业场所未设置有效通风装置的，或者可能突然泄漏大量有毒物品或者易造成急性中毒的作业场所未设置自动报警装置或者事故通风设施的；

（二）职业卫生防护设备、应急救援设施、通讯报警装置处于不正常状态而不停止作业，或者擅自拆除或者停止运行职业卫生防护设备、应急救援设施、通讯报警装置的。

第六十一条 从事使用高毒物品作业的用人单位违反本条例的规定，有下列行为之一的，由卫生行政部门给予警告，责令限期改正，处5万元以上20万元以下的罚款；逾期不改正的，提请有关人民政府按照国务院规定的权限予以关闭；造成严重职业中毒危害或者导致职业中毒事故发生的，对负有责任的主管人员和其他直接责任人员依照刑法关于重大责任事故罪或者其他罪的规定，依法追究刑事责任：

（一）作业场所职业中毒危害因素不符合国家职业卫生标准和卫生要求而不立即停止高毒作业并采取相应的治理措施的，或者职业中毒危害因素治理不符合国家职业卫生标准和卫生要求重新作业的；

（二）未依照本条例的规定维护、检修存在高毒物品的生产装置的；

（三）未采取本条例规定的措施，安排劳动者进入存在高毒物品的设备、容器或者狭窄封闭场所作业的。

第六十二条 在作业场所使用国家明令禁止使用的有毒物品或者使用不符合国家标准的有毒物品的，由卫生行政部门责令立即停止使用，处5万元以上30万元以下的罚款；情节严重的，责令停止使用有毒物品作业，或者提请有关人民政府按照国务院规定的权限予以关闭；造成严重职业中毒危害或者导致职业中毒事故发生的，对负有责任的主管人员和其他直接责任人员依照刑法关于危险物品肇事罪、重大责任事故罪或者其他罪的规定，依法追究刑事责任。

第六十三条 用人单位违反本条例的规定，有下列行为之一的，由卫生行政部门给予警告，责令限期改正；逾期不改正的，处5万元以上30万元以下的罚款；造成严重职业中毒危害或者导致职业中毒事故发生的，对负有责任的主管人员和其他直接责任人员依照刑法关于重大责任事故罪或者其他罪的规定，依法追究刑事责任：

（一）使用未经培训考核合格的劳动者从事高毒作业的；

（二）安排有职业禁忌的劳动者从事所禁忌的作业的；

（三）发现有职业禁忌或者有与所从事职业相关的健康损害的劳动者，未及时调离原工作岗位，并妥善安置的；

（四）安排未成年人或者孕期、哺乳期的女职工从事使用有毒物品作业的；

（五）使用童工的。

第六十四条 违反本条例的规定，未经许可，擅自从事使用有毒物品作业的，由工商行政管理部门、卫生行政部门依据各自职权予以取缔；造成职业中毒事故的，依照刑法关于危险物品肇事罪或者其他罪的规定，依法追究刑事责任；尚不够刑事处罚的，由卫生行政部门没收经营所得，并处经营所得 3 倍以上 5 倍以下的罚款；对劳动者造成人身伤害的，依法承担赔偿责任。

第六十五条 从事使用有毒物品作业的用人单位违反本条例的规定，在转产、停产、停业或者解散、破产时未采取有效措施，妥善处理留存或者残留高毒物品的设备、包装物和容器的，由卫生行政部门责令改正，处 2 万元以上 10 万元以下的罚款；触犯刑律的，对负有责任的主管人员和其他直接责任人员依照刑法关于重大环境污染事故罪、危险物品肇事罪或者其他罪的规定，依法追究刑事责任。

第六十六条 用人单位违反本条例的规定，有下列情形之一的，由卫生行政部门给予警告，责令限期改正，处 5000 元以上 2 万元以下的罚款；逾期不改正的，责令停止使用有毒物品作业，或者提请有关人民政府按照国务院规定的权限予以关闭；造成严重职业中毒危害或者导致职业中毒事故发生的，对负有责任的主管人员和其他直接责任人员依照刑法关于重大劳动安全事故罪、危险物品肇事罪或者其他罪的规定，依法追究刑事责任：

（一）使用有毒物品作业场所未与生活场所分开或者在作业场所住人的；

（二）未将有害作业与无害作业分开的；

（三）高毒作业场所未与其他作业场所有效隔离的；

（四）从事高毒作业未按照规定配备应急救援设施或者制定事故应急救援预案的。

第六十七条 用人单位违反本条例的规定，有下列情形之一的，由卫生行政部门给予警告，责令限期改正，处 2 万元以上 5 万元以下的罚款；逾期不改正的，提请有关人民政府按照国务院规定的权限予以关闭：

（一）未按照规定向卫生行政部门申报高毒作业项目的；

（二）变更使用高毒物品品种，未按照规定向原受理申报的卫生行政部门重新申报，或者申报不及时、有虚假的。

第六十八条 用人单位违反本条例的规定，有下列行为之一的，由卫生行政部门给予警告，责令限期改正，处 2 万元以上 5 万元以下的罚款；逾期不改正的，责令停止使用有毒物品作业，或者提请有关人民政府按照国务院规定的权限予以关闭：

（一）未组织从事使用有毒物品作业的劳动者进行上岗前职业健康检查，安排未经上岗前职业健康检查的劳动者从事使用有毒物品作业的；

（二）未组织从事使用有毒物品作业的劳动者进行定期职业健康检查的；

（三）未组织从事使用有毒物品作业的劳动者进行离岗职业健康检查的；

（四）对未进行离岗职业健康检查的劳动者，解除或者终止与其订立的劳动合同的；

（五）发生分立、合并、解散、破产情形，未对从事使用有毒物品作业的劳动者进行健康检查，并按照国家有关规定妥善安置职业病病人的；

（六）对受到或者可能受到急性职业中毒危害的劳动者，未及时组织进行健康检查和医学观察的；

（七）未建立职业健康监护档案的；

（八）劳动者离开用人单位时，用人单位未如实、无偿提供职业健康监护档案的；

（九）未依照职业病防治法和本条例的规定将工作过程中可能产生的职业中毒危害及其后果、有关职业卫生防护措施和待遇等如实告知劳动者并在劳动合同中写明的；

（十）劳动者在存在威胁生命、健康危险的情况下，从危险现场中撤离，而被取消或者减少应当享有的待遇的。

第六十九条 用人单位违反本条例的规定，有下列行为之一的，由卫生行政部门给予警告，责令限期改正，处 5000 元以上 2 万元以下的罚款；逾期不改正的，责令停止使用有毒物品作业，或者提请有关人民政府按照国务院规定的权限予以关闭：

（一）未按照规定配备或者聘请职业卫生医师和护士的；

（二）未为从事使用高毒物品作业的劳动者设置淋浴间、更衣室或者未设置清洗、存放和处理工作服、工作鞋帽等物品的专用间，或者不能正常使用的；

（三）未安排从事使用高毒物品作业一定年限的劳动者进行岗位轮换的。

第八章　附　　则

第七十条 涉及作业场所使用有毒物品可能产生职业中毒危害的劳动保护的有关事项，本条例未作规定的，依照职业病防治法和其他有关法律、行政法规的规定执行。

有毒物品的生产、经营、储存、运输、使用和废弃处置的安全管理，依照危险化学品安全管理条例执行。

第七十一条 本条例自公布之日起施行。

中华人民共和国尘肺病防治条例

国发〔1987〕105号

目　　录

第一章　总　　则

第一条　为保护职工健康，消除粉尘危害，防止发生尘肺病，促进生产发展，制定本条例。

第二条　本条例适用于所有有粉尘作业的企业、事业单位。

第三条　尘肺病系指在生产活动中吸入粉尘而发生的肺组织纤维化为主的疾病。

第四条　地方各级人民政府要加强对尘肺病防治工作的领导。在制定本地区国民经济和社会发展计划时，要统筹安排尘肺病防治工作。

第五条　企业、事业单位的主管部门应当根据国家卫生等有关标准，结合实际情况，制定所属企业的尘肺病防治规划，并督促其施行。

乡镇企业主管部门，必须指定专人负责乡镇企业尘肺病的防治工作，建立监督检查制度，并指导乡镇企业对尘肺病的防治工作。

第六条　企业、事业单位的负责人，对本单位的尘肺病防治工作负有直接责任，应采取有效措施使本单位的粉尘作业场所达到国家卫生标准。

第二章　防　　尘

第七条　凡有粉尘作业的企业、事业单位应采取综合防尘措施和无尘或低尘的新技术、新工艺、新设备，使作业场所的粉尘浓度不超过国家卫生标准。

第八条 尘肺病诊断标准由卫生行政部门制定，粉尘浓度卫生标准由卫生行政部门会同劳动等有关部门联合制定。

第九条 防尘设施的鉴定和定型制度，由劳动部门会同卫生行政部门制定。任何企业、事业单位除特殊情况外，未经上级主管部门批准，不得停止运行或者拆除防尘设施。

第十条 防尘经费应当纳入基本建设和技术改造经费计划，专款专用，不得挪用。

第十一条 严禁任何企业、事业单位将粉尘作业转嫁、外包或以联营的形式给没有防尘设施的乡镇、街道企业或个体工商户。

中、小学校各类校办的实习工厂或车间，禁止从事有粉尘的作业。

第十二条 职工使用的防止粉尘危害的防护用品，必须符合国家的有关标准。企业、事业单位应当建立严格的管理制度，并教育职工按规定和要求使用。

对初次从事粉尘作业的职工，由其所在单位进行防尘知识教育和考核，考试合格后方可从事粉尘作业。

不满十八周岁的未成年人，禁止从事粉尘作业。

第十三条 新建、改建、扩建、续建有粉尘作业的工程项目，防尘设施必须与主体工程同时设计、同时施工、同时投产。设计任务书，必须经当地卫生行政部门、劳动部门和工会组织审查同意后，方可施工。竣工验收，应由当地卫生行政部门、劳动部门和工会组织参加，凡不符合要求的，不得投产。

第十四条 作业场所的粉尘浓度超过国家卫生标准，又未积极治理，严重影响职工安全健康时，职工有权拒绝操作。

第三章 监督和监测

第十五条 卫生行政部门、劳动部门和工会组织分工协作，互相配合，对企业、事业单位的尘肺病防治工作进行监督。

第十六条 卫生行政部门负责卫生标准的监测；劳动部门负责劳动卫生工程技术标准的监测。

工会组织负责组织职工群众对本单位的尘肺病防治工作进行监督，并教育职工遵守操作规程与防尘制度。

第十七条 凡有粉尘作业的企业、事业单位，必须定期测定作业场所的粉尘浓度。测尘结果必须向主管部门和当地卫生行政部门、劳动部门和工会组织报告，并定期向职工公布。

从事粉尘作业的单位必须建立测尘资料档案。

第十八条 卫生行政部门和劳动部门，要对从事粉尘作业的企业、事业单位的测尘机构加强业务指导，并对测尘人员加强业务指导和技术培训。

第四章　健康管理

第十九条　各企业、事业单位对新从事粉尘作业的职工，必须进行健康检查。对在职和离职的从事粉尘作业的职工，必须定期进行健康检查。检查的内容、期限和尘肺病诊断标准，按卫生行政部门有关职业病管理的规定执行。

第二十条　各企业、事业单位必须贯彻执行职业病报告制度，按期向当地卫生行政部门、劳动部门、工会组织和本单位的主管部门报告职工尘肺病发生和死亡情况。

第二十一条　各企业、事业单位对已确诊为尘肺病的职工，必须调离粉尘作业岗位，并给予治疗或疗养。尘肺病患者的社会保险待遇，按国家有关规定办理。

第五章　奖励和处罚

第二十二条　对在尘肺病防治工作中做出显著成绩的单位和个人，由其上级主管部门给予奖励。

第二十三条　凡违反本条例规定，有下列行为之一的，卫生行政部门和劳动部门，可视其情节轻重，给予警告、限期治理、罚款和停业整顿的处罚。但停业整顿的处罚，需经当地人民政府同意。

（一）作业场所粉尘浓度超过国家卫生标准，逾期不采取措施的；

（二）任意拆除防尘设施，致使粉尘危害严重的；

（三）挪用防尘措施经费的；

（四）工程设计和竣工验收未经卫生行政部门、劳动部门和工会组织审查同意，擅自施工、投产的；

（五）将粉尘作业转嫁、外包或以联营的形式给没有防尘设施的乡镇、街道企业或个体工商户的；

（六）不执行健康检查制度和测尘制度的；

（七）强令尘肺病患者继续从事粉尘作业的；

（八）假报测尘结果或尘肺病诊断结果的；

（九）安排未成年人从事粉尘作业的。

第二十四条　当事人对处罚不服的，可在接到处罚通知之日起十五日内，向作出处理的部门的上级机关申请复议。但是，对停业整顿的决定应当立即执行。上级机关应当在接到申请之日起三十日内作出答复。对答复不服的，可以在接到答复之日起十五日内，向人民法院起诉。

第二十五条　企业、事业单位负责人和监督、监测人员玩忽职守，致使公共财产、国家和人民利益遭受损失，情节轻微的，由其主管部门给予行政处分；造成重大损失，构成犯罪的，由司法机关依法追究直接责任人员的刑事责任。

第六章　附　　则

第二十六条　本条例由国务院卫生行政部门和劳动部门联合进行解释。

第二十七条　各省、自治区、直辖市人民政府应当结合当地实际情况，制定本条例的实施办法。

第二十八条　本条例自发布之日起施行。

国家安全生产监督管理总局令

第76号

《用人单位职业病危害防治八条规定》已经2015年3月23日国家安全生产监督管理总局局长办公会议审议通过，现予公布，自公布之日起施行。

局长　杨栋梁

2015年3月24日

用人单位职业病危害防治八条规定

一、必须建立健全职业病危害防治责任制，严禁责任不落实违法违规生产。

二、必须保证工作场所符合职业卫生要求，严禁在职业病危害超标环境中作业。

三、必须设置职业病防护设施并保证有效运行，严禁不设置不使用。

四、必须为劳动者配备符合要求的防护用品，严禁配发假冒伪劣防护用品。

五、必须在工作场所与作业岗位设置警示标识和告知卡，严禁隐瞒职业病危害。

六、必须定期进行职业病危害检测，严禁弄虚作假或少检漏检。

七、必须对劳动者进行职业卫生培训，严禁不培训或培训不合格上岗。

八、必须组织劳动者职业健康检查并建立监护档案，严禁不体检不建档。

国家卫生和计划生育委员会令

第5号

《职业健康检查管理办法》已于2015年1月23日经国家卫生计生委委主任会议讨论通过，现予公布，自2015年5月1日起施行。

主任　李斌

2015年3月26日

职业健康检查管理办法

目　录

第一章　总　　则

第一条　为加强职业健康检查工作，规范职业健康检查机构管理，保护劳动者健康权益，根据《中华人民共和国职业病防治法》(以下简称《职业病防治法》)，制定本办法。

第二条　本办法所称职业健康检查是指医疗卫生机构按照国家有关规定，对从事接触职业病危害作业的劳动者进行的上岗前、在岗期间、离岗时的健康检查。

第三条　国家卫生计生委负责全国范围内职业健康检查工作的监督管理。

县级以上地方卫生计生行政部门负责本辖区职业健康检查工作的监督管理；结合职业病防治工作实际需要，充分利用现有资源，统一规划、合理布局；加强职业健康检查机构能力建设，并提供必要的保障条件。

第二章　职业健康检查机构

第四条　医疗卫生机构开展职业健康检查，应当经省级卫生计生行政部门批准。

省级卫生计生行政部门应当及时向社会公布批准的职业健康检查机构名单、地址、检查类别和项目等相关信息。

第五条　承担职业健康检查的医疗卫生机构（以下简称职业健康检查机构）应当具备以下条件：

（一）持有《医疗机构执业许可证》，涉及放射检查项目的还应当持有《放射诊疗许可证》；

（二）具有相应的职业健康检查场所、候检场所和检验室，建筑总面积不少于400平方米，每个独立的检查室使用面积不少于6平方米；

（三）具有与批准开展的职业健康检查类别和项目相适应的执业医师、护士等医疗卫生技术人员；

（四）至少具有1名取得职业病诊断资格的执业医师；

（五）具有与批准开展的职业健康检查类别和项目相适应的仪器、设备；开展外出职业健康检查，应当具有相应的职业健康检查仪器、设备、专用车辆等条件；

（六）建立职业健康检查质量管理制度。

符合以上条件的医疗卫生机构，由省级卫生计生行政部门颁发《职业健康检查机构资质批准证书》，并注明相应的职业健康检查类别和项目。

第六条　职业健康检查机构具有以下职责：

（一）在批准的职业健康检查类别和项目范围内，依法开展职业健康检查工作，并出具职业健康检查报告；

（二）履行疑似职业病和职业禁忌的告知和报告义务；

（三）定期向卫生计生行政部门报告职业健康检查工作情况，包括外出职业健康检查工作情况；

（四）开展职业病防治知识宣传教育；

（五）承担卫生计生行政部门交办的其他工作。

第七条　职业健康检查机构应当指定主检医师。主检医师应当具备以下条件：

（一）具有执业医师证书；

（二）具有中级以上专业技术职务任职资格；

（三）具有职业病诊断资格；

（四）从事职业健康检查相关工作三年以上，熟悉职业卫生和职业病诊断相关标准。

主检医师负责确定职业健康检查项目和周期，对职业健康检查过程进行质量控制，审核职业健康检查报告。

第八条 职业健康检查机构及其工作人员应当关心、爱护劳动者，尊重和保护劳动者的知情权及个人隐私。

第三章 职业健康检查规范

第九条 按照劳动者接触的职业病危害因素，职业健康检查分为以下六类：

（一）接触粉尘类；

（二）接触化学因素类；

（三）接触物理因素类；

（四）接触生物因素类；

（五）接触放射因素类；

（六）其他类（特殊作业等）。

以上每类中包含不同检查项目。职业健康检查机构应当根据批准的检查类别和项目，开展相应的职业健康检查。

第十条 职业健康检查机构开展职业健康检查应当与用人单位签订委托协议书，由用人单位统一组织劳动者进行职业健康检查；也可以由劳动者持单位介绍信进行职业健康检查。

第十一条 职业健康检查机构应当依据相关技术规范，结合用人单位提交的资料，明确用人单位应当检查的项目和周期。

第十二条 在职业健康检查中，用人单位应当如实提供以下职业健康检查所需的相关资料，并承担检查费用：

（一）用人单位的基本情况；

（二）工作场所职业病危害因素种类及其接触人员名册、岗位（或工种）、接触时间；

（三）工作场所职业病危害因素定期检测等相关资料。

第十三条 职业健康检查的项目、周期按照《职业健康监护技术规范》（GBZ 188）执行，放射工作人员职业健康检查按照《放射工作人员职业健康监护技术规范》（GBZ 235）等规定执行。

第十四条 职业健康检查机构可以在执业登记机关管辖区域内开展外出职业健康检查。外出职业健康检查进行医学影像学检查和实验室检测，必须保证检查质量并满足放射防护和生物安全的管理要求。

第十五条 职业健康检查机构应当在职业健康检查结束之日起 30 个工作日内将职业健康检查结果，包括劳动者个人职业健康检查报告和用人单位职业健康检查总结报告，书面告知用人单位，用人单位应当将劳动者个人职业健康检查结果及职业健康检查机构的建议等情况书面告知劳动者。

第十六条 职业健康检查机构发现疑似职业病病人时，应当告知劳动者本人并及时通知用人单位，同时向所在地卫生计生行政部门和安全生产监督管理部门报告。发现职业禁忌的，应当及时告知用人单位和劳动者。

第十七条 职业健康检查机构要依托现有的信息平台，加强职业健康检查的统计报告工作，逐步实现信息的互联互通和共享。

第十八条 职业健康检查机构应当建立职业健康检查档案。职业健康检查档案保存时间应当自劳动者最后一次职业健康检查结束之日起不少于 15 年。

职业健康检查档案应当包括下列材料：

（一）职业健康检查委托协议书；

（二）用人单位提供的相关资料；

（三）出具的职业健康检查结果总结报告和告知材料；

（四）其他有关材料。

第四章 监督管理

第十九条 县级以上地方卫生计生行政部门应当加强对本辖区职业健康检查机构的监督管理。按照属地化管理原则，制定年度监督检查计划，做好职业健康检查机构的监督检查工作。监督检查主要内容包括：

（一）相关法律法规、标准的执行情况；

（二）按照批准的类别和项目开展职业健康检查工作的情况；

（三）外出职业健康检查工作情况；

（四）职业健康检查质量控制情况；

（五）职业健康检查结果、疑似职业病的报告与告知情况；

（六）职业健康检查档案管理情况等。

第二十条 省级卫生计生行政部门应当对本辖区内的职业健康检查机构进行定期或者不定期抽查；设区的市级卫生计生行政部门每年应当至少组织一次对本辖区内职业健康检查机构的监督检查；县级卫生计生行政部门负责日常监督检查。

第二十一条 县级以上地方卫生计生行政部门监督检查时，有权查阅或者复制有关资料，职业健康检查机构应当予以配合。

第五章　法律责任

第二十二条　无《医疗机构执业许可证》擅自开展职业健康检查的，由县级以上地方卫生计生行政部门依据《医疗机构管理条例》第四十四条的规定进行处理。

第二十三条　对未经批准擅自从事职业健康检查的医疗卫生机构，由县级以上地方卫生计生行政部门依据《职业病防治法》第八十条的规定进行处理。

第二十四条　职业健康检查机构有下列行为之一的，由县级以上地方卫生计生行政部门依据《职业病防治法》第八十一条的规定进行处理：

（一）超出批准范围从事职业健康检查的；

（二）不按照《职业病防治法》规定履行法定职责的；

（三）出具虚假证明文件的。

第二十五条　职业健康检查机构未按照规定报告疑似职业病的，由县级以上地方卫生计生行政部门依据《职业病防治法》第七十五条的规定进行处理。

第二十六条　职业健康检查机构有下列行为之一的，由县级以上地方卫生计生行政部门责令限期改正，并给予警告；逾期不改的，处五千元以上三万元以下罚款：

（一）未指定主检医师或者指定的主检医师未取得职业病诊断资格的；

（二）未建立职业健康检查档案的；

（三）违反本办法其他有关规定的。

第二十七条　职业健康检查机构出租、出借《职业健康检查机构资质批准证书》的，由县级以上地方卫生计生行政部门予以警告，并处三万元以下罚款；伪造、变造或者买卖《职业健康检查机构资质批准证书》的，按照《中华人民共和国治安管理处罚法》的有关规定进行处理；情节严重的，依法对直接负责的主管人员和其他直接责任人员，给予降级、撤职或者开除的处分；构成犯罪的，依法追究刑事责任。

第六章　附　　则

第二十八条　本办法自 2015 年 5 月 1 日起施行。2002 年 3 月 28 日原卫生部公布的《职业健康监护管理办法》同时废止。

中华人民共和国卫生部令

第 91 号

《职业病诊断与鉴定管理办法》已于2013年1月9日经卫生部部务会审议通过，现予公布，自2013年4月10日起施行。

部长　陈竺

2013年2月19日

职业病诊断与鉴定管理办法

目　　录

第一章　总　　则

第一条　为了规范职业病诊断与鉴定工作，加强职业病诊断与鉴定管理，根据《中华人民共和国职业病防治法》(以下简称《职业病防治法》)，制定本办法。

第二条　职业病诊断与鉴定工作应当按照《职业病防治法》、本办法的有关规定及国家职业病诊断标准进行，遵循科学、公正、及时、便民的原则。

第三条　职业病诊断机构的设置必须适应职业病防治工作实际需要，充分利用现有医疗卫生资源，实现区域覆盖。

第四条　各地要加强职业病诊断机构能力建设，提供必要的保障条件，配备相关的人员、设备和工作经费，以满足职业病诊断工作的需要。

第二章　诊断机构

第五条　省、自治区、直辖市人民政府卫生行政部门(以下简称省级卫生行政部门)应当结合本行政区域职业病防治工作制定职业病诊断机构设置规划，报省级人民政府批准后实施。

第六条　职业病诊断机构应当具备下列条件：

(一) 持有《医疗机构执业许可证》；

(二) 具有相应的诊疗科目及与开展职业病诊断相适应的职业病诊断医师等相关医疗卫生技术人员；

(三) 具有与开展职业病诊断相适应的场所和仪器、设备；

(四) 具有健全的职业病诊断质量管理制度。

第七条　医疗卫生机构申请开展职业病诊断，应当向省级卫生行政部门提交以下资料：

(一) 职业病诊断机构申请表；

(二)《医疗机构执业许可证》及副本的复印件；

(三) 与申请开展的职业病诊断项目相关的诊疗科目及相关资料；

(四) 与申请项目相适应的职业病诊断医师等相关医疗卫生技术人员情况；

(五) 与申请项目相适应的场所和仪器、设备清单；

(六) 职业病诊断质量管理制度有关资料；

(七) 省级卫生行政部门规定提交的其他资料。

第八条　省级卫生行政部门收到申请材料后，应当在 5 个工作日内作出是否受理的决定，不受理的应当说明理由并书面通知申请单位。

决定受理的，省级卫生行政部门应当及时组织专家组进行技术评审。专家组应当自卫生行政部门受理申请之日起 60 日内完成和提交技术评审报告，并对提交的技术评审报告负责。

第九条　省级卫生行政部门应当自收到技术评审报告之日起 20 个工作日内，作出是否批准的决定。

对批准的申请单位颁发职业病诊断机构批准证书；不批准的应当说明理由并书面通知申请单位。

职业病诊断机构批准证书有效期为 5 年。

第十条　职业病诊断机构需要延续依法取得的职业病诊断机构批准证书有效期的，应当在批准证书有效期届满 30 日前，向原批准机关申请延续。经原批准机关审核合格的，延续批准证书。

第十一条　符合本办法第六条规定的公立医疗卫生机构可以申请开展职业

病诊断工作。

设区的市没有医疗卫生机构申请开展职业病诊断的，省级卫生行政部门应当根据职业病诊断工作的需要，指定公立医疗卫生机构承担职业病诊断工作，并使其在规定时间内达到本办法第六条规定的条件。

第十二条 职业病诊断机构的职责是：

（一）在批准的职业病诊断项目范围内开展职业病诊断；

（二）报告职业病；

（三）报告职业病诊断工作情况；

（四）承担《职业病防治法》中规定的其他职责。

第十三条 职业病诊断机构依法独立行使诊断权，并对其作出的职业病诊断结论负责。

第十四条 职业病诊断机构应当建立和健全职业病诊断管理制度，加强职业病诊断医师等有关医疗卫生人员技术培训和政策、法律培训，并采取措施改善职业病诊断工作条件，提高职业病诊断服务质量和水平。

第十五条 职业病诊断机构应当公开职业病诊断程序，方便劳动者进行职业病诊断。

职业病诊断机构及其相关工作人员应当尊重、关心、爱护劳动者，保护劳动者的隐私。

第十六条 从事职业病诊断的医师应当具备下列条件，并取得省级卫生行政部门颁发的职业病诊断资格证书：

（一）具有医师执业证书；

（二）具有中级以上卫生专业技术职务任职资格；

（三）熟悉职业病防治法律法规和职业病诊断标准；

（四）从事职业病诊断、鉴定相关工作3年以上；

（五）按规定参加职业病诊断医师相应专业的培训，并考核合格。

第十七条 职业病诊断医师应当依法在其资质范围内从事职业病诊断工作，不得从事超出其资质范围的职业病诊断工作。

第十八条 省级卫生行政部门应当向社会公布本行政区域内职业病诊断机构名单、地址、诊断项目等相关信息。

第三章 诊　断

第十九条 劳动者可以选择用人单位所在地、本人户籍所在地或者经常居住地的职业病诊断机构进行职业病诊断。

第二十条 职业病诊断机构应当按照《职业病防治法》、本办法的有关规定和国家职业病诊断标准，依据劳动者的职业史、职业病危害接触史和工作场所职业病危害因素情况、临床表现以及辅助检查结果等，进行综合分析，作出诊断结论。

第二十一条 职业病诊断需要以下资料：

（一）劳动者职业史和职业病危害接触史（包括在岗时间、工种、岗位、接触的职业病危害因素名称等）；

（二）劳动者职业健康检查结果；

（三）工作场所职业病危害因素检测结果；

（四）职业性放射性疾病诊断还需要个人剂量监测档案等资料；

（五）与诊断有关的其他资料。

第二十二条 劳动者依法要求进行职业病诊断的，职业病诊断机构应当接诊，并告知劳动者职业病诊断的程序和所需材料。劳动者应当填写《职业病诊断就诊登记表》，并提交其掌握的本办法第二十一条规定的职业病诊断资料。

第二十三条 在确认劳动者职业史、职业病危害接触史时，当事人对劳动关系、工种、工作岗位或者在岗时间有争议的，职业病诊断机构应当告知当事人依法向用人单位所在地的劳动人事争议仲裁委员会申请仲裁。

第二十四条 职业病诊断机构进行职业病诊断时，应当书面通知劳动者所在的用人单位提供其掌握的本办法第二十一条规定的职业病诊断资料，用人单位应当在接到通知后的10日内如实提供。

第二十五条 用人单位未在规定时间内提供职业病诊断所需要资料的，职业病诊断机构可以依法提请安全生产监督管理部门督促用人单位提供。

第二十六条 劳动者对用人单位提供的工作场所职业病危害因素检测结果等资料有异议，或者因劳动者的用人单位解散、破产，无用人单位提供上述资料的，职业病诊断机构应当依法提请用人单位所在地安全生产监督管理部门进行调查。

职业病诊断机构在安全生产监督管理部门作出调查结论或者判定前应当中止职业病诊断。

第二十七条 职业病诊断机构需要了解工作场所职业病危害因素情况时，可以对工作场所进行现场调查，也可以依法提请安全生产监督管理部门组织现场调查。

第二十八条 经安全生产监督管理部门督促，用人单位仍不提供工作场所职业病危害因素检测结果、职业健康监护档案等资料或者提供资料不全的，职业病诊断机构应当结合劳动者的临床表现、辅助检查结果和劳动者的职业史、职业病危害接触史，并参考劳动者自述、安全生产监督管理部门提供的日常监督检查信息等，作出职业病诊断结论。仍不能作出职业病诊断的，应当提出相关医学意见或者建议。

第二十九条 职业病诊断机构在进行职业病诊断时，应当组织3名以上单数职业病诊断医师进行集体诊断。

职业病诊断医师应当独立分析、判断、提出诊断意见，任何单位和个人无权干预。

第三十条 职业病诊断机构在进行职业病诊断时，诊断医师对诊断结论有意见分歧的，应当根据半数以上诊断医师的一致意见形成诊断结论，对不同意见应当如实记录。参加诊断的职业病诊断医师不得弃权。

第三十一条 职业病诊断机构可以根据诊断需要，聘请其他单位职业病诊断医师参加诊断。必要时，可以邀请相关专业专家提供咨询意见。

第三十二条 职业病诊断机构作出职业病诊断结论后，应当出具职业病诊断证明书。

职业病诊断证明书应当包括以下内容：

（一）劳动者、用人单位基本信息。

（二）诊断结论。确诊为职业病的，应当载明职业病的名称、程度（期别）、处理意见。

（三）诊断时间。

职业病诊断证明书应当由参加诊断的医师共同签署，并经职业病诊断机构审核盖章。

职业病诊断证明书一式三份，劳动者、用人单位各一份，诊断机构存档一份。

职业病诊断证明书的格式由卫生部统一规定。

第三十三条 职业病诊断机构应当建立职业病诊断档案并永久保存，档案应当包括：

（一）职业病诊断证明书；

（二）职业病诊断过程记录，包括参加诊断的人员、时间、地点、讨论内容及诊断结论；

（三）用人单位、劳动者和相关部门、机构提交的有关资料；

（四）临床检查与实验室检验等资料；

（五）与诊断有关的其他资料。

第三十四条 职业病诊断机构发现职业病病人或者疑似职业病病人时，应当及时向所在地卫生行政部门和安全生产监督管理部门报告。

确诊为职业病的，职业病诊断机构可以根据需要，向相关监管部门、用人单位提出专业建议。

第三十五条 未取得职业病诊断资质的医疗卫生机构，在诊疗活动中怀疑劳动者健康损害可能与其所从事的职业有关时，应当及时告知劳动者到职业病诊断机构进行职业病诊断。

第四章 鉴　　定

第三十六条 当事人对职业病诊断机构作出的职业病诊断结论有异议的，可以在接到职业病诊断证明书之日起30日内，向职业病诊断机构所在地设区的市级卫生行政部门申请鉴定。

设区的市级职业病诊断鉴定委员会负责职业病诊断争议的首次鉴定。

当事人对设区的市级职业病鉴定结论不服的，可以在接到鉴定书之日起15日内，向原鉴定组织所在地省级卫生行政部门申请再鉴定。

职业病鉴定实行两级鉴定制，省级职业病鉴定结论为最终鉴定。

第三十七条 卫生行政部门可以指定办事机构，具体承担职业病鉴定的组织和日常性工作。职业病鉴定办事机构的职责是：

（一）接受当事人申请；

（二）组织当事人或者接受当事人委托抽取职业病鉴定专家；

（三）组织职业病鉴定会议，负责会议记录、职业病鉴定相关文书的收发及其他事务性工作；

（四）建立并管理职业病鉴定档案；

（五）承担卫生行政部门委托的有关职业病鉴定的其他工作。

职业病诊断机构不能作为职业病鉴定办事机构。

第三十八条 设区的市级以上地方卫生行政部门应当向社会公布本行政区域内依法承担职业病鉴定工作的办事机构的名称、工作时间、地点和鉴定工作程序。

第三十九条 省级卫生行政部门应当设立职业病鉴定专家库（以下简称专家库），并根据实际工作需要及时调整其成员。专家库可以按照专业类别进行分组。

第四十条 专家库应当以取得各类职业病诊断资格的医师为主要成员，吸收临床相关学科、职业卫生、放射卫生等相关专业的专家组成。专家应当具备下列条件：

（一）具有良好的业务素质和职业道德；

（二）具有相关专业的高级专业技术职务任职资格；

（三）熟悉职业病防治法律法规和职业病诊断标准；

（四）身体健康，能够胜任职业病鉴定工作。

第四十一条 参加职业病鉴定的专家，应当由申请鉴定的当事人或者当事人委托的职业病鉴定办事机构从专家库中按照专业类别以随机抽取的方式确定。抽取的专家组成职业病鉴定专家组（以下简称专家组）。

经当事人同意，职业病鉴定办事机构可以根据鉴定需要聘请本省、自治区、直辖市以外的相关专业专家作为专家组成员，并有表决权。

第四十二条 专家组人数为5人以上单数，其中相关专业职业病诊断医师应当为本次专家人数的半数以上。疑难病例应当增加专家组人数，充分听取意见。专家组设组长1名，由专家组成员推举产生。

职业病鉴定会议由专家组组长主持。

第四十三条 参与职业病鉴定的专家有下列情形之一的，应当回避：

（一）是职业病鉴定当事人或者当事人近亲属的；

（二）已参加当事人职业病诊断或者首次鉴定的；

（三）与职业病鉴定当事人有利害关系的；

（四）与职业病鉴定当事人有其他关系，可能影响鉴定公正的。

第四十四条 当事人申请职业病鉴定时，应当提供以下资料：

（一）职业病鉴定申请书；

（二）职业病诊断证明书，申请省级鉴定的还应当提交市级职业病鉴定书；

（三）卫生行政部门要求提供的其他有关资料。

第四十五条 职业病鉴定办事机构应当自收到申请资料之日起5个工作日内完成资料审核，对资料齐全的发给受理通知书；资料不全的，应当书面通知当事人补充。资料补充齐全的，应当受理申请并组织鉴定。

职业病鉴定办事机构收到当事人鉴定申请之后，根据需要可以向原职业病诊断机构或者首次职业病鉴定的办事机构调阅有关的诊断、鉴定资料。原职业病诊断机构或者首次职业病鉴定办事机构应当在接到通知之日起15日内提交。

职业病鉴定办事机构应当在受理鉴定申请之日起60日内组织鉴定、形成鉴定结论，并在鉴定结论形成后15日内出具职业病鉴定书。

第四十六条 根据职业病鉴定工作需要，职业病鉴定办事机构可以向有关单位调取与职业病诊断、鉴定有关的资料，有关单位应当如实、及时提供。

专家组应当听取当事人的陈述和申辩，必要时可以组织进行医学检查。

需要了解被鉴定人的工作场所职业病危害因素情况时，职业病鉴定办事机构根据专家组的意见可以对工作场所进行现场调查，或者依法提请安全生产监督管理部门组织现场调查。依法提请安全生产监督管理部门组织现场调查的，在现场调查结论或者判定作出前，职业病鉴定应当中止。

职业病鉴定应当遵循客观、公正的原则，专家组进行职业病鉴定时，可以邀请有关单位人员旁听职业病鉴定会。所有参与职业病鉴定的人员应当依法保护被鉴定人的个人隐私。

第四十七条 专家组应当认真审阅鉴定资料，依照有关规定和职业病诊断标准，经充分合议后，根据专业知识独立进行鉴定。在事实清楚的基础上，进行综合分析，作出鉴定结论，并制作鉴定书。

鉴定结论应当经专家组 2/3 以上成员通过。

第四十八条 职业病鉴定书应当包括以下内容：

（一）劳动者、用人单位的基本信息及鉴定事由；

（二）鉴定结论及其依据，如果为职业病，应当注明职业病名称、程度（期别）；

（三）鉴定时间。

鉴定书加盖职业病诊断鉴定委员会印章。

首次鉴定的职业病鉴定书一式四份，劳动者、用人单位、原诊断机构各一份，职业病鉴定办事机构存档一份；再次鉴定的职业病鉴定书一式五份，劳动者、用人单位、原诊断机构、首次职业病鉴定办事机构各一份，再次职业病鉴定办事机构存档一份。

职业病鉴定书的格式由卫生部统一规定。

第四十九条 职业病鉴定书应当于鉴定结论作出之日起 20 日内由职业病鉴定办事机构送达当事人。

第五十条 鉴定结论与诊断结论或者首次鉴定结论不一致的，职业病鉴定办事机构应当及时向相关卫生行政部门和安全生产监督管理部门报告。

第五十一条 职业病鉴定办事机构应当如实记录职业病鉴定过程，内容应当包括：

（一）专家组的组成；

（二）鉴定时间；

（三）鉴定所用资料；

（四）鉴定专家的发言及其鉴定意见；

（五）表决情况；

（六）经鉴定专家签字的鉴定结论；

（七）与鉴定有关的其他资料。

有当事人陈述和申辩的，应当如实记录。

鉴定结束后，鉴定记录应当随同职业病鉴定书一并由职业病鉴定办事机构存档，永久保存。

第五章　监督管理

第五十二条　县级以上地方卫生行政部门应当制定职业病诊断机构年度监督检查计划，定期对职业病诊断机构进行监督检查，检查内容包括：

（一）法律法规、标准的执行情况；

（二）规章制度建立情况；

（三）人员、岗位职责落实和培训等情况；

（四）职业病报告情况等。

省级卫生行政部门每年应当至少组织 1 次监督检查；设区的市级卫生行政部门每年应当至少组织 1 次监督检查并不定期抽查；县级卫生行政部门负责日常监督检查。

第五十三条　设区的市级以上地方卫生行政部门应当加强对职业病鉴定办事机构的监督管理，对职业病鉴定工作程序、制度落实情况及职业病报告等相关工作情况进行监督检查。

第五十四条　省级卫生行政部门负责对职业病诊断机构进行定期考核。

第六章　法律责任

第五十五条　医疗卫生机构未经批准擅自从事职业病诊断的，由县级以上地方卫生行政部门按照《职业病防治法》第八十条的规定进行处罚。

第五十六条　职业病诊断机构有下列行为之一的，由县级以上地方卫生行政部门按照《职业病防治法》第八十一条的规定进行处罚：

（一）超出批准范围从事职业病诊断的；

（二）不按照《职业病防治法》规定履行法定职责的；

（三）出具虚假证明文件的。

第五十七条　职业病诊断机构未按照规定报告职业病、疑似职业病的，由县级以上地方卫生行政部门按照《职业病防治法》第七十五条的规定进行处罚。

第五十八条　职业病诊断机构违反本办法规定，有下列情形之一的，由县级以上地方卫生行政部门责令限期改正；逾期不改正的，给予警告，并可以根据情节轻重处以 2 万元以下的罚款：

（一）未建立职业病诊断管理制度；

（二）不按照规定向劳动者公开职业病诊断程序；

（三）泄漏劳动者涉及个人隐私的有关信息、资料；

（四）其他违反本办法的行为。

第五十九条　职业病诊断鉴定委员会组成人员收受职业病诊断争议当事人

的财物或者其他好处的，由省级卫生行政部门按照《职业病防治法》第八十二条的规定进行处罚。

第六十条 县级以上地方卫生行政部门及其工作人员未依法履行职责，按照《职业病防治法》第八十五条第二款的规定进行处理。

第七章 附 则

第六十一条 职业病诊断、鉴定的费用由用人单位承担。

第六十二条 本办法由卫生部解释。

第六十三条 本办法自2013年4月10日起施行。2002年3月28日卫生部公布的《职业病诊断与鉴定管理办法》同时废止。

国家安全生产监督管理总局令

第 50 号

《职业卫生技术服务机构监督管理暂行办法》已经 2012 年 3 月 6 日国家安全生产监督管理总局局长办公会议审议通过，现予公布，自 2012 年 7 月 1 日起施行。

局长　骆琳

2012 年 4 月 27 日

职业卫生技术服务机构监督管理暂行办法

目　　录

第一章　总　　则

第一条　为了加强对职业卫生技术服务机构的监督管理，规范职业卫生技术服务行为，根据《中华人民共和国职业病防治法》，制定本办法。

第二条　在中华人民共和国境内申请职业卫生技术服务机构资质，从事职业卫生检测、评价等技术服务以及安全生产监督管理部门实施职业卫生技术服务机构资质认可与监督管理，适用本办法。

第三条　本办法所称职业卫生技术服务机构，是指为建设项目提供职业病危害预评价、职业病危害控制效果评价，为用人单位提供职业病危害因素检测、职业病危害现状评价、职业病防护设备设施与防护用品的效果评价等技术服务的机构。

第四条　国家对职业卫生技术服务机构实行资质认可制度。职业卫生技术服务机构应当依照本办法取得职业卫生技术服务机构资质；未取得职业卫生技术服务机构资质的，不得从事职业卫生检测、评价等技术服务。

第五条 职业卫生技术服务机构的资质从高到低分为甲级、乙级、丙级三个等级。

甲级资质由国家安全生产监督管理总局认可及颁发证书。

乙级资质由省、自治区、直辖市人民政府安全生产监督管理部门(以下简称省级安全生产监督管理部门)认可及颁发证书，并报国家安全生产监督管理总局备案。

丙级资质由设区的市级人民政府安全生产监督管理部门(以下简称市级安全生产监督管理部门)认可及颁发证书，并报省级安全生产监督管理部门备案，由省级安全生产监督管理部门报国家安全生产监督管理总局进行登记。

第六条 国家安全生产监督管理总局根据社会经济发展水平、区域经济结构和职业卫生技术服务工作的需要，对职业卫生技术服务机构的设置实行统筹规划、合理布局和总量控制。

第七条 取得甲级资质的职业卫生技术服务机构，可以根据认可的业务范围在全国从事职业卫生技术服务活动。

下列建设项目的职业卫生技术服务，必须由取得甲级资质的职业卫生技术服务机构承担：

(一) 国务院及其投资主管部门审批(核准、备案)的建设项目；

(二) 核设施、绝密工程等特殊性质的建设项目；

(三) 跨省、自治区、直辖市的建设项目；

(四) 国家安全生产监督管理总局规定的其他项目。

第八条 取得乙级资质的职业卫生技术服务机构，可以根据认可的业务范围在其所在的省、自治区、直辖市从事职业卫生技术服务活动。

下列建设项目的职业卫生技术服务，必须由取得乙级以上资质的职业卫生技术服务机构承担：

(一) 省级人民政府及其投资主管部门审批(核准、备案)的建设项目；

(二) 跨设区的市的建设项目；

(三) 省级安全生产监督管理部门规定的其他项目。

第九条 取得丙级资质的职业卫生技术服务机构，可以根据认可的业务范围在其所在的设区的市或者省级安全生产监督管理部门指定的范围从事除本办法第七条、第八条规定的建设项目以外的职业卫生技术服务活动。

第二章 资质认可

第十条 国家安全生产监督管理总局、省级安全生产监督管理部门和市级安全生产监督管理部门应当分别设立国家级、省级和市级职业卫生专家库(以下简称专家库），由专家库专家承担相应的职业卫生技术服务机构资质认可的技术评审工作。

第十一条 从事技术评审的专家应当具备下列条件：

（一）具有相关专业的高级专业技术职称任职资格；

（二）具有连续5年以上相关工作经验；

（三）熟悉相关法律、法规、标准和规范；

（四）具有良好的职业道德和专业素质；

（五）身体健康，能够胜任技术评审工作。

专家库专家任期5年，可连聘连任。

第十二条 专家库专家不得参加与本人有利害关系的职业卫生技术服务机构资质认可的技术评审工作。

被评审的职业卫生技术服务机构不得聘请专家库专家为顾问。

专家库专家不得参加被评审职业卫生技术服务机构的可能有碍技术评审公正的活动。

第十三条 国家安全生产监督管理总局、省级安全生产监督管理部门和市级安全生产监督管理部门应当对专家库专家进行定期复审，并根据资质认可工作的需要，及时进行调整。

第十四条 职业卫生技术服务机构申请甲级资质，应当具备下列条件：

（一）具有法人资格；

（二）注册资金800万元以上，固定资产700万元以上；

（三）工作场所面积不少于700平方米；

（四）有健全的内部管理制度和质量保证体系；

（五）有不少于25名经培训合格的专职技术人员；

（六）有专职技术负责人和质量控制负责人，专职技术负责人具有与所申报业务相适应的高级专业技术职称和5年以上工作经验；

（七）具有与所申请资质、业务范围相适应的检测、评价能力；

（八）法律、行政法规、规章规定的其他条件。

第十五条 职业卫生技术服务机构申请乙级资质，应当具备下列条件：

（一）具有法人资格；

（二）注册资金500万元以上，固定资产400万元以上；

（三）工作场所面积不少于400平方米；

（四）有健全的内部管理制度和质量保证体系；

（五）有不少于20名经培训合格的专职技术人员；

（六）有专职技术负责人和质量控制负责人，专职技术负责人具有与所申报业务相适应的高级专业技术职称和3年以上工作经验；

（七）具有与所申请资质、业务范围相适应的检测、评价能力；

（八）法律、行政法规、规章规定的其他条件。

第十六条 申请职业卫生技术服务机构丙级资质，应当具备下列条件：

（一）具有法人资格；

（二）注册资金300万元以上，固定资产200万元以上；

（三）工作场所面积不少于200平方米；

（四）有健全的内部管理制度和质量保证体系；

（五）有不少于10名经培训合格的专职技术人员；

（六）有专职技术负责人和质量控制负责人，专职技术负责人具有与所申报业务相适应的中级以上专业技术职称和1年以上工作经验；

（七）具有与所申请资质、业务范围相适应的检测、评价能力；

（八）法律、行政法规、规章规定的其他条件。

第十七条 申请职业卫生技术服务机构资质认可，应当提交下列文件、资料：

（一）法定代表人签署的申请表；

（二）法人资格证明或者名称预先核准通知书；

（三）注册资金和固定资产的验资证明；

（四）工作场所产权证明或者租赁合同；

（五）专职技术人员、专职技术负责人、质量控制负责人的名单及其培训合格证书、技术职称证书、工作经历证明；

（六）职业卫生技术服务质量管理文件；

（七）拟开展的职业卫生技术服务项目及资质等级；

（八）在申请职业卫生技术服务业务范围内，能够证明具有相应业务能力的文件、资料；

（九）法律、法规规定的其他文件、资料。

第十八条 申请甲级资质，按照下列程序办理：

（一）申请人将职业卫生技术服务机构资质申请表和本办法第十七条规定的文件、资料，报所在地省级安全生产监督管理部门审核。

（二）省级安全生产监督管理部门应当自收到申请文件、资料之日起5个工作日对其进行初审并决定是否受理。决定受理的，应当自受理之日起20个工作日内完成审核工作，并将审核意见和全部申请文件、资料报国家安全生产监督管理总局；决定不予受理的，应当向申请人书面说明理由。

（三）国家安全生产监督管理总局应当自收到审核意见和申请文件、资料之日起20个工作日内，组织专家组对申请人进行技术评审，并根据专家组提交的技术评审报告和社会经济发展水平、区域经济结构、统筹规划、总量控制等要求作出资质认可决定。决定认可的，应当自作出决定之日起10个工作日内向申请人颁发资质证书；决定不予认可的，应当向申请人书面说明理由。

第十九条 申请乙级资质，按照下列程序办理：

（一）申请人将职业卫生技术服务机构资质申请表和本办法第十七条规定的文件、资料，报所在地的市级安全生产监督管理部门审核。

（二）市级安全生产监督管理部门应当自收到申请文件、资料之日起5个工作日内对其进行初审并决定是否受理。决定受理的，应当自受理之日起20个工作日内完成审核，并将审核意见和全部申请文件、资料报省级安全生产监督管理部门；决定不予受理的，应当向申请人书面说明理由。

（三）省级安全生产监督管理部门应当自收到审核意见和申请文件、资料之日起20个工作日内，组织专家组对申请人进行技术评审，并根据专家组提交的技术评审报告和区域经济结构、统筹规划、总量控制等要求作出资质认可决定。决定认可的，应当自作出决定之日起10个工作日内向申请人颁发资质证书；决定不予认可的，应当向申请人书面说明理由。

第二十条 申请丙级资质，按照下列程序办理：

（一）申请人将职业卫生技术服务机构资质申请表和本办法第十七条规定的文件、资料，报所在地的县级安全生产监督管理部门审核。

（二）县级安全生产监督管理部门应当自收到申请文件、资料之日起5个工作日内对其进行初审并决定是否受理。决定受理的，应当自受理之日起20个工作日内完成审核，并将审核意见和全部申请文件、资料报市级安全生产监督管理部门；决定不予受理的，应当向申请人书面说明理由。

（三）市级安全生产监督管理部门应当自受理之日起20个工作日内，组织专家组对申请人进行技术评审，并根据专家组提交的技术评审报告和统筹规划、总量控制等要求作出资质认可决定。决定认可的，应当自作出决定之日起10个工作日内向申请人颁发资质证书；决定不予认可的，应当向申请人书面说明理由。

第二十一条 国家安全生产监督管理总局、省级安全生产监督管理部门、市级安全生产监督管理部门(以下统称发证机关)应当从专家库中随机抽取相关专业的3至7名专家组成专家组，对申请人提供的文件、资料进行技术评审。

技术评审包括申请文件、资料的技术审查和现场技术考核。现场技术考核应当包括下列内容：

（一）核查现场有关设备、设施、仪器、仪表等；

（二）考核技术负责人、质量控制负责人及有关专职技术人员的专业知识和操作能力；

（三）抽查原始工作记录、影像资料、报告、总结、档案等资料；

（四）进行必要的盲样检测。

第二十二条 技术评审工作应当自受理资质申请之日起60日内完成，并提交技术评审报告。技术评审报告是发证机关作出职业卫生技术服务机构资质认可决定的重要依据。

专家组技术评审和申请人整改问题所需的时间，不计算在本办法第十八条、第十九条、第二十条规定的期限内。

第二十三条 职业卫生技术服务机构取得资质1年以上，需要增加业务范围的，应当向发证机关提出申请。发证机关应当按照本办法的规定进行认可。

第二十四条 职业卫生技术服务机构的资质证书遗失的，应当及时在有关电视、报刊等媒体上予以声明，并向原发证机关申请补发。

第二十五条 职业卫生技术服务机构甲级、乙级、丙级资质证书有效期均为3年。资质证书有效期满需要延续的，职业卫生技术服务机构应当于期满前3个月向原发证机关提出申请，经复审合格后予以办理延续手续；不合格的，不予办理延续手续，并向申请人书面说明理由。

第二十六条 职业卫生技术服务机构变更名称、法定代表人、注册地址的，应当自变更之日起30日内向原发证机关申请办理资质证书变更手续。

职业卫生技术服务机构分立、合并的，应当申请办理资质证书变更手续或者重新申请职业卫生技术服务机构资质认可。

第二十七条 职业卫生技术服务机构有下列情形之一的，发证机关应当注销其资质：

（一）资质证书有效期届满未申请延续或者不予批准延续的；

（二）被依法终止的；

（三）自行申请注销的。

第二十八条 职业卫生技术服务机构不得转让或者租借其取得的资质证书。任何单位和个人不得伪造、变造、买卖职业卫生技术服务机构资质证书。

第二十九条 发证机关对取得资质的职业卫生技术服务机构应当及时公告，接受社会监督。

职业卫生技术服务机构资质证书由国家安全生产监督管理总局统一印制。

第三章 技术服务

第三十条 职业卫生技术服务机构应当依法独立开展职业卫生技术服务活

动，科学、客观、真实地反映技术服务事项，并对出具的职业卫生技术报告承担法律责任。

第三十一条 职业卫生技术服务机构应当公开办事制度和程序，简化手续，方便服务对象，并采取措施保证服务质量。

第三十二条 取得资质的职业卫生技术服务机构，应当在批准的业务范围和规定的区域范围内开展技术服务工作，并接受技术服务所在地安全生产监督管理部门的监督管理。

取得甲级资质的职业卫生技术服务机构跨省、自治区、直辖市开展职业卫生技术服务，应当填写职业卫生技术服务机构跨省、自治区、直辖市服务工作报告表，报送服务所在地省级安全生产监督管理部门备案，并接受其监督检查。

职业卫生技术服务机构跨省、自治区、直辖市服务工作报告表式样由国家安全生产监督管理总局规定。

第三十三条 职业卫生技术服务机构开展技术服务时，应当依法与建设单位、用人单位签订职业卫生技术服务合同，明确技术服务内容、范围以及双方的权利、义务和责任。

第三十四条 职业卫生技术服务机构从事职业卫生检测、评价技术服务的收费，应当符合法律、法规的规定。法律、法规没有规定的，应当按照行业自律标准或者指导性标准收费；没有行业自律标准和指导性收费标准的，双方可以通过合同协商确定。

第三十五条 职业卫生技术服务机构及其专职技术人员在从事职业卫生技术服务活动中，不得有下列行为：

（一）泄漏服务对象的技术秘密和商业秘密；

（二）伪造、变造、转让或者租借资质证书；

（三）超出资质证书业务范围从事技术服务活动；

（四）出具虚假或者失实的职业卫生技术报告；

（五）转包职业卫生技术服务项目；

（六）擅自更改、简化职业卫生技术服务程序和相关内容；

（七）采取不正当竞争手段，故意贬低、诋毁其他职业卫生技术服务机构；

（八）法律、法规规定的其他违法行为。

专职技术人员不得同时在两个以上职业卫生技术机构从业。

第三十六条 职业卫生技术服务机构的职业卫生技术服务过程控制记录、现场勘查记录、影像资料及相关证明材料，应当及时归档，妥善保管。专职技术负责人和质量控制负责人应当按照法律、法规和标准的规定，加强职业卫生技术服务的全过程管理。

职业卫生技术服务机构应当为专职技术人员提供必要的个体防护用品。

第四章　监督管理

第三十七条　发证机关应当加强对职业卫生技术服务机构及专职技术人员的监督检查，重点监督检查下列内容：

（一）职业卫生专职技术人员是否具备从业能力；

（二）是否按照职业卫生技术服务工作规范开展工作；

（三）出具的报告是否符合规范标准；

（四）职业卫生技术服务档案是否完整；

（五）内部质量保证体系文件是否健全；

（六）实际操作中是否存在违规现象；

（七）依法应当监督检查的其他内容。

第三十八条　发证机关应当对取得资质的职业卫生技术服务机构每年进行评估检查。进行年度评估检查时，应当征求服务对象的意见。

第三十九条　安全生产监督管理部门及其工作人员不得有下列行为：

（一）要求用人单位接受指定的职业卫生技术服务机构进行职业卫生技术服务；

（二）以备案为由，变相设立法律、法规规定以外的行政许可；

（三）采取任何形式的地方保护，限制外地职业卫生技术服务机构到本地区开展职业卫生技术服务；

（四）干预职业卫生技术服务机构开展正常活动；

（五）以任何理由或者方式向职业卫生技术服务机构收取或者变相收取费用；

（六）向职业卫生技术服务机构摊派财物、推销产品；

（七）在职业卫生技术服务机构报销任何费用。

第四十条　任何单位或者个人发现职业卫生技术服务机构及其从业人员、安全生产监督管理部门及其工作人员、专家库专家违反有关职业病防治的法律、法规和本办法规定的行为，均有权向安全生产监督管理部门或者有关部门举报。

安全生产监督管理部门应当为举报人保密，并依法对举报进行核查和处理。

第五章　法律责任

第四十一条　安全生产监督管理部门的工作人员徇私舞弊、滥用职权、弄虚作假、玩忽职守，未依法履行职业卫生技术服务机构资质认可和监督管理职责的，依法给予处分。

专家库专家在职业卫生技术服务机构技术评审工作中徇私舞弊、弄虚作假的，撤销其专家库专家资格，终身不得再担任专家库专家。

第四十二条 申请人隐瞒有关情况或者提供虚假材料申请职业卫生技术服务机构资质认可的，不予受理或者不予颁发证书，并自发证机关发现之日起1年内不得再次申请职业卫生技术服务机构资质。

职业卫生技术服务机构在申请资质、资质延续、接受监督检查时，采取弄虚作假等不正当手段的，给予警告，不予颁发证书或者不予延续。

职业卫生技术服务机构以欺骗等不正当手段取得职业卫生技术服务机构资质证书的，撤销其资质证书，并自发证机关撤销其资质证书之日起3年内不得再次申请职业卫生技术服务机构资质。

第四十三条 未取得职业卫生技术服务资质认可，擅自从事职业卫生检测、评价技术服务的，责令立即停止违法行为，没收违法所得；违法所得5000元以上的，并处违法所得2倍以上10倍以下的罚款；没有违法所得或者违法所得不足5000元的，并处5000元以上5万元以下的罚款；情节严重的，对直接负责的主管人员和其他直接责任人员，依法给予降级、撤职或者开除的处分。

第四十四条 从事职业卫生技术服务的机构违反《中华人民共和国职业病防治法》及本办法规定，有下列行为之一的，责令立即停止违法行为，给予警告，没收违法所得；违法所得5000元以上的，并处违法所得2倍以上5倍以下的罚款；没有违法所得或者违法所得不足5000元的，并处5000元以上2万元以下的罚款；情节严重的，由原发证机关取消其相应的资格；对直接负责的主管人员和其他责任人员，依法给予降级、撤职或者开除的处分；构成犯罪的，依法追究刑事责任：

（一）超出规定的业务范围和区域从事职业卫生检测、评价技术服务的；

（二）未按照《中华人民共和国职业病防治法》及本办法履行法定职责的；

（三）出具虚假证明文件的。

第四十五条 职业卫生技术服务机构有下列情形之一的，给予警告，并处1万元以下的罚款；情节严重的，处1万元以上3万元以下的罚款，依照法律、行政法规的规定撤销其相应资质；对相关责任人依法给予处理：

（一）泄漏服务对象的技术秘密和商业秘密的；

（二）转让或者租借资质证书的；

（三）转包职业卫生技术服务项目的；

（四）采取不正当竞争手段，故意贬低、诋毁其他职业卫生技术服务机构的；

（五）未按照规定办理资质证书变更手续的；

（六）未依法与建设单位、用人单位签订职业卫生技术服务合同的；

（七）擅自更改、简化职业卫生技术服务程序和相关内容的；

（八）在申请资质、资质延续、接受监督检查时，隐瞒有关情况或者提供虚假文件、资料的。

第四十六条 职业卫生专职技术人员同时在两个以上职业卫生技术服务机构从业的，责令改正，对职业卫生技术服务机构处3万元以下的罚款，对职业卫生专职技术人员处1万元以下的罚款。

第四十七条 已经取得资质认可的职业卫生技术服务机构，不再符合本办法规定的资质条件的，应当依法撤销其资质。

第四十八条 本办法所规定的行政处罚，由市级以上安全生产监督管理部门决定。对甲级职业卫生技术服务机构的行政处罚，国家安全生产监督管理总局可以委托省级安全生产监督管理部门实施。

撤销资质证书由原发证机关决定。

第六章 附 则

第四十九条 2011年12月31日前，已经依照国务院卫生行政部门有关规定取得职业卫生技术服务机构资质证书的职业卫生技术服务机构，应当依照本办法的规定向安全生产监督管理部门申请换发国家安全生产监督管理总局统一印制的资质证书，有效期不变；有效期满后，需要继续从事职业卫生技术服务的，依照本办法的规定申请资质延续。

第五十条 为煤矿服务的职业卫生技术服务机构资质认可及管理另行规定。

第五十一条 职业卫生技术服务机构资质认可有关文书的样式和内容，由国家安全生产监督管理总局统一规定。

第五十二条 本办法所称职业病危害不包括医疗机构的放射性危害。

第五十三条 本办法自2012年7月1日起施行。

国家安全生产监督管理总局令

第 49 号

《用人单位职业健康监护监督管理办法》已经 2012 年 3 月 6 日国家安全生产监督管理总局局长办公会议审议通过，现予公布，自 2012 年 6 月 1 日起施行。

国家安全生产监督管理总局　骆琳

2012 年 4 月 27 日

用人单位职业健康监护监督管理办法

目　　录

第一章　总　　则

第一条　为了规范用人单位职业健康监护工作，加强职业健康监护的监督管理，保护劳动者健康及其相关权益，根据《中华人民共和国职业病防治法》，制定本办法。

第二条　用人单位从事接触职业病危害作业的劳动者(以下简称劳动者)的职业健康监护和安全生产监督管理部门对其实施监督管理，适用本办法。

第三条　本办法所称职业健康监护，是指劳动者上岗前、在岗期间、离岗时、应急的职业健康检查和职业健康监护档案管理。

第四条　用人单位应当建立、健全劳动者职业健康监护制度，依法落实职业健康监护工作。

第五条　用人单位应当接受安全生产监督管理部门依法对其职业健康监护工作的监督检查，并提供有关文件和资料。

第六条　对用人单位违反本办法的行为，任何单位和个人均有权向安全生产监督管理部门举报或者报告。

第二章　用人单位的职责

第七条　用人单位是职业健康监护工作的责任主体，其主要负责人对本单位职业健康监护工作全面负责。

用人单位应当依照本办法以及《职业健康监护技术规范》(GBZ 188)、《放射工作人员职业健康监护技术规范》(GBZ 235)等国家职业卫生标准的要求，制定、落实本单位职业健康检查年度计划，并保证所需要的专项经费。

第八条　用人单位应当组织劳动者进行职业健康检查，并承担职业健康检查费用。

劳动者接受职业健康检查应当视同正常出勤。

第九条　用人单位应当选择由省级以上人民政府卫生行政部门批准的医疗卫生机构承担职业健康检查工作，并确保参加职业健康检查的劳动者身份的真实性。

第十条　用人单位在委托职业健康检查机构对从事接触职业病危害作业的劳动者进行职业健康检查时，应当如实提供下列文件、资料：

（一）用人单位的基本情况；

（二）工作场所职业病危害因素种类及其接触人员名册；

（三）职业病危害因素定期检测、评价结果。

第十一条　用人单位应当对下列劳动者进行上岗前的职业健康检查：

（一）拟从事接触职业病危害作业的新录用劳动者，包括转岗到该作业岗位的劳动者；

（二）拟从事有特殊健康要求作业的劳动者。

第十二条　用人单位不得安排未经上岗前职业健康检查的劳动者从事接触职业病危害的作业，不得安排有职业禁忌的劳动者从事其所禁忌的作业。

用人单位不得安排未成年工从事接触职业病危害的作业，不得安排孕期、哺乳期的女职工从事对本人和胎儿、婴儿有危害的作业。

第十三条　用人单位应当根据劳动者所接触的职业病危害因素，定期安排劳动者进行在岗期间的职业健康检查。

对在岗期间的职业健康检查，用人单位应当按照《职业健康监护技术规范》(GBZ 188)等国家职业卫生标准的规定和要求，确定接触职业病危害的劳动者的检查项目和检查周期。需要复查的，应当根据复查要求增加相应的检查项目。

第十四条　出现下列情况之一的，用人单位应当立即组织有关劳动者进行应急职业健康检查：

（一）接触职业病危害因素的劳动者在作业过程中出现与所接触职业病危害

因素相关的不适症状的；

（二）劳动者受到急性职业中毒危害或者出现职业中毒症状的。

第十五条 对准备脱离所从事的职业病危害作业或者岗位的劳动者，用人单位应当在劳动者离岗前30日内组织劳动者进行离岗时的职业健康检查。劳动者离岗前90日内的在岗期间的职业健康检查可以视为离岗时的职业健康检查。

用人单位对未进行离岗时职业健康检查的劳动者，不得解除或者终止与其订立的劳动合同。

第十六条 用人单位应当及时将职业健康检查结果及职业健康检查机构的建议以书面形式如实告知劳动者。

第十七条 用人单位应当根据职业健康检查报告，采取下列措施：

（一）对有职业禁忌的劳动者，调离或者暂时脱离原工作岗位；

（二）对健康损害可能与所从事的职业相关的劳动者，进行妥善安置；

（三）对需要复查的劳动者，按照职业健康检查机构要求的时间安排复查和医学观察；

（四）对疑似职业病病人，按照职业健康检查机构的建议安排其进行医学观察或者职业病诊断；

（五）对存在职业病危害的岗位，立即改善劳动条件，完善职业病防护设施，为劳动者配备符合国家标准的职业病危害防护用品。

第十八条 职业健康监护中出现新发生职业病（职业中毒）或者两例以上疑似职业病（职业中毒）的，用人单位应当及时向所在地安全生产监督管理部门报告。

第十九条 用人单位应当为劳动者个人建立职业健康监护档案，并按照有关规定妥善保存。职业健康监护档案包括下列内容：

（一）劳动者姓名、性别、年龄、籍贯、婚姻、文化程度、嗜好等情况；

（二）劳动者职业史、既往病史和职业病危害接触史；

（三）历次职业健康检查结果及处理情况；

（四）职业病诊疗资料；

（五）需要存入职业健康监护档案的其他有关资料。

第二十条 安全生产行政执法人员、劳动者或者其近亲属、劳动者委托的代理人有权查阅、复印劳动者的职业健康监护档案。

劳动者离开用人单位时，有权索取本人职业健康监护档案复印件，用人单位应当如实、无偿提供，并在所提供的复印件上签章。

第二十一条 用人单位发生分立、合并、解散、破产等情形时，应当对劳动者进行职业健康检查，并依照国家有关规定妥善安置职业病病人；其职业健康监护档案应当依照国家有关规定实施移交保管。

第三章　监督管理

第二十二条　安全生产监督管理部门应当依法对用人单位落实有关职业健康监护的法律、法规、规章和标准的情况进行监督检查，重点监督检查下列内容：

（一）职业健康监护制度建立情况；

（二）职业健康监护计划制定和专项经费落实情况；

（三）如实提供职业健康检查所需资料情况；

（四）劳动者上岗前、在岗期间、离岗时、应急职业健康检查情况；

（五）对职业健康检查结果及建议，向劳动者履行告知义务情况；

（六）针对职业健康检查报告采取措施情况；

（七）报告职业病、疑似职业病情况；

（八）劳动者职业健康监护档案建立及管理情况；

（九）为离开用人单位的劳动者如实、无偿提供本人职业健康监护档案复印件情况；

（十）依法应当监督检查的其他情况。

第二十三条　安全生产监督管理部门应当加强行政执法人员职业健康知识培训，提高行政执法人员的业务素质。

第二十四条　安全生产行政执法人员依法履行监督检查职责时，应当出示有效的执法证件。

安全生产行政执法人员应当忠于职守，秉公执法，严格遵守执法规范；涉及被检查单位技术秘密、业务秘密以及个人隐私的，应当为其保密。

第二十五条　安全生产监督管理部门履行监督检查职责时，有权进入被检查单位，查阅、复制被检查单位有关职业健康监护的文件、资料。

第四章　法律责任

第二十六条　用人单位有下列行为之一的，给予警告，责令限期改正，可以并处3万元以下的罚款：

（一）未建立或者落实职业健康监护制度的；

（二）未按照规定制定职业健康监护计划和落实专项经费的；

（三）弄虚作假，指使他人冒名顶替参加职业健康检查的；

（四）未如实提供职业健康检查所需要的文件、资料的；

（五）未根据职业健康检查情况采取相应措施的；

（六）不承担职业健康检查费用的。

第二十七条 用人单位有下列行为之一的，责令限期改正，给予警告，可以并处5万元以上10万元以下的罚款：

（一）未按照规定组织职业健康检查、建立职业健康监护档案或者未将检查结果如实告知劳动者的；

（二）未按照规定在劳动者离开用人单位时提供职业健康监护档案复印件的。

第二十八条 用人单位有下列情形之一的，给予警告，责令限期改正，逾期不改正的，处5万元以上20万元以下的罚款；情节严重的，责令停止产生职业病危害的作业，或者提请有关人民政府按照国务院规定的权限责令关闭：

（一）未按照规定安排职业病病人、疑似职业病病人进行诊治的；

（二）隐瞒、伪造、篡改、损毁职业健康监护档案等相关资料，或者拒不提供职业病诊断、鉴定所需资料的。

第二十九条 用人单位有下列情形之一的，责令限期治理，并处5万元以上30万元以下的罚款；情节严重的，责令停止产生职业病危害的作业，或者提请有关人民政府按照国务院规定的权限责令关闭：

（一）安排未经职业健康检查的劳动者从事接触职业病危害的作业的；

（二）安排未成年工从事接触职业病危害的作业的；

（三）安排孕期、哺乳期女职工从事对本人和胎儿、婴儿有危害的作业的；

（四）安排有职业禁忌的劳动者从事所禁忌的作业的。

第三十条 用人单位违反本办法规定，未报告职业病、疑似职业病的，由安全生产监督管理部门责令限期改正，给予警告，可以并处1万元以下的罚款；弄虚作假的，并处2万元以上5万元以下的罚款。

第五章 附 则

第三十一条 煤矿安全监察机构依照本办法负责煤矿劳动者职业健康监护的监察工作。

第三十二条 本办法自2012年6月1日起施行。

国家安全生产监督管理总局令

第 48 号

《职业病危害项目申报办法》已经 2012 年 3 月 6 日国家安全生产监督管理总局局长办公会议审议通过，现予公布，自 2012 年 6 月 1 日起施行。国家安全生产监督管理总局 2009 年 9 月 8 日公布的《作业场所职业危害申报管理办法》同时废止。

国家安全生产监督管理总局　骆琳

2012 年 4 月 27 日

职业病危害项目申报办法

第一条　为了规范职业病危害项目的申报工作，加强对用人单位职业卫生工作的监督管理，根据《中华人民共和国职业病防治法》，制定本办法。

第二条　用人单位(煤矿除外)工作场所存在职业病目录所列职业病的危害因素的，应当及时、如实向所在地安全生产监督管理部门申报危害项目，并接受安全生产监督管理部门的监督管理。

煤矿职业病危害项目申报办法另行规定。

第三条　本办法所称职业病危害项目，是指存在职业病危害因素的项目。

职业病危害因素按照《职业病危害因素分类目录》确定。

第四条　职业病危害项目申报工作实行属地分级管理的原则。

中央企业、省属企业及其所属用人单位的职业病危害项目，向其所在地设区的市级人民政府安全生产监督管理部门申报。

前款规定以外的其他用人单位的职业病危害项目，向其所在地县级人民政府安全生产监督管理部门申报。

第五条　用人单位申报职业病危害项目时，应当提交《职业病危害项目申报表》和下列文件、资料：

(一) 用人单位的基本情况；

(二) 工作场所职业病危害因素种类、分布情况以及接触人数；

(三) 法律、法规和规章规定的其他文件、资料。

第六条　职业病危害项目申报同时采取电子数据和纸质文本两种方式。

用人单位应当首先通过“职业病危害项目申报系统”进行电子数据申报，同时将《职业病危害项目申报表》加盖公章并由本单位主要负责人签字后，按照本办法第四条和第五条的规定，连同有关文件、资料一并上报所在地设区的市级、县级安全生产监督管理部门。

受理申报的安全生产监督管理部门应当自收到申报文件、资料之日起 5 个工作日内，出具《职业病危害项目申报回执》。

第七条 职业病危害项目申报不得收取任何费用。

第八条 用人单位有下列情形之一的，应当按照本条规定向原申报机关申报变更职业病危害项目内容：

（一）进行新建、改建、扩建、技术改造或者技术引进建设项目的，自建设项目竣工验收之日起 30 日内进行申报；

（二）因技术、工艺、设备或者材料等发生变化导致原申报的职业病危害因素及其相关内容发生重大变化的，自发生变化之日起 15 日内进行申报；

（三）用人单位工作场所、名称、法定代表人或者主要负责人发生变化的，自发生变化之日起 15 日内进行申报；

（四）经过职业病危害因素检测、评价，发现原申报内容发生变化的，自收到有关检测、评价结果之日起 15 日内进行申报。

第九条 用人单位终止生产经营活动的，应当自生产经营活动终止之日起 15 日内向原申报机关报告并办理注销手续。

第十条 受理申报的安全生产监督管理部门应当建立职业病危害项目管理档案。职业病危害项目管理档案应当包括辖区内存在职业病危害因素的用人单位数量、职业病危害因素种类、行业及地区分布、接触人数等内容。

第十一条 安全生产监督管理部门应当依法对用人单位职业病危害项目申报情况进行抽查，并对职业病危害项目实施监督检查。

第十二条 安全生产监督管理部门及其工作人员应当保守用人单位商业秘密和技术秘密。违反有关保密义务的，应当承担相应的法律责任。

第十三条 安全生产监督管理部门应当建立健全举报制度，依法受理和查处有关用人单位违反本办法行为的举报。

任何单位和个人均有权向安全生产监督管理部门举报用人单位违反本办法的行为。

第十四条 用人单位未按照本办法规定及时、如实地申报职业病危害项目的，责令限期改正，给予警告，可以并处 5 万元以上 10 万元以下的罚款。

第十五条 用人单位有关事项发生重大变化，未按照本办法的规定申报变更职业病危害项目内容的，责令限期改正，可以并处 5 千元以上 3 万元以下的罚款。

第十六条 《职业病危害项目申报表》、《职业病危害项目申报回执》的式样由国家安全生产监督管理总局规定。

第十七条 本办法自 2012 年 6 月 1 日起施行。国家安全生产监督管理总局 2009 年 9 月 8 日公布的《作业场所职业危害申报管理办法》同时废止。

国家安全生产监督管理总局令
第 47 号

《工作场所职业卫生监督管理规定》已经 2012 年 3 月 6 日国家安全生产监督管理总局局长办公会议审议通过，现予公布，自 2012 年 6 月 1 日起施行。国家安全生产监督管理总局 2009 年 7 月 1 日公布的《作业场所职业健康监督管理暂行规定》同时废止。

国家安全生产监督管理总局　骆琳

2012 年 4 月 27 日

工作场所职业卫生监督管理规定

目　　录

第一章　总　　则

第一条　为了加强职业卫生监督管理工作，强化用人单位职业病防治的主体责任，预防、控制职业病危害，保障劳动者健康和相关权益，根据《中华人民共和国职业病防治法》等法律、行政法规，制定本规定。

第二条　用人单位的职业病防治和安全生产监督管理部门对其实施监督管理，适用本规定。

第三条　用人单位应当加强职业病防治工作，为劳动者提供符合法律、法规、规章、国家职业卫生标准和卫生要求的工作环境和条件，并采取有效措施保障劳动者的职业健康。

第四条　用人单位是职业病防治的责任主体，并对本单位产生的职业病危害承担责任。

用人单位的主要负责人对本单位的职业病防治工作全面负责。

第五条 国家安全生产监督管理总局依照《中华人民共和国职业病防治法》和国务院规定的职责，负责全国用人单位职业卫生的监督管理工作。

县级以上地方人民政府安全生产监督管理部门依照《中华人民共和国职业病防治法》和本级人民政府规定的职责，负责本行政区域内用人单位职业卫生的监督管理工作。

第六条 为职业病防治提供技术服务的职业卫生技术服务机构，应当依照《职业卫生技术服务机构监督管理暂行办法》和有关标准、规范、执业准则的要求，为用人单位提供技术服务。

第七条 任何单位和个人均有权向安全生产监督管理部门举报用人单位违反本规定的行为和职业病危害事故。

第二章 用人单位的职责

第八条 职业病危害严重的用人单位，应当设置或者指定职业卫生管理机构或者组织，配备专职职业卫生管理人员。

其他存在职业病危害的用人单位，劳动者超过 100 人的，应当设置或者指定职业卫生管理机构或者组织，配备专职职业卫生管理人员；劳动者在 100 人以下的，应当配备专职或者兼职的职业卫生管理人员，负责本单位的职业病防治工作。

第九条 用人单位的主要负责人和职业卫生管理人员应当具备与本单位所从事的生产经营活动相适应的职业卫生知识和管理能力，并接受职业卫生培训。

用人单位主要负责人、职业卫生管理人员的职业卫生培训，应当包括下列主要内容：

（一）职业卫生相关法律、法规、规章和国家职业卫生标准；

（二）职业病危害预防和控制的基本知识；

（三）职业卫生管理相关知识；

（四）国家安全生产监督管理总局规定的其他内容。

第十条 用人单位应当对劳动者进行上岗前的职业卫生培训和在岗期间的定期职业卫生培训，普及职业卫生知识，督促劳动者遵守职业病防治的法律、法规、规章、国家职业卫生标准和操作规程。

用人单位应当对职业病危害严重的岗位的劳动者，进行专门的职业卫生培训，经培训合格后方可上岗作业。

因变更工艺、技术、设备、材料，或者岗位调整导致劳动者接触的职业病危害因素发生变化的，用人单位应当重新对劳动者进行上岗前的职业卫生培训。

第十一条 存在职业病危害的用人单位应当制定职业病危害防治计划和实

施方案，建立、健全下列职业卫生管理制度和操作规程：

（一）职业病危害防治责任制度；

（二）职业病危害警示与告知制度；

（三）职业病危害项目申报制度；

（四）职业病防治宣传教育培训制度；

（五）职业病防护设施维护检修制度；

（六）职业病防护用品管理制度；

（七）职业病危害监测及评价管理制度；

（八）建设项目职业卫生"三同时"管理制度；

（九）劳动者职业健康监护及其档案管理制度；

（十）职业病危害事故处置与报告制度；

（十一）职业病危害应急救援与管理制度；

（十二）岗位职业卫生操作规程；

（十三）法律、法规、规章规定的其他职业病防治制度。

第十二条 产生职业病危害的用人单位的工作场所应当符合下列基本要求：

（一）生产布局合理，有害作业与无害作业分开；

（二）工作场所与生活场所分开，工作场所不得住人；

（三）有与职业病防治工作相适应的有效防护设施；

（四）职业病危害因素的强度或者浓度符合国家职业卫生标准；

（五）有配套的更衣间、洗浴间、孕妇休息间等卫生设施；

（六）设备、工具、用具等设施符合保护劳动者生理、心理健康的要求；

（七）法律、法规、规章和国家职业卫生标准的其他规定。

第十三条 用人单位工作场所存在职业病目录所列职业病的危害因素的，应当按照《职业病危害项目申报办法》的规定，及时、如实向所在地安全生产监督管理部门申报职业病危害项目，并接受安全生产监督管理部门的监督检查。

第十四条 新建、改建、扩建的工程建设项目和技术改造、技术引进项目（以下统称建设项目）可能产生职业病危害的，建设单位应当按照《建设项目职业卫生"三同时"监督管理暂行办法》的规定，向安全生产监督管理部门申请备案、审核、审查和竣工验收。

第十五条 产生职业病危害的用人单位，应当在醒目位置设置公告栏，公布有关职业病防治的规章制度、操作规程、职业病危害事故应急救援措施和工作场所职业病危害因素检测结果。

存在或者产生职业病危害的工作场所、作业岗位、设备、设施，应当按照《工作场所职业病危害警示标识》（GBZ 158）的规定，在醒目位置设置图形、警示线、警示语句等警示标识和中文警示说明。警示说明应当载明产生职业病危害的种类、后果、预防和应急处置措施等内容。

存在或产生高毒物品的作业岗位，应当按照《高毒物品作业岗位职业病危害告知规范》(GBZ/T 203)的规定，在醒目位置设置高毒物品告知卡，告知卡应当载明高毒物品的名称、理化特性、健康危害、防护措施及应急处理等告知内容与警示标识。

第十六条 用人单位应当为劳动者提供符合国家职业卫生标准的职业病防护用品，并督促、指导劳动者按照使用规则正确佩戴、使用，不得发放钱物替代发放职业病防护用品。

用人单位应当对职业病防护用品进行经常性的维护、保养，确保防护用品有效，不得使用不符合国家职业卫生标准或者已经失效的职业病防护用品。

第十七条 在可能发生急性职业损伤的有毒、有害工作场所，用人单位应当设置报警装置，配置现场急救用品、冲洗设备、应急撤离通道和必要的泄险区。

现场急救用品、冲洗设备等应当设在可能发生急性职业损伤的工作场所或者临近地点，并在醒目位置设置清晰的标识。

在可能突然泄漏或者逸出大量有害物质的密闭或者半密闭工作场所，除遵守本条第一款、第二款规定外，用人单位还应当安装事故通风装置以及与事故排风系统相联锁的泄漏报警装置。

生产、销售、使用、贮存放射性同位素和射线装置的场所，应当按照国家有关规定设置明显的放射性标志，其入口处应当按照国家有关安全和防护标准的要求，设置安全和防护设施以及必要的防护安全联锁、报警装置或者工作信号。放射性装置的生产调试和使用场所，应当具有防止误操作、防止工作人员受到意外照射的安全措施。用人单位必须配备与辐射类型和辐射水平相适应的防护用品和监测仪器，包括个人剂量测量报警、固定式和便携式辐射监测、表面污染监测、流出物监测等设备，并保证可能接触放射线的工作人员佩戴个人剂量计。

第十八条 用人单位应当对职业病防护设备、应急救援设施进行经常性的维护、检修和保养，定期检测其性能和效果，确保其处于正常状态，不得擅自拆除或者停止使用。

第十九条 存在职业病危害的用人单位，应当实施由专人负责的工作场所职业病危害因素日常监测，确保监测系统处于正常工作状态。

第二十条 存在职业病危害的用人单位，应当委托具有相应资质的职业卫生技术服务机构，每年至少进行一次职业病危害因素检测。

职业病危害严重的用人单位，除遵守前款规定外，应当委托具有相应资质的职业卫生技术服务机构，每三年至少进行一次职业病危害现状评价。

检测、评价结果应当存入本单位职业卫生档案，并向安全生产监督管理部门报告和劳动者公布。

第二十一条 存在职业病危害的用人单位，有下述情形之一的，应当及时委托具有相应资质的职业卫生技术服务机构进行职业病危害现状评价：

（一）初次申请职业卫生安全许可证，或者职业卫生安全许可证有效期届满申请换证的；

（二）发生职业病危害事故的；

（三）国家安全生产监督管理总局规定的其他情形。

用人单位应当落实职业病危害现状评价报告中提出的建议和措施，并将职业病危害现状评价结果及整改情况存入本单位职业卫生档案。

第二十二条 用人单位在日常的职业病危害监测或者定期检测、现状评价过程中，发现工作场所职业病危害因素不符合国家职业卫生标准和卫生要求时，应当立即采取相应治理措施，确保其符合职业卫生环境和条件的要求；仍然达不到国家职业卫生标准和卫生要求的，必须停止存在职业病危害因素的作业；职业病危害因素经治理后，符合国家职业卫生标准和卫生要求的，方可重新作业。

第二十三条 向用人单位提供可能产生职业病危害的设备的，应当提供中文说明书，并在设备的醒目位置设置警示标识和中文警示说明。警示说明应当载明设备性能、可能产生的职业病危害、安全操作和维护注意事项、职业病防护措施等内容。

用人单位应当检查前款规定的事项，不得使用不符合要求的设备。

第二十四条 向用人单位提供可能产生职业病危害的化学品、放射性同位素和含有放射性物质的材料的，应当提供中文说明书。说明书应当载明产品特性、主要成份、存在的有害因素、可能产生的危害后果、安全使用注意事项、职业病防护和应急救治措施等内容。产品包装应当有醒目的警示标识和中文警示说明。贮存上述材料的场所应当在规定的部位设置危险物品标识或者放射性警示标识。

用人单位应当检查前款规定的事项，不得使用不符合要求的材料。

第二十五条 任何用人单位不得使用国家明令禁止使用的可能产生职业病危害的设备或者材料。

第二十六条 任何单位和个人不得将产生职业病危害的作业转移给不具备职业病防护条件的单位和个人。不具备职业病防护条件的单位和个人不得接受产生职业病危害的作业。

第二十七条 用人单位应当优先采用有利于防治职业病危害和保护劳动者

健康的新技术、新工艺、新材料、新设备，逐步替代产生职业病危害的技术、工艺、材料、设备。

第二十八条 用人单位对采用的技术、工艺、材料、设备，应当知悉其可能产生的职业病危害，并采取相应的防护措施。对有职业病危害的技术、工艺、设备、材料，故意隐瞒其危害而采用的，用人单位对其所造成的职业病危害后果承担责任。

第二十九条 用人单位与劳动者订立劳动合同(含聘用合同，下同)时，应当将工作过程中可能产生的职业病危害及其后果、职业病防护措施和待遇等如实告知劳动者，并在劳动合同中写明，不得隐瞒或者欺骗。

劳动者在履行劳动合同期间因工作岗位或者工作内容变更，从事与所订立劳动合同中未告知的存在职业病危害的作业时，用人单位应当依照前款规定，向劳动者履行如实告知的义务，并协商变更原劳动合同相关条款。

用人单位违反本条规定的，劳动者有权拒绝从事存在职业病危害的作业，用人单位不得因此解除与劳动者所订立的劳动合同。

第三十条 对从事接触职业病危害因素作业的劳动者，用人单位应当按照《用人单位职业健康监护监督管理办法》、《放射工作人员职业健康管理办法》、《职业健康监护技术规范》(GBZ 188)、《放射工作人员职业健康监护技术规范》(GBZ 235)等有关规定组织上岗前、在岗期间、离岗时的职业健康检查，并将检查结果书面如实告知劳动者。

职业健康检查费用由用人单位承担。

第三十一条 用人单位应当按照《用人单位职业健康监护监督管理办法》的规定，为劳动者建立职业健康监护档案，并按照规定的期限妥善保存。

职业健康监护档案应当包括劳动者的职业史、职业病危害接触史、职业健康检查结果、处理结果和职业病诊疗等有关个人健康资料。

劳动者离开用人单位时，有权索取本人职业健康监护档案复印件，用人单位应当如实、无偿提供，并在所提供的复印件上签章。

第三十二条 劳动者健康出现损害需要进行职业病诊断、鉴定的，用人单位应当如实提供职业病诊断、鉴定所需的劳动者职业史和职业病危害接触史、工作场所职业病危害因素检测结果和放射工作人员个人剂量监测结果等资料。

第三十三条 用人单位不得安排未成年工从事接触职业病危害的作业，不得安排有职业禁忌的劳动者从事其所禁忌的作业，不得安排孕期、哺乳期女职工从事对本人和胎儿、婴儿有危害的作业。

第三十四条 用人单位应当建立健全下列职业卫生档案资料：

(一) 职业病防治责任制文件；

（二）职业卫生管理规章制度、操作规程；

（三）工作场所职业病危害因素种类清单、岗位分布以及作业人员接触情况等资料；

（四）职业病防护设施、应急救援设施基本信息，以及其配置、使用、维护、检修与更换等记录；

（五）工作场所职业病危害因素检测、评价报告与记录；

（六）职业病防护用品配备、发放、维护与更换等记录；

（七）主要负责人、职业卫生管理人员和职业病危害严重工作岗位的劳动者等相关人员职业卫生培训资料；

（八）职业病危害事故报告与应急处置记录；

（九）劳动者职业健康检查结果汇总资料，存在职业禁忌证、职业健康损害或者职业病的劳动者处理和安置情况记录；

（十）建设项目职业卫生“三同时”有关技术资料，以及其备案、审核、审查或者验收等有关回执或者批复文件；

（十一）职业卫生安全许可证申领、职业病危害项目申报等有关回执或者批复文件；

（十二）其他有关职业卫生管理的资料或者文件。

第三十五条 用人单位发生职业病危害事故，应当及时向所在地安全生产监督管理部门和有关部门报告，并采取有效措施，减少或者消除职业病危害因素，防止事故扩大。对遭受或者可能遭受急性职业病危害的劳动者，用人单位应当及时组织救治、进行健康检查和医学观察，并承担所需费用。

用人单位不得故意破坏事故现场、毁灭有关证据，不得迟报、漏报、谎报或者瞒报职业病危害事故。

第三十六条 用人单位发现职业病病人或者疑似职业病病人时，应当按照国家规定及时向所在地安全生产监督管理部门和有关部门报告。

第三十七条 工作场所使用有毒物品的用人单位，应当按照有关规定向安全生产监督管理部门申请办理职业卫生安全许可证。

第三十八条 用人单位在安全生产监督管理部门行政执法人员依法履行监督检查职责时，应当予以配合，不得拒绝、阻挠。

第三章 监督管理

第三十九条 安全生产监督管理部门应当依法对用人单位执行有关职业病防治的法律、法规、规章和国家职业卫生标准的情况进行监督检查，重点监督检查下列内容：

（一）设置或者指定职业卫生管理机构或者组织，配备专职或者兼职的职业卫生管理人员情况；

（二）职业卫生管理制度和操作规程的建立、落实及公布情况；

（三）主要负责人、职业卫生管理人员和职业病危害严重的工作岗位的劳动者职业卫生培训情况；

（四）建设项目职业卫生“三同时”制度落实情况；

（五）工作场所职业病危害项目申报情况；

（六）工作场所职业病危害因素监测、检测、评价及结果报告和公布情况；

（七）职业病防护设施、应急救援设施的配置、维护、保养情况，以及职业病防护用品的发放、管理及劳动者佩戴使用情况；

（八）职业病危害因素及危害后果警示、告知情况；

（九）劳动者职业健康监护、放射工作人员个人剂量监测情况；

（十）职业病危害事故报告情况；

（十一）提供劳动者健康损害与职业史、职业病危害接触关系等相关资料的情况；

（十二）依法应当监督检查的其他情况。

第四十条 安全生产监督管理部门应当建立健全职业卫生监督检查制度，加强行政执法人员职业卫生知识的培训，提高行政执法人员的业务素质。

第四十一条 安全生产监督管理部门应当加强建设项目职业卫生“三同时”的监督管理，建立健全相关资料的档案管理制度。

第四十二条 安全生产监督管理部门应当加强职业卫生技术服务机构的资质认可管理和技术服务工作的监督检查，督促职业卫生技术服务机构公平、公正、客观、科学地开展职业卫生技术服务。

第四十三条 安全生产监督管理部门应当建立健全职业病危害防治信息统计分析制度，加强对用人单位职业病危害因素检测、评价结果、劳动者职业健康监护信息以及职业卫生监督检查信息等资料的统计、汇总和分析。

第四十四条 安全生产监督管理部门应当按照有关规定，支持、配合有关部门和机构开展职业病的诊断、鉴定工作。

第四十五条 安全生产监督管理部门行政执法人员依法履行监督检查职责时，应当出示有效的执法证件。

行政执法人员应当忠于职守，秉公执法，严格遵守执法规范；涉及被检查单位的技术秘密、业务秘密以及个人隐私的，应当为其保密。

第四十六条 安全生产监督管理部门履行监督检查职责时，有权采取下列措施：

（一）进入被检查单位及工作场所，进行职业病危害检测，了解情况，调查取证；

（二）查阅、复制被检查单位有关职业病危害防治的文件、资料，采集有关样品；

（三）责令违反职业病防治法律、法规的单位和个人停止违法行为；

（四）责令暂停导致职业病危害事故的作业，封存造成职业病危害事故或者可能导致职业病危害事故发生的材料和设备；

（五）组织控制职业病危害事故现场。

在职业病危害事故或者危害状态得到有效控制后，安全生产监督管理部门应当及时解除前款第四项、第五项规定的控制措施。

第四十七条 发生职业病危害事故，安全生产监督管理部门应当依照国家有关规定报告事故和组织事故的调查处理。

第四章 法律责任

第四十八条 用人单位有下列情形之一的，给予警告，责令限期改正，可以并处5千元以上2万元以下的罚款：

（一）未按照规定实行有害作业与无害作业分开、工作场所与生活场所分开的；

（二）用人单位的主要负责人、职业卫生管理人员未接受职业卫生培训的。

第四十九条 用人单位有下列情形之一的，给予警告，责令限期改正；逾期未改正的，处10万元以下的罚款：

（一）未按照规定制定职业病防治计划和实施方案的；

（二）未按照规定设置或者指定职业卫生管理机构或者组织，或者未配备专职或者兼职的职业卫生管理人员的；

（三）未按照规定建立、健全职业卫生管理制度和操作规程的；

（四）未按照规定建立、健全职业卫生档案和劳动者健康监护档案的；

（五）未建立、健全工作场所职业病危害因素监测及评价制度的；

（六）未按照规定公布有关职业病防治的规章制度、操作规程、职业病危害事故应急救援措施的；

（七）未按照规定组织劳动者进行职业卫生培训，或者未对劳动者个体防护采取有效的指导、督促措施的；

（八）工作场所职业病危害因素检测、评价结果未按照规定存档、上报和公布的。

第五十条 用人单位有下列情形之一的，责令限期改正，给予警告，可以并处5万元以上10万元以下的罚款：

（一）未按照规定及时、如实申报产生职业病危害的项目的；

（二）未实施由专人负责职业病危害因素日常监测，或者监测系统不能正常监测的；

（三）订立或者变更劳动合同时，未告知劳动者职业病危害真实情况的；

（四）未按照规定组织劳动者进行职业健康检查、建立职业健康监护档案或者未将检查结果书面告知劳动者的；

（五）未按照规定在劳动者离开用人单位时提供职业健康监护档案复印件的。

第五十一条 用人单位有下列情形之一的，给予警告，责令限期改正；逾期未改正的，处 5 万元以上 20 万元以下的罚款；情节严重的，责令停止产生职业病危害的作业，或者提请有关人民政府按照国务院规定的权限责令关闭：

（一）工作场所职业病危害因素的强度或者浓度超过国家职业卫生标准的；

（二）未提供职业病防护设施和劳动者使用的职业病防护用品，或者提供的职业病防护设施和劳动者使用的职业病防护用品不符合国家职业卫生标准和卫生要求的；

（三）未按照规定对职业病防护设备、应急救援设施和劳动者职业病防护用品进行维护、检修、检测，或者不能保持正常运行、使用状态的；

（四）未按照规定对工作场所职业病危害因素进行检测、现状评价的；

（五）工作场所职业病危害因素经治理仍然达不到国家职业卫生标准和卫生要求时，未停止存在职业病危害因素的作业的；

（六）发生或者可能发生急性职业病危害事故，未立即采取应急救援和控制措施或者未按照规定及时报告的；

（七）未按照规定在产生严重职业病危害的作业岗位醒目位置设置警示标识和中文警示说明的；

（八）拒绝安全生产监督管理部门监督检查的；

（九）隐瞒、伪造、篡改、毁损职业健康监护档案、工作场所职业病危害因素检测评价结果等相关资料，或者不提供职业病诊断、鉴定所需要资料的；

（十）未按照规定承担职业病诊断、鉴定费用和职业病病人的医疗、生活保障费用的。

第五十二条 用人单位有下列情形之一的，责令限期改正，并处 5 万元以上 30 万元以下的罚款；情节严重的，责令停止产生职业病危害的作业，或者提请有关人民政府按照国务院规定的权限责令关闭：

（一）隐瞒技术、工艺、设备、材料所产生的职业病危害而采用的；

（二）隐瞒本单位职业卫生真实情况的；

（三）可能发生急性职业损伤的有毒、有害工作场所或者放射工作场所不符合本规定第十七条规定的；

（四）使用国家明令禁止使用的可能产生职业病危害的设备或者材料的；

（五）将产生职业病危害的作业转移给没有职业病防护条件的单位和个人，或者没有职业病防护条件的单位和个人接受产生职业病危害的作业的；

（六）擅自拆除、停止使用职业病防护设备或者应急救援设施的；

（七）安排未经职业健康检查的劳动者、有职业禁忌的劳动者、未成年工或者孕期、哺乳期女职工从事接触产生职业病危害的作业或者禁忌作业的。

（八）违章指挥和强令劳动者进行没有职业病防护措施的作业的。

第五十三条 用人单位违反《中华人民共和国职业病防治法》的规定，已经对劳动者生命健康造成严重损害的，责令停止产生职业病危害的作业，或者提请有关人民政府按照国务院规定的权限责令关闭，并处 10 万元以上 50 万元以下的罚款。

造成重大职业病危害事故或者其他严重后果，构成犯罪的，对直接负责的主管人员和其他直接责任人员，依法追究刑事责任。

第五十四条 向用人单位提供可能产生职业病危害的设备或者材料，未按照规定提供中文说明书或者设置警示标识和中文警示说明的，责令限期改正，给予警告，并处 5 万元以上 20 万元以下的罚款。

第五十五条 用人单位未按照规定报告职业病、疑似职业病的，责令限期改正，给予警告，可以并处 1 万元以下的罚款；弄虚作假的，并处 2 万元以上 5 万元以下的罚款。

第五十六条 安全生产监督管理部门及其行政执法人员未按照规定报告职业病危害事故的，依照有关规定给予处理；构成犯罪的，依法追究刑事责任。

第五十七条 本规定所规定的行政处罚，由县级以上安全生产监督管理部门决定。法律、行政法规和国务院有关规定对行政处罚决定机关另有规定的，依照其规定。

第五章 附 则

第五十八条 本规定下列用语的含义：

（一）工作场所，是指劳动者进行职业活动的所有地点，包括建设单位施工场所；

（二）职业病危害严重的用人单位，是指建设项目职业病危害分类管理目录中所列职业病危害严重行业的用人单位。

建设项目职业病危害分类管理目录由国家安全生产监督管理总局公布。各省级安全生产监督管理部门可以根据本地区实际情况，对分类目录作出补充规定。

第五十九条 本规定未规定的其他有关职业病防治事项，依照《中华人民共和国职业病防治法》和其他有关法律、法规、规章的规定执行。

第六十条 煤矿的职业病防治和煤矿安全监察机构对其实施监察，依照本规定和国家安全生产监督管理总局的其他有关规定执行。

第六十一条 本规定自 2012 年 6 月 1 日起施行。2009 年 7 月 1 日国家安全生产监督管理总局公布的《作业场所职业健康监督管理暂行规定》同时废止。

中华人民共和国卫生部令

第 55 号

《放射工作人员职业健康管理办法》已于 2007 年 3 月 23 日经卫生部部务会议讨论通过，现予以发布，自 2007 年 11 月 1 日起施行。

2007 年 6 月 3 日

放射工作人员职业健康管理办法

目　录

第一章　总　则

第一条　为了保障放射工作人员的职业健康与安全，根据《中华人民共和国职业病防治法》(以下简称《职业病防治法》)和《放射性同位素与射线装置安全和防护条例》，制定本办法。

第二条　中华人民共和国境内的放射工作单位及其放射工作人员，应当遵守本办法。

本办法所称放射工作单位，是指开展下列活动的企业、事业单位和个体经济组织：

(一) 放射性同位素(非密封放射性物质和放射源)的生产、使用、运输、贮存和废弃处理；

(二) 射线装置的生产、使用和维修；

(三) 核燃料循环中的铀矿开采、铀矿水冶、铀的浓缩和转化、燃料制造、反应堆运行、燃料后处理和核燃料循环中的研究活动；

（四）放射性同位素、射线装置和放射工作场所的辐射监测；

（五）卫生部规定的与电离辐射有关的其他活动。

本办法所称放射工作人员，是指在放射工作单位从事放射职业活动中受到电离辐射照射的人员。

第三条 卫生部主管全国放射工作人员职业健康的监督管理工作。

县级以上地方人民政府卫生行政部门负责本行政区域内放射工作人员职业健康的监督管理。

第四条 放射工作单位应当采取有效措施，使本单位放射工作人员职业健康的管理符合本办法和有关标准及规范的要求。

第二章 从业条件与培训

第五条 放射工作人员应当具备下列基本条件：

（一）年满18周岁；

（二）经职业健康检查，符合放射工作人员的职业健康要求；

（三）放射防护和有关法律知识培训考核合格；

（四）遵守放射防护法规和规章制度，接受职业健康监护和个人剂量监测管理；

（五）持有《放射工作人员证》。

第六条 放射工作人员上岗前，放射工作单位负责向所在地县级以上地方人民政府卫生行政部门为其申请办理《放射工作人员证》。

开展放射诊疗工作的医疗机构，向为其发放《放射诊疗许可证》的卫生行政部门申请办理《放射工作人员证》。

开展本办法第二条第二款第（三）项所列活动以及非医用加速器运行、辐照加工、射线探伤和油田测井等活动的放射工作单位，向所在地省级卫生行政部门申请办理《放射工作人员证》。

其他放射工作单位办理《放射工作人员证》的规定，由所在地省级卫生行政部门结合本地区实际情况确定。

《放射工作人员证》的格式由卫生部统一制定。

第七条 放射工作人员上岗前应当接受放射防护和有关法律知识培训，考核合格方可参加相应的工作。培训时间不少于4天。

第八条 放射工作单位应当定期组织本单位的放射工作人员接受放射防护和有关法律知识培训。放射工作人员两次培训的时间间隔不超过2年，每次培训时间不少于2天。

第九条 放射工作单位应当建立并按照规定的期限妥善保存培训档案。培训档案应当包括每次培训的课程名称、培训时间、考试或考核成绩等资料。

第十条 放射防护及有关法律知识培训应当由符合省级卫生行政部门规定条件的单位承担，培训单位可会同放射工作单位共同制定培训计划，并按照培训计划和有关规范、标准实施和考核。

放射工作单位应当将每次培训的情况及时记录在《放射工作人员证》中。

第三章 个人剂量监测管理

第十一条 放射工作单位应当按照本办法和国家有关标准、规范的要求，安排本单位的放射工作人员接受个人剂量监测，并遵守下列规定：

（一）外照射个人剂量监测周期一般为30天，最长不应超过90天；内照射个人剂量监测周期按照有关标准执行；

（二）建立并终生保存个人剂量监测档案；

（三）允许放射工作人员查阅、复印本人的个人剂量监测档案。

第十二条 个人剂量监测档案应当包括：

（一）常规监测的方法和结果等相关资料；

（二）应急或者事故中受到照射的剂量和调查报告等相关资料。

放射工作单位应当将个人剂量监测结果及时记录在《放射工作人员证》中。

第十三条 放射工作人员进入放射工作场所，应当遵守下列规定：

（一）正确佩戴个人剂量计；

（二）操作结束离开非密封放射性物质工作场所时，按要求进行个人体表、衣物及防护用品的放射性表面污染监测，发现污染要及时处理，做好记录并存档；

（三）进入辐照装置、工业探伤、放射治疗等强辐射工作场所时，除佩戴常规个人剂量计外，还应当携带报警式剂量计。

第十四条 个人剂量监测工作应当由具备资质的个人剂量监测技术服务机构承担。个人剂量监测技术服务机构的资质审定由中国疾病预防控制中心协助卫生部组织实施。

个人剂量监测技术服务机构的资质审定按照《职业病防治法》、《职业卫生技术服务机构管理办法》和卫生部有关规定执行。

第十五条 个人剂量监测技术服务机构应当严格按照国家职业卫生标准、技术规范开展监测工作，参加质量控制和技术培训。

个人剂量监测报告应当在每个监测周期结束后1个月内送达放射工作单位，同时报告当地卫生行政部门。

第十六条 县级以上地方卫生行政部门按规定时间和格式，将本行政区域内的放射工作人员个人剂量监测数据逐级上报到卫生部。

第十七条 中国疾病预防控制中心协助卫生部拟定个人剂量监测技术服务机构的资质审定程序和标准，组织实施全国个人剂量监测的质量控制和技术培训，汇总分析全国个人剂量监测数据。

第四章 职业健康管理

第十八条 放射工作人员上岗前，应当进行上岗前的职业健康检查，符合放射工作人员健康标准的，方可参加相应的放射工作。

放射工作单位不得安排未经职业健康检查或者不符合放射工作人员职业健康标准的人员从事放射工作。

第十九条 放射工作单位应当组织上岗后的放射工作人员定期进行职业健康检查，两次检查的时间间隔不应超过 2 年，必要时可增加临时性检查。

第二十条 放射工作人员脱离放射工作岗位时，放射工作单位应当对其进行离岗前的职业健康检查。

第二十一条 对参加应急处理或者受到事故照射的放射工作人员，放射工作单位应当及时组织健康检查或者医疗救治，按照国家有关标准进行医学随访观察。

第二十二条 从事放射工作人员职业健康检查的医疗机构(以下简称职业健康检查机构)应当经省级卫生行政部门批准。

第二十三条 职业健康检查机构应当自体检工作结束之日起 1 个月内，将职业健康检查报告送达放射工作单位。

职业健康检查机构出具的职业健康检查报告应当客观、真实，并对职业健康检查报告负责。

第二十四条 职业健康检查机构发现有可能因放射性因素导致健康损害的，应当通知放射工作单位，并及时告知放射工作人员本人。

职业健康检查机构发现疑似职业性放射性疾病病人应当通知放射工作人员及其所在放射工作单位，并按规定向放射工作单位所在地卫生行政部门报告。

第二十五条 放射工作单位应当在收到职业健康检查报告的 7 日内，如实告知放射工作人员，并将检查结论记录在《放射工作人员证》中。

放射工作单位对职业健康检查中发现不宜继续从事放射工作的人员，应当及时调离放射工作岗位，并妥善安置；对需要复查和医学随访观察的放射工作人员，应当及时予以安排。

第二十六条 放射工作单位不得安排怀孕的妇女参与应急处理和有可能造成职业性内照射的工作。哺乳期妇女在其哺乳期间应当避免接受职业性内照射。

第二十七条 放射工作单位应当为放射工作人员建立并终生保存职业健康监护档案。职业健康监护档案应包括以下内容：

（一）职业史、既往病史和职业照射接触史；

（二）历次职业健康检查结果及评价处理意见；

（三）职业性放射性疾病诊疗、医学随访观察等健康资料。

第二十八条 放射工作人员有权查阅、复印本人的职业健康监护档案。放射工作单位应当如实、无偿提供。

第二十九条 放射工作人员职业健康检查、职业性放射性疾病的诊断、鉴定、医疗救治和医学随访观察的费用，由其所在单位承担。

第三十条 职业性放射性疾病的诊断鉴定工作按照《职业病诊断与鉴定管理办法》和国家有关标准执行。

第三十一条 放射工作人员的保健津贴按照国家有关规定执行。

第三十二条 在国家统一规定的休假外，放射工作人员每年可以享受保健休假 2~4 周。享受寒、暑假的放射工作人员不再享受保健休假。从事放射工作满 20 年的在岗放射工作人员，可以由所在单位利用休假时间安排健康疗养。

第五章 监督检查

第三十三条 县级以上地方人民政府卫生行政部门应当定期对本行政区域内放射工作单位的放射工作人员职业健康管理进行监督检查。检查内容包括：

（一）有关法规和标准执行情况；

（二）放射防护措施落实情况；

（三）人员培训、职业健康检查、个人剂量监测及其档案管理情况；

（四）《放射工作人员证》持证及相关信息记录情况；

（五）放射工作人员其他职业健康权益保障情况。

第三十四条 卫生行政执法人员依法进行监督检查时，应当出示证件。被检查的单位应当予以配合，如实反映情况，提供必要的资料，不得拒绝、阻碍、隐瞒。

第三十五条 卫生行政执法人员依法检查时，应当保守被检查单位的技术秘密和业务秘密。

第三十六条 卫生行政部门接到对违反本办法行为的举报后应当及时核实、处理。

第六章 法律责任

第三十七条 放射工作单位违反本办法，有下列行为之一的，按照《职业病防治法》第六十三条处罚：

（一）未按照规定组织放射工作人员培训的；

（二）未建立个人剂量监测档案的；

（三）拒绝放射工作人员查阅、复印其个人剂量监测档案和职业健康监护档案的。

第三十八条 放射工作单位违反本办法，未按照规定组织职业健康检查、未建立职业健康监护档案或者未将检查结果如实告知劳动者的，按照《职业病防治法》第六十四条处罚。

第三十九条 放射工作单位违反本办法，未给从事放射工作的人员办理《放射工作人员证》的，由卫生行政部门责令限期改正，给予警告，并可处3万元以下的罚款。

第四十条 放射工作单位违反本办法，有下列行为之一的，按照《职业病防治法》第六十五条处罚：

（一）未按照规定进行个人剂量监测的；

（二）个人剂量监测或者职业健康检查发现异常，未采取相应措施的。

第四十一条 放射工作单位违反本办法，有下列行为之一的，按照《职业病防治法》第六十八条处罚：

（一）安排未经职业健康检查的劳动者从事放射工作的；

（二）安排未满18周岁的人员从事放射工作的；

（三）安排怀孕的妇女参加应急处理或者有可能造成内照射工作的，或者安排哺乳期的妇女接受职业性内照射的；

（四）安排不符合职业健康标准要求的人员从事放射工作的。

（五）对因职业健康因调离放射工作岗位的放射工作人员、疑似职业性放射性疾病的病人来做安排的。

第四十二条 技术服务机构未取得资质擅自从事个人剂量监测技术服务的，或者医疗机构未经批准擅自从事放射工作人员职业健康检查的，按照《职业病防治法》第七十二条处罚。

第四十三条 开展个人剂量监测的职业卫生技术服务机构和承担放射工作人员职业健康检查的医疗机构违反本办法，有下列行为之一的，按照《职业病防治法》第七十三条处罚：

（一）超出资质范围从事个人剂量监测技术服务的，或者超出批准范围从事放射工作人员职业健康检查的；

（二）未按《职业病防治法》和本办法规定履行法定职责的；

（三）出具虚假证明文件的。

第四十四条 卫生行政部门及其工作人员违反本办法，不履行法定职责，造成严重后果的，对直接负责的主管人员和其他直接责任人员，依法给予行政处分；情节严重，构成犯罪的，依法追究刑事责任。

第七章 附 则

第四十五条 放射工作人员职业健康检查项目及职业健康检查表由卫生部制定。

第四十六条 本办法自2007年11月1日起施行。1997年6月5日卫生部发布的《放射工作人员健康管理规定》同时废止。

中华人民共和国卫生部令

第 18 号

《放射防护器材与含放射性产品卫生管理办法》已于 2001 年 8 月 11 日经第 6 次部务会讨论通过，现予发布，自 2002 年 7 月 1 日起施行。

部长　张文康

2001 年 10 月 23 日

放射防护器材与含放射性产品卫生管理办法

目　　录

第一章　总　　则

第一条　为了实施中华人民共和国《放射性同位素与射线装置放射防护条例》(以下简称《条例》)，制定本办法。

第二条　本办法所称放射防护器材，是指对电离辐射进行屏蔽防护的材料以及用屏蔽材料制成的各种防护器械、装置、部件、用品、制品和设施。

本办法所称含放射性产品，是指含放射性物料、含放射性物质消费品、伴生 X 射线电器产品和卫生部确定的其他含放射性产品。

第三条　凡在中华人民共和国境内生产、销售、使用以及进口放射防护器材与含放射性产品的单位和个人，均应遵守《条例》及本办法。

第四条　卫生部主管全国放射防护器材与含放射性产品的卫生监督管理工作。

县级以上地方人民政府卫生行政部门负责管辖范围内放射防护器材与含放射性产品的卫生监督管理工作。

第二章　检　　测

第五条　生产单位首次生产放射防护器材或者含放射性产品的，应当进行检测。

有下列情况之一的，应当进行重新检测：

（一）已连续生产两年的产品；

（二）进口的每批产品；

（三）停产逾一年再投产的产品；

（四）设计、生产工艺和原料配比有改变的产品。

未经检测或者经检测不符合有关标准和卫生要求的放射防护器材与含放射性产品，不得生产、销售、进口与使用。

第六条　检测机构应当按照有关标准和卫生要求进行检测，并出具检测报告。

检测报告除具备基本的内容外，还应当有检测依据、检测结果和检测结论。

第七条　经检测符合有关标准及卫生要求的放射防护器材与含放射性产品，由检测机构出具卫生部统一印制的《检测报告单》一式四份，交送检单位两份，报同级卫生行政部门一份，存档一份。

卫生行政部门根据监督检查结果或者检测机构报送的《检测报告单》发布公告。

第八条　放射防护器材与含放射性产品经检测机构检测合格后，在出厂及销售时，应当附有产品标签、说明书等资料。进口产品应当使用中文标签、中文说明书。

标签应当标明下列内容：

（一）产品名称、型号；

（二）生产企业名称及其地址；

（三）检测单位名称及检测日期。

个人防护用品的标签还应当标明铅当量。

使用说明书应当同时载明防护性能、适用对象、使用方法及注意事项。进口放射防护器材与含放射性产品还应当标明生产国家（地区）名称，国内代理商名称与地址。

第九条　卫生部对放射防护器材检测机构、含放射性产品检测机构进行资质认证。资质认证的日常工作由卫生部指定的国家放射防护机构负责。

对取得资质认证的检测机构，由卫生部予以公告。

取得资质认证的检测机构应当在认证的范围内开展检测工作。

第三章　放射防护器材要求

第十条　放射防护器材的防护性能应当符合有关标准和卫生要求。

第十一条　放射防护器械、装置、部件及设施必须坚固、可靠，用于屏蔽设施的建筑材料必须固化成型，不得直接使用矿砂、废矿渣等无定型材料充填制作。

第十二条　放射防护用品、制品与人体接触的部分应当使用对人体无害的材料制作。

第十三条　对于新研制且结构复杂的放射防护器材，生产单位应当提供两个以上使用单位的试用报告，经检测机构检测，取得《检测报告单》后，方可定型生产、销售。

第十四条　放射防护器材的使用单位应当使用合格的放射防护器材并定期进行安全检查和性能检测，发现不符合要求或者存有隐患的，及时维修或者更换。

第四章　含放射性产品要求

第十五条　建筑材料、天然石材的放射性水平应当符合有关标准和卫生要求。

第十六条　含磷肥料应当符合有关磷肥放射性镭-226 的限量卫生标准。

第十七条　含放射性物质消费品应当符合有关含放射性物质消费品的放射卫生防护标准。

禁止生产、销售或者进口含放射性物质的玩具、炊具、餐饮具和娱乐用品。

第十八条　伴牛 X 射线电器产品及其他含放射性产品应当符合有关标准和卫生要求。

第十九条　在建造居民住房或者生活、工作、娱乐建筑物时，应当选用符合放射卫生防护标准的建筑材料、天然石材，使室内氡符合氡浓度控制标准。

第五章　罚　　则

第二十条　违反《条例》及本办法规定，有下列行为之一的，由县级以上人民政府卫生行政部门给予警告，责令停产、停业，或处以一千元以上一万元以下罚款：

（一）销售未经检测的放射防护器材或者含放射性产品的；

（二）使用、销售不符合有关标准和卫生要求的放射防护器材或者含放射性产品的；

（三）放射防护器材或者含放射性产品的标签和说明书内容不符合规定要求的。

第二十一条 违反《条例》及本办法规定，有下列行为之一的，由县级以上人民政府卫生行政部门责令停产、停业，或处以三千元以上三万元以下罚款和没收违法所得：

（一）经第二十条的行政处罚，逾期仍不改进的；

（二）生产、进口放射防护器材或者含放射性产品，未经检测的；

（三）生产、进口不符合有关标准和卫生要求的放射防护器材或者含放射性产品的；

（四）伪造、涂改、转让放射防护器材或者含放射性产品的标签、说明书或者检测报告的；

（五）生产、销售或者进口含放射性物质的玩具、炊具、餐饮具或者娱乐用品的；

（六）使用不符合有关标准和卫生要求的建筑材料、天然石材，建造生活、工作、娱乐建筑物的。

第二十二条 违反《条例》及本办法规定，生产、销售或者进口不合格的放射防护器材或含放射性产品，给他人造成损害的，应当依法承担民事责任；构成犯罪的，依法追究刑事责任。

第二十三条 检测机构违反《条例》及本办法规定，有下列行为之一的，由省级以上卫生行政部门责令立即停止违法行为，给予警告，或处以一千元以上一万元以下的罚款；情节严重的，由卫生部取消检测资格，并予以公告：

（一）超出资质认证范围从事检测工作的；

（二）出具虚假检测报告或者证明材料的。

第二十四条 使用不合格的放射防护器材，造成放射事故的，按照《放射事故管理规定》处理。

第六章　附　　则

第二十五条 本办法所采用的用语及含义：

（一）放射性物料包括建筑材料、天然石材和含磷肥料；

（二）含放射性物质消费品，是指产品因功能或制造工艺需要，原料中添加放射性物质或者其装置内含有密封放射源结构或者采用技术途径使之具有放射性的消费品，并包括掺有独居石、锆英砂和稀土物质等成份的含放射性制品；

（三）放射性物质，放射性比活度大于国家标准规定的豁免限值的物质；

（四）伴生X射线电器产品，是指使用该电器时伴生有产品功能所不需要的

X 射线的电器产品，本办法不包括电视机、计算机终端设备。

第二十六条 本办法由卫生部负责解释。

第二十七条 本办法自 2002 年 7 月 1 日起施行。1988 年 11 月 28 日卫生部发布的《射线防护器材防护质量管理规定》和 1995 年 1 月 9 日卫生部发布的《含放射性物质消费品卫生防护管理规定》同时废止。

检测报告单(略)。

国家安全监管总局办公厅关于印发用人单位劳动防护用品管理规范的通知

安监总厅安健〔2015〕124号

各省、自治区、直辖市及新疆生产建设兵团安全生产监督管理局，各省级煤矿安全监察局，有关中央企业：

鉴于《劳动防护用品监督管理规定》（国家安全监管总局令第1号）已于2015年7月1日废止，为加强用人单位劳动防护用品的管理，保护劳动者的生命安全和职业健康，依照《安全生产法》《职业病防治法》等法律、行政法规和规章，国家安全监管总局制定了《用人单位劳动防护用品管理规范》（以下简称《规范》），现印发给你们，并就贯彻落实《规范》提出如下要求：

一、要通过多种方式组织用人单位学习《规范》，指导用人单位对劳动防护用品的使用情况进行一次自查，并按照《规范》要求完善工作制度，为劳动者配备符合国家标准或者行业标准的劳动防护用品。

二、要引导劳动防护用品生产企业积极利用市场机制、行业自律等方式，规范行业行为和企业管理，为用人单位提供符合要求的劳动防护用品。

三、要把贯彻落实《规范》要求作为监督执法的重要内容，指导用人单位落实劳动防护用品管理各项要求，对未给劳动者配备劳动防护用品或者配备不符合国家标准或者行业标准劳动防护用品的，依法予以处罚。

安全监管总局办公厅

2015年12月29日

用人单位劳动防护用品管理规范

第一章　总　　则

第一条　为规范用人单位劳动防护用品的使用和管理，保障劳动者安全健康及相关权益，根据《中华人民共和国安全生产法》、《中华人民共和国职业病防治法》等法律、行政法规和规章，制定本规范。

第二条　本规范适用于中华人民共和国境内企业、事业单位和个体经济组织等用人单位的劳动防护用品管理工作。

第三条 本规范所称的劳动防护用品，是指由用人单位为劳动者配备的，使其在劳动过程中免遭或者减轻事故伤害及职业病危害的个体防护装备。

第四条 劳动防护用品是由用人单位提供的，保障劳动者安全与健康的辅助性、预防性措施，不得以劳动防护用品替代工程防护设施和其他技术、管理措施。

第五条 用人单位应当健全管理制度，加强劳动防护用品配备、发放、使用等管理工作。

第六条 用人单位应当安排专项经费用于配备劳动防护用品，不得以货币或者其他物品替代。该项经费计入生产成本，据实列支。

第七条 用人单位应当为劳动者提供符合国家标准或者行业标准的劳动防护用品。使用进口的劳动防护用品，其防护性能不得低于我国相关标准。

鼓励用人单位购买、使用获得安全标志的劳动防护用品。

第八条 劳动者在作业过程中，应当按照规章制度和劳动防护用品使用规则，正确佩戴和使用劳动防护用品。

第九条 用人单位使用的劳务派遣工、接纳的实习学生应当纳入本单位人员统一管理，并配备相应的劳动防护用品。对处于作业地点的其他外来人员，必须按照与进行作业的劳动者相同的标准，正确佩戴和使用劳动防护用品。

第二章 劳动防护用品选择

第十条 劳动防护用品分为以下十大类：

（一）防御物理、化学和生物危险、有害因素对头部伤害的头部防护用品。

（二）防御缺氧空气和空气污染物进入呼吸道的呼吸防护用品。

（三）防御物理和化学危险、有害因素对眼面部伤害的眼面部防护用品。

（四）防噪声危害及防水、防寒等的听力防护用品。

（五）防御物理、化学和生物危险、有害因素对手部伤害的手部防护用品。

（六）防御物理和化学危险、有害因素对足部伤害的足部防护用品。

（七）防御物理、化学和生物危险、有害因素对躯干伤害的躯干防护用品。

（八）防御物理、化学和生物危险、有害因素损伤皮肤或引起皮肤疾病的护肤用品。

（九）防止高处作业劳动者坠落或者高处落物伤害的坠落防护用品。

（十）其他防御危险、有害因素的劳动防护用品。

第十一条 用人单位应按照识别、评价、选择的程序(见附件 1)，结合劳动者作业方式和工作条件，并考虑其个人特点及劳动强度，选择防护功能和效果适用的劳动防护用品。

（一）接触粉尘、有毒、有害物质的劳动者应当根据不同粉尘种类、粉尘浓度及游离二氧化硅含量和毒物的种类及浓度配备相应的呼吸器（见附件2）、防护服、防护手套和防护鞋等。具体可参照《呼吸防护用品自吸过滤式防颗粒物呼吸器》（GB 2626）、《呼吸防护用品的选择、使用及维护》（GB/T 18664）、《防护服装化学防护服的选择、使用和维护》（GB/T 24536）、《手部防护防护手套的选择、使用和维护指南》（GB/T 29512）和《个体防护装备足部防护鞋（靴）的选择、使用和维护指南》（GB/T 28409）等标准。

工作场所存在高毒物品目录中的确定人类致癌物质（见附件3），当浓度达到其1/2职业接触限值（PC-TWA或MAC）时，用人单位应为劳动者配备相应的劳动防护用品，并指导劳动者正确佩戴和使用。

（二）接触噪声的劳动者，当暴露于$80dB \leqslant L_{EX,8h} < 85dB$的工作场所时，用人单位应当根据劳动者需求为其配备适用的护听器；当暴露于$L_{EX,8h} \geqslant 85dB$的工作场所时，用人单位必须为劳动者配备适用的护听器，并指导劳动者正确佩戴和使用（见附件2）。具体可参照《护听器的选择指南》（GB/T 23466）。

（三）工作场所中存在电离辐射危害的，经危害评价确认劳动者需佩戴劳动防护用品的，用人单位可参照电离辐射的相关标准及《个体防护装备配备基本要求》（GB/T 29510）为劳动者配备劳动防护用品，并指导劳动者正确佩戴和使用。

（四）从事存在物体坠落、碎屑飞溅、转动机械和锋利器具等作业的劳动者，用人单位还可参照《个体防护装备选用规范》（GB/T 11651）、《头部防护安全帽选用规范》（GB/T 30041）和《坠落防护装备安全使用规范》（GB/T 23468）等标准，为劳动者配备适用的劳动防护用品。

第十二条 同一工作地点存在不同种类的危险、有害因素的，应当为劳动者同时提供防御各类危害的劳动防护用品。需要同时配备的劳动防护用品，还应考虑其可兼容性。

劳动者在不同地点工作，并接触不同的危险、有害因素，或接触不同的危害程度的有害因素的，为其选配的劳动防护用品应满足不同工作地点的防护需求。

第十三条 劳动防护用品的选择还应当考虑其佩戴的合适性和基本舒适性，根据个人特点和需求选择适合号型、式样。

第十四条 用人单位应当在可能发生急性职业损伤的有毒、有害工作场所配备应急劳动防护用品，放置于现场临近位置并有醒目标识。

用人单位应当为巡检等流动性作业的劳动者配备随身携带的个人应急防护用品。

第三章　劳动防护用品采购、发放、培训及使用

第十五条　用人单位应当根据劳动者工作场所中存在的危险、有害因素种类及危害程度、劳动环境条件、劳动防护用品有效使用时间制定适合本单位的劳动防护用品配备标准(见附件4)。

第十六条　用人单位应当根据劳动防护用品配备标准制定采购计划，购买符合标准的合格产品。

第十七条　用人单位应当查验并保存劳动防护用品检验报告等质量证明文件的原件或复印件。

第十八条　用人单位应当确保已采购劳动防护用品的存储条件，并保证其在有效期内。

第十九条　用人单位应当按照本单位制定的配备标准发放劳动防护用品，并作好登记(见附件5)。

第二十条　用人单位应当对劳动者进行劳动防护用品的使用、维护等专业知识的培训。

第二十一条　用人单位应当督促劳动者在使用劳动防护用品前，对劳动防护用品进行检查，确保外观完好、部件齐全、功能正常。

第二十二条　用人单位应当定期对劳动防护用品的使用情况进行检查，确保劳动者正确使用。

第四章　劳动防护用品维护、更换及报废

第二十三条　劳动防护用品应当按照要求妥善保存，及时更换。

公用的劳动防护用品应当由车间或班组统一保管，定期维护。

第二十四条　用人单位应当对应急劳动防护用品进行经常性的维护、检修，定期检测劳动防护用品的性能和效果，保证其完好有效。

第二十五条　用人单位应当按照劳动防护用品发放周期定期发放，对工作过程中损坏的，用人单位应及时更换。

第二十六条　安全帽、呼吸器、绝缘手套等安全性能要求高、易损耗的劳动防护用品，应当按照有效防护功能最低指标和有效使用期，到期强制报废。

第五章　附　　则

第二十七条　本规范所称的工作地点，是指劳动者从事职业活动或进行生产管理而经常或定时停留的岗位和作业地点。

第二十八条　煤矿劳动防护用品的管理，按照《煤矿职业安全卫生个体防护

用品配备标准》(AQ 1051)规定执行。

附件：1. 劳动防护用品选择程度

2. 呼吸器和护听器的选用

3. 高毒物品目录中确定人类致癌物质

4. 用人单位劳动防护用品配备标准

5. 劳动防护用品发放登记表

附件 1

劳动防护用品选择程序

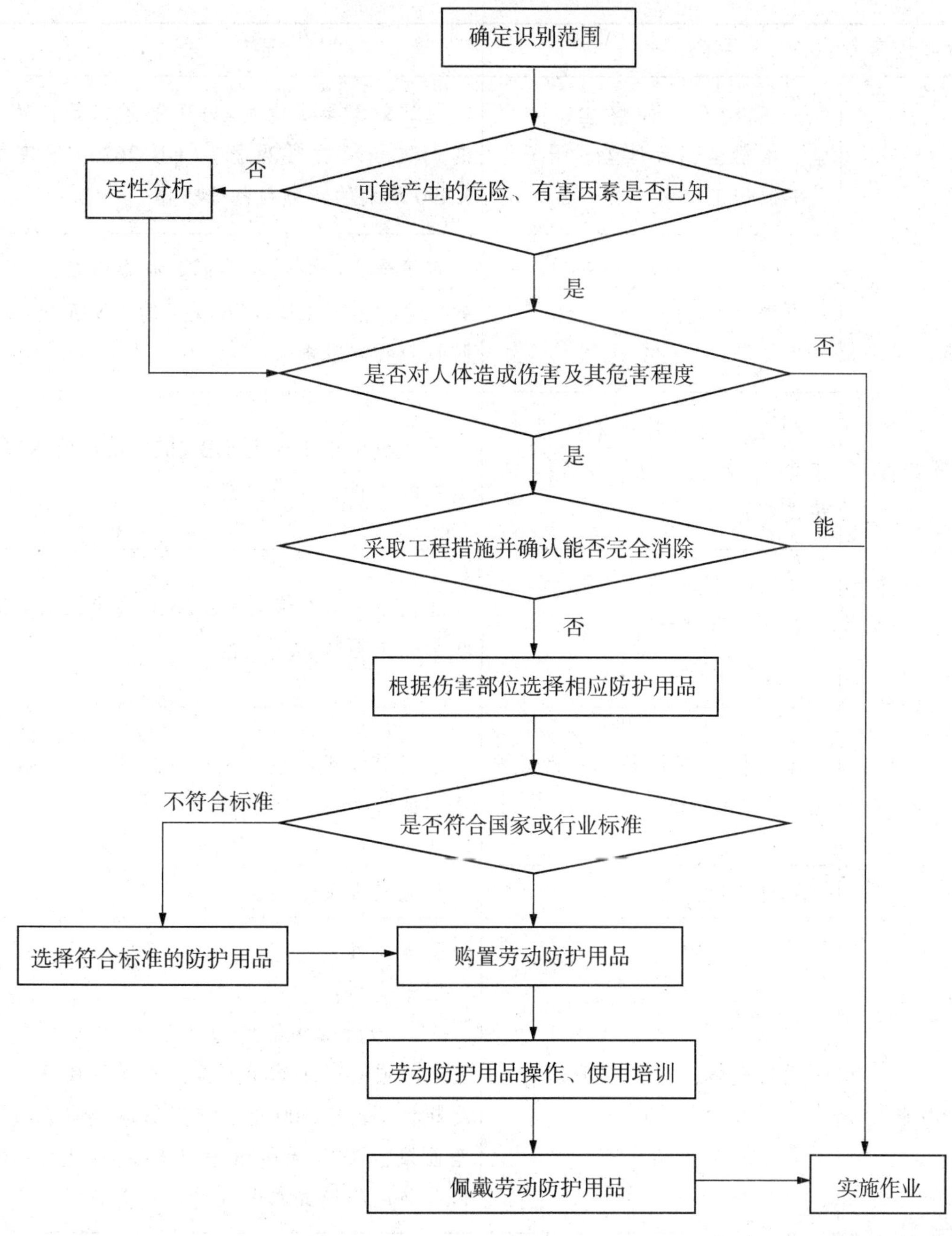

附件 2

呼吸器和护听器的选用

危害因素	分　类	要　求
颗粒物	一般粉尘，如煤尘、水泥尘、木粉尘、云母尘、滑石尘及其他粉尘	过滤效率至少满足《呼吸防护用品自吸过滤式防颗粒物呼吸器》(GB 2626)规定的KN90级别的防颗粒物呼吸器
	石棉	可更换式防颗粒物半面罩或全面罩，过滤效率至少满足GB 2626规定的KN95级别的防颗粒物呼吸器
	矽尘、金属粉尘(如铅尘、镉尘)、砷尘、烟(如焊接烟、铸造烟)	过滤效率至少满足GB 2626规定的KN95级别的防颗粒物呼吸器
	放射性颗粒物	过滤效率至少满足GB 2626规定的KN100级别的防颗粒物呼吸器
	致癌性油性颗粒物(如焦炉烟、沥青烟等)	过滤效率至少满足GB 2626规定的KP95级别的防颗粒物呼吸器
化学物质	窒息气体	隔绝式正压呼吸器
	无机气体、有机蒸气	防毒面具 面罩类型： 工作场所毒物浓度超标不大于10倍，使用送风或自吸过滤半面罩；工作场所毒物浓度超标不大于100倍，使用送风或自吸过滤全面罩；工作场所毒物浓度超标大于100倍，使用隔绝式或送风过滤式全面罩
	酸、碱性溶液、蒸气	防酸碱面罩、防酸碱手套、防酸碱服、防酸碱鞋

续表

危害因素	分　类	要　求
噪声	劳动者暴露于工作场所 $80\text{dB} \leqslant L_{EX,8h} < 85\text{dB}$ 的	用人单位应根据劳动者需求为其配备适用的护听器
	劳动者暴露于工作场所 $L_{EX,8h} \geqslant 85\text{dB}$ 的	用人单位应为劳动者配备适用的护听器，并指导劳动者正确佩戴和使用。劳动者暴露于工作场所 $L_{EX,8h}$ 为 85~95dB 的应选用护听器 *SNR* 为 17~34dB 的耳塞或耳罩；劳动者暴露于工作场所 $L_{EX,8h} \geqslant 95\text{dB}$ 的应选用护听器 $SNR \geqslant 34\text{dB}$ 的耳塞、耳罩或者同时佩戴耳塞和耳罩，耳塞和耳罩组合使用时的声衰减值，可按二者中较高的声衰减值增加 5dB 估算

附件 3

高毒物品目录中确定人类致癌物质

序号	毒物名称	英文名称	*MAC* (mg/m³)	*PC-TWA* (mg/m³)
1	苯	benzene	-	6
2	甲醛	formaldehyde	0. 5	-
3	铬及其化合物(三氧化铬、铬酸盐、重铬酸盐)	chromic and compounds (chromium trioxide, chromate, dichromate)	-	0. 05
4	氯乙烯	vinyl chloride	-	10
5	焦炉逸散物	coke oven emissions	-	0. 1
6	镍与难溶性镍化合物	nickel and insoluble compounds	-	1
7	可溶性镍化合物	soluble nickel compounds	-	0. 5
8	铍及其化合物	beryllium and compounds	-	0. 0005
9	砷及其无机化合物	arsenic and inorganic compounds	-	0. 01
10	砷化(三)氢;胂	arsine	0. 03	-
11	(四)羰基镍	nickel carbonyli	0. 002	-
12	氯甲基醚	chloromethyl methyl ether	0. 005	-
13	镉及其化合物	cadmium and compounds	-	0. 01
14	石棉总尘/纤维	asbestos	-	0. 8 0. 8f/mL

注：根据最新发布的《高毒物品目录》和确定人类致癌物质随时调整。

附件 4

用人单位劳动防护用品配备标准

岗位/工种	作业者数量	危险、有害因素类别	危险、有害因素浓度/强度	配备的防护用品种类	防护用品型号/级别	防护用品发放周期	呼吸器过滤元件更换周期

附件 5

劳动防护用品发放登记表

单位/车间：

序号	岗位/工种	员工姓名	防护用品名称	型号	数量	领用人签字	备注

发放人：　　　　　　　　　　　　　　　　　　　　　日期：　年　月　日

国家安全监管总局办公厅
关于加强用人单位职业卫生培训工作的通知

安监总厅安健〔2015〕121号

各省、自治区、直辖市及新疆生产建设兵团安全生产监督管理局，各省级煤矿安全监管部门，各省级煤矿安全监察局，有关中央企业：

为推动用人单位做好职业卫生培训工作，不断提升用人单位职业卫生管理水平，提高劳动者的职业病危害防治意识和能力，根据《职业病防治法》和《国务院办公厅关于加强安全生产监管执法的通知》(国办发〔2015〕20号)等有关规定，现就加强用人单位职业卫生培训工作有关要求通知如下：

一、进一步增强做好用人单位职业卫生培训工作的紧迫感和责任感

近年来，各地区认真贯彻落实《职业病防治法》等法律法规，积极推进职业卫生培训工作，取得了一定效果。但是，当前用人单位职业卫生培训工作仍然存在着重视不够、责任不落实、投入不足、培训针对性和实效性不强、培训率偏低，劳动者特别是农民工不了解职业病危害对自身健康的损害、自我防护意识和防护能力差等问题，导致大量劳动者职业健康受到严重伤害。

职业安全健康工作的实践表明，进一步加强职业卫生培训工作，是坚守发展决不能以牺牲人的生命为代价这一安全红线的内在要求；是增强用人单位主要负责人和职业卫生管理人员的法律意识，提高用人单位职业病防治水平和劳动者自我防护能力的重要途径；是督促用人单位自觉履行职业病防治主体责任，预防和控制职业病危害，保障劳动者职业安全健康的源头性、基础性举措。用人单位要坚持以人为本、安全发展、绿色发展，牢固树立“培训不到位就是隐患”的观念，把职业卫生培训摆上更加重要的位置，切实把工作谋划好、部署好、落实好。

二、用人单位职业卫生培训工作的总体思路和工作目标

(一) 总体思路。以“强化红线意识、促进职业健康”为工作主线，以贯彻落实《职业病防治法》为主要内容，实施分类培训，突出重点行业、重点岗位和重点人群，进一步明确职业卫生培训内容，改进培训方法，提升培训的针对性和实用性，提高用人单位主要负责人、职业卫生管理人员的法治意识和管理水平，提升劳动者的自我防护意识和能力，为防治职业病危害提供保障与支持。

(二) 工作目标。力争在“十三五”期间，矿山开采、金属冶炼、化工、建材等职业病危害严重行业领域的用人单位主要负责人、职业卫生管理人员和接触职业病危害的劳动者培训率达到100%。

三、落实用人单位职业卫生培训主体责任

用人单位是职业卫生培训的责任主体。应当建立职业卫生培训制度，保障职业卫生培训所需的资金投入，将职业卫生培训费用在生产成本中据实列支。要把职业卫生培训纳入本单位职业病防治计划、年度工作计划和目标责任体系，制定实施方案，落实责任人员。要建立健全培训考核制度，严格考核管理，严禁形式主义和弄虚作假。要建立健全培训档案，真实记录培训内容、培训时间、训练科目及考核情况等内容，并将本单位年度培训计划、单位主要负责人和职业卫生管理人员职业卫生培训证明，以及接触职业病危害的劳动者、职业病危害监测人员培训情况等，分类进行归档管理。

用人单位应用新工艺、新技术、新材料、新设备或者转岗导致劳动者接触职业病危害因素变化的，应对劳动者重新进行职业卫生培训。用人单位将职业病危害作业整体外包或者使用劳务派遣工从事接触职业病危害作业的，应当将其纳入本单位统一管理，对其进行职业病防治知识、防护技能及岗位操作规程培训。用人单位接收在校学生实习的，应当对实习学生进行相应的职业卫生培训，提供必要的职业病防护用品。

四、逐步推进职业卫生培训与安全生产培训一体化

各地区要根据工作实际，推进安全培训与职业卫生培训一体化，提高培训效率，减轻用人单位负担。有条件的地区，可以在危险物品生产、经营、储存单位和矿山、金属冶炼、建筑施工、道路运输等行业领域实行安全与职业卫生统一培训、统一考核，并保证参加职业卫生培训的时间不少于总学时的30%，继续教育时职业卫生培训不少于20%。经考核合格后，在合格证中注明职业卫生培训内容和培训学时，不再单独进行职业卫生培训。其他行业领域应当按照本通知要求的内容和学时开展职业卫生培训。

五、突出重点，督促重点行业领域开展职业卫生培训工作

各级安全监管部门要督促矿山开采、金属冶炼、化工、建材等职业病危害严重的行业领域积极开展职业卫生培训工作。用人单位要突出存在矽尘、石棉粉尘、高毒物品以及放射性危害等职业病危害严重岗位上的劳动者，对其进行专门的职业卫生培训。要把从事接触职业病危害作业的农民工和派遣用工人员作为职业卫生培训的重点人群，针对其流动性大、文化程度偏低、职业病危害防护意识不强等特点，采取形式多样的培训，提高自我防护意识，并经考核合格后方可上岗。

各级煤矿安全监管部门要指导并监督检查煤矿主要负责人、职业卫生管理人员、职业病危害监测人员和劳动者的职业卫生培训工作。各级煤矿安全监察机构要把煤矿职业卫生培训工作纳入安全生产培训当中，提高培训效果。

六、因材施教，明确培训内容及培训时间

用人单位要根据行业和岗位特点，制定培训计划，确定培训内容和培训学时，确保培训取得实效。没有能力组织职业卫生培训的用人单位，可以委托培训机构开展职业卫生培训。

用人单位主要负责人主要培训内容：国家职业病防治法律、行政法规和规章，职业病危害防治基础知识，结合行业特点的职业卫生管理要求和措施等。初次培训不得少于16学时，继续教育不得少于8学时。

职业卫生管理人员主要培训内容：国家职业病防治法律、行政法规、规章以及标准，职业病危害防治知识，主要职业病危害因素及防控措施，职业病防护设施的维护与管理，职业卫生管理要求和措施等。初次培训不得少于16学时，继续教育不得少于8学时。职业病危害监测人员的培训，可以参照职业卫生管理人员的要求执行。

接触职业病危害的劳动者主要培训内容：国家职业病防治法规基本知识，本单位职业卫生管理制度和岗位操作规程，所从事岗位的主要职业病危害因素和防范措施，个人劳动防护用品的使用和维护，劳动者的职业卫生保护权利与义务等。初次培训时间不得少于8学时，继续教育不得少于4课时。煤矿接触职业病危害劳动者的职业卫生培训，按照有关规定执行。

以上三类人员继续教育的周期为一年。用人单位应用新工艺、新技术、新材料、新设备，或者转岗导致劳动者接触职业病危害因素发生变化时，要对劳动者重新进行职业卫生培训，视作继续教育。

七、切实提高职业卫生培训质量

用人单位要充分利用手机短信、微博、微信等方式宣传职业病防治知识，鼓励劳动者集中参加网络在线职业卫生培训学习，有关内容和学时可按规定纳入考核体系。鼓励用人单位按照“看得懂、记得住、用得上”原则，根据不同类别、不同层次、不同岗位人员需求，组织编写学习读本、知识手册等简易教材。要借鉴安全生产培训的有效做法，在职业病危害严重的用人单位推行交班前职业卫生培训，有针对性地讲述岗位存在的职业病危害因素、岗位操作规程和防护知识等，使交班前职业卫生培训成为职业病危害预防的第一道防线。

八、加强对用人单位职业卫生培训的监督检查

各级安全监管监察部门要加强对用人单位职业卫生培训工作的监督检查，指导用人单位依法开展职业卫生培训，帮助用人单位解决培训工作中的实际困难。要利用行政执法、重点帮扶等方式推动培训工作，把职业卫生培训工作开展情况纳入监督执法的重要内容，重点检查培训计划、培训内容、考核结果等，也可以现场检查劳动者的职业病危害防护技能，检验用人单位职业卫生培训的效果。

对用人单位未按规定组织劳动者进行职业卫生培训的，由安全监管监察部门给予警告，责令限期改正，逾期不改正的，依法予以处罚。对未经培训就上岗作业的劳动者，一律先离岗、培训合格后再上岗。对发生职业病危害事故的，要依法倒查用人单位职业卫生培训的落实情况，凡存在未经培训上岗的，严格依法予以处罚。

安全监管总局办公厅
2015年12月21日

关于印发《职业病危害因素分类目录》的通知

国卫疾控发〔2015〕92 号

各省、自治区、直辖市卫生计生委、安全生产监督管理局、人力资源社会保障厅(局)、总工会，新疆生产建设兵团卫生局、安全生产监督管理局、人力资源社会保障局、工会，中国疾病预防控制中心：

为贯彻落实《职业病防治法》，切实保障劳动者健康权益，根据职业病防治工作需要，国家卫生计生委、安全监管总局、人力资源社会保障部和全国总工会联合组织对职业病危害因素分类目录进行了修订。现将《职业病危害因素分类目录》印发给你们(可从国家卫生计生委网站下载)，从即日起施行。2002 年 3 月 11 日原卫生部印发的《职业病危害因素分类目录》同时废止。

国家卫生计生委

人力资源社会保障部

安全监管总局

全国总工会

2015 年 11 月 17 日

职业病危害因素分类目录

一、粉尘

序号	名　　称	CAS 号
1	矽尘(游离 SiO_2 含量≥10%)	14808-60-7
2	煤尘	
3	石墨粉尘	7782-42-5
4	炭黑粉尘	1333-86-4
5	石棉粉尘	1332-21-4
6	滑石粉尘	14807-96-6
7	水泥粉尘	
8	云母粉尘	12001-26-2
9	陶土粉尘	
10	铝尘	7429-90-5

续表

序号	名　　称	CAS 号
11	电焊烟尘	
12	铸造粉尘	
13	白炭黑粉尘	112926-00-8
14	白云石粉尘	
15	玻璃钢粉尘	
16	玻璃棉粉尘	65997-17-3
17	茶尘	
18	大理石粉尘	1317-65-3
19	二氧化钛粉尘	13463-67-7
20	沸石粉尘	
21	谷物粉尘(游离 SiO_2 含量<10%)	
22	硅灰石粉尘	13983-17-0
23	硅藻土粉尘(游离 SiO_2 含量<10%)	61790-53-2
24	活性炭粉尘	64365-11-3
25	聚丙烯粉尘	9003-07-0
26	聚丙烯腈纤维粉尘	
27	聚氯乙烯粉尘	9002-86-2
28	聚乙烯粉尘	9002-88-4
29	矿渣棉粉尘	
30	麻尘(亚麻、黄麻和苎麻)(游离 SiO_2 含量<10%)	
31	棉尘	
32	木粉尘	
33	膨润土粉尘	1302-78-9
34	皮毛粉尘	
35	桑蚕丝尘	
36	砂轮磨尘	
37	石膏粉尘(硫酸钙)	10101-41-4
38	石灰石粉尘	1317-65-3
39	碳化硅粉尘	409-21-2
40	碳纤维粉尘	
41	稀土粉尘(游离 SiO_2 含量<10%)	
42	烟草尘	

续表

序号	名　　称	CAS 号
43	岩棉粉尘	
44	蛭石混合性粉尘	
45	珍珠岩粉尘	93763-70-3
46	蛭石粉尘	
47	重晶石粉尘(硫酸钡)	7727-43-7
48	锡及其化合物粉尘	7440-31-5(锡)
49	铁及其化合物粉尘	7439-89-6(铁)
50	锑及其化合物粉尘	7440-36-0(锑)
51	硬质合金粉尘	
52	以上未提及的可导致职业病的其他粉尘	

二、化学因素

序号	名　　称	CAS 号
1	铅及其化合物(不包括四乙基铅)	7439-92-1(铅)
2	汞及其化合物	7439-97-6(汞)
3	锰及其化合物	7439-96-5(锰)
4	镉及其化合物	7440-43-9(镉)
5	铍及其化合物	7440-41-7(铍)
6	铊及其化合物	7440-28-0(铊)
7	钡及其化合物	7440-39-3(钡)
8	钒及其化合物	7440-62-6(钒)
9	磷及其化合物(磷化氢、磷化锌、磷化铝、有机磷单列)	7723-14-0(磷)
10	砷及其化合物(砷化氢单列)	7440-38-2(砷)
11	铀及其化合物	7440-61-1(铀)
12	砷化氢	7784-42-1
13	氯气	7782-50-5
14	二氧化硫	7446-9-5
15	光气(碳酰氯)	75-44-5
16	氨	7664-41-7
17	偏二甲基肼(1，1-二甲基肼)	57-14-7
18	氮氧化合物	
19	一氧化碳	630-08-0

续表

序号	名　　称	CAS 号
20	二硫化碳	75-15-0
21	硫化氢	7783-6-4
22	磷化氢、磷化锌、磷化铝	7803-51-2、 1314-84-7、 20859-73-8
23	氟及其无机化合物	7782-41-4(氟)
24	氰及其腈类化合物	460-19-5(氰)
25	四乙基铅	78-00-2
26	有机锡	
27	羰基镍	13463-39-3
28	苯	71-43-2
29	甲苯	108-88-3
30	二甲苯	1330-20-7
31	正己烷	110-54-3
32	汽油	
33	一甲胺	74-89-5
34	有机氟聚合物单体及其热裂解物	
35	二氯乙烷	1300-21-6
36	四氯化碳	56-23-5
37	氯乙烯	1975-1-4
38	三氯乙烯	1979-1-6
39	氯丙烯	107-05-1
40	氯丁二烯	126-99-8
41	苯的氨基及硝基化合物(不含三硝基甲苯)	
42	三硝基甲苯	118-96-7
43	甲醇	67-56-1
44	酚	108-95-2
45	五氯酚及其钠盐	87-86-5(五氯酚)
46	甲醛	50-00-0
47	硫酸二甲酯	77-78-1
48	丙烯酰胺	1979-6-1
49	二甲基甲酰胺	1968-12-2
50	有机磷	
51	氨基甲酸酯类	

续表

序号	名 称	CAS 号
52	杀虫脒	19750-95-9
53	溴甲烷	74-83-9
54	拟除虫菊酯	
55	铟及其化合物	7440-74-6(铟)
56	溴丙烷(1-溴丙烷；2-溴丙烷)	106-94-5；75-26-3
57	碘甲烷	74-88-4
58	氯乙酸	1979-11-8
59	环氧乙烷	75-21-8
60	氨基磺酸铵	7773-06-0
61	氯化铵烟	12125-02-9（氯化铵）
62	氯磺酸	7790-94-5
63	氢氧化铵	1336-21-6
64	碳酸铵	506-87-6
65	α-氯乙酰苯	532-27-4
66	对特丁基甲苯	98-51-1
67	二乙烯基苯	1321-74-0
68	过氧化苯甲酰	94-36-0
69	乙苯	100-41-4
70	碲化铋	1304-82-1
71	铂化物	
72	1，3-丁二烯	106-99-0
73	苯乙烯	100-42-5
74	丁烯	25167-67-3
75	二聚环戊二烯	77-73-6
76	邻氯苯乙烯(氯乙烯苯)	2039-87-4
77	乙炔	74-86-2
78	1，1-二甲基-4，4′-联吡啶鎓盐二氯化物(百草枯)	1910-42-5
79	2-*N*-二丁氨基乙醇	102-81-8
80	2-二乙氨基乙醇	100-37-8
81	乙醇胺(氨基乙醇)	141-43-5
82	异丙醇胺(1-氨基-2-二丙醇)	78-96-6
83	1，3-二氯-2-丙醇	96-23-1

续表

序号	名　　称	CAS 号
84	苯乙醇	60-12-18
85	丙醇	71-23-8
86	丙烯醇	107-18-6
87	丁醇	71-36-3
88	环己醇	108-93-0
89	己二醇	107-41-5
90	糠醇	98-00-0
91	氯乙醇	107-07-3
92	乙二醇	107-21-1
93	异丙醇	67-63-0
94	正戊醇	71-41-0
95	重氮甲烷	334-88-3
96	多氯萘	70776-03-3
97	蒽	120-12-7
98	六氯萘	1335-87-1
99	氯萘	90-13-1
100	萘	91-20-3
101	萘烷	91-17-8
102	硝基萘	86-57-7
103	蒽醌及其染料	84-65-1(蒽醌)
104	二苯胍	102-06-7
105	对苯二胺	106-50-3
106	对溴苯胺	106-40-1
107	卤化水杨酰苯胺(*N*-水杨酰苯胺)	
108	硝基萘胺	776-34-1
109	对苯二甲酸二甲酯	120-61-6
110	邻苯二甲酸二丁酯	84-74-2
111	邻苯二甲酸二甲酯	131-11-3
112	磷酸二丁基苯酯	2528-36-1
113	磷酸三邻甲苯酯	78-30-8
114	三甲苯磷酸酯	1330-78-5
115	1，2，3-苯三酚(焦棓酚)	87-66-1
116	4，6-二硝基邻苯甲酚	534-52-1

续表

序号	名　称	CAS 号
117	*N*，*N*-二甲基-3-氨基苯酚	99-07-0
118	对氨基酚	123-30-8
119	多氯酚	
120	二甲苯酚	108-68-9
121	二氯酚	120-83-2
122	二硝基苯酚	51-28-5
123	甲酚	1319-77-3
124	甲基氨基酚	55-55-0
125	间苯二酚	108-46-3
126	邻仲丁基苯酚	89-72-5
127	萘酚	1321-67-1
128	氢醌(对苯二酚)	123-31-9
129	三硝基酚(苦味酸)	88-89-1
130	氰氨化钙	156-62-7
131	碳酸钙	471-34-1
132	氧化钙	1305-78-8
133	锆及其化合物	7440-67-7(锆)
134	铬及其化合物	7440-47-3(铬)
135	钴及其氧化物	7440-48-4
136	二甲基二氯硅烷	75-78-5
137	三氯氢硅	10025-78-2
138	四氯化硅	10026-04-7
139	环氧丙烷	75-56-9
140	环氧氯丙烷	106-89-8
141	柴油	
142	焦炉逸散物	
143	煤焦油	8007-45-2
144	煤焦油沥青	65996-93-2
145	木馏油(焦油)	8001-58-9
146	石蜡烟	
147	石油沥青	8052-42-4
148	苯肼	100-63-0
149	甲基肼	60-34-4

续表

序号	名　　称	CAS 号
150	肼	302-01-2
151	聚氯乙烯热解物	7647-01-0
152	锂及其化合物	7439-93-2(锂)
153	联苯胺(4，4′-二氨基联苯)	92-87-5
154	3，3-二甲基联苯胺	119-93-7
155	多氯联苯	1336-36-3
156	多溴联苯	59536-65-1
157	联苯	92-52-4
158	氯联苯(54%氯)	11097-69-1
159	甲硫醇	74-93-1
160	乙硫醇	75-08-1
161	正丁基硫醇	109-79-5
162	二甲基亚砜	67-68-5
163	二氯化砜(磺酰氯)	7791-25-5
164	过硫酸盐(过硫酸钾、过硫酸钠、过硫酸铵等)	
165	硫酸及三氧化硫	7664-93-9
166	六氟化硫	2551-62-4
167	亚硫酸钠	7757-83-7
168	2-溴乙氧基苯	589-10-6
169	苄基氯	100-44-7
170	苄基溴(溴甲苯)	100-39-0
171	多氯苯	
172	二氯苯	106-46-7
173	氯苯	108-90-7
174	溴苯	108-86-1
175	1，1-二氯乙烯	75-35-4
176	1，2-二氯乙烯(顺式)	540-59-0
177	1，3-二氯丙烯	542-75-6
178	二氯乙炔	7572-29-4
179	六氯丁二烯	87-68-3
180	六氯环戊二烯	77-47-4
181	四氯乙烯	127-18-4
182	1，1，1-三氯乙烷	71-55-6

续表

序号	名　称	CAS 号
183	1，2，3-三氯丙烷	96-18-4
184	1，2-二氯丙烷	78-87-5
185	1，3-二氯丙烷	142-28-9
186	二氯二氟甲烷	75-71-8
187	二氯甲烷	75-09-2
188	二溴氯丙烷	35407
189	六氯乙烷	67-72-1
190	氯仿(三氯甲烷)	67-66-3
191	氯甲烷	74-87-3
192	氯乙烷	75-00-3
193	氯乙酰氯	79-40-9
194	三氯一氟甲烷	75-69-4
195	四氯乙烷	79-34-5
196	四溴化碳	558-13-4
197	五氟氯乙烷	76-15-3
198	溴乙烷	74-96-4
199	铝酸钠	1302-42-7
200	二氧化氯	10049-04-4
201	氯化氢及盐酸	7647-01-0
202	氯酸钾	3811-04-9
203	氯酸钠	7775-09-9
204	三氟化氯	7790-91-2
205	氯甲醚	107-30-2
206	苯基醚(二苯醚)	101-84-8
207	二丙二醇甲醚	34590-94-8
208	二氯乙醚	111-44-4
209	二缩水甘油醚	
210	邻茴香胺	90-04-0
211	双氯甲醚	542-88-1
212	乙醚	60-29-7
213	正丁基缩水甘油醚	2426-08-6
214	钼酸	13462-95-8
215	钼酸铵	13106-76-8

续表

序号	名　　称	CAS 号
216	钼酸钠	7631-95-0
217	三氧化钼	1313-27-5
218	氢氧化钠	1310-73-2
219	碳酸钠(纯碱)	3313-92-6
220	镍及其化合物(羰基镍单列)	
221	癸硼烷	17702-41-9
222	硼烷	
223	三氟化硼	7637-07-2
224	三氯化硼	10294-34-5
225	乙硼烷	19287-45-7
226	2-氯苯基羟胺	10468-16-3
227	3-氯苯基羟胺	10468-17-4
228	4-氯苯基羟胺	823-86-9
229	苯基羟胺(苯胲)	100-65-2
230	巴豆醛(丁烯醛)	4170-30-3
231	丙酮醛(甲基乙二醛)	78-98-8
232	丙烯醛	107-02-8
233	丁醛	123-72-8
234	糠醛	98-01-1
235	氯乙醛	107-20-0
236	羟基香茅醛	107-75-5
237	三氯乙醛	75-87-6
238	乙醛	75-07-0
239	氢氧化铯	21351-79-1
240	氯化苄烷胺(洁尔灭)	8001-54-5
241	双-(二甲基硫代氨基甲酰基)二硫化物(秋兰姆、福美双)	137-26-8
242	α-萘硫脲(安妥)	86-88-4
243	3-(1-丙酮基苄基)-4-羟基香豆素(杀鼠灵)	81-81-2
244	酚醛树脂	9003-35-4
245	环氧树脂	38891-59-7
246	脲醛树脂	25104-55-6
247	三聚氰胺甲醛树脂	9003-08-1
248	1，2，4-苯三酸酐	552-30-7

续表

序号	名　称	CAS 号
249	邻苯二甲酸酐	85-44-9
250	马来酸酐	108-31-6
251	乙酸酐	108-24-7
252	丙酸	79-09-4
253	对苯二甲酸	100-21-0
254	氟乙酸钠	62-74-8
255	甲基丙烯酸	79-41-4
256	甲酸	64-18-6
257	羟基乙酸	79-14-1
258	巯基乙酸	68-11-1
259	三甲基己二酸	3937-59-5
260	三氯乙酸	76-03-9
261	乙酸	64-19-7
262	正香草酸(高香草酸)	306-08-1
263	四氯化钛	7550-45-0
264	钽及其化合物	7440-25-7(钽)
265	锑及其化合物	7440-36-0(锑)
266	五羰基铁	13463-40-6
267	2-己酮	591-78-6
268	3，5，5-三甲基-2-环己烯-1-酮(异佛尔酮)	78-59-1
269	丙酮	67-64-1
270	丁酮	78-93-3
271	二乙基甲酮	96-22-0
272	二异丁基甲酮	108-83-8
273	环己酮	108-94-1
274	环戊酮	120-92-3
275	六氟丙酮	684-16-2
276	氯丙酮	78-95-5
277	双丙酮醇	123-42-2
278	乙基另戊基甲酮(5-甲基-3-庚酮)	541-85-5
279	乙基戊基甲酮	106-68-3
280	乙烯酮	463-51-4
281	异亚丙基丙酮	141-79-7

续表

序号	名　　称	CAS 号
282	铜及其化合物	
283	丙烷	74-98-6
284	环己烷	110-82-7
285	甲烷	74-82-8
286	壬烷	111-84-2
287	辛烷	111-65-9
288	正庚烷	142-82-5
289	正戊烷	109-66-0
290	2-乙氧基乙醇	110-80-5
291	甲氧基乙醇	109-86-4
292	围涎树碱	
293	二硫化硒	56093-45-9
294	硒化氢	7783-07-5
295	钨及其不溶性化合物	7740-33-7(钨)
296	硒及其化合物(六氟化硒、硒化氢单列)	7782-49-2(硒)
297	二氧化锡	1332-29-2
298	*N*，*N*-二甲基乙酰胺	127-19-5
299	*N*-3，4 二氯苯基丙酰胺(敌稗)	709-98-8
300	氟乙酰胺	640-19-7
301	己内酰胺	105-60-2
302	环四次甲基四硝胺(奥克托今)	2691-41-0
303	环三次甲基三硝铵(黑索今)	121-82-4
304	硝化甘油	55-63-0
305	氯化锌烟	7646-85-7(氯化锌)
306	氧化锌	1314-13-2
307	氢溴酸(溴化氢)	10035-10-6
308	臭氧	10028-15-6
309	过氧化氢	7722-84-1
310	钾盐镁矾	
311	丙烯基芥子油	
312	多次甲基多苯基异氰酸酯	57029-46-6
313	二苯基甲烷二异氰酸酯	101-68-8

续表

序号	名　称	CAS 号
314	甲苯-2，4-二异氰酸酯(TDI)	584-84-9
315	六亚甲基二异氰酸酯(HDI)(1，6-己二异氰酸酯)	822-06-0
316	萘二异氰酸酯	3173-72-6
317	异佛尔酮二异氰酸酯	4098-71-9
318	异氰酸甲酯	624-83-9
319	氧化银	20667-12-3
320	甲氧氯	72-43-5
321	2-氨基吡啶	504-29-0
322	*N*-乙基吗啉	100-74-3
323	吖啶	260-94-6
324	苯绕蒽酮	82-05-3
325	吡啶	110-86-1
326	二噁烷	123-91-1
327	呋喃	110-00-9
328	吗啉	110-91-8
329	四氢呋喃	109-99-9
330	茚	95-13-6
331	四氢化锗	7782-65-2
332	二乙烯二胺(哌嗪)	110-85-0
333	1，6-己二胺	124-09-4
334	二甲胺	124-40-3
335	二乙烯三胺	111-40-0
336	二异丙胺基氯乙烷	96-79-7
337	环己胺	108-91-8
338	氯乙基胺	689-98-5
339	三乙烯四胺	112-24-3
340	烯丙胺	107-11-9
341	乙胺	75-04-7
342	乙二胺	107-15-3
343	异丙胺	75-31-0
344	正丁胺	109-73-9
345	1，1-二氯-1-硝基乙烷	594-72-9

续表

序号	名　称	CAS 号
346	硝基丙烷	25322-01-4
347	三氯硝基甲烷(氯化苦)	76-06-2
348	硝基甲烷	75-52-5
349	硝基乙烷	79-24-3
350	1，3-二甲基丁基乙酸酯(乙酸仲己酯)	108-84-9
351	2-甲氧基乙基乙酸酯	110-49-6
352	2-乙氧基乙基乙酸酯	111-15-9
353	*n*-乳酸正丁酯	138-22-7
354	丙烯酸甲酯	96-33-3
355	丙烯酸正丁酯	141-32-2
356	甲基丙烯酸甲酯(异丁烯酸甲酯)	80-62-6
357	甲基丙烯酸缩水甘油酯	106-91-2
358	甲酸丁酯	592-84-7
359	甲酸甲酯	107-31-3
360	甲酸乙酯	109-94-4
361	氯甲酸甲酯	79-22-1
362	氯甲酸三氯甲酯(双光气)	503-38-8
363	三氟甲基次氟酸酯	
364	亚硝酸乙酯	109-95-5
365	乙二醇二硝酸酯	628-96-6
366	乙基硫代磺酸乙酯	682-91-7
367	乙酸苄酯	140-11-4
368	乙酸丙酯	109-60-4
369	乙酸丁酯	123-86-4

续表

序号	名　　称	CAS 号
370	乙酸甲酯	79-20-9
371	乙酸戊酯	628-63-7
372	乙酸乙烯酯	108-05-4
373	乙酸乙酯	141-78-6
374	乙酸异丙酯	108-21-4
375	以上未提及的可导致职业病的其他化学因素	

三、物理因素

序号	名　　称
1	噪声
2	高温
3	低气压
4	高气压
5	高原低氧
6	振动
7	激光
8	低温
9	微波
10	紫外线
11	红外线
12	工频电磁场
13	高频电磁场
14	超高频电磁场
15	以上未提及的可导致职业病的其他物理因素

四、放射性因素

序号	名　　称	备　　注
1	密封放射源产生的电离辐射	主要产生 γ、中子等射线
2	非密封放射性物质	可产生 α、β、γ 射线或中子

续表

序号	名　称	备　注
3	X 射线装置(含 CT 机)产生的电离辐射	X 射线
4	加速器产生的电离辐射	可产生电子射线、X 射线、质子、重离子、中子以及感生放射性等
5	中子发生器产生的电离辐射	主要是中子、γ 射线等
6	氡及其短寿命子体	限于矿工高氡暴露
7	铀及其化合物	
8	以上未提及的可导致职业病的其他放射性因素	

五、生物因素

序号	名　称	备　注
1	艾滋病病毒	限于医疗卫生人员及人民警察
2	布鲁氏菌	
3	伯氏疏螺旋体	
4	森林脑炎病毒	
5	炭疽芽孢杆菌	
6	以上未提及的可导致职业病的其他生物因素	

六、其他因素

序号	名　称	备　注
1	金属烟	
2	井下不良作业条件	限于井下工人
3	刮研作业	限于手工刮研作业人员

国家安全监管总局办公厅关于印发用人单位职业病危害因素定期检测管理规范的通知

安监总厅安健〔2015〕16号

各省、自治区、直辖市及新疆生产建设兵团安全生产监督管理局，有关中央企业：

为进一步加强和规范用人单位职业病危害因素定期检测工作，依据《中华人民共和国职业病防治法》和《工作场所职业卫生监督管理规定》(国家安全监管总局令第47号)，国家安全监管总局研究制定了《用人单位职业病危害因素定期检测管理规范》(以下简称《规范》)，现印发给你们，请认真贯彻执行。

一、充分认识做好职业病危害因素定期检测工作的重要意义。职业病危害因素定期检测是用人单位必须履行的法定义务。开展职业病危害因素定期检测，有利于用人单位及时掌握其工作场所职业病危害因素的种类及危害程度，采取有针对性的防控措施保护劳动者职业健康。各级安全监管部门和相关用人单位要高度重视职业病危害因素定期检测工作，采取行之有效的举措，切实抓好《规范》的贯彻落实。

二、认真组织用人单位学习和落实《规范》。各级安全监管部门要把宣传好《规范》作为当前一项重点工作，有计划、有步骤地组织辖区所有存在职业病危害的用人单位认真学习《规范》内容，把握其核心要求。同时要组织辖区内职业病危害严重行业领域的用人单位对照《规范》要求，全面自查职业病危害因素定期检测工作，查找出的问题要认真整改。

三、加强对《规范》落实情况的监督检查。各级安全监管部门要在用人单位自查基础上，结合目前正在开展的用人单位职业卫生基础建设活动组织一次专项检查，督促用人单位落实《规范》各项要求，确保实现《国家职业病防治规划(2009—2015年)》提出的工作场所职业病危害因素监测率达到70%以上的规划目标。国家安全监管总局将适时组织对《规范》落实情况进行检查。

四、严厉查处职业卫生技术服务机构违法违规行为。各地区在对用人单位监督检查过程中，发现职业卫生技术服务机构未按照本《规范》和有关采样检测要求进行采样检测，或出具虚假检测报告的，要依法予以查处；情节严重的，由资质认可机关依法取消其资质。

安全监管总局办公厅

2015年2月28日

用人单位职业病危害因素定期检测管理规范

第一条 为了加强和规范用人单位职业病危害因素定期检测工作，及时有效地预防、控制和消除职业病危害，保护劳动者职业健康权益，依据《中华人民共和国职业病防治法》(以下简称《职业病防治法》)和《工作场所职业卫生监督管理规定》(国家安全监管总局令第47号)，制定本规范。

第二条 产生职业病危害的用人单位对其工作场所进行职业病危害因素定期检测及其管理，适用本规范。

第三条 职业病危害因素定期检测是指用人单位定期委托具备资质的职业卫生技术服务机构对其产生职业病危害的工作场所进行的检测。

本规范所指职业病危害因素是指《职业病危害因素分类目录》中所列危害因素以及国家职业卫生标准中有职业接触限值及检测方法的危害因素。

第四条 用人单位应当建立职业病危害因素定期检测制度，每年至少委托具备资质的职业卫生技术服务机构对其存在职业病危害因素的工作场所进行一次全面检测。法律法规另有规定的，按其规定执行。

第五条 用人单位应当将职业病危害因素定期检测工作纳入年度职业病防治计划和实施方案，明确责任部门或责任人，所需检测费用纳入年度经费预算予以保障。

第六条 用人单位应当建立职业病危害因素定期检测档案，并纳入其职业卫生档案体系。

第七条 用人单位在与职业卫生技术服务机构签订定期检测合同前，应当对职业卫生技术服务机构的资质、计量认证范围等事项进行核对，并将相关资质证书复印存档。

定期检测范围应当包含用人单位产生职业病危害的全部工作场所，用人单位不得要求职业卫生技术服务机构仅对部分职业病危害因素或部分工作场所进行指定检测。

第八条 用人单位与职业卫生技术服务机构签订委托协议后，应将其生产工艺流程、产生职业病危害的原辅材料和设备、职业病防护设施、劳动工作制度等与检测有关的情况告知职业卫生技术服务机构。

用人单位应当在确保正常生产的状况下，配合职业卫生技术服务机构做好采样前的现场调查和工作日写实工作，并由陪同人员在技术服务机构现场记录表上签字确认。

第九条 职业卫生技术服务机构对用人单位工作场所进行现场调查后，结合用人单位提供的相关材料，制定现场采样和检测计划，用人单位主要负责人按照国家有关采样规范确认无误后，应当在现场采样和检测计划上签字。

第十条 职业卫生技术服务机构在进行现场采样检测时，用人单位应当保证生产过程处于正常状态，不得故意减少生产负荷或停产、停机。用人单位因故需要停产、停机或减负运行的，应当及时通知技术服务机构变更现场采样和检测计划。

用人单位应当对技术服务机构现场采样检测过程进行拍照或摄像留证。

第十一条 采样检测结束时，用人单位陪同人员应当对现场采样检测记录进行确认并签字。

第十二条 用人单位与职业卫生技术服务机构应当互相监督，保证采样检测符合以下要求：

（一）采用定点采样时，选择空气中有害物质浓度最高、劳动者接触时间最长的工作地点采样；采用个体采样时，选择接触有害物质浓度最高和接触时间最长的劳动者采样；

（二）空气中有害物质浓度随季节发生变化的工作场所，选择空气中有害物质浓度最高的时节为重点采样时段；同时风速、风向、温度、湿度等气象条件应满足采样要求；

（三）在工作周内，应当将有害物质浓度最高的工作日选择为重点采样日；在工作日内，应当将有害物质浓度最高的时段选择为重点采样时段；

（四）高温测量时，对于常年从事接触高温作业的，测量夏季最热月份湿球黑球温度；不定期接触高温作业的，测量工期内最热月份湿球黑球温度；从事室外作业的，测量夏季最热月份晴天有太阳辐射时湿球黑球温度。

第十三条 用人单位在委托职业卫生技术服务机构进行定期检测过程中不得有下列行为：

（一）委托不具备相应资质的职业卫生技术服务机构检测；

（二）隐瞒生产所使用的原辅材料成分及用量、生产工艺与布局等有关情况；

（三）要求职业卫生技术服务机构在异常气象条件、减少生产负荷、开工时间不足等不能反映真实结果的状态下进行采样检测；

（四）要求职业卫生技术服务机构更改采样检测数据；

（五）要求职业卫生技术服务机构对指定地点或指定职业病危害因素进行采样检测；

（六）以拒付少付检测费用等不正当手段干扰职业卫生技术服务机构正常采样检测工作；

（七）妨碍正常采样检测工作，影响检测结果真实性的其他行为。

第十四条 用人单位应当要求职业卫生技术服务机构及时提供定期检测报告，定期检测报告经用人单位主要负责人审阅签字后归档。

在收到定期检测报告后一个月之内，用人单位应当将定期检测结果向所在地安全生产监督管理部门报告。

第十五条 定期检测结果中职业病危害因素浓度或强度超过职业接触限值的，职业卫生技术服务机构应提出相应整改建议。用人单位应结合本单位的实际情况，制定切实有效的整改方案，立即进行整改。整改落实情况应有明确的记录并存入职业卫生档案备查。

第十六条 用人单位应当及时在工作场所公告栏向劳动者公布定期检测结果和相应的防护措施。

第十七条 安全生产监管部门应当加强对用人单位职业病危害因素定期检测工作的监督检查。发现用人单位违反本规范的，依据《职业病防治法》、《工作场所职业卫生监督管理规定》等法律法规及规章的规定予以处罚。

第十八条 本规范未规定的其他有关事项，依照《职业病防治法》和其他有关法律法规规章及职业卫生标准的规定执行。

国家安全监管总局办公厅关于印发用人单位职业病危害告知与警示标识管理规范的通知

安监总厅安健〔2014〕111号

各省、自治区、直辖市及新疆生产建设兵团安全生产监督管理局：

为指导和规范用人单位做好职业病危害告知与警示标识管理工作，依照《中华人民共和国职业病防治法》、《工作场所职业卫生监督管理规定》（国家安全监管总局令第47号）等法律规章，国家安全监管总局制定了《用人单位职业病危害告知与警示标识管理规范》（以下简称《规范》），现印发给你们，请认真贯彻落实。

职业病危害告知与警示标识管理工作是职业卫生管理的一项基础性工作，对于提高劳动者的自我防护意识、提升用人单位职业病防治水平具有重要作用。各地区要高度重视，认真安排部署，做好《规范》的宣传和落实工作。

各单位要通过多种方式组织用人单位学习《规范》，指导用人单位对职业病危害告知与警示标识管理工作进行一次全面自查，并按照《规范》要求完善职业病危害告知内容及档案材料，设置和维护好警示标识，保障劳动者的职业健康。

要把贯彻落实《规范》要求作为职业卫生监督执法的重要内容，指导用人单位落实职业病危害告知与警示标识管理各项要求，对拒不整改或整改不到位的用人单位，依法予以惩处，确保按期完成《国家职业病防治规划（2009—2015年）》确定的2015年职业病危害告知率和警示标识设置率达到90%以上的日标。

国家安全监管总局办公厅

2014年11月13日

用人单位职业病危害告知与警示标识管理规范

第一章　总　　则

第一条　为规范用人单位职业病危害告知与警示标识管理工作，预防和控制职业病危害，保障劳动者职业健康，根据《中华人民共和国职业病防治法》、《工作场所职业卫生监督管理规定》（国家安全监管总局令第47号）以及《工作场所职业病危害警示标识》（GBZ 158）、《高毒物品作业岗位职业病危害告知规范》

(GBZ/T 203)等法律、规章和标准，制定本规范。

第二条 职业病危害告知是指用人单位通过与劳动者签订劳动合同、公告、培训等方式，使劳动者知晓工作场所产生或存在的职业病危害因素、防护措施、对健康的影响以及健康检查结果等的行为。职业病危害警示标识是指在工作场所中设置的可以提醒劳动者对职业病危害产生警觉并采取相应防护措施的图形标识、警示线、警示语句和文字说明以及组合使用的标识等。

本规范所指的劳动者包括用人单位的合同制、聘用制、劳务派遣等性质的劳动者。

第三条 用人单位应当依法开展工作场所职业病危害因素检测评价，识别分析工作过程中可能产生或存在的职业病危害因素。

第四条 用人单位应将工作场所可能产生的职业病危害如实告知劳动者，在醒目位置设置职业病防治公告栏，并在可能产生严重职业病危害的作业岗位以及产生职业病危害的设备、材料、贮存场所等设置警示标识。

第五条 用人单位应当依法开展职业卫生培训，使劳动者了解警示标识的含义，并针对警示的职业病危害因素采取有效的防护措施。

第二章 职业病危害告知

第六条 产生职业病危害的用人单位应将工作过程中可能接触的职业病危害因素的种类、危害程度、危害后果、提供的职业病防护设施、个人使用的职业病防护用品、职业健康检查和相关待遇等如实告知劳动者，不得隐瞒或者欺骗。

第七条 用人单位与劳动者订立劳动合同(含聘用合同，下同)时，应当在劳动合同中写明工作过程可能产生的职业病危害及其后果、职业病危害防护措施和待遇(岗位津贴、工伤保险等)等内容。同时，以书面形式告知劳务派遣人员。

格式合同文本内容不完善的，应以合同附件形式签署职业病危害告知书(示例见附件1)。

第八条 劳动者在履行劳动合同期间因工作岗位或者工作内容变更，从事与所订立劳动合同中未告知的存在职业病危害的作业时，用人单位应当依照本规范第七条的规定，向劳动者履行如实告知的义务，并协商变更原劳动合同相关条款。

第九条 用人单位应对劳动者进行上岗前的职业卫生培训和在岗期间的定期职业卫生培训，使劳动者知悉工作场所存在的职业病危害，掌握有关职业病防治的规章制度、操作规程、应急救援措施、职业病防护设施和个人防护用品的正确使用维护方法及相关警示标识的含义，并经书面和实际操作考试合格后方可上岗作业。

第十条 产生职业病危害的用人单位应当设置公告栏，公布本单位职业病防治的规章制度等内容。

设置在办公区域的公告栏，主要公布本单位的职业卫生管理制度和操作规程等；设置在工作场所的公告栏，主要公布存在的职业病危害因素及岗位、健康危害、接触限值、应急救援措施，以及工作场所职业病危害因素检测结果、检测日期、检测机构名称等。

第十一条 用人单位要按照规定组织从事接触职业病危害作业的劳动者进行上岗前、在岗期间和离岗时的职业健康检查，并将检查结果书面告知劳动者本人。用人单位书面告知文件要留档备查。

第三章 职业病危害警示标识

第十二条 用人单位应在产生或存在职业病危害因素的工作场所、作业岗位、设备、材料(产品)包装、贮存场所设置相应的警示标识。

第十三条 产生职业病危害的工作场所，应当在工作场所入口处及产生职业病危害的作业岗位或设备附近的醒目位置设置警示标识：

（一）产生粉尘的工作场所设置“注意防尘”、“戴防尘口罩”、“注意通风”等警示标识，对皮肤有刺激性或经皮肤吸收的粉尘工作场所还应设置“穿防护服”、“戴防护手套”、“戴防护眼镜”，产生含有有毒物质的混合性粉(烟)尘的工作场所应设置“戴防尘毒口罩”；

（二）放射工作场所设置“当心电离辐射”等警示标识，在开放性同位素工作场所设置“当心裂变物质”；

（三）有毒物品工作场所设置“禁止入内”、“当心中毒”、“当心有毒气体”、“必须洗手”、“穿防护服”、“戴防毒面具”、“戴防护手套”、“戴防护眼镜”、“注意通风”等警示标识，并标明“紧急出口”、“救援电话”等警示标识；

（四）能引起职业性灼伤或腐蚀的化学品工作场所，设置“当心腐蚀”、“腐蚀性”、“遇湿具有腐蚀性”、“当心灼伤”、“穿防护服”、“戴防护手套”、“穿防护鞋”、“戴防护眼镜”、“戴防毒口罩”等警示标识；

（五）产生噪声的工作场所设置“噪声有害”、“戴护耳器”等警示标识；

（六）高温工作场所设置“当心中暑”、“注意高温”、“注意通风”等警示标识；

（七）能引起电光性眼炎的工作场所设置“当心弧光”、“戴防护镜”等警示标识；

（八）生物因素所致职业病的工作场所设置“当心感染”等警示标识；

（九）存在低温作业的工作场所设置“注意低温”、“当心冻伤”等警示标识；

（十）密闭空间作业场所出入口设置“密闭空间作业危险”、“进入需许可”等警示标识；

（十一）产生手传振动的工作场所设置“振动有害”、“使用设备时必须戴防振手套”等警示标识；

（十二）能引起其他职业病危害的工作场所设置“注意××危害”等警示标识。

第十四条 生产、使用有毒物品工作场所应当设置黄色区域警示线。生产、使用高毒、剧毒物品工作场所应当设置红色区域警示线。警示线设在生产、使用有毒物品的车间周围外缘不少于30cm处，警示线宽度不少于10cm。

第十五条 开放性放射工作场所监督区设置黄色区域警示线，控制区设置红色区域警示线；室外、野外放射工作场所及室外、野外放射性同位素及其贮存场所应设置相应警示线。

第十六条 对产生严重职业病危害的作业岗位，除按本规范第十三条的要求设置警示标识外，还应当在其醒目位置设置职业病危害告知卡(以下简称告知卡，示例见附件2)。

告知卡应当标明职业病危害因素名称、理化特性、健康危害、接触限值、防护措施、应急处理及急救电话、职业病危害因素检测结果及检测时间等。

符合以下条件之一，即为产生严重职业病危害的作业岗位：

1. 存在矽尘或石棉粉尘的作业岗位；

2. 存在“致癌”、“致畸”等有害物质或者可能导致急性职业性中毒的作业岗位；

3. 放射性危害作业岗位。

第十七条 使用可能产生职业病危害的化学品、放射性同位素和含有放射性物质的材料的，必须在使用岗位设置醒目的警示标识和中文警示说明(示例见附件3)，警示说明应当载明产品特性、主要成份、存在的有害因素、可能产生的危害后果、安全使用注意事项、职业病防护以及应急救治措施等内容。

第十八条 贮存可能产生职业病危害的化学品、放射性同位素和含有放射性物质材料的场所，应当在入口处和存放处设置“当心中毒”、“当心电离辐射”、“非工作人员禁止入内”等警示标识。

第十九条 使用可能产生职业病危害的设备的，除按本规范第十三条的要求设置警示标识外，还应当在设备醒目位置设置中文警示说明。警示说明应当载明设备性能、可能产生的职业病危害、安全操作和维护注意事项、职业病防护以及应急救治措施等内容。

第二十条 为用人单位提供可能产生职业病危害的设备或可能产生职业病危害的化学品、放射性同位素和含有放射性物质的材料的，应当依法在设备或者材料的包装上设置警示标识和中文警示说明。

第二十一条 高毒、剧毒物品工作场所应急撤离通道设置“紧急出口”，泄险区启用时应设置“禁止入内”、“禁止停留”等警示标识。

第二十二条 维护和检修装置时产生或可能产生职业病危害的，应在工作区域设置相应的职业病危害警示标识。

第四章 公告栏与警示标识的设置

第二十三条 公告栏应设置在用人单位办公区域、工作场所入口处等方便劳动者观看的醒目位置。告知卡应设置在产生或存在严重职业病危害的作业岗位附近的醒目位置。

第二十四条 公告栏和告知卡应使用坚固材料制成，尺寸大小应满足内容需要，高度应适合劳动者阅读，内容应字迹清楚、颜色醒目。

第二十五条 用人单位多处场所都涉及同一职业病危害因素的，应在各工作场所入口处均设置相应的警示标识。

第二十六条 工作场所内存在多个产生相同职业病危害因素的作业岗位的，临近的作业岗位可以共用警示标识、中文警示说明和告知卡。

第二十七条 警示标识(不包括警示线)采用坚固耐用、不易变形变质、阻燃的材料制作。有触电危险的工作场所使用绝缘材料。可能产生职业病危害的设备及化学品、放射性同位素和含放射性物质的材料(产品)包装上，可直接粘贴、印刷或者喷涂警示标识。

第二十八条 警示标识设置的位置应具有良好的照明条件。井下警示标识应用反光材料制作。

第二十九条 公告栏、告知卡和警示标识不应设在门窗或可移动的物体上，其前面不得放置妨碍认读的障碍物。

第三十条 多个警示标识在一起设置时，应按禁止、警告、指令、提示类型的顺序，先左后右、先上后下排列。

第三十一条 警示标识的规格要求等按照《工作场所职业病危害警示标识》(GBZ 158)执行。

第五章 公告栏与警示标识的维护更换

第三十二条 公告栏中公告内容发生变动后应及时更新，职业病危害因素检测结果应在收到检测报告之日起 7 日内更新。

生产工艺发生变更时，应在工艺变更完成后 7 日内补充完善相应的公告内容与警示标识。

第三十三条 告知卡和警示标识应至少每半年检查一次，发现有破损、变形、变色、图形符号脱落、亮度老化等影响使用的问题时应及时修整或更换。

第三十四条 用人单位应按照《国家安全监管总局办公厅关于印发职业卫生档案管理规范的通知》(安监总厅安健〔2013〕171 号)的要求，完善职业病危害告知与警示标识档案材料，并将其存放于本单位的职业卫生档案。

第六章 附 则

第三十五条 用人单位违反本规范的行为，应当依据《中华人民共和国职业病防治法》、《工作场所职业卫生监督管理规定》等法律法规及规章的规定予以处罚。

第三十六条 本规范未规定的其他有关事项，依照《中华人民共和国职业病防治法》和其他有关法律法规规章及职业卫生标准的规定执行。

附件：1. 职业病危害告知书示例
　　　2. 职业病危害告知卡示例
　　　3. 中文警示说明示例

附件 1

职业病危害告知书示例

根据《职业病防治法》第三十四条的规定，用人单位(甲方)在与劳动者(乙方)订立劳动合同时应告知工作过程中可能产生的职业病危害及其后果、职业病防护措施和待遇等内容：

(一)所在工作岗位、可能产生的职业病危害、后果及职业病防护措施。

所在部门及岗位名称	职业病危害因素	职业禁忌证	可能导致的职业病危害	职业病防护措施
例：铸造车间 铸造工	粉尘	活动性肺结核病 慢性阻塞性肺病 慢性间质性肺病 伴肺功能损害的疾病	尘肺	除尘装置 防尘口罩

(二)甲方应依照《职业病防治法》及《职业健康监护技术规范》(GBZ 188)的要求，做好乙方上岗前、在岗期间、离岗时的职业健康检查和应急检查。一旦发生职业病，甲方必须按照国家有关法律、法规的要求，为乙方如实提供职业病诊断、鉴定所需的劳动者职业史和职业病危害接触史、工作场所职业病危害因素检测结果等资料及相应待遇。

(三)乙方应自觉遵守甲方的职业卫生管理制度和操作规程，正确使用维护职业病防护设施和个人职业病防护用品，积极参加职业卫生知识培训，按要求参加上岗前、在岗期间和离岗时的职业健康检查。若被检查出职业禁忌证或发现与所从事的职业相关的健康损害的，必须服从甲方为保护乙方职业健康而调离原岗位并妥善安置的工作安排。

(四)当乙方工作岗位或者工作内容发生变更，从事告知书中未告知的存在职业病危害的作业时，甲方应与其协商变更告知书相关内容，重新签订职业病危害告知书。

(五)甲方未履行职业病危害告知义务，乙方有权拒绝从事存在职业病危害的作业，甲方不得因此解除与乙方所订立的劳动合同。

(六)职业病危害告知书作为甲方与乙方签订劳动合同的附件，具有同等的法律效力。

甲方(签章)　　　　　　　　　　　　乙方(签字)

年　月　日　　　　　　　　　　　　年　月　日

附件 2

职业病危害告知卡示例

<table>
<tr><td colspan="3">工作场所存在苯，对人体有损害，请注意防护</td></tr>
<tr><td rowspan="2">苯(皮)
Benzene(skin)</td><td>理化特性</td><td>健康危害</td></tr>
<tr><td>具有特殊芳香气味的无色油状液体，相对分子质量 78，易燃、易挥发。不溶于水，可与乙醚、乙醇、丙酮、汽油和二硫化碳等有机溶剂混溶；遇氧化剂或卤素剧烈反应；苯蒸气与空气形成爆炸性混合物，遇明火、高热极易燃烧爆炸。</td><td>可经皮肤、呼吸道进入人体。
主要损害神经和造血系统。
短时间大量接触可引起头晕、头痛、恶心、呕吐、嗜睡、步态不稳，重者发生抽搐、昏迷。长期过量接触可引起白细胞减少、再生障碍性贫血、白血病。</td></tr>
<tr><td rowspan="5"></td><td colspan="2">应急处理</td></tr>
<tr><td colspan="2">抢救人员穿戴防护用具；立即将患者移至空气新鲜处，去除污染衣物；注意保暖、安静；皮肤污染时用肥皂水清洗，溅入眼内时用流动清水或生理盐水冲洗，各至少 20 分钟；呼吸困难时给与吸氧，必要时用合适的呼吸器进行人工呼吸；立即与医疗急救单位联系抢救。</td></tr>
<tr><td colspan="2">防护措施</td></tr>
<tr><td colspan="2">禁止明火、火花，高热，使用防爆电器和照明设备。工作场所禁止饮食、吸烟。</td></tr>
<tr><td colspan="2">必须戴防毒面具 注意通风 必须戴防护手套 必须戴防护眼镜 必须穿防护服。</td></tr>
<tr><td>标准限值：×××</td><td>检测数据：×××</td><td>检测日期：××××年×月×日</td></tr>
<tr><td>急救电话：120</td><td>消防电话：119</td><td>职业卫生咨询电话：××××××××</td></tr>
</table>

附件 3

中文警示说明示例

甲醛 分子式：HCHO　　分子量 30. 03	
理化特性	常温为无色、有刺激性气味的气体，沸点：-19. 5℃，能溶于水、醇、醚，水溶液称福尔马林，杀菌能力极强。15℃以下易聚合，置空气中氧化为甲酸。
可能产生的危害后果	低浓度甲醛蒸气对眼、上呼吸道粘膜有强烈刺激作用，高浓度甲醛蒸气对中枢神经系统有毒性作用，可引起中毒性肺水肿。 主要症状：眼痛流泪、喉痒及胸闷、咳嗽、呼吸困难，口腔糜烂、上腹痛、吐血，眩晕、恐慌不安、步态不稳、甚至昏迷。皮肤接触可引起皮炎，有红斑、丘疹、瘙痒、组织坏死等。
职业病危害防护措施	1. 使用甲醛设备应密闭，不能密闭的应加强通风排毒。 2. 注意个人防护，穿戴防护用品。 3. 严格遵守安全操作规程。
应急救治措施	1. 撤离现场，移至新鲜空气处，吸氧。 2. 皮肤黏膜损伤，立即用2%的碳酸氢钠($NaHCO_3$)溶液或大量清水冲洗。 3. 立即与医疗急救单位联系抢救。

国家安全监管总局办公厅关于印发职业卫生档案管理规范的通知

安监总厅安健〔2013〕171 号

各省、自治区、直辖市及新疆生产建设兵团安全生产监督管理局：

根据《中华人民共和国职业病防治法》、《工作场所职业卫生监督管理规定》(国家安全监管总局令第 47 号)、《用人单位职业健康监护监督管理办法》(国家安全监管总局令第 49 号)的要求，为加强用人单位职业卫生管理，保证职业卫生档案完整、准确和有效利用，推进用人单位职业病防治主体责任的落实，我局研究制定了《职业卫生档案管理规范》，现印发给你们，请认真抓好贯彻落实。

国家安全监管总局办公厅

2013 年 12 月 31 日

职业卫生档案管理规范

为提高用人单位(煤矿除外)的职业卫生管理水平，规范职业卫生档案管理，根据《中华人民共和国职业病防治法》、《工作场所职业卫生监督管理规定》(国家安全监管总局令第 47 号)、《用人单位职业健康监护监督管理办法》(国家安全监管总局令第 49 号)的要求，制定本规范。

一、用人单位职业卫生档案，是指用人单位在职业病危害防治和职业卫生管理活动中形成的，能够准确、完整反映本单位职业卫生工作全过程的文字、图纸、照片、报表、音像资料、电子文档等文件材料。

二、用人单位应建立健全职业卫生档案，包括以下主要内容：

（一）建设项目职业卫生“三同时”档案(见附件 1)；

（二）职业卫生管理档案(见附件 2)；

（三）职业卫生宣传培训档案(见附件 3)；

（四）职业病危害因素监测与检测评价档案(见附件 4)；

（五）用人单位职业健康监护管理档案(见附件 5)；

（六）劳动者个人职业健康监护档案(见附件 6)；

（七）法律、行政法规、规章要求的其他资料文件。

三、用人单位可根据工作实际对职业卫生档案的样表作适当调整，但主要内容不能删减。涉及项目及人员较多的，可参照样表予以补充。

四、职业卫生档案中某项档案材料较多或者与其他档案交叉的，可在档案中注明其保存地点。

五、用人单位应设立档案室或指定专门的区域存放职业卫生档案，并指定专门机构和专(兼)职人员负责管理。

六、用人单位应做好职业卫生档案的归档工作，按年度或建设项目进行案卷归档，及时编号登记，入库保管。

七、用人单位要严格职业卫生档案的日常管理，防止出现遗失。

八、职业卫生监管部门查阅或者复制职业卫生档案材料时，用人单位必须如实提供。

九、劳动者离开用人单位时，有权索取本人职业健康监护档案复印件，用人单位应如实、无偿提供，并在所提供的复印件上签章。

十、劳动者在申请职业病诊断、鉴定时，用人单位应如实提供职业病诊断、鉴定所需的劳动者职业病危害接触史、工作场所职业病危害因素检测结果等资料。

十一、本规范印发前用人单位已建立职业卫生档案的，应当按本规范要求进行完善，分类归档。

十二、用人单位发生分立、合并、解散、破产等情形的，职业卫生档案应按照国家档案管理的有关规定移交保管。

十三、各地区可以根据工作实际，对本规范的要求进行适当调整。

十四、职业卫生档案管理的其他规定，按照国家现行的法律、行政法规、规章的要求执行。

附件：1. 建设项目职业卫生“三同时”档案

2. 职业卫生管理档案

3. 职业卫生宣传培训档案

4. 职业病危害因素监测与检测评价档案

5. 用人单位职业健康监护管理档案

6. 劳动者个人职业健康监护档案

附件 1

档案编号：

建设项目职业卫生“三同时”档案

用人单位：________________________________

职业卫生管理负责人：______________________

联系电话：________________________________

电子邮箱：________________________________

目　录

1. 建设项目职业卫生“三同时”审查登记表(表1-1)

2. 建设项目批准文件

3. 职业病危害预评价委托书与预评价报告

4. 建设项目职业病防护设施设计专篇

5. 职业病危害控制效果评价委托书与控制效果评价报告

6. 建设单位对职业病危害预评价报告、职业病防护设施设计专篇、职业病防护设施控制效果评价报告的评审意见

7. 安全监管部门审核、审查、验收批文

8. 建设项目职业病危害防治法律责任承诺书

9. 全套竣工图纸、验收报告、竣工总结

10. 工程改建、扩建及维修、使用中变更的图纸及有关材料

表 1-1 建设项目职业卫生“三同时”审查登记表

项目名称：____

项目类型：____________________ 项目投资：____________________

建设工期：　　年　　月　　日至　　年　　月　　日

存在的主要职业病危害因素：____

____

审查结论：

预评价审核			设计审查 （严重危害项目）			竣工验收		
年月	结论	审核单位	年月	结论	审查单位	年月	结论	验收单位

编制：　　　　　　　　　　　　　　　　审核(签名)：

编制日期：　　年　　月　　日

说明：项目类型选择：新建、改建、扩建、技改(技术改造)、引进(技术引进)填报。

附件 2

档案编号：

职业卫生管理档案
（____年度）

用人单位：________________________________

职业卫生管理负责人：____________________

联系电话：________________________________

电子邮箱：________________________________

目　　录

1. 职业病防治法律、行政法规、规章、标准、文件

2. 职业病防治领导机构及职业卫生管理机构成立文件

3. 职业病防治年度计划及实施方案

（附：年度职业病防治计划实施检查表，表 2-1）

4. 职业卫生管理制度及重点岗位职业卫生操作规程

5. 职业病危害项目申报表及回执

（附：职业病危害因素申报基本情况表，表 2-2）

6. 职业病防治经费一览表（表 2-3）

7. 职业病防护设施一览表（表 2-4）

8. 职业病防护设施维护和检修记录表（表 2-5）

9. 个人防护用品发放和使用记录（表 2-6）

10. 警示标识与职业病危害告知

（附：工作场所警示标识一览表，表 2-7；职业病危害告知内容包括规章制度、操作规程、劳动过程中可能产生的职业病危害及其后果、职业病防护措施和待遇、作业场所职业病危害因素检测评价结果、职业健康检查和职业病诊断结果等的告知凭证）

11. 职业病危害事故应急救援预案

12. 用人单位职业卫生检查和处理记录表（表 2-8）

13. 职业卫生监管意见和落实情况记录表（表 2-9）

（包括：现场检查笔录、行政处罚决定书、奖励等资料）

表 2-1　____年度职业病防治计划实施检查表

序号	日期	职业病防治计划内容	实施情况	实施负责人	备注

编制：　　　　　　　　审核(签字)：　　　　　　　　编制日期：　　年　　月　　日

职业卫生管理制度目录

（一）职业病危害防治责任制度；
（二）职业病危害警示与告知制度；
（三）职业病危害项目申报制度；
（四）职业病防治宣传教育培训制度；
（五）职业病防护设施维护检修制度；
（六）职业病防护用品管理制度；
（七）职业病危害监测及检测评价管理制度；
（八）建设项目职业卫生“三同时”管理制度；
（九）劳动者职业健康监护及其档案管理制度；
（十）职业病危害事故处置与报告制度；
（十一）职业病危害应急救援与管理制度；
（十二）岗位职业卫生操作规程；
（十三）法律、法规、规章规定的其他职业病防治制度。

表 2-2　职业病危害项目申报基本情况表

单位名称			联系电话：	
单位注册地址			工作场所地址	
申报类别		初次申报○ 变更申报○	变更原因	
企业规模		大○　中○　小○　微○	行业分类 注册类型	
法定代表人			联系电话	
职业卫生管理机构		有○　无○	职业卫生管理 人员数	专职 兼职
劳动者总人数			职业病累计人数	
接触职业病危害 因素种类数(个)			接触职业病危害因 素人数(人)	
职业病 危害因素 分布情况	作业场所 名称	职业病危害因素名称	接触人数 (可重复)	接触人数 (不可重复)
	(作业 场所 1)	…		
	(作业 场所 2)			
	…	…		
合计				

编制：　　　　　　　　　　审核(签字)：　　　　　　　　　　编制日期：　　　年　　月　　日

表 2-3 ______年度职业病防治经费一览表

用　　途	工作内容	经费(元)	项目负责人	备注
职业卫生管理机构的组织工作经费				
生产车间改造				
生产工艺改进				
防护设施建设与维护				
个人劳动防护用品				
工作场所职业卫生检测评价				
职业病危害因素监测设备购买				
职业卫生宣传培训				
职工健康监护				
职业病人诊疗				
警示标识				
其他				
合计				

编制：　　　　审核(签字)：　　　　编制日期：　年　月　日

表 2-4　职业病防护设施一览表

防护设施名称	型号	使用车间和岗位	防护用途	生产及安装单位	验收日期（年月日）

编制：　　　　　　　　审核(签字)：　　　　　　　　　　　编制日期：　　年　　月　　日

表 2-5　职业病防护设施维护和检修记录表

<table>
<tr><td>车间名称</td><td></td><td>车间负责人</td><td></td></tr>
<tr><td>防护设备名称</td><td></td><td>检修时间</td><td></td></tr>
<tr><td colspan="4">检修、维护情况(包括检修的原因、检修部门、检修费用、检修效果等)：</td></tr>
<tr><td colspan="4">验收意见：

负责人(签名)：

日期：　年　月　日</td></tr>
</table>

表 2-6 ____ 年度个人防护用品发放使用记录

车间名称	接触职业病危害因素	个人防护用品名称	型号	数量	领取人	领取日期

编制：　　　　审核(签字)：　　　　编制日期：　年　月　日

附：个人防护用品的生产、供货单位，使用说明和产品合格证明。

表 2-7　工作场所警示标识一览表

序号	作业区	告知项目	配置地点	警示内容	标识数量	责任人

编制：　　　　　　　　　审核(签字)：　　　　　　　　　编制日期：　　年　　月　　日

表 2-8　用人单位职业卫生检查和处理记录表

<table>
<tr><td>车间名称</td><td></td><td>车间负责人</td><td></td></tr>
<tr><td colspan="4">检查地点</td></tr>
<tr><td>检查时间</td><td colspan="3">年　　月　日　　时　分——　　时　分</td></tr>
<tr><td colspan="4">检查情况记录：

检查人员(签名)：
年　　月　　日</td></tr>
<tr><td colspan="4">整改意见

负责人(签名)：
年　　月　　日</td></tr>
<tr><td colspan="4">整改落实情况

车间负责人(签名)：
年　　月　　日</td></tr>
</table>

备注：检查内容包括车间总体卫生状况、警示标识、防护设施运行情况、应急救援设施、通讯装置运行情况、个人防护用品使用情况、操作规程执行情况等等。

表 2-9　职业卫生监管意见和落实情况记录表

<table>
<tr><td>上级检查部门</td><td>检查日期</td></tr>
<tr><td colspan="2">发现主要存在的问题(主要内容摘录，附原件)：</td></tr>
<tr><td colspan="2">要求整改的措施及建议：

年　　月　　日</td></tr>
<tr><td colspan="2">用人单位领导审批意见：

年　　月　　日</td></tr>
<tr><td colspan="2">整改落实情况：

负责人(签名)：
年　　月　　日</td></tr>
</table>

附件 3

档案编号：

职业卫生宣传培训档案
（______年度）

用人单位：______________________________

职业卫生管理负责人：______________________

联系电话：______________________________

电子邮箱：______________________________

目　　录

表 3-1　____年度职业卫生宣传培训一览表

企业名称：______________________　培训类型：________培训学时：________

参加部门：____

培训内容：____

____

组织部门：____

授课人：____________________________实施日期：____________________

签到表：

序号	部门	姓名(签字)	成绩

编制：　　　　　　　　审核(签字)：　　　　　　　　编制日期：　　年　　月　　日

说明：1. 培训类型为劳动者上岗前培训、在岗期间定期培训，用人单位主要负责人、职业卫生管理人员培训；

2. 签到名单可附后。

附件 4

档案编号：

职业病危害因素监测与检测评价档案

用人单位：______________________________

职业卫生管理负责人：____________________

联系电话：______________________________

电子邮箱：______________________________

目　录

表 4-1　可能产生职业病危害设备、材料(化学品)一览表

设备、材料、化学品名称		可能产生的职业病危害因素名称	使用车间和岗位	生产、供货单位
设备				
材料				
化学品				

编制：　　　　　　审核(签字)：　　　　　　编制日期：　　年　月　日

说明：化学品毒性资料及预防策略附后。

表 4-2　接触职业病危害因素汇总表

序号	岗位	职业病危害因素名称	危害来源	接触方式（定点/巡检）	接触职业病危害		工程防护设施	个体防护用品
					总人数	女工数		

编制：　　　　　　　　　　　　　　　　审核（签名）：

编制日期：　　　年　月　日

表 4-3　职业病危害因素日常监测季报汇总表

车间	职业病危害因素名称	监测周期	监测点数	监测结果范围	合格率（%）	职业接触限值	监测人员

编制：　　　　　　　　　　　　　　　　审核（签名）：

编制日期：　　　年　月　日

职业病危害因素检测与评价结果报告

__________________安全生产监督管理局：

我单位委托______________机构(已取得相应资质的职业卫生技术服务机构名称)，于_______年_____月_____日对我单位工作场所进行了职业病危害因素的检测与评价，现将结果上报(见检测评价报告书)。

对工作场所职业病危害因素不符合国家职业卫生标准和卫生要求的岗位，我单位已采取相应的治理措施(应详细列举具体措施)，治理后的效果我单位将委托__________________机构重新检测评价后上报。

附件：检测评价报告书

单位(盖章)

年　月　日

附件 5

档案编号：

用人单位职业健康监护管理档案

用人单位：________________________

职业卫生管理负责人：________________

联系电话：________________________

电子邮箱：________________________

目　　录

表 5-1 职业健康检查结果汇总表

检查日期	检查机构	体检种类	应检人数	实检人数	检查结果(人数)					备注
					未见异常	复查	疑似	禁忌症	其他疾患	

表 5-2 职业健康检查异常结果登记表

车间： 体检类别： 体检日期： 年 月 日－ 年 月 日

序号	姓名	性别	年龄	岗位	接触职业病危害因素	可能导致的职业病	体检结论与处理意见	落实情况

编制： 审核(签名)：

编制日期： 年 月 日

表 5-3　职业病患者一览表

序号	姓名	性别	出生日期（年月日）	接害工龄	车间、岗位	职业病名	诊断机构	诊断日期（年月日）	处理情况

编制：　　　　　　　　　　　　　　　　审核（签名）：

编制日期：　　年　月　日

表 5-4　疑似职业病患者一览表

姓名	性别	年龄	车间、岗位	接害工龄	疑似职业病名	体检机构	体检日期	处理情况

编制：　　　　　　　　　　　　　　　　审核（签名）：

编制日期：　　年　月　日

职业病和疑似职业病人报告

____________安全生产监督管理局；____________卫生局、卫生监督所：

我单位于____________年________月________日组织从事接触职业病危害作业的工人在________________进行了职业健康检查(体检机构具有相应资质)，体检结果发现：疑似职业病人________人。经职业病诊断机构诊断后确诊职业病________人(诊断机构有相应资质)，现上报(见名单)。

对发现的疑似职业病人和职业病人，我单位已按照处理意见妥善处理。

附件：1. 疑似职业病人名单及处理情况

2. 职业病人名单及处理情况

单位盖章

年　月　日

表 5–5　职业病危害事故报告与处理记录表

<table>
<tr><td>企业名称</td><td></td><td>法定代表人</td><td></td></tr>
<tr><td>事故报告人</td><td></td><td>联系电话</td><td></td></tr>
<tr><td colspan="4">基本情况：
1. 发生时间：________ 年____月____日______ 时；
2. 发生场所(车间名称)：______________岗位及工作内容________________；
3. 发病情况：接触人数________________ 发病人数______________________；
送医院治疗人数__________ 死亡人数____________________；
4. 可能产生职业病的有害因素名称：______________________________________。</td></tr>
<tr><td colspan="4">事故经过简述(事件起因、患者主要临床表现、救援过程和处理情况)：</td></tr>
<tr><td colspan="4">对事故原因和性质的初步认定意见：</td></tr>
<tr><td>事件报告情况</td><td colspan="3">1. 报告时间________ 年____月____日______ 时
2. 报告单位：____________________________

负责人(签名)：
日期：　　年　　月　　日</td></tr>
</table>

表 5-6　职业健康监护档案汇总表

部门/车间	档案编号	姓名	性别	建档时间	人员调离情况			备注
					调离时间	是否提供档案复印件	劳动者签字	

附件 6

档案编号：

劳动者个人职业健康监护档案

单　　位：______________________

姓　　名：______________________

性　　别：______________________

建档时间：______________________

目　录

表 6-1　劳动者个人信息卡

档案号：

<table>
<tr><td>姓名</td><td></td><td>性别</td><td></td><td rowspan="5">照片</td></tr>
<tr><td>籍贯</td><td></td><td>婚姻</td><td></td></tr>
<tr><td>文化程度</td><td></td><td>嗜好</td><td></td></tr>
<tr><td>参加工作时间</td><td colspan="3"></td></tr>
<tr><td>身份证号</td><td colspan="3"></td></tr>
<tr><td colspan="5">职业史及职业病危害接触史</td></tr>
<tr><td>起止时间</td><td>工作单位</td><td>工种</td><td>接触职业病
危害因素</td><td>防护措施</td></tr>
<tr><td>年　月　日至
年　月　日</td><td></td><td></td><td></td><td></td></tr>
<tr><td>年　月　日至
年　月　日</td><td></td><td></td><td></td><td></td></tr>
<tr><td>年　月　日至
年　月　日</td><td></td><td></td><td></td><td></td></tr>
<tr><td>年　月　日至
年　月　日</td><td></td><td></td><td></td><td></td></tr>
<tr><td colspan="5">既往病史</td></tr>
<tr><td>疾病名称</td><td>诊断时间</td><td>诊断医院</td><td>治疗结果</td><td>备注</td></tr>
<tr><td></td><td>年　月　日</td><td></td><td></td><td></td></tr>
<tr><td></td><td>年　月　日</td><td></td><td></td><td></td></tr>
<tr><td></td><td>年　月　日</td><td></td><td></td><td></td></tr>
<tr><td></td><td>年　月　日</td><td></td><td></td><td></td></tr>
<tr><td colspan="5">职业病诊断</td></tr>
<tr><td>职业病名称</td><td>诊断时间</td><td>诊断医院</td><td>诊断级别</td><td>备注</td></tr>
<tr><td></td><td>年　月　日</td><td></td><td></td><td></td></tr>
<tr><td></td><td>年　月　日</td><td></td><td></td><td></td></tr>
<tr><td></td><td>年　月　日</td><td></td><td></td><td></td></tr>
</table>

表 6–2　工作场所职业病危害因素检测结果

劳动者姓名：　　　　　　　　　　　　　　　　　　　　档案号：

岗位	检测时间	检测机构	职业病危害因素名称	职业病危害因素检测结果	防护措施	备注

表 6-3 历次职业健康检查结果及处理情况

劳动者姓名：　　　　　　　　　　　　　　　　　　　档案号：

检查日期	检查种类	检查结论	检查机构	岗位	人员处理情况	本人签字	现场处理情况

注：

1. 检查种类是指上岗前、在岗期间、离岗时、应急、离岗后医学随访、复查、医学观察、职业病诊断等；

2. 检查结论是指未见异常、复查、疑似职业病、职业禁忌证、其他疾患、职业病等；

3. 人员处理情况是指调离、暂时脱离工作岗位、复查、医学观察、职业病诊断结果等处理、安置情况及检查、诊断结果；检查结论为未见异常或其他疾患的划“——”；

4. 现场处理情况是指造成职业损害的作业岗位，现场及个体防护用品整改达标情况，不需整改的可划“——”。

国家卫生计生委等4部门关于印发《职业病分类和目录》的通知

国卫疾控发〔2013〕48号

各省、自治区、直辖市卫生计生委(卫生厅局)、安全生产监督管理局、人力资源社会保障厅(局)、总工会，新疆生产建设兵团卫生局、安全生产监督管理局、人力资源社会保障局、工会，中国疾病预防控制中心：

根据《中华人民共和国职业病防治法》有关规定，国家卫生计生委、安全监管总局、人力资源社会保障部和全国总工会联合组织对职业病的分类和目录进行了调整。现将《职业病分类和目录》印发给你们，从即日起施行。2002年4月18日原卫生部和原劳动保障部联合印发的《职业病目录》同时废止。

国家卫生计生委
人力资源社会保障部
安全监管总局
全国总工会
2013年12月23日

职业病分类和目录

一、职业性尘肺病及其他呼吸系统疾病

(一) 尘肺病

1. 矽肺
2. 煤工尘肺
3. 石墨尘肺
4. 炭黑尘肺
5. 石棉肺
6. 滑石尘肺
7. 水泥尘肺
8. 云母尘肺
9. 陶工尘肺

10. 铝尘肺
11. 电焊工尘肺
12. 铸工尘肺
13. 根据《尘肺病诊断标准》和《尘肺病理诊断标准》可以诊断的其他尘肺病

(二) 其他呼吸系统疾病

1. 过敏性肺炎
2. 棉尘病
3. 哮喘
4. 金属及其化合物粉尘肺沉着病(锡、铁、锑、钡及其化合物等)
5. 刺激性化学物所致慢性阻塞性肺疾病
6. 硬金属肺病

二、职业性皮肤病

1. 接触性皮炎
2. 光接触性皮炎
3. 电光性皮炎
4. 黑变病
5. 痤疮
6. 溃疡
7. 化学性皮肤灼伤
8. 白斑
9. 根据《职业性皮肤病的诊断总则》可以诊断的其他职业性皮肤病

三、职业性眼病

1. 化学性眼部灼伤
2. 电光性眼炎
3. 白内障(含放射性白内障、三硝基甲苯白内障)

四、职业性耳鼻喉口腔疾病

1. 噪声聋
2. 铬鼻病
3. 牙酸蚀病
4. 爆震聋

五、职业性化学中毒

1. 铅及其化合物中毒(不包括四乙基铅)
2. 汞及其化合物中毒
3. 锰及其化合物中毒

4. 镉及其化合物中毒
5. 铍病
6. 铊及其化合物中毒
7. 钡及其化合物中毒
8. 钒及其化合物中毒
9. 磷及其化合物中毒
10. 砷及其化合物中毒
11. 铀及其化合物中毒
12. 砷化氢中毒
13. 氯气中毒
14. 二氧化硫中毒
15. 光气中毒
16. 氨中毒
17. 偏二甲基肼中毒
18. 氮氧化合物中毒
19. 一氧化碳中毒
20. 二硫化碳中毒
21. 硫化氢中毒
22. 磷化氢、磷化锌、磷化铝中毒
23. 氟及其无机化合物中毒
24. 氰及腈类化合物中毒
25. 四乙基铅中毒
26. 有机锡中毒
27. 羰基镍中毒
28. 苯中毒
29. 甲苯中毒
30. 二甲苯中毒
31. 正己烷中毒
32. 汽油中毒
33. 一甲胺中毒
34. 有机氟聚合物单体及其热裂解物中毒
35. 二氯乙烷中毒
36. 四氯化碳中毒
37. 氯乙烯中毒
38. 三氯乙烯中毒

39. 氯丙烯中毒

40. 氯丁二烯中毒

41. 苯的氨基及硝基化合物(不包括三硝基甲苯)中毒

42. 三硝基甲苯中毒

43. 甲醇中毒

44. 酚中毒

45. 五氯酚(钠)中毒

46. 甲醛中毒

47. 硫酸二甲酯中毒

48. 丙烯酰胺中毒

49. 二甲基甲酰胺中毒

50. 有机磷中毒

51. 氨基甲酸酯类中毒

52. 杀虫脒中毒

53. 溴甲烷中毒

54. 拟除虫菊酯类中毒

55. 铟及其化合物中毒

56. 溴丙烷中毒

57. 碘甲烷中毒

58. 氯乙酸中毒

59. 环氧乙烷中毒

60. 上述条目未提及的与职业有害因素接触之间存在直接因果联系的其他化学中毒

六、物理因素所致职业病

1. 中暑
2. 减压病
3. 高原病
4. 航空病
5. 手臂振动病
6. 激光所致眼(角膜、晶状体、视网膜)损伤
7. 冻伤

七、职业性放射性疾病

1. 外照射急性放射病
2. 外照射亚急性放射病
3. 外照射慢性放射病

4. 内照射放射病
5. 放射性皮肤疾病
6. 放射性肿瘤(含矿工高氡暴露所致肺癌)
7. 放射性骨损伤
8. 放射性甲状腺疾病
9. 放射性性腺疾病
10. 放射复合伤
11. 根据《职业性放射性疾病诊断标准(总则)》可以诊断的其他放射性损伤

八、职业性传染病

1. 炭疽
2. 森林脑炎
3. 布鲁氏菌病
4. 艾滋病(限于医疗卫生人员及人民警察)
5. 莱姆病

九、职业性肿瘤

1. 石棉所致肺癌、间皮瘤
2. 联苯胺所致膀胱癌
3. 苯所致白血病
4. 氯甲醚、双氯甲醚所致肺癌
5. 砷及其化合物所致肺癌、皮肤癌
6. 氯乙烯所致肝血管肉瘤
7. 焦炉逸散物所致肺癌
8. 六价铬化合物所致肺癌
9. 毛沸石所致肺癌、胸膜间皮瘤
10. 煤焦油、煤焦油沥青、石油沥青所致皮肤癌
11. β-萘胺所致膀胱癌

十、其他职业病

1. 金属烟热
2. 滑囊炎(限于井下工人)
3. 股静脉血栓综合征、股动脉闭塞症或淋巴管闭塞症(限于刮研作业人员)

关于印发防暑降温措施管理办法的通知

安监总安健〔2012〕89号

各省、自治区、直辖市及新疆生产建设兵团安全生产监督管理局、卫生厅(局)、人力资源社会保障厅(局)、总工会，各省级煤矿安全监察局：

近年来，由于夏季高温天气导致从事户外作业的劳动者中暑甚至死亡的事件时有发生，给劳动者身体健康和生命安全造成了严重损害，成为社会各界共同关注的重要问题。为了加强高温作业、高温天气作业劳动保护工作，维护劳动者健康及其相关权益，国家安全监管总局、卫生部、人力资源社会保障部、全国总工会对《防暑降温措施暂行办法》(〈60〉卫防钱字第207号)进行了修订，制定了《防暑降温措施管理办法》，现印发你们，请认真遵照执行。

国家安全生产监督管理总局

卫生部

人力资源和社会保障部

中华全国总工会

2012年6月29日

防暑降温措施管理办法

第一条 为了加强高温作业、高温天气作业劳动保护工作，维护劳动者健康及其相关权益，根据《中华人民共和国职业病防治法》、《中华人民共和国安全生产法》、《中华人民共和国劳动法》、《中华人民共和国工会法》等有关法律、行政法规的规定，制定本办法。

第二条 本办法适用于存在高温作业及在高温天气期间安排劳动者作业的企业、事业单位和个体经济组织等用人单位。

第三条 高温作业是指有高气温、或有强烈的热辐射、或伴有高气湿(相对湿度≥80%RH)相结合的异常作业条件、湿球黑球温度指数(WBGT指数)超过规定限值的作业。

高温天气是指地市级以上气象主管部门所属气象台站向公众发布的日最高气温35℃以上的天气。

高温天气作业是指用人单位在高温天气期间安排劳动者在高温自然气象环境下进行的作业。

工作场所高温作业 WBGT 指数测量依照《工作场所物理因素测量 第 7 部分：高温》(GBZ/T 189.7)执行；高温作业职业接触限值依照《工作场所有害因素职业接触限值第 2 部分：物理因素》(GBZ 2.2)执行；高温作业分级依照《工作场所职业病危害作业分级第 3 部分：高温》(GBZ/T 229.3)执行。

第四条 国务院安全生产监督管理部门、卫生行政部门、人力资源社会保障行政部门依照相关法律、行政法规和国务院确定的职责，负责全国高温作业、高温天气作业劳动保护的监督管理工作。

县级以上地方人民政府安全生产监督管理部门、卫生行政部门、人力资源社会保障行政部门依据法律、行政法规和各自职责，负责本行政区域内高温作业、高温天气作业劳动保护的监督管理工作。

第五条 用人单位应当建立、健全防暑降温工作制度，采取有效措施，加强高温作业、高温天气作业劳动保护工作，确保劳动者身体健康和生命安全。

用人单位的主要负责人对本单位的防暑降温工作全面负责。

第六条 用人单位应当根据国家有关规定，合理布局生产现场，改进生产工艺和操作流程，采用良好的隔热、通风、降温措施，保证工作场所符合国家职业卫生标准要求。

第七条 用人单位应当落实以下高温作业劳动保护措施：

(一) 优先采用有利于控制高温的新技术、新工艺、新材料、新设备，从源头上降低或者消除高温危害。对于生产过程中不能完全消除的高温危害，应当采取综合控制措施，使其符合国家职业卫生标准要求。

(二) 存在高温职业病危害的建设项目，应当保证其设计符合国家职业卫生相关标准和卫生要求，高温防护设施应当与主体工程同时设计，同时施工，同时投入生产和使用。

(三) 存在高温职业病危害的用人单位，应当实施由专人负责的高温日常监测，并按照有关规定进行职业病危害因素检测、评价。

(四) 用人单位应当依照有关规定对从事接触高温危害作业劳动者组织上岗前、在岗期间和离岗时的职业健康检查，将检查结果存入职业健康监护档案并书面告知劳动者。职业健康检查费用由用人单位承担。

(五) 用人单位不得安排怀孕女职工和未成年工从事《工作场所职业病危害作业分级第 3 部分：高温》(GBZ/T 229.3)中第三级以上的高温工作场所作业。

第八条 在高温天气期间，用人单位应当按照下列规定，根据生产特点和具体条件，采取合理安排工作时间、轮换作业、适当增加高温工作环境下劳动者的休息时间和减轻劳动强度、减少高温时段室外作业等措施：

（一）用人单位应当根据地市级以上气象主管部门所属气象台当日发布的预报气温，调整作业时间，但因人身财产安全和公众利益需要紧急处理的除外：

1. 日最高气温达到40℃以上，应当停止当日室外露天作业；

2. 日最高气温达到37℃以上、40℃以下时，用人单位全天安排劳动者室外露天作业时间累计不得超过6小时，连续作业时间不得超过国家规定，且在气温最高时段3小时内不得安排室外露天作业；

3. 日最高气温达到35℃以上、37℃以下时，用人单位应当采取换班轮休等方式，缩短劳动者连续作业时间，并且不得安排室外露天作业劳动者加班。

（二）在高温天气来临之前，用人单位应当对高温天气作业的劳动者进行健康检查，对患有心、肺、脑血管性疾病、肺结核、中枢神经系统疾病及其他身体状况不适合高温作业环境的劳动者，应当调整作业岗位。职业健康检查费用由用人单位承担。

（三）用人单位不得安排怀孕女职工和未成年工在35℃以上的高温天气期间从事室外露天作业及温度在33℃以上的工作场所作业。

（四）因高温天气停止工作、缩短工作时间的，用人单位不得扣除或降低劳动者工资。

第九条 用人单位应当向劳动者提供符合要求的个人防护用品，并督促和指导劳动者正确使用。

第十条 用人单位应当对劳动者进行上岗前职业卫生培训和在岗期间的定期职业卫生培训，普及高温防护、中暑急救等职业卫生知识。

第十一条 用人单位应当为高温作业、高温天气作业的劳动者供给足够的、符合卫生标准的防暑降温饮料及必需的药品。

不得以发放钱物替代提供防暑降温饮料。防暑降温饮料不得充抵高温津贴。

第十二条 用人单位应当在高温工作环境设立休息场所。休息场所应当设有座椅，保持通风良好或者配有空调等防暑降温设施。

第十三条 用人单位应当制定高温中暑应急预案，定期进行应急救援的演习，并根据从事高温作业和高温天气作业的劳动者数量及作业条件等情况，配备应急救援人员和足量的急救药品。

第十四条 劳动者出现中暑症状时，用人单位应当立即采取救助措施，使其迅速脱离高温环境，到通风阴凉处休息，供给防暑降温饮料，并采取必要的对症处理措施；病情严重者，用人单位应当及时送医疗卫生机构治疗。

第十五条 劳动者应当服从用人单位合理调整高温天气作息时间或者对有关工作地点、工作岗位的调整安排。

第十六条 工会组织代表劳动者就高温作业和高温天气劳动保护事项与用人单位进行平等协商，签订集体合同或者高温作业和高温天气劳动保护专项集体合同。

第十七条 劳动者从事高温作业的，依法享受岗位津贴。

用人单位安排劳动者在35℃以上高温天气从事室外露天作业以及不能采取有效措施将工作场所温度降低到33℃以下的，应当向劳动者发放高温津贴，并纳入工资总额。高温津贴标准由省级人力资源社会保障行政部门会同有关部门制定，并根据社会经济发展状况适时调整。

第十八条 承担职业性中暑诊断的医疗卫生机构，应当经省级人民政府卫生行政部门批准。

第十九条 劳动者因高温作业或者高温天气作业引起中暑，经诊断为职业病的，享受工伤保险待遇。

第二十条 工会组织依法对用人单位的高温作业、高温天气劳动保护措施实行监督。发现违法行为，工会组织有权向用人单位提出，用人单位应当及时改正。用人单位拒不改正的，工会组织应当提请有关部门依法处理，并对处理结果进行监督。

第二十一条 用人单位违反职业病防治与安全生产法律、行政法规，危害劳动者身体健康的，由县级以上人民政府相关部门依据各自职责责令用人单位整改或者停止作业；情节严重的，按照国家有关法律法规追究用人单位及其负责人的相应责任；构成犯罪的，依法追究刑事责任。

用人单位违反国家劳动保障法律、行政法规有关工作时间、工资津贴规定，侵害劳动者劳动保障权益的，由县级以上人力资源社会保障行政部门依法责令改正。

第二十二条 各省级人民政府安全生产监督管理部门、卫生行政部门、人力资源社会保障行政部门和工会组织可以根据本办法，制定实施细则。

第二十三条 本办法由国家安全生产监督管理总局会同卫生部、人力资源和社会保障部、全国总工会负责解释。

第二十四条 本办法所称“以上”摄氏度（℃）含本数，“以下”摄氏度（℃）不含本数。

第二十五条 本办法自发布之日起施行。1960年7月1日卫生部、劳动部、全国总工会联合公布的《防暑降温措施暂行办法》同时废止。

卫生部关于印发《高毒物品目录》的通知

卫法监发〔2003〕142号

各省、自治区、直辖市卫生厅局，新疆生产建设兵团卫生局，各集团公司、行业协会：

根据《中华人民共和国职业病防治法》和《使用有毒物品作业场所劳动保护条例》的规定，我部组织制定了《高毒物品目录》。现将该目录印发给你们，请遵照执行。

2003年6月10日

高毒物品目录

序号	毒物名称 CAS No.	别名	英文名称	*MAC* (mg/m^3)	*PC-TWA* (mg/m^3)	*PC-STEL* (mg/m^3)
1	*N*-甲基苯胺 100-61-8		*N*-Methyl aniline	—	2	5
2	*N*-异丙基苯胺 768-52-5		*N*-Isopropylaniline	—	10	25
3	氨 7664-41-7	阿摩尼亚	Ammonia	—	20	30
4	苯 71-43-2		Benzene	—	6	10
5	苯胺 62-53-3		Aniline	—	3	7.5
6	丙烯酰胺 79-06-1		Acrylamide	—	0.3	0.9
7	丙烯腈 107-13-1		Acrylonitrile	—	1	2
8	对硝基苯胺 100-01-6		*p*-Nitroaniline	—	3	7.5
9	对硝基氯苯/二硝基氯苯 100-00-5/25567-67-3		*p*-Nitrochlorobenzene/ Dinitrochlorobenzene	—	0.6	1.8
10	二苯胺 122-39-4		Diphenylamine	—	10	25

续表

序号	毒物名称 CAS No.	别名	英文名称	*MAC* (mg/m³)	*PC-TWA* (mg/m³)	*PC-STEL* (mg/m³)
11	二甲基苯胺 121-69-7		Dimethylanilne	—	5	10
12	二硫化碳 75-15-0		Carbon disulfide	—	5	10
13	二氯代乙炔 7572-29-4		Dichloroacetylene	0.4	—	—
14	二硝基苯(全部异构体) 582-29-0/ 99-65-0/100-25-4		Dinitrobenzene (all isomers)	—	1	2.5
15	二硝基(甲)苯 25321-14-6		Dinitrotoluene	—	0.2	0.6
16	二氧化(一)氮 10102-44-0		Nitrogen dioxide	—	5	10
17	甲苯-2，4-二异氰酸酯(TDI) 584-84-9		Toluene - 2, 4 - diisocyanate(TDI)	—	0.1	0.2
18	氟化氢 7664-39-3	氢氟酸	Hydrogen fluoride	2	—	—
19	氟及其化合物(不含氟化氢)		Fluorides (except HF), as F	—	2	5
20	镉及其化合物 7440-43-9		Cadmium and compounds	—	0.01	0.02
21	铬及其化合物 305-03-3		Chromic and compounds	0.05	0.15	—
22	汞 7439-97-6	水银	Mercury	—	0.02	0.04
23	碳酰氯 75-44-5	光气	Phosgene	—	0.5	
24	黄磷 7723-14-0		Yellow phosphorus	—	0.05	0.1
25	甲(基)肼 60-34-4		Methyl hydrazine	0.08	—	—
26	甲醛 50-00-0	福尔马林	Formaldehyde	0.5	—	—
27	焦炉逸散物		Coke oven emissions	—	0.1	0.3

续表

序号	毒物名称 CAS No.	别名	英文名称	*MAC* (mg/m³)	*PC-TWA* (mg/m³)	*PC-STEL* (mg/m³)
28	肼；联氨 302-01-2		Hydrazine	—	0.06	0.13
29	可溶性镍化物 7440-02-0		Nickel soluble compounds	—	0.5	1.5
30	磷化氢；膦 7803-51-2		Phosphine	0.3	—	—
31	硫化氢 7783-06-4		Hydrogen sulfide	10	—	—
32	硫酸二甲酯 77-78-1		Dimethyl sulfate	—	0.5	1.5
33	氯化汞 7487-94-7	升汞	Mercuric chloride	—	0.025	0.025
34	氯化萘 90-13-1		Chlorinated naphthalene	—	0.5	1.5
35	氯甲基醚 107-30-2		Chloromethyl methyl ether	0.005	—	—
36	氯；氯气 7782-50-5		Chlorine	1	—	—
37	氯乙烯；乙烯基氯 75-01-4		Vinyl chloride	—	10	25
38	锰化合物(锰尘、锰烟) 7439-96-5		Manganese and compounds	—	0.15	0.45
39	镍与难溶性镍化物 7440-02-0		Nichel and insoluble compounds	—	1	2.5
40	铍及其化合物 7440-41-7		Beryllium and compounds	—	0.0005	0.001
41	偏二甲基肼 57-14-7		Unsymmetric dimethylhydrazine	—	0.5	1.5
42	铅：尘／烟 7439-92-1/7439-92-1		Lead dust	0.05	—	—
			Lead fume	0.03	—	—
43	氰化氢(按 CN 计) 460-19-5		Hydrogen cyanide, as CN	1	—	—
44	氰化物(按 CN 计) 143-33-9		Cyanides, as CN	1	—	—
45	三硝基甲苯 118-96-7	TNT	Trinitrotoluene	—	0.2	0.5

续表

序号	毒物名称 CAS No.	别名	英文名称	*MAC* (mg/m³)	*PC-TWA* (mg/m³)	*PC-STEL* (mg/m³)
46	砷化(三)氢；胂 7784-42-1		Arsine	0.03	—	—
47	砷及其无机化合物 7440-38-2		Arenic and inorganic compounds	—	0.01	0.02
48	石棉总尘/纤维 1332-21-4		Asbestos	—	0.8 0.8f/mL	1.5 1.5f/mL
49	铊及其可溶化合物		Thallium and soluble compounds	—	0.05	0.1
50	(四)羰基镍 13463-39-3		Nickel carbonyl	0.002	—	—
51	锑及其化合物 7440-36-0		Antimony and compounds	—	0.5	1.5
52	五氧化二钒烟尘 7440-62-6		Vanadium pentoside fume and dust	—	0.05	0.15
53	硝基苯 98-95-3		Nitrobenzene (skin)	—	2	5
54	一氧化碳(非高原) 630-08-0		Carbon monoxide not in high altitude area	—	20	30

注：CAS 为化学文摘号；

MAC 为工作场所空气中有毒物质最高容许浓度；

PC-TWA 为工作场所空气中有毒物质时间加权平均容许浓度；

PC-STEL 为工作场所空气中有毒物质短时间接触容许浓度。

卫生部关于发布《工业企业职工听力保护规范》的通知

卫法监发〔1999〕620号

各省、自治区、直辖市卫生厅(局),计划单列市卫生局,国务院有关部、委、局、总公司,有关行业协会,中国预防医学科学院:

为加强工业企业职工的听力保护工作,有效的预防、控制和逐步消除工作噪声对职工健康的影响,促进工业企业加强自身管理,保障社会主义市场经济健康发展,我部在原劳动部下达的《工业企业职工听力保护规定》起草任务的基础上,继续委托国家经贸委安全科学技术研究中心和北京医科大学起草了《工业企业职工听力保护规范》,并征求了有关方面的意见。现予以发布。请结合本行业、本企业的特点,认真贯彻实施。各级卫生行政部门要积极开展宣传培训和监督指导工作。

中华人民共和国卫生部

1999年12月24日

工业企业职工听力保护规范

第一章　总　　则

第一条　为保护在强噪声环境中作业职工的听力,降低职业性噪声聋发病率,根据《劳动法》及职业病防治的有关规定,制定本规范。

第二条　本规范适用于各类工业企业(以下简称"企业")噪声作业场所职工的听力保护。凡有职工每工作日8小时暴露于等效声级大于等于85分贝(以下简称"$L_{\mathrm{Aeq},8} \geqslant 85\mathrm{dB}$")企业,都应当执行本规范。

第三条　企业应根据本规范要求,结合自身实际情况制订本单位职工听力保护计划,并指定接受过专门培训的人员负责组织和实施。

第二章　听力保护的基本内容和要求

第四条　本规范所称听力保护包括噪声监测、听力测试与评定、工程控制措施、护耳器的要求及使用、职工培训以及记录保存等方面内容。

第五条 企业应当根据噪声监测，确定本企业暴露于 $L_{Aeq,8} \geqslant 85dB$ 的职工人群。监测结果应以书面形式通知有关职工。

第六条 对于暴露于 $L_{Aeq,8} \geqslant 85dB$ 的职工，应当进行基础听力测定和定期跟踪听力测定，评定职工是否发生高频标准听阈偏移(HSTS)。当跟踪听力测定相对于基础听力测定，在任一耳的3000Hz、4000Hz和6000Hz频率上的平均听阈改变等于或大于10dB时，确定为发生高频标准听阈偏移。对于发生高频标准听阈偏移的职工，企业必须采取听力保护措施，防止听力进一步下降。

第七条 职工暴露于作业场所 $L_{Aeq,8} \geqslant 90dB$ 的，应当优先考虑采用工程措施，降低作业场所噪声。噪声控制设备必须经常维修保养，确保噪声控制效果。

第八条 职工暴露于 $L_{Aeq,8} \geqslant 85dB$ 的，应当配备具有足够声衰减值、佩戴舒适的护耳器，并定期进行听力保护培训、检查护耳器使用和维护情况，确保听力保护效果。

第九条 企业应当建立听力保护档案，按规定记录、分析和保存噪声暴露监测数据和听力测试资料。

第三章 噪声监测

第十条 企业应当每年对作业场所噪声及职工噪声暴露情况至少进行一次监测。在作业场所噪声水平可能发生改变时，应当及时监测变化情况。

第十一条 测量稳态噪声，可使用声级计A网络“慢档”时间特性，并取5秒内的平均读数为等效连续声级。声级计应当采用符合国家标准《声级计的电、声性能和测量方法》(GB 3785)中规定的2型以上的声级计。

第十二条 测量非稳态噪声，应当使用2型以上的积分声级计或个人噪声暴露计(剂量计)。测量仪器应符合国家标准《积分平均声级计》(GB/T 17181)或者国家标准《个人声暴露计技术要求》(GB/T 15952)的规定。

第十三条 测量点应当选在职工作业点的人头位置，职工无需在场。如职工需在场或在周围走动，测量点高度应参照人耳高度，距外耳道水平距离约0.1米。

第十四条 测量技术细节及记录报告的填写可参照国际标准《声学——在作业环境中测量与评价噪声暴露指南》(ISO 9612)及有关国家标准。

第十五条 噪声测量仪器应当按规定定期接受法定部门检定，噪声监测人员应当受过有关专业培训。

第四章 听力测试与评定

第十六条 首次在 $L_{Aeq,8}$≥85dB 场所中从事工作的职工，应当在3个月内接受听力测试，得出的听力图称为基础听力图。本规范发布之前已在 $L_{Aeq,8}$≥85dB 场所中工作而又未做过基础听力检查的职工，应当在本规范发布之日起一年内补做基础听力测定。

第十七条 暴露于 85dB≤$L_{Aeq,8}$<100dB 噪声作业场所的职工，应当每两年进行一次跟踪听力测定；暴露于 $L_{Aeq,8}$≥100dB 的，应当每年进行一次跟踪听力测定。跟踪听力图与基础听力图进行对比，排除其他影响因素，并按《声学——耳科正常人的气导阈与年龄和性别的关系》(GB 7582)的规定进行修正以后，作为评定职工是否发生因职业性噪声危害引起高频标准听阈偏移的依据。

第十八条 对于已发生高频标准听阈偏移的职工，应当在14天内以书面形式将测试结果通知本人，并采取相应听力保护措施。

第十九条 听力测试所使用的听力计应当符合国家标准《听力计第一部分：纯音听力计》(GB/T 7341.1)的要求；听力计的校准和测听室环境噪声应当符合国家标准《声学——耳科正常人的气导听阈测定——听力保护》(GB 7583)的规定。听力测试人员应当受过有关专业培训。

第二十条 进行听力测试之前14小时内，被测职工不得暴露于噪声作业场所和其他非职业噪声环境。

第二十一条 听力测试应当采用纯音气导法。测试频率至少应当包括500Hz、1000Hz、2000Hz、3000Hz、4000Hz和6000Hz。

第五章 工程控制

第二十二条 工程措施包括设置隔声监控室、对强噪声机组安装隔声罩、作业场所的吸声处理以及在声源或声通路上装配消声器和对设备的隔振处理等。在管理上应当特别注意选用低噪声设备、零部件和新工艺流程，替代旧的强噪声设备、零部件和生产工艺。

第二十三条 在采取工程控制措施之前，应当首先识别主要噪声及其特性，以便提高控制效率，降低工程费用。

第二十四条 对于存在强噪声设备而职工无需长时间在该设备旁工作的场所，应当设置隔声监控室；职工需长时间在强噪声设备旁工作且混响声较强的作业场所，应当尽可能采取吸声降噪措施，使该场所的平均吸声系数高于0.3；对于噪声源数量少且比较集中，易于处理的场所，应当优先考虑采取声源隔离措施降低噪声。企业进行噪声控制设计，应当符合国家标准《工业企业噪声控制设计规范》(GBJ 87)和国际标准《声学——低噪声工作场所设计推荐实践》(ISO 11690)的规定。

第六章　护耳器

第二十五条　企业应当提供三种以上护耳器(包括不同类型不同型号的耳塞或耳罩)，供暴露于 $L_{Aeq,8}$≥85dB 作业场所的职工选用。

第二十六条　职工佩戴护耳器后，其实际接受的等效声级应当保持在 85dB 以下。

第二十七条　护耳器现场使用实际声衰减值，按以下方法计算：将护耳器声衰减量的试验室测试值或者厂家标称值，换算为国际标准《佩戴护耳器时有效 A 计权声级的评价》(ISO 4869—2)所定义的护耳器单值噪声降低数(SNR)，再乘以 0.6。护耳器单值噪声降低数可按该 ISO 标准或者有关国家标准进行计算。

第七章　听力保护培训

第二十八条　企业应当每年对暴露于 $L_{Aeq,8}$≥85dB 作业场所的职工进行听力保护培训。

第二十九条　听力保护培训应当包括以下内容：

(一) 噪声对健康的危害；

(二) 听力测试的目的和程序；

(三) 本企业噪声实际情况及噪声危害控制的一般方法；

(四) 使用护耳器的目的，各类型护耳器的优缺点、声衰减值和如何选用、佩戴、保管和更换等。

第三十条　作业场所、生产设备或者防护设备改变时，培训内容应当相应更新。

第八章　记录保存

第三十一条　企业应当妥善保存作业场所噪声测定、职工噪声暴露测量、职工听力测试和护耳器使用及管理记录。

第三十二条　职工听力测试记录应包括下列主要项目：

(一) 职工姓名和工种；

(二) 测听日期和地点，测听前脱离噪声环境的时间；

(三) 测试者姓名；

(四) 最近一次听力计声学校准数据及检定日期；

(五) 测听室环境噪声级数据；

(六) 测试结果。

第三十三条 作业场所噪声测定、职工噪声暴露测量等情况应当定期向职工公布；应职工要求，个人听力保护记录应当随时提供本人查阅。

第三十四条 职工调至另一个企业如果继续从事暴露于噪声的作业，原企业应将所有有关记录转移到新单位。

第九章 附 则

第三十五条 对违反本规范的行为依照有关法规进行处理。

第三十六条 本规范所引用的标准为当时有效版本，执行本规范时应当注意选择使用相应标准的最新版本。